LES

PURITAINS D'ÉCOSSE

PROPRIÉTÉ DES ÉDITEURS.

AVIS IMPORTANT.

Tous les Ouvrages traduits de l'anglais que nous publions sont choisis parmi les meilleurs de Walter Scott, Charles Dickens, Fenimore Cooper, Miss Cumming, etc., etc. Les textes sont soigneusement revus, et quelquefois annotés, sous le contrôle du comité d'une OEuvre centrale des Bons Livres.

WALTER SCOTT

LES
PURITAINS
D'ÉCOSSE

TRADUCTION DE LA BÉDOLLIÈRE

NOUVELLE ÉDITION REVUE

LIMOGES
EUGÈNE ARDANT ET Cⁱᵉ, ÉDITEURS.

AVIS
DES ÉDITEURS.

Avant d'ouvrir ce très-attachant volume, que surtout nos jeunes lecteurs relisent attentivement, du moins dans un abrégé de l'*Histoire d'Angleterre*, les pages ayant trait à l'époque dont il y est question (1648-1718). Sans cette étude préliminaire, peut-être saisiraient-ils mal le sens et la marche du récit de Walter Scott. Peut-être seraient-ils comme déroutés au milieu de cette complication de faits et de personnages nombreux résultant des conflits incessants de partis politiques ou religieux, tantôt unis contre une de leurs fractions, tantôt s'alliant à cette même fraction contre un ou plusieurs d'entre eux.

Quelques notes que nous avons placées au bas des pages de ce roman demi-historique les aideront, croyons-nous, à déduire cette conséquence principale que l'auteur avait sans doute en vue en prenant la plume, que ses préventions de secte l'empêchaient de formuler nettement :

C'est que le mépris et la haine de l'autorité, et surtout de celle que Dieu a hiérarchiquement et visiblement préposée au gouvernement exclusif des âmes, produisent infailliblement des folies et des crimes de tout genre, sous n'importe quel pouvoir cherchant à se faire accepter.

LES
PURITAINS D'ÉCOSSE

CHAPITRE PREMIER.

Le gouvernement du dernier des Stuarts cherchait, par tous les moyens en son pouvoir, à neutraliser l'influence de l'esprit étroit et puritain qui avait prévalu dans la nation aussi longtemps que la république avait duré : il voulait faire revivre les institutions féodales qui rattachaient le vassal au seigneur et le seigneur à la couronne. L'autorité convoquait souvent le peuple à des assemblées où tantôt il s'agissait de revues et d'exercices militaires, et tantôt de fêtes et de divertissements.

La rigidité des principes calvinistes s'accrut à mesure que le gouvernement cherchait à l'adoucir. Ceux qui professaient une opinion plus stricte que leurs voisins, et observaient le *sabbat* à la manière des juifs, condamnaient hautement toute espèce de jeux ou d'amusements, et surtout les assemblées profanes, où hommes et femmes dansaient ensemble; car, si je ne me trompe, ils toléraient les danses d'où l'un des sexes était exclu. Ils blâmaient aussi, autant qu'ils le pouvaient, les anciens *wappen shaws*, ou assemblées de mai, auxquelles tout ce qui pouvait porter des armes était convoqué, et où tous les vassaux de la couronne devaient se présenter avec tous les hommes, chevaux et armes qu'ils étaient obligés de fournir pour leur fief sous certaines peines énoncées aux statuts. Les puritains critiquaient ces assemblées, parce que les gouverneurs et les shérifs qui les présidaient avaient reçu du ministère l'ordre d'y attirer les jeunes gens par toutes sortes de passe-temps, qui, après les exercices et les parades du matin, devaient offrir de puissantes séductions.

Les prédicants, les prosélytes et les presbytériens (1) les plus rigides s'efforçaient donc, par leurs conseils, leurs remontrances et leur autorité spirituelle, de détourner les jeunes gens de se rendre à l'appel. Ils savaient qu'ils affaiblissaient ainsi le gouvernement ; car ils empêchaient la formation de l'esprit de corps, qui lie bientôt ceux qui se rassemblent souvent dans un même but ou pour des exercices militaires. Ils cherchaient donc à retenir auprès d'eux ceux qui pouvaient s'excuser sous un prétexte ou sous un autre, et n'épargnaient pas les admonitions publiques à ceux de leur troupeau que la curiosité avait entraînés aux assemblées, et qui s'étaient laissés aller à leur amour des hochets militaires, ou des jeux auxquels on se livrait.

Le shérif du comté de Lanark avait convoqué une assemblée dans une contrée presque déserte appelée la haute marche de la vallée de la Clyde : elle devait se tenir, le 5 mai 1676, sur un plateau situé près d'un bourg royal dont nous pouvons taire le nom. Après l'appel, les jeunes gens, comme d'habitude, devaient s'occuper à divers passe-temps, particulièrement au tir du pigeon, qui se pratiquait autrefois avec des arbalètes, mais dans lequel on venait d'introduire les armes à feu. L'oiseau était attaché à un mât, et les jouteurs tiraient à une distance de soixante à soixante-dix pas. Celui qui avait touché le but était roi de la fête pour le reste du jour : on l'accompagnait à la meilleure taverne du voisinage, et la soirée se passait à boire sous ses auspices et à ses dépens s'il était assez riche pour payer.

Les dames des environs venaient voir la joute : celles dont l'absence pouvait être remarquée étaient connues pour leurs stricts principes calvinistes ; on savait qu'elles se seraient crues excessivement coupables d'avoir autorisé par leur présence les profanes amusements des méchants. En ce temps-là on ne connaissait encore ni landaus, ni borouches, ni tilburys. Il n'y avait guère que le gouverneur du comté, un duc et pair, qui osât prétendre à la magnificence d'une voiture à roues : c'était une machine ornée de sculpture vermoulue et de dorure fanée, qui rappelait, par sa forme extérieure, les arches de Noé qui font la joie des enfants ; cette énorme construction, qui était traînée par huit juments flamandes à

---

(1) Sous toutes ces dénominations, se fractionnent les puritains, qui, par leur fausse piété, ont partout laissé les plus détestables et plus lugubres souvenirs, qui, aujourd'hui encore, sous le nom de quakers, de méthodistes, de mormons, d'Erastiens, etc., ont autant de haine contre les autres sectes protestantes que contre le catholicisme, leur ennemi commun, mais pour l'anéantissement duquel ils sont tous unis.

longs crins, portait huit personnes à l'intérieur et six à l'extérieur. Il y avait d'ordinaire à l'intérieur leurs seigneuries le duc et la duchesse, deux dames d'honneur, deux enfants, un chapelain relégué dans un recoin pratiqué dans la porte de la voiture, et que l'on appelait, à cause de la forme qu'il présentait, la botte, et l'écuyer du duc, qui réclamait le recoin de la portière opposée. Au-dehors, l'équipage se composait d'un cocher, de trois postillons armés de coutelas, coiffés de perruques à trois queues, portant des espingoles en bandoulière et des pistolets à l'arçon de leur selle. Derrière cet immense établissement se tenaient, sur trois rangs, six laquais couverts de broderies, armés jusqu'aux dents. La noblesse, cavaliers et dames, vieux et jeunes, suivaient à cheval, accompagnés de leurs domestiques; mais leur nombre était toujours restreint, et la société du gouverneur était plus choisie que nombreuse.

Tout auprès du gigantesque véhicule de bois et de cuir que nous venons de décrire, se tenait à cheval, en vertu de son rang, la grande et fière lady Marguerite Bellenden, revêtue des habits de deuil qu'elle portait depuis le jour où son infortuné mari avait eu la tête tranchée pour la part qu'il avait prise aux expéditions de Montrose.

Sa petite-fille, qui seule au monde la rattachait à la terre, la blonde Edith, la suivait comme le Printemps suit toujours l'Hiver. Dans un coquet habit d'amazone, Edith maniait avec grâce sa noire cavale andalouse, mais son air de douceur gracieuse attirait plus l'attention de la jeunesse du pays que l'élégance de sa mise ou que la richesse du harnais de son cheval.

La suite de ces nobles dames était un peu inférieure à ce que l'on pouvait alors attendre de personnes de leur rang : elles n'étaient accompagnées que de deux domestiques à cheval. C'est que, pour compléter le nombre d'hommes qu'elle était tenue de fournir, la bonne vieille dame avait été obligée d'envoyer tous ses autres domestiques à l'appel; pour tout au monde elle n'aurait pas voulu être au nombre des récalcitrants. Le vieil intendant, qui, heaume en tête et armé de grosses bottes, commandait le contingent, avait sué sang et eau, disait-il, pour vaincre les scrupules et déjouer les excuses des fermiers de la plaine que leurs terres obligeaient à fournir des hommes, des chevaux et des armes à l'appel du roi. Les discussions en vinrent souvent à de véritables déclarations de guerre, l'irritable anglican menaçant les opposants de toutes les foudres de sa colère, et recevant en retour les pieuses dénonciations d'une excommunication calviniste. Que restait-il à faire? Il aurait été facile de punir les délinquants. Le conseil privé les aurait volontiers condamnés à l'amende et eût envoyé une troupe de cavaliers pour en exiger le payement, mais autant eût valu appeler le chasseur et sa meute dans le jardin pour tuer le lièvre.

Car, se disait Harrison en songeant à part lui, les pauvres diables n'ont pas grand'chose, et si je fais venir les habits rouges pour manger le peu qu'ils ont, comment payeront-ils mon honorée dame à la Chandeleur? cela leur est déjà assez difficile dans les meilleurs temps.

Il arma donc le valet de chasse, le fauconnier, le valet de chambre, le laboureur de la ferme du château, avec un vieil ivrogne de soudard qui avait suivi feu sir Richard sous Montrose, et qui, dans sa capacité d'économe, ennuyait toute la maison du récit perpétuel de ses exploits à Kilsythe et à Tippermoor; c'était le seul homme de toute la bande qui eût cette expédition vraiment à cœur. C'est ainsi qu'en ajoutant encore, à prix d'argent, un ou deux braconniers à la conscience facile, M. Harrison put compléter le contingent auquel était tenue lady Marguerite Bellenden pour son fief de sa baronnie de Tillietudlem et autres lieux. Mais quand, au matin du jour fatalement fixé pour le départ, l'intendant fit l'appel de sa *troupe dorée* devant la porte de fer du donjon, la mère de Cuddie Headrigg le laboureur s'approcha traînant les grandes bottes, le justaucorps de cuir et les armes qui lui avaient été donnés pour cette occasion, et les déposa devant Harrison, en l'informant gravement qu'elle ne savait pas si c'était la colique, ou un retour de conscience, mais que, pour sûr, Cuddie avait passé une terrible nuit, et était loin d'être mieux en ce moment. « C'est le doigt de Dieu, ajouta-t-elle, qui l'a touché, et mon gars n'ira point à de telles assemblées! » Ce fut en vain qu'on la menaça d'amende, de prison, ou de renvoi immédiat, la bonne femme tint bon; et Cuddie, que l'on alla visiter pour vérifier l'état de sa santé, ne put ou ne voulut répondre que par des gémissements lamentables. La vieille Mause était une ancienne servante de la famille; très-en faveur auprès de lady Marguerite, elle comptait sur la protection de sa maîtresse : lady Marguerite était partie, on ne put faire appel à son autorité.

Le bon génie du vieil intendant lui suggéra un moyen de sortir d'embarras. « Il avait vu plus d'un brave garçon, plus petit même que Guse Gibbie, se battre bravement sous Montrose : pourquoi n'emmènerait-il pas Guse Gibbie? »

Ce Guse Gibbie était une espèce d'idiot, très-petit de stature. On alla chercher le pauvre diable derrière l'étable, on le vêtit du justaucorps de peau de daim, on l'attacha à l'épée d'un homme de taille ordinaire, et on lui mit sur la tête un heaume d'acier qui semblait avoir été fait pour le couvrir en entier. Il demanda comme une faveur à être monté sur le cheval le moins alerte de toute la troupe, et mis en ligne auprès du vieux Gudyill l'économe, il fit encore assez bonne figure. Il est vrai que le shérif ne croyait pas devoir examiner trop scrupuleusement les hommes envoyés par une personne aussi bien pensante que lady Marguerite Bellenden.

Ce fut pourquoi, ce jour-là, la suite personnelle de lady Marguerite ne se composait que de deux laquais : elle aurait rougi en toute autre occasion de se montrer en public si pauvrement accompagnée. Mais elle était prête à faire tous les sacrifices possibles pour la royauté. Les guerres civiles lui avaient enlevé son mari et deux fils; elle en avait été récompensée suivant son cœur. Quand Charles le second passa à travers l'Écosse occidentale pour aller rencontrer Cromwell à la fatale journée de Worcester, il lui avait fait l'insigne honneur de déjeuner à Tillietudlem (1).

A partir de ce moment, on eût dit que le reste de la vie de lady Marguerite s'était effacé de sa mémoire : il était rare qu'elle s'assît à déjeuner, soit chez elle, soit ailleurs, sans rappeler toutes les circonstances de la visite du roi.

Ces preuves de la faveur royale étaient décisives; et si la haute naissance et l'éducation de lady Marguerite n'avaient pas semé le royalisme en son cœur en même temps que la haine du parti opposé, qui lui avait infligé de si cruels malheurs domestiques, le déjeuner de Sa Majesté était plus que suffisant pour l'attacher à toujours au parti des infortunés Stuarts. Selon toute apparence, leur cause triomphait aujourd'hui ; mais le zèle de lady Marguerite ne s'était jamais refroidi, et elle était toute disposée à souffrir de nouveau si le trône avait besoin de ses souffrances. Elle se réjouissait au déploiement de ces forces militaires, tout en déplorant amèrement au fond de son cœur l'indigne désertion de ses vassaux.

La grande dame fut accueillie avec toutes démonstrations de respect par les chefs et rejetons de diverses familles royalistes qui étaient venus à l'assemblée : et tous les jeunes cavaliers tenaient à honneur de s'appro-

---

(1) Cromwel (Olivier), qui détruisit la monarchie, constitua une sorte de république en versant des flots de sang. Déclaré protecteur, c'est lui qui à force de dissimulation, d'hypocrisie, battit successivement, à Montrose et à Worcester, Charles II, ramené plus tard sur le trône par le célèbre Monk. Puritain farouche, il n'avait que des mots de la Bible pour stimuler la férocité de ses « saints. »

(*Note des Editeurs.*)

cher de mademoiselle Edith Bellenden. Mais Edith ne répondait à toutes les civilités que lui adressaient les jeunes et loyaux gentilshommes de la contrée qu'avec la réserve la plus courtoise.

CHAPITRE II.

Quand les manœuvres militaires furent enfin exécutées, on annonça à grands cris que le tir au pigeon allait commencer. La foule était considérable autour du mât; elle critiquait chaque tireur à mesure que les jouteurs venaient essayer la justesse de leur coup d'œil, et les accueillait tantôt par des vivat, tantôt par des rires moqueurs, suivant qu'ils avaient montré peu ou beaucoup d'adresse.

Mais quand un grand jeune homme mis avec simplicité et cependant montrant cette recherche qui indique l'élégance et la distinction, s'approchant avec son fusil, rejeta sur son épaule un petit manteau de drap vert qui l'enveloppait et montra sa noble figure qu'ombrageait un large chapeau orné de plumes, un murmure d'admiration et de surprise circula dans les rangs des spectateurs.

— Oh! oh! mes bons amis! certes, ce n'est pas son père qui serait venu à des folies si honteuses et si mondaines! s'écrièrent ceux des vieux et rigides puritains dont la curiosité l'avait emporté sur le bigotisme, et qui étaient venus voir la milice. Mais la majorité de la multitude le regarda d'un œil moins sévère et souhaita que, tout fils qu'il était d'un ancien chef presbytérien, il pût gagner le prix qu'il était venu chercher.

Leurs souhaits furent exaucés. Au premier coup de sa carabine, le jeune jouteur toucha l'oiseau de bois : c'était la première fois qu'on atteignait le but ce jour-là, bien que plusieurs balles en fussent déjà passées très-près. Cependant, ce premier succès ne décidait pas de la victoire : il fallait que chacun des compétiteurs pût profiter de sa chance et que la joute recommençât entre ceux qui avaient touché le but, de manière que la supériorité du vainqueur fût bien constatée. Deux de ceux qui tirèrent après lui touchèrent l'oiseau. Le premier était un homme de basse condition, qui se tenait la figure cachée sous un manteau de drap gris; le second était un galant gentilhomme de tournure élégante, et qui avait pris tout le soin possible de sa toilette.

Une demi-minute après, le jeune lord Evandale était descendu de cheval, et ayant pris un fusil des mains d'un domestique, avait touché l'oiseau, comme nous l'avons dit. L'intérêt excité par la joute entre les trois heureux compétiteurs fut des plus vifs. L'immense équipage du duo fut de nouveau mis en marche à grands renforts de coups de fouet, et s'approcha plus près du mât. Toutes les têtes, tous les yeux se tournèrent vers le but, et on attendit dans la plus grande anxiété.

Une des règles de la joute stipulait que chacun tirerait d'après un numéro pris au hasard. Le numéro un échut au jeune homme en manteau gris.

Il visa le but pendant une seconde, et la balle en passa si près qu'on le vit trembler. Cependant, l'oiseau n'avait pas été touché; et le jeune paysan, les yeux baissés, se retira du centre de l'assemblée, comme s'il eût craint d'être reconnu. Le jeune homme au manteau vert s'avança ensuite, et pour la seconde fois la balle toucha le but. Un cri s'éleva sur les derrières de la foule: « Vive la bonne cause d'autrefois! »

Les représentants de l'autorité froncèrent le sourcil à ces cris de triomphe, et le jeune lord Evandale s'avançant tira de nouveau et de nouveau logea sa balle dans l'oiseau. Les cris et les acclamations des royalistes glorifièrent son triomphe : mais il fallait renouveler l'épreuve.

Le jouteur au manteau vert, comme pour terminer l'affaire d'une manière décisive, fit amener son cheval, et, s'assurant de la solidité des sangles et de la selle, le monta et fit signe à la foule de s'éloigner un peu : puis, piquant des deux, il partit au galop et, revenant à l'endroit d'où l'on tirait, il laissa tomber la bride et, se penchant un peu de côté, tira et toucha l'oiseau. Lord Evandale suivit son exemple, quoiqu'on lui répétât de plusieurs côtés que ce n'était pas l'habitude et qu'il n'était pas obligé de sortir des conditions de la joute. Soit que son adresse fût moindre, ou son cheval moins bien dressé, l'animal fit un écart au moment où le cavalier faisait feu, l'oiseau ne fut pas atteint. La courtoisie du jouteur au manteau vert égalait son adresse : il refusa l'honneur du prix, disant que le dernier coup ne devait pas être compté et qu'ils recommenceraient à pied.

— Je préfèrerais recommencer à cheval, dit lord Evandale, si j'en avais un aussi bien dressé que le vôtre.

— Voulez-vous me faire l'honneur de vous en servir et de me prêter le vôtre? répondit le jeune homme.

Lord Evandale hésitait à accepter cet échange : il savait que cela diminuerait d'autant le prix de la victoire; mais enfin son désir de racheter sa réputation de meilleur tireur du pays l'emporta. Il répliqua que, bien qu'il abandonnât toute prétention à l'honneur de la joute, si son adversaire le voulait bien il accepterait volontiers cet échange de chevaux.

Le dernier essai du jeune lord fut aussi malheureux que le précédent, et il put à peine maintenir l'air de suprême indifférence qu'il avait affecté jusqu'alors. Mais il savait combien il serait ridicule de montrer aucun dépit, et rendit à son compétiteur le cheval qu'il avait emprunté, le remerciant en même temps de lui avoir fait savoir que son insuccès provenait bien de sa maladresse et non de la faute de son cheval qu'auparavant il avait injustement blâmé. En finissant cette observation, dans laquelle il tâcha de cacher son désappointement sous un air d'indifférence, il remonta sur son coursier et s'éloigna de la foule.

Le triomphe appelle toujours les applaudissements du monde; aussi ceux mêmes qui avaient désiré le succès de lord Evandale accueillirent son heureux rival par des exclamations de joie.

— Qui est-il? comment s'appelle-t-il? se disait-on de tous côtés, car peu de personnes savaient son nom.

Son titre et son nom étant bientôt proclamés, il se trouva qu'il appartenait à une classe avec laquelle on pouvait avoir quelques rapports sans déroger. Quatre amis du duc furent chargés de le lui amener. Comme ils le conduisaient en grande pompe à travers la foule et le fatiguaient de leurs compliments sur son adresse, leur cortége passa juste en face de lady Marguerite et de sa petite-fille. Le vainqueur de la joute et mademoiselle Bellenden devinrent pourpres au moment où cette dernière rendit avec quelque hésitation le profond salut que lui avait fait le jeune homme.

— Connaissez-vous ce jeune homme? demanda lady Marguerite.

— Je... je... l'ai rencontré, Madame, chez mon oncle, et... ailleurs aussi quelquefois, balbutia mademoiselle Edith Bellenden.

— Je crois entendre dire qu'il est le neveu du vieux Milnwood?

— C'est le fils de feu le colonel Morton de Milnwood qui fit tant de prodiges de valeur à la tête d'un régiment de cavalerie à Dunbar et à Inverkeithing, dit un cavalier qui se trouvait auprès de lady Marguerite.

— Et qui auparavant se battit pour les indépendants à Marston-Moor et à Philiphaugh? ajouta lady Marguerite, qui soupira en pensant à ces champs de bataille qui lui avaient laissé de si tristes souvenirs.

— Votre mémoire ne vous trompe pas, dit le gentilhomme en souriant; mais ce sont des choses qu'il faut savoir oublier maintenant.

— Son oncle était comme son père, une *tête ronde* (1), je le suppose, demanda lady Marguerite.

— Son oncle est un vieil avare, dit Gilbertscleugh, qui fait plus de cas d'une couronne d'argent que d'opinions politiques, et c'est probablement à regret et pour économiser l'amende qu'il a envoyé son neveu le représenter ici. Je croirais volontiers, au reste, que le jeune homme est bien aise d'échapper pour un jour ou deux à l'ennui de la vieille maison de Milnwood, où il ne voit personne que son misanthrope d'oncle et une vieille gouvernante.

— Savez-vous quel est le contingent des terres de Milnwood? dit la vieille dame continuant ses questions.

— Deux cavaliers complètement armés, répondit Gilbertscleugh.

— Notre terre, dit lady Marguerite se redressant avec dignité, a toujours fourni huit hommes d'armes, cousin Gilbertscleugh, et quelquefois en a volontairement envoyé trois fois autant. Je me rappelle que, quand Sa Majesté le roi Charles me fit l'honneur de déjeuner à Tillietudlem, il s'enquit tout particulièrement...

— La voiture du duc se met en mouvement, dit Gilbertscleugh, qui commençait à ressentir l'alarme que toutes les connaissances de lady Marguerite éprouvaient quand elle s'avisait de parler de la visite du roi à son château, la voiture du duc se met en mouvement; je pense que vous voudrez réclamer votre rang en prenant la file. Me permettrez-vous d'accompagner Votre Seigneurie et mademoiselle Bellenden jusqu'à votre château? On dit qu'il y a quelques whigs en embuscade, qui désarment et insultent les royalistes qui voyagent en petit nombre.

— Nous vous remercions, cousin Gilbertscleugh, dit lady Marguerite, mais mes gens nous escorteront. Nous ne sommes pas, Dieu merci, réduits à implorer l'aide de nos amis. Seriez-vous assez bon pour dire à Harrison de faire approcher sa troupe un peu plus vite? Ils viennent aussi tranquillement que s'ils conduisaient un mort à sa dernière demeure.

Le galant cavalier communiqua à l'intendant les ordres de sa dame.

L'honnête Harrison avait bien quelques raisons de douter de la prudence d'une marche plus rapide; mais il n'eut pas plus tôt entendu l'ordre, qu'il

---

(1) Nom par lequel les partisans de Charles I*er* et de Charles II désignèrent les parlementaires, c'est-à-dire leurs ennemis, et plus tard remplacé par celui de wigh. Ce sobriquet fut d'abord donné aux Ecossais, à cause de leur tête presque rasée pour se distinguer. *(Note des Editeurs.)*

se mit en mesure d'y obéir. Il partit donc au galop, suivi par l'inconnu, dont l'attitude militaire dénotait un vieux compagnon de Montrose. Il oublia qu'il était indispensable de veiller à la sûreté de son compagnon Guse Gibbie. Les chevaux n'eurent pas plus tôt commencé à galoper, que les grandes bottes dans lesquelles les jambes du malheureux Gibbie étaient des plus à l'aise commencèrent aussi à caresser l'un après l'autre les flancs du cheval ; mais elles étaient armées d'éperons à longues dents, qui, irritant à la fin le coursier, le firent s'élancer à droite et à gauche et se cabrer, malgré tous les efforts de son cavalier, qui appelait en vain l'économe à son secours. M. Gudyill était trop occupé de l'air du *Gallant Græme*, pour qu'il pût entendre cet appel.

Enfin, au grand amusement des spectateurs, le cheval du pauvre Gibbie s'étant jeté çà et là, et ayant donné quelques ruades, prit le mors aux dents et partit comme un trait dans la direction de l'immense voiture ducale. La lance de Gibbie, sortant de sa position réglementaire, était tombée en travers devant lui, tandis que ses mains, abandonnant la bride, cherchaient un point d'appui dans l'épaisse crinière de son coursier. Son casque avait fini par s'enfoncer tellement sur ses yeux, qu'il lui était impossible de rien voir. Mais cela importait peu, car il lui eût été impossible de maîtriser son cheval, qui courait pareil à un rebelle vers la voiture du gouverneur, la lance en arrêt comme pour embrocher tous ceux qu'elle emportait.

En voyant le danger qui les menaçait, les habitants du dedans et du dehors de cette informe machine jetèrent un cri de terreur et de colère, qui heureusement causa une diversion favorable. Le cheval de Guse Gibbie, effrayé par ces cris, s'arrêta tout à coup, et, tournant vers la droite, se mit à ruer et à faire des écarts prodigieux. Les bottes, qui se maintenaient par leur poids sur les étriers, répondaient à chaque ruade par un nouveau coup d'éperon. Il n'en fut pas de même de Guse Gibbie, qui, jeté hors de ces informes accoutrements, fut lancé par-dessus la tête du cheval au milieu des rires de la foule. Sa lance et son heaume tombèrent à quelques pas de lui, et, pour compléter son malheur, lady Margueritte Bellenden, ignorant que l'un de ses hommes d'armes occasionnait les rires et les clameurs qu'elle entendait, s'approcha juste à temps pour voir son diminutif vassal dépouillé de sa peau de lion, c'est-à-dire du justaucorps de peau de daim dont on l'avait affublé.

Sa surprise égalait à peine sa colère ; elle n'avait rien su de ce déguisement, et ne pouvait en deviner la cause. Les excuses et les explications de l'intendant et de l'économe furent assez mal accueillies. Elle prit vite la route du château pleine d'indignation à l'écho des rires et des cris de la foule, et toute décidée à faire sentir son déplaisir au laboureur récalcitrant dont Guse Gibbie avait pris la place.

Chacun se retira bientôt chez soi, presque toutes les conversations portant sur la malencontreuse aventure arrivée aux hommes d'armes de Tillietudlem.

CHAPITRE III.

Les nombreux cavaliers qui retournaient à la ville étaient précédés par Niel Blanc, le musicien de l'endroit. Niel était un gars de bonne tournure, bien bâti, à longue haleine, qui avait obtenu la place de musicien de la ville de***, avec tous les avantages et salaires y appartenant. Il avait droit à un champ d'environ un acre, cinq marcs d'argent, et un nouvel habit à la livrée de la ville une fois par an; il pouvait espérer un dollar à chaque nouvelle élection de magistrats, si le prévôt avait le moyen de se montrer généreux; il lui était permis d'aller une fois l'an, quand venait le printemps, faire une visite aux principales maisons du voisinage, pour y faire entendre quelques airs favoris, se réjouir un peu aux dépens de leur provision de bière et d'eau-de-vie, et enfin quêter une petite mesure de blé pour semence.

Avec tous ces avantages personnels et professionnels, Niel n'eut guère de difficulté à épouser la veuve qui tenait la première taverne de la ville. Ce fut un grand scandale dans le parti quand la veuve accorda sa main à un individu d'une profession aussi profane que notre musicien. Mais comme la bière que l'on buvait au Howff méritait toujours sa vieille réputation, la plupart des habitués continuèrent à lui donner la préférence. Le caractère du nouveau brasseur lui permettait d'ailleurs de maintenir sa barque en équilibre entre les diverses factions du temps. Il était de bonne humeur, adroit et passablement égoïste; indifférent aux questions religieuses et politiques que l'on débattait autour de lui, il ne pensait qu'à contenter ses pratiques quelles que fussent leurs opinions ou leurs croyances. On comprendra mieux cependant son caractère et l'état du pays en écoutant les instructions qu'il donnait à sa fille, qui approchait de dix-huit ans, et qu'il voulait initier à ces soins quotidiens que sa femme avait fidèlement remplis jusqu'à sa mort, arrivée six mois avant l'époque où commence notre histoire.

— Jenny, lui dit Niel Blane comme elle l'aidait à se débarrasser de sa cornemuse, c'est aujourd'hui que tu vas commencer à remplacer ta pauvre mère au comptoir : elle était bonne et honnête aux pratiques, et elle était respectée des whigs et des tories d'un bout à l'autre de la rue. Tu vas trouver la besogne un peu rude pour commencer, particulièrement comme nous aurons beaucoup de monde aujourd'hui ; mais il faut que la volonté de Dieu soit faite. Jenny, fais attention à servir tout ce que Milnwood demandera : il a gagné le prix du tir, et les vieilles coutumes doivent être respectées. S'il ne peut pas payer l'addition, cela n'y fera rien ; je sais qu'il est tenu de court par son oncle, mais je trouverai moyen de me faire payer du vieil avare. Le ministre joue aux dés avec le jeune Graham, aie soin d'être très-polie avec eux. Les dragons voudront de la bière, ils voudront l'avoir, et il faut qu'ils l'aient ; ce sont d'assez mauvais payeurs, mais on finit toujours par en tirer ce qu'ils doivent. Voilà notre vache, celle sans cornes, c'est la meilleure de notre étable, je l'ai eue de Frank Inglis et du sergent Bothwell pour dix livres d'Écosse, qu'ils ont bues en une matinée. Fais bien attention à cet individu à l'air si rébarbatif qui est assis au coin de la cheminée et tourne le dos à tout le monde. Il a l'air d'un homme du haut pays, car je l'ai vu tressaillir quand les habits rouges sont venus. Je crois qu'il aurait bien voulu continuer son chemin, mais son cheval, et c'est une bonne bête, a terriblement couru, il fallait s'arrêter à tout prix. Tu le serviras sans faire de bruit, Jenny ; tâche que les soldats ne l'observent point et ne lui fassent point de questions : mais ne lui donne pas une chambre pour être seul, on dirait peut-être que nous le cachons. Ta mère, Dieu la bénisse ! écoutait tout ce qu'on lui disait, mais à bas les mains ! et si quelqu'un t'insultait, appelle-moi. Et puis, Jenny, quand la bière commencera à les travailler, ils se mettront à parler des affaires du gouvernement, des choses de l'Église et de l'État, peut-être qu'ils se querelleront : laisse-les faire, Jenny ; la colère altère : plus on dispute, plus il faut boire. Mais alors tu peux leur donner de la petite bière, cela les échauffera moins, et ils n'y trouveront pas de différence.

— Mais, mon père, demanda la jeune fille, s'ils en viennent aux coups entre eux, comme la dernière fois, ne devrai-je pas vous appeler ?

— Pas le moins du monde, Jenny ; celui qui veut mettre la paix est toujours le plus maltraité dans une batterie. Si les soldats tirent leurs sabres, tu appelleras la garde et le caporal. Si nos gens du pays prennent les pelles et les pincettes, tu appelleras le bailli et les recors. Mais fais attention à me laisser tranquille, car je suis fatigué de souffler dans ma cornemuse depuis ce matin, et je m'en vais dîner en paix à côté. Et maintenant que j'y pense, si le seigneur de Lickitup, lui, tu sais, qui était notre propriétaire, voulait un verre de bière et un hareng saur, tire-le par la manche, et dis-lui à l'oreille de venir dîner avec moi : il a été une de nos bonnes pratiques dans un temps, et c'est parce qu'il n'a plus d'argent qu'il ne dépense rien, il aime à boire autant que jamais. Si tu vois quelque pauvre diable de notre connaissance sans le sou dans sa poche, et un long bout de chemin à faire, tu peux lui donner un verre de bière et un morceau de pain, cela ne nous rendra pas plus pauvres, et cela fait honneur à une maison comme la nôtre. Et maintenant, ma petite, va-t'en, sers les pratiques, mais auparavant apporte-moi mon dîner, avec deux chopines de bière et une mesure d'eau-de-vie.

Niel Blane ayant ainsi établi Jenny pour son premier ministre, et lui ayant confié le soin de tout l'établissement, il s'en alla avec l'ancien seigneur de Lickitup, qui jadis avait été son propriétaire, et maintenant se trouvait heureux de partager son dîner; ils se retirèrent loin du bruit pour passer la soirée ensemble.

Pendant ce temps la taverne s'emplissait. Les jouteurs acceptèrent de boire à la santé de leur vainqueur, et voulurent à leur tour se montrer généreux.

Morton fut personnellement très-sobre. Petit à petit la foule diminua, et bientôt après il ne resta plus que quatre ou cinq buveurs qui parlaient aussi de se retirer. Deux des dragons dont Niel Blane avait parlé, un caporal et un soldat du célèbre régiment des gardes du corps de John Graham de Claverhouse, étaient assis à quelques pas autour d'une autre table. Les simples soldats de ce corps étaient d'un rang plus élevé que les autres troupiers; c'était quelque chose comme les mousquetaires français : ils faisaient le service de la troupe de ligne dans l'espoir d'obtenir l'épaulette d'officier s'ils se distinguaient.

On comptait dans leurs rangs un grand nombre de jeunes gens de bonne famille, ce qui ne contribuait pas peu à accroître leur orgueil et leur impertinence. L'histoire du caporal dont nous venons de parler en fournissait une preuve remarquable. Son véritable nom était François Stewart, mais on l'appelait ordinairement Bothwell, car il descendait en ligne directe de François Stewart, comte de Bothwell, dont la turbulence et les complots incessants troublèrent le commencement du règne de Jacques VI, et qui mourut enfin en exil accablé de misère. Le fils de ce comte avait demandé à Charles Ier la restitution d'une partie des propriétés de son père qui avaient été confisquées, mais les courtisans qui les avaient obtenues les tenaient trop bien pour les laisser échapper Quand les guerres civiles survinrent, la petite pension que Charles Ier lui avait accordée fut supprimée, et il mourut dans la plus grande misère. Après avoir servi comme simple soldat, tant à l'étranger qu'en Angleterre, son fils, qui avait éprouvé les vicissitudes de la fortune, se trouva heureux d'accepter le rang de caporal dans les gardes du corps. Il descendait en droite ligne de la famille royale. Son adresse et sa force, ainsi que sa généalogie bien connue, l'avaient mis en faveur auprès des officiers. Mais il se laissait aller à toute la licence qu'autorisait la liberté donnée aux agents du gouvernement d'infliger des amendes, de lever des rançons, et d'opprimer de mille manières les presbytériens récalcitrants. Ses soldats étaient si habitués à commettre ces actes de tyrannie, qu'ils se croyaient le droit de tout faire impunément : on eût dit qu'ils étaient au-dessus de toute loi et affranchis de toute autorité, sauf celle de leurs officiers. Quand des expéditions de ce genre avaient lieu, Bothwell était toujours au premier rang. Bothwell et son compagnon n'auraient probablement pas resté si longtemps tranquilles si l'enseigne qui commandait le détachement logé dans le village, ne lui eût inspiré une prudente retenue. Mais le prévôt ayant fait demander l'officier pour lui communiquer un nouvelle importante, Bothwell ne tarda pas à montrer son insolence envers le reste de la compagnie.

— N'est-ce pas quelque chose d'étrange, Halliday, dit-il à son camarade, de voir une troupe de soifards boire ici toute une après-midi sans proposer une seule fois la santé du roi ?

— Ils ont bu à la santé du roi, répondit Halliday, j'ai entendu ce freluquet habillé de vert proposer la santé de Sa Majesté.

— Vraiment ? dit Bothwell. Eh bien! Tom, nous allons les faire boire à la santé de l'archevêque de Saint-André, et à genoux encore!

— C'est une chose à faire, repartit Halliday, et celui qui refusera, je l'emmène au violon; je lui apprendrai là une nouvelle sorte de danse, avec une paire de pistolets en joue pour le tenir en mesure.

— C'est cela, Tom, continua Bothwell, et pour faire les choses en ordre, je m'en vais commencer par ce muet au bonnet bleu que voilà dans ce coin!

Et prenant son épée à deux tranchants, comme pour donner plus de poids à l'insolence qu'il méditait, il se leva et alla se placer devant l'étranger que Niel Blane avait indiqué à sa fille comme appartenant probablement au haut pays, c'est-à-dire étant un presbytérien récalcitrant.

— Je prends la liberté d'inviter Votre Seigneurie, mon très-cher, dit le troupier en imitant le ton solennel et nasillard des prédicants de campagne, à se lever de son siége, mon très-cher, et après avoir fléchi la jambe jusqu'à ce que son genou touche le plancher, à renverser cette mesure que les profanes appellent une demi-pinte, pleine de cette excellente liqueur que les hommes de la chair nomment eau-de-vie, à la santé et en l'honneur de Sa Grâce l'archevêque de Saint-André, le digne primat de toute l'Ecosse (1).

Chacun attendit la réponse de l'étranger. Ses traits, austères presque jusqu'à la férocité, ses yeux, dont l'un présentait une certaine obliquité qui lui donnait un air de décision sinistre; toute sa personne, grande, forte, carrée et musculaire, annonçaient un homme qui n'accepterait aucune insulte sans la faire payer à son auteur.

— Et quelle serait la conséquence, répondit-il, si je ne me sentais pas disposé à obéir à votre honnête invitation?

— Les conséquences de ton refus, mon très-cher, repartit Bothwell sur le même ton qu'auparavant, seront, primo, que je pincerai ton proboscis, *alias* ton nez; secundo, que je redresserai avec mon poing ta vision de travers, et que je finirai, mon très-cher, par appliquer le plat de mon épée sur tes épaules de récalcitrant.

— Puisqu'il en est ainsi, dit l'étranger, donne-moi le verre; et le prenant des mains de Bothwell, il dit d'un ton et d'un air tout particuliers: L'archevêque de Saint-André et la place qu'il occupe si dignement..... Puisse tout prélat écossais être bientôt comme le très-révérend Jacques Sharpe!

— Il a accepté le toast, dit Halliday triomphant.

— Oui, mais avec un commentaire, répondit Bothwell, et je ne comprends pas trop ce que ce diable de whig tondu veut dire.

— Voyons, Messieurs, dit Morton, qui commençait à s'impatienter de leur insolence, nous nous sommes réunis ici comme des sujets loyaux dans un jour de fête, et nous avons le droit d'espérer qu'on ne viendra pas nous chercher noise.

Bothwell allait répondre insolemment, mais Halliday lui rappela tout bas qu'ils avaient reçu des recommandations très-expresses de ne pas in-

---

(1) Inutile de remarquer qu'il s'agit d'un archevêque de l'Eglise établie, c'est-à-dire protestante. Tous savent qu'en Angleterre se trouve, on ne sait ni pourquoi ni comment, une sorte de hiérarchie sacerdotale, comme dans le catholicisme.

(*Note des Éditeurs.*)

sulter les hommes qui se rendaient aux manœuvres ordonnées par le conseil privé ou en revenaient. Il honora donc Morton du coup d'œil le plus effronté et le plus impertinent qu'il put imaginer, et lui dit :

— Bien, bien, monsieur le jouteur, je ne veux pas troubler votre règne : mais il finira, je crois, ce soir vers minuit. N'est-ce pas une drôle de chose, Halliday, continua-t-il en se tournant vers son compagnon, qu'ils fassent tant de bruit pour avoir logé une balle ou deux dans un brin de bois que la moindre femmelette ou le moindre gamin pourrait toucher après quelques heures d'essai? Si monsieur le jouteur ou quelqu'un de la troupe voulait, pour un noble d'or, essayer une passe, avec le sabre, l'épée à deux tranchants, la rapière seule ou avec le poignard, au premier sang, il y aurait quelque plaisir à cela ; ou, ajouta-t-il en touchant du bout de sa botte l'épée de Morton, si ces paysans portent des choses dont ils ont peur, ils pourraient peut-être lutter, manier le bâton, jeter la pierre ou lancer l'essieu.

La patience et la prudence de Morton allaient l'abandonner, il était sur le point de répondre avec mépris aux insolentes insinuations de Bothwell, quand l'étranger s'avança.

— La querelle me regarde, dit-il, et je vais la terminer au nom de la bonne cause. Dis-moi, l'ami, s'adressant à Bothwell, veux-tu lutter avec moi ?

— De tout mon cœur, mon très-cher, répondit Bothwell ; oui, je lutterai avec toi, jusqu'à la chute de l'un ou de l'autre.

— Alors, aussi vrai que j'ai confiance en Celui qui peut nous assister, répliqua l'étranger, je vais te donner en exemple à tous tes pareils.

Il laissa tomber son long manteau de ses épaules, et allongeant ses bras nerveux avec un air d'entière satisfaction, il se prépara à la lutte. Le troupier ne sembla pas effrayé des larges épaules, des bras épais et raccourcis et de l'œil déterminé de son antagoniste, mais il détacha sa ceinture en sifflant nonchalamment et se débarrassa de son uniforme. Toute l'assemblée se leva pour mieux voir ce combat à deux.

Dès les premiers efforts, le troupier parut avoir l'avantage, il continua même à maintenir la position qu'il avait prise, sans toutefois obtenir le dessus d'une manière décisive. Mais on vit bientôt qu'il avait employé tout d'abord sa force entière, et que son adversaire avait beaucoup d'adresse, beaucoup de vigueur et une grande continuité de force. Au troisième effort, l'étranger fit perdre pied au troupier et le lança sur le plancher avec tant de force qu'il y resta un instant étourdi, sans mouvement. Son camarade Halliday tira aussitôt son épée :

— Vous avez tué mon sergent, dit-il à l'étranger, et vous allez me le payer!

— Arrêtez! s'écrièrent Morton et ses amis, tout s'est passé loyalement : votre camarade voulait se battre, il n'a que ce qu'il mérite.

— C'est vrai, dit Bothwell se relevant lentement, remets ta flamberge, Tom. Je ne croyais pas qu'il y eût un tondu, parmi eux tous, capable d'étendre sur le plancher d'une mauvaise taverne le meilleur bonnet à plumes des gardes du corps du roi. Écoutez, l'ami, donnez-moi la main.

L'étranger avança la main.

— Je vous promets, reprit Bothwell la pressant dans les siennes, je vous promets que quand nous nous rencontrerons de nouveau, nous essayerons ce jeu d'une manière plus sérieuse.

— Et je vous promets, dit l'étranger pressant à son tour la main de Bothwell, que quand nous nous rencontrerons de nouveau, j'abattrai votre tête plus bas qu'elle n'était tout à l'heure, et vous n'aurez plus la force de la relever.

— Mon très-cher, répondit Bothwell, si par hasard tu es un whig, cela ne t'empêche pas d'être un brave et vaillant cœur. Et là-dessus, bonsoir. Tu ne ferais pas mal de prendre ta bête et de filer avant que l'enseigne fasse sa ronde, car je peux t'assurer qu'il en a arrêté qui m'avaient l'air moins suspects que toi.

L'étranger sembla croire que l'avis était bon à suivre : il paya sa dépense, et se dirigeant vers l'écurie, il sella et fit sortir son cheval, un puissant coursier noir, qui paraissait tout prêt à se mettre en route.

— Je vais du côté de Milnwood, dit l'étranger à Morton, j'ai entendu dire que c'était votre demeure, voulez-vous me donner le plaisir et la protection de votre présence?

— Certainement, répondit Morton. Il y avait cependant dans l'air et l'accent de cet homme quelque chose de rude et de sévère qui répugnait à l'esprit du vainqueur des joutes. Ses compagnons échangèrent avec lui les compliments les plus courtois et s'en allèrent chacun de leur côté, et nos deux voyageurs furent laissés seuls.

Il n'y avait pas longtemps que les buveurs avaient quitté le Howff, c'est ainsi que s'appelait la taverne de Niel Blane, quand les trompettes et les tambours retentirent. Les troupiers, tout étonnés de ce rappel inusité, s'assemblèrent en armes dans la place du marché. L'enseigne Graham, qui était parent de Claverhouse, le prévôt de la ville et une demi-douzaine de soldats avec des recors armés de hallebardes, se dirigèrent vers la taverne de Niel Blane.

— Mettez une sentinelle à chaque porte ! s'écria l'enseigne en arrivant, et qu'on ne laisse sortir personne..... Comment, Bothwell ! qu'est-ce que cela veut dire ? Est-ce que vous n'avez pas entendu battre le rappel ?

— Officier, nous retournions au quartier, répondit son camarade, quand il est tombé bien malheureusement.

— Dans une batterie, je m'imagine ? dit l'enseigne. Si c'est ainsi que vous négligez votre devoir, sachez que votre sang royal ne vous protégera guère.

— Comment ai-je négligé mon devoir ? demanda Bothwell d'assez mauvaise humeur.

— Vous auriez dû être au quartier, sergent Bothwell, répliqua l'officier, vous avez perdu une affaire d'or. Nous avons reçu la nouvelle que l'archevêque de Saint-André a été cruellement et lâchement assassiné par une bande de rebelles qui ont attaqué et arrêté sa voiture à Magus Muir, auprès de la ville de Saint-André; ils l'en ont arraché, et l'ont achevé à coups d'épée et de poignard !

Chacun se regarda muet d'étonnement.

— Voici la description des assassins, continua l'enseigne en déployant une proclamation, il y a une récompense de mille marcs pour la prise de chaque meurtrier.

— Oh ! le toast, le toast et son commentaire ! s'écria Bothwell en se tournant vers Halliday, je comprends tout maintenant. L'avoir laissé partir ! va seller nos chevaux, Halliday ! Un de ces hommes, enseigne, est-il gros, carré, large d'épaules, avec un nez de faucon ?

— Attendez, attendez, répondit l'officier, que je voie dans ma proclamation. Hackston de Rathillet, grand, maigre, les cheveux noirs.....

— Ce n'est pas mon homme, dit Bothwell.

— Jean Balfour, dit de Burley, nez aquilin, cheveux rouges, cinq pieds huit pouces.....

— C'est lui ! c'est là lui ! s'écria Bothwell. Louche terriblement d'un œil !

— C'est exact, continua le jeune Graham. Il monte un beau cheval noir volé au primat au moment du meurtre.

— C'est mon homme et son cheval ! répliqua Bothwell, il était ici il n'y a pas un quart d'heure.

Quelques autres questions faites à la hâte établirent encore davantage l'opinion que le rigide et sévère étranger n'était autre que Balfour de Burley, le chef de la bande d'assassins qui avaient tué le primat, qu'ils avaient rencontré par hasard alors qu'ils étaient à la recherche d'une autre personne à laquelle ils voulaient faire un mauvais parti. Leur imagination enthousiaste leur fit regarder la venue de l'archevêque comme un effet de la volonté divine, et ils le tuèrent de sang-froid, dans la conviction, comme ils le déclarèrent, que le Seigneur le leur avait livré.

— A cheval, à cheval! et à ses trousses, mes amis! s'écria l'enseigne Graham, sa tête vaut son pesant d'or.

CHAPITRE IV.

Avant que Morton et son compagnon eussent échangé quelques mots, ils étaient déjà assez loin de la ville. Nous avons dit qu'il y avait quelque chose de désagréable dans les manières de l'étranger : Morton ne se sentait pas porté à entrer en conversation, et son compagnon semblait n'avoir aucun désir de parler, quand tout à coup il lui dit :

— Qu'est-ce que le fils de votre père avait à faire aujourd'hui à ces jeux profanes auxquels je vous ai vu prendre part ?

— Je remplis mon devoir de sujet, et je cherche mon plaisir où je le trouve, répliqua Morton un peu piqué.

— Pensez-vous que ce soit un devoir de prendre les armes pour la défense de ceux qui ont versé, dans les campagnes, le sang des saints du Seigneur aussi abondamment qu'ils auraient répandu de l'eau? Est-il permis de perdre son temps à tirer sur un paquet de plumes, et de finir la journée dans une taverne, quand le Tout-Puissant est venu parmi nous avec un crible pour séparer le bon d'avec le mauvais grain? (1)

— D'après la tendance de votre conversation, dit Morton, je suppose que vous êtes un de ceux qui ont cru devoir résister au gouvernement. Je dois vous rappeler que vous vous servez inutilement d'expressions dangereuses en présence d'un étranger, et que je ne crois pas qu'il me soit prudent de vous écouter.

— Tu n'y peux rien, Henri Morton, repartit son compagnon, ton maître a besoin de toi, et quand il appelle, tu dois obéir. Oh! je le vois bien, tu

(1) Que le lecteur remarque bien ces faits et ces colloques. Ils le préparent à ce qui va suivre, en ce qu'ils lui disent nettement l'attitude des puritains ou *saints* en face du gouvernement du roi et de l'Eglise officielle, telle que le protestantisme de Henri VIII et d'Elisabeth l'avaient constituée. (*Note des Editeurs.*)

n'as pas entendu l'appel d'un vrai ministre de la parole, autrement tu serais déjà ce que tu deviendras certainement un jour.

— Nous sommes presbytériens comme vous, dit Morton à l'étranger.

La famille de son oncle allait au prêche d'un des nombreux prédicateurs presbytériens qui, en souscrivant à certaines conditions, pouvaient librement remplir les devoirs de leur ministère. Cette *indulgence* gouvernementale, comme on l'appelait, avait causé un grand schisme parmi les presbytériens, et ceux qui l'acceptaient étaient violemment dénoncés comme renégats par les sectaires les plus rigides.

L'étranger répondit donc d'un air de dédain à la déclaration de Morton :

— Vous équivoquez, Monsieur, vous équivoquez. Vous allez entendre chaque jour de sabbat un discours froid, mondain et compassé, pour plaire aux puissants du jour; un discours débité par un homme qui a oublié la sainteté de son ministère pour accepter un prétendu apostolat conféré par la faveur des courtisans et des faux prélats! Et c'est cela que vous appelez écouter la parole sainte! De toutes les embûches que le mauvais esprit a préparées pour les âmes dans ces jours de sang et d'ignorance, cette fausse indulgence a été la pire. La désolation a été terrible, cela a été la mort du pasteur, et la dispersion du troupeau dans les montagnes. On a élevé une bannière au nom du Christ contre une bannière, et l'on a fait la guerre des ténèbres avec l'épée des fils de la vérité !

— Mon oncle croit, repartit Morton, que nous possédons une liberté de conscience suffisante sous la direction des ministres autorisés, et je dois être guidé par son opinion dans le choix du lieu où sa famille va prier.

— Votre oncle, dit le cavalier, est un homme qui a plus d'attention pour le moindre des agneaux de sa bergerie de Milnwood que pour tout le troupeau du Christ. Il est un de ceux qui auraient volontiers ployé le genou devant le veau d'or de Bethel et qui auraient cherché à en recueillir la poussière quand il fut mis en poudre et jeté aux flots. Ton père était un autre homme.

— Mon père, reprit Morton, était un brave et galant homme. Vous pouvez avoir entendu dire, Monsieur, qu'il combattit pour la cause royale, au nom de laquelle j'ai pris les armes aujourd'hui.

— C'est vrai ; mais s'il eût vécu jusque aujourd'hui, il aurait maudit l'heure à laquelle il avait tiré l'épée en sa faveur. Nous reparlerons de cela plus tard. Je te prédis, jeune homme, que ton heure viendra certainement, et que ce que tu viens d'entendre entrera dans ton cœur comme une épée flamboyante. Mon chemin tourne ici.

L'étranger avait étendu le bras du côté d'un sentier qui se perdait dans un immense désert de montagnes sauvages et désolées; mais au moment où il allait tourner la tête de son cheval vers ce chemin, une vieille femme, enveloppée d'un mantelet rouge, qui se tenait assise au bord de la route, se leva, et l'approchant, lui dit d'une voix mystérieuse :

— Si vous êtes un des nôtres, ne prenez pas le sentier ce soir, il y va de votre vie. Un lion se tient dans le chemin. Le ministre de Brotherstane et dix soldats se sont emparés du pas pour ôter la vie à ceux de nos malheureux frères qui veulent aller joindre Hamilton et Dingwall.

— Est-ce que les persécutés se sont rassemblés sous un chef? demanda l'étranger.

— Ils sont soixante ou soixante-dix hommes et chevaux, dit la vieille femme, mais, hélas! pauvrement armés, et leurs provisions ne sont pas lourdes.

— Dieu sera avec les siens, repartit le cavalier; quelle route faut-il suivre pour les rejoindre cette nuit?

— Oh! c'est tout à fait impossible, répondit la femme, les troupiers font bonne garde, et on dit qu'il est venu d'étranges nouvelles de l'est qui les rendent plus cruels que jamais. Il vous faut chercher un abri quelque part pour cette nuit avant d'aller aux bruyères. J'ai une chaumière, sur le bord du chemin, à environ un mille de distance; mais quatre adorateurs de Bélial, que l'on nomme dragons, y sont logés pour détruire mon bien à leur volonté, parce que je n'ai pas voulu fréquenter les offices de cet homme de la chair, cet homme sans inspiration et sans foi, Jean Demitexte, le curé.

— Bonne nuit, ma bonne femme, et merci pour votre avis, répliqua l'étranger en éperonnant son cheval. Mais où reposer ma tête ce soir? C'est ce que nulle voix mortelle ne peut me dire.

— Je suis désolé de la difficulté où vous vous trouvez, lui dit Morton; et si j'avais une maison ou un abri que je pusse appeler le mien, je risquerais toutes les rigueurs de la loi plutôt que de vous laisser dans cet embarras. Mais mon oncle a tant peur des pénalités et des amendes infligées à ceux qui reçoivent, hébergent ou aident les récalcitrants, qu'il nous a strictement défendu d'avoir le moindre rapport avec eux.

— Je n'ai plus qu'un mot à vous dire, répliqua le voyageur. Avez-vous jamais entendu votre père parler de Jean Balfour de Burley?

— Son ancien camarade, son ami, qui lui sauva la vie au péril de la sienne à la bataille de Longmarston-Moor! Oui! souvent, bien souvent!

— Je suis ce Balfour, reprit son compagnon. Voici là-bas la maison de votre oncle, je vois les lumières à travers les arbres. Celui qui veut venger le sang versé me poursuit, et ma mort est certaine si je ne trouve pas là un abri. Choisis donc, jeune homme : repousse l'ami de ton père comme un voleur de nuit, laisse-le exposé à la mort sanglante dont il sauva ton père, ou bien expose les biens périssables de ton oncle au danger qui menace, dans cette génération de malheur, les biens de ceux qui donnent un morceau de pain ou un verre d'eau à un chrétien mourant d'épuisement!

Les souvenirs de Morton se pressèrent par milliers dans son esprit. Il se rappela que son père, dont il adorait la mémoire, avait souvent parlé de la dette éternelle qu'il devait à cet homme, regrettant qu'après avoir été si longtemps camarades, ils se fussent éloignés l'un de l'autre à l'époque où l'Écosse se partagea en révolutionnaires et en protestants : les révolutionnaires adoptant la cause de Charles II après l'exécution de son père, et les protestants penchant vers une alliance avec les républicains, dont le triomphe était complet. Le fanatisme sévère de Burley l'avait jeté parmi les protestants (1), et les deux amis s'étaient séparés dans un moment de froideur pour ne jamais plus se rencontrer. Le colonel Morton avait souvent raconté les détails de cette affaire à son fils, et toujours en exprimant le plus profond regret de n'avoir pu, d'une manière ou d'une autre, rendre à Burley l'équivalent du service qu'il en avait reçu.

Le vent, comme pour hâter la décision de Morton, apporta l'écho lointain d'un son de tambour qui semblait s'approcher, et annonçait la venue d'une troupe d'hommes à cheval.

— Ce doit être Claverhouse et le reste de son régiment. Qui peut l'avoir forcé à cette marche de nuit? Si vous continuez votre chemin, vous tomberez en ses mains ; si vous retournez vers la ville, vous rencontrerez la troupe de l'enseigne Graham. Le chemin de la montagne est gardé. Il faut que je vous abrite à Milnwood ou que je vous laisse exposé à la mort. Mais la vengeance de la loi tombera sur moi, et non sur mon oncle..... Suivez-moi.

Burley, qui avait attendu tranquillement la résolution que Morton allait prendre, le suivit en silence.

(1) C'est-à-dire protestants puritains. Les autres, ainsi que les révolutionnaires, voyant la ruine imminente de l'Angleterre, si elle ne rétablissait pas la royauté, s'efforçaient d'atténuer les maux produits par cette révolution, dont ils avaient été les auteurs. *(Note des Éditeurs.)*

La maison de Milnwood, bâtie par le père du propriétaire d'alors, était un édifice tout à fait en rapport avec l'étendue de la propriété ; mais depuis la mort de celui qui l'avait fait construire, on l'avait laissée sans réparation aucune. Les communs étaient à une petite distance de la maison, Morton s'y arrêta.

— Il faut que je vous quitte ici pour un moment, dit-il tout bas, jusqu'à ce que j'aie préparé un lit pour vous dans la maison.

— Je n'en ai pas besoin, répondit Burley, depuis trente ans ma tête a plus souvent reposé sur la dure que sur la laine ou la plume. Donnez-moi un verre de bière et un morceau de pain : après que j'aurai dit mes prières, je m'étendrai sur de la paille avec autant de bonheur que si je m'étais assis à la table d'un prince, et que j'eusse à ma disposition la chambre la mieux meublée. Morton pensa au même moment que s'il essayait de loger le fugitif dans la maison, cela augmenterait considérablement le danger qu'il y avait à l'héberger. Il alluma donc un fanal dans l'écurie, et ayant attaché leurs chevaux, il conduisit Burley à un lit placé dans le grenier au foin, et qui avait été occupé par un garçon d'écurie qui avait été congédié par son oncle dans un moment où il était tourmenté d'une de ses idées d'économie, idées qui revenaient plus fréquentes que jamais. Morton laissa son compagnon dans cette triste demeure, lui recommandant de cacher sa lumière, afin qu'elle ne fût pas aperçue de la maison, et promit de revenir immédiatement avec les rafraîchissements qu'il pourrait se procurer à une heure aussi avancée. C'était là cependant ce qui le tourmentait le plus, car il ne parviendrait à obtenir la moindre chose que s'il trouvait la vieille gouvernante de son oncle d'humeur assez traitable pour lui confier les clefs. Si, par hasard, elle était couchée, ce qui semblait assez probable, ou de mauvaise humeur, ce qui était tout aussi présumable, Morton savait par expérience qu'il lui serait difficile de rien avoir.

Profondément indigné de la sordide parcimonie qui régnait dans l'établissement domestique de son oncle, il frappa légèrement à la porte. Quand ce signal eut été répété plusieurs fois, la vieille gouvernante se leva, en grondant, du coin de la cheminée qu'elle occupait, et se couvrant la tête d'un mouchoir à carreaux pour se protéger contre le froid de la nuit, elle s'avança le long du corridor en demandant plus d'une fois avant de tirer les verrous :

— Qui peut être là à cette heure de la nuit ?

Elle ouvrit enfin la porte.

— Eh bien ! voilà une heure raisonnable, monsieur Henri ! dit la vieille dame du ton insolent que savent prendre les domestiques gâtés par la faveur du maître, une belle heure de nuit pour venir troubler une maison tranquille et garder les gens hors de leur lit en vous attendant! Voilà bientôt trois heures que votre oncle est couché; Robin est malade de ses rhumatismes; il est allé se mettre au lit, et j'ai été obligée de vous attendre, malgré la toux qui me tourmente.

— Je vous suis bien obligée, Alison, et je vous remercie beaucoup.

— Oui, voilà! nous sommes devenu si grand garçon! Il y en a qui m'appellent madame Wilson, il n'y a guère que Milnwood seul qui pense à m'appeler Alison tout court, et encore il me traite aussi souvent de madame Alison.

— Eh bien! madame Alison, dit Morton, je suis vraiment fâché de vous avoir obligée à m'attendre.

— Et maintenant que vous voilà arrivé, monsieur Henri, reprit la gouvernante, pourquoi ne prenez-vous pas votre lumière et n'allez-vous pas vous coucher? Et faites attention, quand vous irez le long de la salle de chêne, à ne pas laisser couler votre chandelle; ne faites pas tomber de suif, pour que nous ayons le mal de l'enlever demain matin.

— Mais, Alison, c'est que j'aurais grand besoin d'avoir quelque chose à manger et un verre de bière à boire avant d'aller me coucher.

— Manger?... de la bière, monsieur Henri? En vérité, vous ne vous gênez pas! Croyez-vous que nous n'ayons pas entendu parler de votre tir, et comment vous avez brûlé autant de poudre qu'il en faudrait pour tuer tout le gibier dont nous aurons besoin d'ici à la Chandeleur, et comment vous êtes allé au Howff du ménétrier avec tous les fainéants du pays? N'avez-vous pas bu là, aux dépens de votre pauvre oncle sans doute, avec tous les vagabonds de la contrée, jusqu'à la nuit? Et puis vous venez à la maison demander de la bière, comme si vous étiez le maître de tout!

Morton comprit la nécessité de faire taire l'indignation qu'il ressentait, car il lui fallait à tout prix obtenir quelques rafraîchissements pour son compagnon: il affirma donc d'un air de bonne humeur à la vieille gouvernante qu'il était réellement altéré et affamé.

— Et quant à la joute d'aujourd'hui, je vous ai entendue dire vous-même que vous y êtes allée quelquefois, madame Wilson; je regrette que vous ne soyez pas venue nous voir tantôt.

— Ah! monsieur Henri, dit la vieille dame. La joute!... Ah! vous vous croyez un beau et galant gars sans doute! et pour le vrai, ajouta-t-elle en le regardant de près à la lumière de sa chandelle, vous n'êtes pas mal bâti; reste à savoir seulement si le cœur y répond. Et maintenant, puisque vous dites que vous n'avez presque rien pris, je m'en vais vous montrer que je ne vous ai pas tout à fait oublié, car je ne pense pas qu'il soit sain pour de jeunes estomacs de s'en aller se coucher à jeun.

Nous devons rendre toute justice à madame Wilson : ses harangues de nuit se terminaient par cette sage maxime, que suivait toujours un petit lot de provisions plus recherchées que de coutume. Elle examina M. Henri, comme elle l'appelait, d'un œil content pendant qu'il s'occupait de découper ses provisions.

— J'espère que cela va vous réconforter, mon beau garçon. Je suis bien sûre qu'on ne vous aura pas donné de pudding comme celui-là chez Niel Blanc. Mais voilà mes pauvres yeux qui se ferment : ne vous pressez pas, monsieur Henri, ayez soin de bien éteindre la chandelle; voilà un pot de bière et un verre de quelque chose de mieux. Ce n'est pas à tout le monde que je donne de cela, je le garde pour quand j'ai des crampes d'estomac, et cela vaut mieux que de l'eau-de-vie pour la jeunesse. Ainsi, bonne nuit, monsieur Henri, et ayez bien soin d'éteindre la chandelle.

Morton promit de n'oublier aucune de ses recommandations, et lui dit de ne pas s'inquiéter si elle l'entendait rouvrir la porte, car il avait, comme d'habitude, à retourner auprès de son cheval, afin de l'arranger pour la nuit. Madame Wilson se retira, et Morton, rassemblant toutes ses provisions, allait les porter à son protégé, quand la tête de la vieille gouvernante parut de nouveau à la porte pour lui recommander de faire son examen de conscience avant de se livrer au sommeil, et de demander la protection de Dieu pendant les heures de ténèbres. Ces habitudes de familiarité étaient assez communes à cette époque parmi une certaine classe de domestiques, et peuvent se trouver encore dans quelque vieux manoir des comtés éloignés. Ces domestiques faisaient partie de la famille; et comme ils n'imaginaient pas qu'il leur fût possible de perdre leur place aussi longtemps qu'ils vivraient, ils étaient sincèrement attachés à leurs maîtres.

CHAPITRE V.

Aussitôt que Morton n'eut plus à craindre l'œil inquisiteur de la vieille gouvernante, il rassembla une partie des provisions qu'il avait devant lui, et se mit en mesure de les porter à son protégé. Il avait à peine dépassé le seuil de la maison, qu'il entendit résonner le long de la route le galop du corps de cavalerie dont le vent leur avait apporté les roulements de tambours. La troupe passait en ce moment au pied de la maison de Milnwood. Morton entendit l'officier commander une halte, et, après un instant de silence qui n'était interrompu que par le hennissement ou le piétinement des chevaux, demander d'un ton d'autorité :

— A qui appartient cette maison ?

— A Milnwood, mon officier.

— Est-il des nôtres? reprit le commandant.

— Il se soumet aux ordres du gouvernement et fréquente le prêche d'un ministre autorisé, répondit un cavalier.

— Humph! Ah! autorisé! c'est tout bonnement un masque pour la trahison maladroitement donné à ceux qui sont trop poltrons pour avouer hautement leurs principes. Je crois que nous ferions bien d'envoyer quatre hommes et un caporal visiter la maison pour voir si quelques-uns des féroces brigands qui ont commis cette boucherie, digne de païens, ne sont pas cachés là.

Avant que Morton eût recouvré le sang-froid que cette proposition lui avait fait perdre, la voix qui avait répondu précédemment répliqua :

— Je ne pense pas que cela soit du tout nécessaire : Milnwood est un vieux misanthrope, infirme, qui ne s'occupe pas de politique et qui aime ses écus bien mieux que toute autre chose au monde. On m'a dit que son neveu était aujourd'hui à l'assemblée et a gagné le prix de la joute; ce n'est pas là le fait d'un fanatique. Il est probable qu'il y a longtemps qu'ils sont tous couchés, et une visite domiciliaire à cette heure de la nuit pourrait tuer le pauvre vieux.

— Si cela est, repartit le commandant, nous ne ferions que perdre notre temps, et nous n'en avons pas beaucoup de reste. Soldats des gardes du corps, en avant, marche!

Quelques notes de trompette, se mêlant au bruit cadencé du tambour et au résonnement des pieds des chevaux, annoncèrent bientôt que toute la troupe était en marche.

Quand le dernier cavalier eut disparu, Morton pensa de nouveau à visiter le voyageur. Balfour était assis sur son humble couche; il tenait une petite Bible et semblait absorbé par la lecture. Son épée, qu'il avait tirée du fourreau en entendant les dragons s'approcher, était sur ses genoux; la lumière vacillante, posée sur un vieux coffre qui lui servait de table, jetait sur ses traits tristes et sévères une clarté tremblante et douteuse qui leur prêtait quelque chose de solennel, de sauvage et de tragique. On voyait sur son front la trace de principes indomptables qui avaient maîtrisé tous autres sentiments, toutes autres passions. Il leva les yeux, et vit Morton qui le contemplait.

— Je vois, dit Morton regardant l'épée couchée sur ses genoux, je vois que vous avez entendu passer les dragons ; leur approche m'a retenu quelques minutes.

— J'y ai à peine fait attention, répondit Balfour, mon heure n'est pas encore venue. Je sais cependant que le jour approche où je dois tomber dans leurs mains et partager l'honneur des saints qu'ils ont massacrés. Je voudrais, jeune homme, que cette heure fût venue ; elle m'apporterait autant de bonheur que jamais fiancé en eut au jour de son mariage. Mais si mon MAÎTRE a encore des labeurs pour moi sur la terre, je ne dois pas les exécuter à regret.

— Mangez et reposez-vous, dit Morton, il est nécessaire dans votre intérêt que vous quittiez cette maison demain pour les montagnes, aussitôt que vous pourrez reconnaître votre chemin dans les bruyères.

— Jeune homme, répliqua Balfour, vous êtes déjà fatigué de moi, et vous le seriez peut-être encore davantage si vous connaissiez la tâche qui m'a été imposée dernièrement. Mais cela ne m'étonne pas qu'il en soit ainsi, car il y a des instants où je suis fatigué de moi-même. Ne pensez-vous pas que c'est une tâche bien dure pour des êtres de chair et de sang d'être obligés d'exécuter les impénétrables jugements du ciel quand ils ont encore cette faiblesse coupable et cette sympathie aveugle pour les souffrances corporelles qui les fait trembler d'émotion en infligeant une sévère blessure à l'un de leurs frères? Et croyez-vous que ceux qui ont aidé à punir un tyran peuvent toujours penser à la part qu'ils ont prise à sa chute sans trembler et sans douter? Ne sont-ils pas portés quelquefois à mettre en question la vérité de l'inspiration qui les fit agir?

— Ce sont là des questions, monsieur Balfour, sur lesquelles je ne suis pas compétent pour discuter avec vous, répondit Morton ; mais j'avoue que je douterais beaucoup de l'origine d'une inspiration qui semblerait indiquer une ligne de conduite contraire aux sentiments d'humanité que le ciel nous a départis à tous pour nous servir de guides ici-bas.

Balfour parut quelque peu troublé par cette réponse, et se redressa vivement ; mais reprenant immédiatement son sang-froid, il répondit avec tranquillité :

— Il est assez naturel que vous le pensiez : vous êtes encore dans l'abîme, dans une fosse plus noire que celle où l'on jeta Jérémie, celle de Malcaiah, le fils de Hamelmelech, une fosse où il n'y a pas d'eau, mais de la boue. Cependant le signe de la foi est sur votre front, et le fils du juste, le fils de celui qui résista le fer à la main quand la bannière flotta dans les montagnes, ne sera pas entièrement perdu comme un enfant des ténèbres. Pensez-vous que nos victoires sur nous-mêmes ne doivent pas s'étendre au-delà de nos affections coupables et de nos mauvaises passions? Non : il nous est enjoint, quand nous nous ceignons les reins, d'accomplir notre course hardiment ; et quand nous avons tiré l'épée, il nous est commandé de tuer l'infidèle, bien qu'il soit notre voisin ; de tuer l'homme puissant et cruel, quoiqu'il soit de notre race, et de tuer l'ami de notre cœur.

— Ce sont là les opinions, dit Morton, que vos ennemis mettent à votre charge, et qui excusent, si elles ne justifient, les mesures cruelles que le conseil a prises contre vous. Ils affirment que vous prétendez trouver la règle de votre conduite dans ce que vous appelez une lumière intérieure; ils disent que vous rejetez l'autorité des représentants de la loi, et même celle des sentiments naturels de l'humanité quand ils sont en opposition avec ce que vous nommez les inspirations de l'esprit.

— Ils nous accusent à tort, répondit le caméronien (1); ce sont eux, les parjures, qui ont rejeté toute loi divine et humaine, et qui nous persécutent pour notre constance à la ligue et à l'alliance solennelle contractée par le royaume d'Écosse avec Dieu, ligue qu'ils ont tous, excepté quelques méchants papistes, jurée publiquement autrefois, pour la fouler aux pieds aujourd'hui et en brûler sur les places publiques les témoignages authentiques. Quand ce Charles Stuart revint en ces royaumes, fut-il ramené par les méchants? Ils essayèrent de l'emporter de vive force; mais combien il furent loin de réussir! James Graham de Montrose et ses soudards des montagnes auraient-ils pu le mettre sur le trône de ses pères? Leurs têtes exposées sur la porte de l'Ouest ont longtemps prouvé le contraire. Ce furent les travailleurs du glorieux édifice, les réformateurs de la beauté du tabernacle, qui le rappelèrent et le replacèrent sur cette place élevée d'où son père avait été précipité. Et quelle a été notre récompense?

— Monsieur Balfour, répondit Morton, je ne veux ni accepter ni réfuter vos plaintes contre le gouvernement. Je me suis efforcé d'acquitter une dette due au compagnon de mon père en vous donnant un abri à l'heure

---

(1) *Caméronien*, c'est-à-dire un de ces Écossais rebelles à la royauté, qui avait pour chef Richard Caméron battu et mort à Airmoss. Cette « armée d'Israël » ne fut dissipée que par les rigueurs du duc d'York. (*Note des Éditeurs.*)

du danger; mais vous me pardonnerez si je ne m'engage pas dans votre cause, et si je n'entre dans aucune discussion de controverse. Je vais vous laisser reposer, et je regrette sincèrement de n'avoir pu vous rendre votre séjour ici plus confortable.

— Mais je vous verrai, je l'espère, au matin, avant mon départ. Je ne suis pas un homme à rechercher des connaissances et des amis en ce monde. Quand je mis ma main à la charrue, je me décidai irrévocablement à ne pas regretter ce que je laissais derrière moi. Cependant le fils de mon ancien camarade est comme mon fils, et je ne puis pas le voir sans éprouver la ferme et profonde conviction que je le verrai un jour ceindre son épée pour la bonne et sainte cause en défense de laquelle son père a souffert et son père est mort.

Morton lui promit qu'il l'appellerait quand il serait temps de se mettre en route, et ils se séparèrent.

Morton se retira pour prendre quelques heures de repos; mais son imagination, surexcitée par les événements du jour précédent, le tourmenta presque toute la nuit. Il crut voir une scène de carnage à laquelle son nouvel ami prenait la plus grande part. La gracieuse Édith Bellenden lui apparut aussi; elle l'appelait à son secours, tandis qu'une force invisible le tenait cloué loin d'elle. Il s'éveilla tout agité, le cœur plein de sinistres pressentiments. On voyait déjà une faible lueur se jouer au sommet des hautes montagnes, et l'aurore allait éclairer la fraîcheur d'une matinée d'été.

— J'ai dormi trop longtemps, se dit-il, il faut aller hâter le départ de ce malheureux enthousiaste.

Revêtant ses habits aussi vite que possible, il ouvrit la porte de la maison sans bruit, se dirigea vitement vers le grenier où dormait le caméronien. Morton s'avança sur la pointe des pieds, car le ton décidé et les rudes manières de Balfour, ainsi que son langage extraordinaire et ses ardentes opinions, lui avaient inspiré quelque chose de semblable à la terreur. Balfour dormait encore. Il s'était jeté tout habillé sur son lit. Ses bras étaient étendus le long de son corps; la main droite, violemment fermée, semblait essayer de temps en temps à porter ces coups inutiles qui figurent toujours dans des rêves de violence; la gauche était ouverte et se soulevait comme pour repousser un assaillant. La sueur couvrait son front, et ses lèvres laissaient échapper des phrases sans suite qui semblaient témoigner de son émotion:

— Tu es pris, Judas!... tu es pris!... ne te mets pas à mes genoux... ne te mets pas à mes genoux... Tue!... tue!... Un prêtre? Oui! un prêtre de Baal ; il sera lié et mis à mort sur les bords du Kishon. Des armes à feu sont inutiles avec lui... Frappez!... servez-vous du fer!... achevez-le!... achevez-le par pitié pour ses cheveux blancs!

Effrayé de la violence de ces souvenirs, qui semblaient indiquer la perpétration de quelque acte de violence, Morton toucha l'épaule de Balfour pour l'éveiller. Les premières paroles que ce dernier prononça furent :

— Faites de moi ce que vous voudrez, je ne nierai pas le fait !

Il ouvrit les yeux, et reprit tout à coup la triste sévérité de ses manières ; tombant bientôt à genoux avant de dire un autre mot à Morton, il fit une prière fervente en faveur de l'Eglise d'Ecosse, appelant le regard du Très-Haut sur le sang de ses saints et de ses martyrs massacrés pour sa cause, et demanda que le bouclier du Tout-Puissant fût étendu sur les restes dispersés de ceux qui n'avaient d'autre place de refuge que la solitude des lieux déserts. Avant d'achever ses dévotions, il invoqua la vengeance divine, une vengeance exemplaire, sur les oppresseurs : ses ardentes et emphatiques imprécations empruntaient encore une plus grande véhémence à la couleur orientale de ses expressions bibliques. Il se leva quand il eut fini sa prière, et prenant le bras de Morton, ils descendirent ensemble vers l'écurie, où le pèlerin, nom que ses coreligionnaires lui avaient donné, se mit en devoir de préparer son cheval pour continuer son chemin. Quand la selle fut sanglée et la bride mise en état, Burley pria Morton de l'accompagner jusqu'à une petite distance dans le bois pour lui montrer le sentier qu'il devait suivre afin de gagner les bruyères. Ils marchèrent en silence l'un près de l'autre un instant sous les arbres, en suivant une sorte de chemin naturel qui conduisait à la campagne déserte et sauvage qui s'étend jusqu'au pied des montagnes.

Ils échangèrent peu de paroles, jusqu'à ce qu'enfin Burley demanda tout à coup à Morton si les paroles qu'il avait entendues la veille avaient produit quelque fruit dans son cœur.

Morton répondit qu'il croyait toujours tout ce qu'il avait cru, et qu'il était décidé à rester aussi longtemps que possible bon chrétien et loyal sujet.

— En d'autres termes, répliqua Burley, vous voudriez servir tout à la fois Dieu et Mammon : confesser un jour la vérité, et prendre les armes le lendemain, sur l'ordre d'une autorité mondaine et assez tyrannique pour verser le sang de ceux qui ont sacrifié tout pour l'amour de la vérité? Croyez-vous que l'on peut mettre sa main dans la poix et la retirer blanche comme devant? Croyez-vous que l'on peut se mêler aux méchants, aux papistes, prélatistes, latitudinariens et blasphémateurs ; partager leurs jeux, qui sont comme des sacrifices offerts aux faux dieux ; s'allier peut-être avec leurs filles, comme les enfants de Dieu s'allièrent avec les filles des hommes avant le déluge... croyez-vous, dis-je, que l'on peut faire toutes ces choses et échapper à la corruption ? Je vous le dis en vérité, toute communication avec les ennemis de l'Eglise est une abomination devant les yeux du Seigneur! Gardez-vous de toucher, de goûter, de sentir! Et ne te plains pas, jeune homme, car tu n'es pas le seul qui sois appelé à mortifier ta chair, à renoncer aux plaisirs qui sont une embûche sous tes pas : je te le dis en vérité, le fils de David n'a pas voulu que la génération d'Adam ait un meilleur lot.

Il monta alors son cheval, et disparut bientôt sous les rameaux de la forêt.

— Adieu, sévère enthousiaste, dit Morton le regardant s'éloigner; combien la présence de ce cet homme me serait dangereuse à certains moments! Quelle modération, quelle pitié peut-on attendre de ce Burley, qui, en ce moment même, semble sous le poids du souvenir d'un crime récent, et qui, malgré son sauvage enthousiasme, éprouve tous les aiguillons du remords? Je suis fatigué de ne voir que fureur et violence autour de moi, tantôt sous le masque de l'autorité, tantôt sous prétexte de zèle religieux. Tout me pèse : mon pays, moi-même, ma position sans liberté, les sentiments que je suis obligé de refouler, ces bois, ce ruisseau, cette maison, tout! tout! oh! excepté Edith! et elle ne peut jamais m'appartenir! L'orgueil de sa grand'mère, les principes opposés de nos amilles, mon misérable état de dépendance, pauvre esclave! car je n'ai pas même les gages d'un domestique! oh! tout! oui, tout me répète que mon espoir est vain, que nous ne pourrons jamais être unis! Pourquoi donc continuer à se faire illusion?... Mais non, je ne suis pas un esclave! dit-il tout à coup en se relevant de toute sa hauteur, non! Je puis aller vivre ailleurs... L'épée de mon père m'appartient, l'Europe m'est ouverte, comme elle lui était ouverte, et pour des centaines de compatriotes qui ont rempli le monde du bruit de leurs exploits! Quelque hasard heureux peut m'élever au rang des Ruthwen, des Lesley, des Monroe, ces compagnons favoris de Gustave-Adolphe, le grand champion du protestantisme!... A défaut de la gloire d'un guerrier, je peux trouver la mort d'un soldat.

Il était alors de retour à la maison de son oncle, et il résolut de lui communiquer immédiatement sa résolution.

Ce fut avec cette intention qu'il entra dans la salle aux lambris de chêne, où son oncle avait déjà commencé son déjeuner, composé, comme toujours, de soupe au gruau et de petit-lait. La vieille gouvernante était derrière lui, à demi appuyée sur le dossier de sa chaise dans une attitude qui tenait du respect et de la familiarité. Le vieux gentilhomme avait été de haute stature, mais il était alors tellement courbé par les ans, que dans une réunion où l'on discutait la courbe de l'arche d'un pont que l'on devait construire sur une rivière du voisinage, un gentillâtre facétieux proposa d'acheter la voûte que formait le dos de Milnwood, disant qu'il vendrait tout ce que l'on voudrait acheter. Ses pieds étaient plats et très-longs, ses mains maigres et allongées, et les ongles qui terminaient ses doigts n'avaient pas depuis longtemps été mis en contact avec l'acier : son visage, plein de rides, était d'une longueur proportionnée à celle de ses membres et de son corps, et ses deux petits yeux gris, qui semblaient chercher éternellement un acheteur ou une dupe, complétaient l'extérieur peu flatteur de M. Morton de Milnwood. Une enveloppe de cette espèce ne pouvait contenir une nature bienveillante ni libérale, l'âme et le corps se correspondaient exactement. Ce corps presque difforme était animé des dispositions les plus égoïstes, les plus basses et les plus envieuses.

Aussitôt que ce mauvais échantillon de l'espèce humaine vit entrer son neveu, il se hâta, avant de lui adresser la parole, d'avaler la cuillerée de soupe qu'il était en train de porter à ses lèvres; mais la soupe était extrêmement chaude, et la douleur excessive qu'elle lui causa en descendant de sa bouche dans son gosier accrut la mauvaise humeur que la vue de Henri lui avait inspirée.

— Eh bien! Monsieur, qu'est-ce que cela veut dire? Quelle sorte de vie est-ce que vous menez là? Vous n'êtes rentré qu'après minuit?

— A peu près, je crois, Monsieur, répondit Morton d'un air indifférent.

— A peu près, Monsieur! Qu'est-ce qu'une réponse pareille, Monsieur? Pourquoi n'êtes-vous pas venu quand tout le monde a quitté la joute?

— Je croyais que vous le saviez, Monsieur, dit Morton; j'ai eu le bonheur d'être le meilleur tireur de la journée, et je suis resté pour offrir, comme d'habitude, quelques rafraîchissements aux autres jeunes gens.

— Peste! Monsieur! Et vous venez me dire cela de sang-froid! *Vous* prétendez offrir des rafraîchissements, et vous ne pouvez seulement vous mettre votre dîner sous la dent sans le faire à mes dépens! Ah! si vous me forcez à payer vos folies, je vous ferai travailler pour m'en rembourser. Pourquoi donc ne mettriez-vous pas la main à la charrue, puisque notre laboureur nous a quittés? Cela vaudrait beaucoup mieux que de porter des pourpoints verts et de dépenser votre argent en poudre et en plomb. Cela vous ferait une occupation honnête et vous donnerait du pain, au lieu qu'aujourd'hui vous devez me savoir gré de celui que vous mangez.

— Je serais très-heureux de me faire une occupation honnête, répondit Henri, mais je ne sais pas conduire une charrue.

— Et pourquoi pas? C'est beaucoup plus facile que de tirer de l'arc ou de chasser avec un fusil, ce qui vous plaît assez. Le vieux David est à labourer aujourd'hui, vous pouvez l'aider pendant deux ou trois jours; surtout prenez garde de ne pas pousser les bêtes trop fort, et vous serez bientôt en état de prendre charge d'une charrue vous-même. Vous n'apprendrez jamais plus jeune, je puis vous le garantir. La terre du Haggicholm est un peu forte, et David est trop vieux maintenant pour peser assez sur le soc.

— Je suis fâché de vous interrompre, Monsieur, dit Morton, mais j'ai formé un autre plan qui aura pareillement pour effet de vous affranchir de ma présence et de la dépense que je vous cause.

— Ah! vraiment! un plan que vous avez formé, cela doit être quelque chose de propre! s'écria l'oncle d'un ton passablement ironique. Voyons ce que c'est, mon garçon!

— Je vais vous l'expliquer en deux mots, Monsieur. J'ai l'intention de quitter le pays, d'aller servir à l'étranger, comme mon père servait avant le commencement de nos malheureux troubles. Son nom ne doit pas être entièrement oublié dans les pays où il s'est distingué, et facilitera sans doute à son fils l'occasion de montrer ce qu'il peut faire.

— Bonté du ciel! s'écria la gouvernante, notre jeune M. Henri aller à l'étranger! Non, non, non! cela n'est pas possible.

Milnwood n'avait aucune intention de se séparer de son neveu, qui lui était des plus utiles. Terrifié tout d'abord à cette assertion inattendue d'indépendance de la part d'un homme qui lui avait toujours montré la déférence et la soumission la plus complète, il se remit bientôt cependant, et lui dit:

— Et qui vous donnera, croyez-vous, les moyens d'entreprendre cette chasse aux corneilles? Ce ne sera certainement pas moi. Je peux à peine joindre les deux bouts à la maison. Et vous prendriez une femme probablement, comme le fit votre père, et vous enverriez à votre oncle des marmots pour crier et tempêter dans ma maison, tourmenter ma vieillesse, puis prendre leur volée et s'en aller comme vous quand on leur demanderait de se rendre utiles !... Henri, ajouta-t-il d'un ton plus doux, ne pensez plus à cette folie ; c'est en allant jouer au soldat pendant vingt-quatre heures que ces bêtises-là vous viennent dans la tête, faites attention que vous n'aurez pas un sou pour exécuter de pareils plans.

— Je vous demande pardon, Monsieur, mais j'ai besoin de bien peu de chose ; et si vous aviez la complaisance de me remettre la chaîne d'or que le margrave donna à mon père après la bataille de Lutzen...

— La chaîne d'or ! s'écria son oncle.

— La chaîne d'or ! répéta la gouvernante.

La hardiesse de cette demande les avait stupéfiés tous les deux.

— J'en garderai quelques anneaux, continua le jeune homme, pour me rappeler celui qui l'avait gagnée et l'endroit où il l'avait reçue, le reste me fournira les moyens de suivre la carrière dans laquelle mon père acquit ce gage d'honneur.

— Mais, bonté du ciel ! s'écria la gouvernante, mon maître la porte tous les dimanches !

— Guillaume Mactrickit prétend que c'est un objet d'hoirie, qui appartient plutôt au chef de la maison qu'au descendant immédiat. Il y a trois mille anneaux ; je les ai comptés et recomptés un millier de fois. Elle vaut de sept à huit mille francs.

— Je n'ai pas besoin d'une aussi forte somme, Monsieur ; et si vous voulez m'en donner le tiers avec cinq anneaux de la chaîne, j'en aurai suffisamment : le reste sera pour vous dédommager des dépenses et des embarras que je vous ai causés.

— Mais on a dû lui jeter un sort ! s'écria son oncle. Oh ! que deviendront les sillons et les bois de Milnwood quand je serai mort et enterré ? Il jetterait la couronne d'Écosse par-dessus les haies, s'il l'avait.

— Eh bien ! Monsieur, s'écria la vieille gouvernante, je dois dire que c'est en partie votre faute. Il ne faut plus parler d'envoyer le jeune homme à la charrue ; il y a assez de pauvres whigs dans le pays qui seront heureux de nous donner un coup de main pour un peu de pain et de soupe ; c'est plutôt leur affaire que la sienne.

— Et puis nous aurons les dragons qui viendront nous tourmenter, parce que nous occuperons et hébergerons des rebelles ! Vous nous feriez là une belle affaire ! Allons déjeuner, Henri ; retire ton pourpoint vert et mets ta jaquette grise : c'est un habit plus convenable, qui sied mieux que toutes ces aiguillettes et tous ces rubans.

Morton, voyant qu'il n'avait aucune chance d'obtenir en ce moment ce qu'il réclamait, quitta l'appartement. Peut-être n'était-il pas excessivement fâché de trouver quelques obstacles à son départ du voisinage de Tillietudlem. La gouvernante le suivit en lui frappant sur l'épaule, et lui disant d'être un bon garçon et de serrer ses beaux habits.

— Je vais brosser votre chapeau et prendre soin de vos rubans et de vos manchettes, ajouta la bonne dame; mais ne parlez plus de nous quitter ni de vendre la chaîne d'or que votre oncle aime tant à voir, et dont il compte si souvent les anneaux. Les vieilles gens, vous le savez, ne durent pas toujours; ainsi, la chaîne et les sillons, tout cela vous appartiendra un jour, et vous pourrez épouser la plus belle dame du pays et tenir une bonne maison, car il y a de quoi. Est-ce que cela ne vaut pas la peine d'attendre?

Il y avait quelque chose qui résonnait si agréablement à l'oreille de Morton dans la fin de cette remarque, qu'il pressa cordialement la main de la vieille dame, et lui dit qu'il la remerciait beaucoup de ses bons avis, et qu'il y penserait mûrement avant de mettre ses premières idées à exécution

CHAPITRE VII.

Nos lecteurs voudront bien maintenant nous suivre à la tour de Tillietudlem. Lady Marguerite y était revenue toute maussade et mécontente à cause de ce qu'elle appelait l'indélébile affront fait à sa dignité par la mésaventure si publique et si inattendue de Guse Gibbie. Cet infortuné cavalier reçut ordre de conduire les volatiles dont il prenait soin aux pâturages les plus déserts, de peur d'accroître, par sa présence, la colère et la rancune de sa maîtresse.

Lady Marguerite convoqua ensuite une cour solennelle de justice, à laquelle Harrison et l'économe furent appelés au double titre de témoins et de complices, pour faire une enquête sur les causes du refus de Cuddie Headrigg le laboureur de se rendre à l'assemblée, et sur les conseils qu'il avait pu recevoir de sa mère à ce sujet : c'était là en effet que se trouvaient les causes premières du désastre arrivé au contingent de Tillietudlem. Les preuves ne manquèrent pas et furent décisives, lady Marguerite résolut de réprimer les coupables en personne· et si elle voyait qu'ils s'obstinaient dans leur faute, elle était décidée à changer la réprimande en un sentence d'expulsion des terres de la baronnie. Mademoiselle Bellenden osa seule dire quelques mots en leur faveur, mais son intervention ne leur fut pas aussi utile qu'en toute autre occasion. Édith avait perdu toute l'influence dont elle aurait pu user dans cette affaire, parce qu'en apprenant que le malencontreux guerrier était sorti sain et sauf de ses accoutrements d'emprunt, elle ne put retenir un accès de rire immodéré, que l'indignation de lady Marguerite accrut plutôt qu'elle ne le fit cesser. Ce rire revint si souvent le long de la route, que, malgré toutes les excuses impossibles qu'Édith présenta pour justifier sa folle gaieté, sa grand'mère dut lui reprocher amèrement à plusieurs reprises d'être insensible à la perte de l'honneur héréditaire de la famille. Son intercession en faveur du récalcitrant n'avait donc aucune chance d'être accueillie.

Lady Marguerite entra dans la chaumière des coupables. Quand la vieille Mause se leva de sa grande chaise d'osier et quitta le coin de sa cheminée pour venir la recevoir, ses traits exprimaient la conscience de sa faute.

— Est-il vrai, Mause, dit Marguerite, ainsi que Harrison, Gudgill et d'autres de mes gens m'en ont informée, que vous ayez osé, contrairement à la foi que vous devez à Dieu, au roi et à moi votre maîtresse, empêcher votre fils de se rendre à l'assemblée convoquée par le shérif? Est-il vrai que vous ayez rapporté ses armes et ses objets d'équipement à une heure où il était impossible de trouver un remplaçant convenable, d'où il est résulté que la baronnie de Tillietudlem a encouru, dans la personne de sa maîtresse et de ses habitants, une disgrâce, un déshonneur tels, que pareille chose n'était pas arrivée à la famille depuis le temps de Malcolm Canmore?

Le respect de Mause pour sa maîtresse était extrême; elle hésita avant de répondre, et un petit accès de toux montra la difficulté qu'elle éprouvait à présenter sa défense.

— Mais, Madame... Hum! hum!... Mais je suis fâchée, très-fâchée, qu'il soit arrivé quelque chose de désagréable. Mais la maladie de mon fils...

— Ne me parlez pas de la maladie de votre fils, Mause; s'il avait été réellement malade, vous seriez venue à la tour, dès le petit jour, chercher quelque chose qui pût lui faire du bien : tout cela n'est qu'une invention, vassale traîtresse!

— Votre Seigneurie ne m'a jamais appelée de ce nom-là auparavant, s'écria Mause. Oh! oh! dire que vous me donnez ce vilain nom, à moi qui suis servante-née de la maison de Tillietudlem! continua-t-elle en éclatant en pleurs. Je peux vous assurer qu'ils nous calomnient, Cuddie et moi, ceux qui disent qu'il ne se battrait pas les pieds dans une mare de sang pour Votre Honneur, celui de mademoiselle Édith et de la vieille Tom! Ah! bien sûr qu'il se battrait; j'aimerais mieux le voir enterré dessous que de le voir lâcher pied. Quant aux assemblées, aux joutes et à toutes ces choses, Madame, le cœur ne m'y porte pas ; je ne les trouve ordonnées nulle part. On ne peut pas servir deux maîtres ; et s'il faut dire toute la vérité, il y en a un là-haut dont je dois obéir les commandements avant ceux de Madame; autrement je suis sûre que j'exécuterais ses ordres avant ceux de tout roi ou de tout césar de la terre!

— Qu'est-ce que vous voulez dire, vous, vieille folle, est-ce que je commande rien de contraire à la conscience?

— Oh! je ne prétends pas cela; Madame; je ne parle pas de la conscience de Votre Honneur, qui avez été élevée, on peut le dire, dans les principes du prélatisme : mais chacun doit marcher selon sa lumière ; et la mienne, dit Mause, qui devenait plus hardie à mesure que la discussion s'animait, la mienne me dit d'abandonner tout, chaumière, basse-cour, pâture de vache, de souffrir tout plutôt que supporter, moi ou les miens, une cause que je crois criminelle!

— Criminelle! s'écria sa maîtresse, la cause pour laquelle vous êtes appelée par votre seigneur et maître, par l'ordre du roi, par le décret du conseil privé, par la proclamation du gouverneur, par l'arrêté du shérif !

— Oui sans doute, Madame. Mais, sauf votre déplaisir, Madame, vous vous rappellerez qu'il y avait une fois un roi, d'après l'Ecriture, appelé Nabuchodonosor, qui avait élevé une image d'or dans la plaine de Dura, comme qui dirait sur le monticule qui est au bord de l'eau, là où le monde devait se rassembler hier : et les princes, les gouverneurs, les capitaines et les juges eux-mêmes, voire même les trésoriers, les conseillers et les shérifs, furent convoqués à sa dédicace, et il leur fut commandé de tomber à genoux et de l'adorer au son de la trompette, de la flûte, de la harpe, du tabor, du tambour et de toute sorte de musique... (1)

— Eh bien! qu'est-ce que tout cela signifie, vieille folle, qu'est-ce que Nabuchodonosor a à faire avec l'assemblée du haut district de la vallée de la Clyde?

— Seulement cela, Madame, répondit Mause sans hésitation, que le

---

(1) Le lecteur doit remarquer les effets des interprétations de la Bible abandonnées à chaque individu. L'ignorance et les passions y trouvent sans peine l'apologie des plus monstrueuses actions. *(Note des Editeurs.)*

prélatisme est comme l'image d'or de la plaine de Dura, et que, comme Shadrach, Meshach et Abdenago, qui refusèrent de tomber à genoux et de l'adorer, Cuddie Headrigg, votre pauvre laboureur, du consentement de sa mère n'ira point faire de génuflexions, comme ils les appellent, dans la maison des prélats, et il ne ceindra pas son épée pour combattre avec eux, il n'ira pas entendre leurs tambours, leurs orgues, leurs cornemuses, ni aucune autre musique que ce soit.

La surprise et l'indignation de lady Marguerite Bellenden étaient extrêmes durant l'explication de cette allégorie biblique.

— Ah! je vois d'où le vent souffle, s'écria-t-elle après un instant de silence; le mauvais esprit de l'année seize cent quarante-deux court encore parmi vous, et toutes les vieilles folles, au coin de leur cheminée, vont êtres prêtes à disputer sur les mots et les textes avec les docteurs en théologie et les saints Pères de l'Église!

— Si Votre Honneur veut parler des prélats, je sais, pour ma part, qu'ils n'ont été que de faux et méchants pères pour l'Église d'Écosse. Et puisque Votre Honneur parle de nous renvoyer, je peux lui dire ce que je pense aussi sur un autre point. Votre Honneur et l'économe ont bien voulu proposer à mon fils Cuddie de travailler à la grange avec une machine d'une nouvelle espèce pour vanner le blé, c'est-à-dire s'opposer d'une manière impie à la volonté de la providence divine en créant un vent artificiel pour l'usage de Votre Honneur, au lieu de le demander dans vos prières ou de l'attendre patiemment de la bonté de Celui qui le fait sortir des montagnes, eh bien! Madame...

— Elle est dans le cas de rendre toute la maison aussi folle qu'elle! dit lady Marguerite, qui termina la conférence en ajoutant d'un ton d'autorité mêlé d'indifférence: Eh bien! Mause, je vais finir par où j'aurais dû commencer. Vous êtes trop savante et trop pieuse pour que je discute avec vous; tout ce que j'ai à vous dire est ceci: ou bien Cuddie se rendra à l'appel quand il sera légalement convoqué par mes ordres, ou bien, vous et lui, vous quitterez mes terres aussitôt que possible. Il ne manque pas de vieilles femmes et de laboureurs; mais quand même on n'en trouverait pas, j'aimerais mieux que les terres de Tillietudlem ne produisissent que des chardons et du chiendent plutôt que de les faire labourer par des gens rebelles à leur roi!

— Eh bien! Madame, repartit Mause, je ne peux pas préférer les ordres d'une maîtresse de ce bas monde à ceux de mon divin maître, et je suis toute prête à souffrir pour la cause de la vérité.

— C'est très-bien, dit lady Marguerite s'en allant très-courroucée, vous savez ce que j'ai dit, Mause : je ne veux pas de whigs dans la baronnie de Tillietudlem; vos prédicants viendraient bientôt après s'installer dans mon salon.

Elle quitta alors la chaumière; et Mause, s'abandonnant aux sentiments qu'elle avait contenus pendant toute l'entrevue, car elle avait aussi sa fierté, se mit à pleurer à chaudes larmes.

Cuddie, que sa maladie, réelle ou prétendue, avait jusqu'alors fait rester au lit, où il s'était tenu coi pendant la conférence, fut effrayé à l'idée de penser que lady Marguerite, que depuis son enfance il avait été accoutumé à révérer, pourrait venir lui adresser personnellement quelques-uns des amers reproches qu'elle faisait à sa mère. Mais aussitôt qu'il crut que la grande dame était assez loin pour ne rien entendre, il sauta du lit et s'écria en s'adressant à sa mère :

— Quelle terrible femme à longue langue vous faites! comme disait toujours mon père, l'honnête homme... Ne pouviez-vous point vous taire avec votre whigguerie? Écoutez ! je n'ai été qu'une oie de me décider, d'après vos conseils, à rester couché dans ces couvertures au lieu d'aller avec les autres à l'assemblée. Et puis, que je vous le dise, je ne vous ai pas mal attrapée tout de même, car quand j'ai vu l'ombre de votre vieux dos, je me suis laissé tomber par la petite croisée, et j'y suis allé, à la joute, là, et j'ai été le premier après deux autres au tir! Vos belles paroles m'ont déterminé à tromper notre maîtresse, mais je ne voulais pas tromper ma promise. Mais elle peut épouser maintenant qui elle voudra, car me voilà tout à fait perdu.

— Oh! tais-toi, mon garçon! tais-toi! s'écria Mause, tu ne comprends pas ces choses-là. C'était un mets défendu, c'était une chose faite pour certains jours et certaines fêtes, et nous autres chrétiens protestants nous ne devons pas en faire usage.

— Et maintenant, continua son fils, voilà que vous nous mettez la maîtresse elle-même sur les bras! Ah! si j'avais pu m'habiller décemment, je me serais jeté hors du lit, et je lui aurais dit que j'irais où elle voudrait, de nuit comme de jour, si elle voulait seulement nous laisser notre maison, notre basse-cour, où je fais pousser les premiers choux de tout le pays, et la pâture de notre vache.

— O mon pauvre garçon, mon Cuddie, répliqua la vieille femme, ne murmure pas de cette épreuve, ne regrette jamais ce que tu peux souffrir pour la bonne cause!

— Est-ce que je sais, moi! si c'est la bonne cause ou la mauvaise, répondit Cuddie, malgré tous les textes que vous me répétez du matin au soir? Je n'y comprends rien de rien! Je n'y vois pas toute la différence que les autres prétendent y voir. Tout le monde n'est pas aussi savant que vous, ma mère.

— O mon cher Cuddie! c'est là ma croix la plus lourde, dit la triste mère; combien de fois ne t'ai-je pas montré la différence entre la doctrine évangélique pure et celle que les hommes ont corrompue par leurs inventions! O mon garçon, si ce n'est pas pour toi-même, que ce soit pour mes cheveux blancs...

— Eh bien! ma mère, dit Cuddie en l'interrompant, qu'est-ce que vous avez besoin de crier si fort? J'ai toujours fait ce que vous m'avez dit de faire, j'ai été à l'église le dimanche autant que vous l'avez voulu, et j'ai travaillé dur pour vous les autres jours. Et c'est cela qui me tourmente le plus, quand je me demande comment je m'y prendrai pour vous donner de quoi dans ces temps si mauvais. Je ne sais pas si je pourrais labourer d'autres champs que les Mauis et Mucklewhause, je n'ai jamais essayé, je crois que cela me serait difficile. Et il n'y a pas un voisin qui osera nous prendre quand il saura qu'on nous a renvoyés pour non-énormité.

— Non-conformité, pauvre! soupira Mause; c'est là le crime dont les méchants nous accusent.

— Oh! oh! nous aurons à nous en aller dans un pays bien éloigné, peut-être à douze ou quinze milles de distance. Je pourrais bien m'engager dans les dragons, car je monte un cheval aussi bien que les autres et je peux manier un sabre. Je crains bien d'être obligé d'aller aux montagnes avec les whigs, comme on les appelle, et puis il arrivera que je serai tué au coin d'une haie comme un chien galeux, ou que l'on m'enverra au ciel avec le cordon de Saint-Johnston autour du cou.

— O mon cher Cuddie! s'écria Mause scandalisée, ne fais pas usage de ces expressions mondaines et criminelles, c'est insulter une juste et miséricordieuse Providence.

— Bien, dit Cuddie après un moment de réflexion, je ne vois qu'un moyen de sortir d'embarras, et il n'est pas des plus certains. Cependant, ma mère, vous avez quelque notion d'une petite idée de mariage entre mademoiselle Edith et le jeune M. Henri Morton, qui devra être Milnwood. Je disais donc que nous irions à Milnwood pour raconter notre malheur à M. Henri. Ils ont besoin d'un laboureur, et leur terre est bien comme la nôtre : je suis certain que M. Henri dira un mot pour moi, car c'est un honnête gentilhomme. Je n'aurai pas grand'chose de son oncle, le vieux Grippe Milnwood, car il a les doigts aussi crochus que le diable lui-même, mais nous aurons toujours un morceau de pain, une goutte de bière, une bûche au feu et un toit sur la tête, et c'est tout ce qu'il nous faut pour la saison. Ainsi, dépêchons-nous, mère, arrange toutes tes affaires, puisque nous avons à nous en aller, je ne voudrais pas attendre que M. Harison, Gudyill et les autres viennent nous tirer par les oreilles.

CHAPITRE VII.

Vers le soir du même jour, Henri Morton aperçut une vieille femme enveloppée dans un mantelet de tartan, qui s'avançait vers la maison de Milnwood, supportée par un jeune homme dans la force de l'âge, et dont l'air n'indiquait pas une intelligence très-développée. La vieille Mause fit une révérence, mais Cuddie s'empressa de prendre la parole. Le fait est qu'il était convenu avec sa mère de la manière dont il devait se présenter à Milnwood. Il reconnaissait volontiers la faiblesse de son intelligence, et se soumettait filialement aux désirs que sa mère pouvait lui témoigner dans toutes ses affaires journalières; cependant il disait : que s'il s'agissait d'obtenir une faveur, ou de faire son chemin dans le monde, il réussissait mieux, avec le peu d'esprit qu'il avait, que sa mère avec toute son adresse, quoiqu'elle pouvait discuter aussi bien que les ministres les plus savants.

Il commença donc sa conversation avec le jeune Morton ainsi :

— Une belle nuit pour les seigles, Votre Honneur; la pièce du bout du parc va joliment s'avancer ce soir.

— Je n'en doute pas, Cuddie; mais qui peut avoir amené votre mère, car c'est votre mère, n'est-ce pas ? Cuddie fit un signe affirmatif. Qui peut avoir amené votre mère si tard de ce côté?

— Ah! Monsieur, c'est exactement ce qui fait courir les vieilles femmes : la nécessité, Monsieur! Je cherche une place, Monsieur!

— Tu cherches une place, Cuddie ? A cette époque de l'année ? D'où vient cela ?

Mause n'y put tenir davantage. Fière de ses souffrances et de la cause pour laquelle elle souffrait, elle commença d'un ton plein d'excessive humilité :

— Il a plu au ciel, mon digne monsieur, de nous envoyer une de ses croix...

— Elle va gâter tout ! dit Cuddie tout bas à sa mère; si vous prêchez vos sermons partout, nous ne trouverons pas une porte ouverte dans tout le pays. Et se tournant vers Morton, il lui dit :

— Ma mère est âgée, Monsieur, et elle s'est un peu oubliée en parlant à lady Marguerite, qui n'aime pas à rencontrer de contradicteurs, et, à vrai dire, personne ne l'aime, surtout parmi ses gens; si bien que j'ai cru prudent de lever le pied avant que cela se brouille, et voici un petit bout d'écriture pour Votre Honneur de la part d'un ami qui vous en dira peut-être un peu plus long.

Morton, rougissant de plaisir et de surprise, prit le billet des mains de Cuddie, et lut ces mots : « Si vous pouvez faire quelque chose pour ces pauvres malheureux, vous obligerez E. B. »

Il resta quelques instants sans pouvoir répondre, et dit enfin :

— Et qu'est-ce que vous voudriez, Cuddie? comment pourrais-je vous être utile?

— De l'ouvrage, Monsieur, de l'ouvrage; une place, voilà ce que je cherche : un pauvre coin pour ma mère et moi; nous avons quelques bons meubles à nous, si nous avions le prêt d'un chariot pour les apporter; un peu de lait et de gruau, quelques légumes, car je suis un fameux gars à table, ma mère aussi, Dieu veuille que cela dure! Quant à l'argent, vous arrangerez cela avec votre respectable oncle; je sais que vous ne voudriez pas faire tort à un pauvre garçon, je suis tranquille là-dessus.

— Quant au logis et à la nourriture, je crois, Cuddie, que je peux te les promettre; mais, pour l'argent, j'ai peur que cela ne soit plus difficile.

— Je prendrai ce qu'il y aura, Monsieur, repartit Cuddie, plutôt que d'aller à Hamilton ou d'autres pays aussi éloignés.

— Alors va à la cuisine, Cuddie, et je ferai mon possible pour toi.

La négociation fut assez difficile. Il fallait d'abord gagner la gouvernante, qui trouva énormément à redire, comme d'habitude, pour avoir le plaisir de se voir sollicitée et implorée; mais quand elle cessa toute opposition, l'affaire marcha bon train; il fut alors facile de faire accepter à Milnwood un domestique dont il réglerait les gages à sa guise. On donna donc à Mause et à son fils un logement dans les communs, et il fut convenu qu'ils mangeraient à la maison jusqu'à ce que leurs meubles et ustensiles fussent apportés. Sous prétexte de lui remettre des arrhes, mais en réalité pour lui faire un présent qui témoignât de l'importance qu'il attachait à la recommandation qu'il avait apportée, Morton donna au pauvre laboureur le peu d'argent qu'il possédait.

— Nous voilà donc établis encore une fois, dit Cuddie à sa mère. Et si nous ne sommes pas aussi bien et aussi grandement que nous étions là-bas, la vie est la vie ; puis nous sommes avec de braves gens, qui vont à la même église que vous, ma mère ; il n'y aura donc pas de raison de querelle de ce côté.

— La même église que moi, mon gars ! répliqua la trop savante Mause. Ah ! tu es aussi aveugle qu'eux. Oh ! Cuddie, ils sont dans le prétoire des gentils, et n'iront pas beaucoup plus loin, je le crains ; ils ne valent guère mieux que les prélatistes eux-mêmes. N'as-tu pas entendu cela dans le vallon de Bengonnar, des lèvres de ce cher jeune homme, l'éloquent Richard Rumbleberry, qui a souffert le martyre dans le marché aux herbes un peu avant la Chandeleur ! Ne l'as-tu pas entendu dire que l'érastianisme était aussi coupable que le prélatisme, et que l'indulgence était comme l'érastianisme ?

— A-t-on jamais vu pareille chose ? interrompit Cuddie : nous serons mis à la porte de cette maison avant que nous sachions où nous tourner ! Écoutez, ma mère, je n'ai plus qu'un mot à vous dire : si j'entends encore de vos rapsodies, devant du monde je veux dire, car quant à moi ça m'est égal, car ça m'endort, mais si je vous entends encore parler devant le monde de Poundtextes et de Rumbleberries, de doctrines et de malcontents, je me ferai soldat, ou peut-être bien sergent ou capitaine, si vous m'ennuyez encore, et je vous laisserai aller, vous et Rumbleberry. Je n'ai jamais rien eu de bon de sa doctrine, comme vous l'appelez, mais une attaque de rhumatisme, gagnée en restant les pieds dans la bruyère mouillée pendant quatre heures ; et la maîtresse m'a guéri avec quelques drogues de sa façon. Peut-être bien que, si elle eût su comment j'avais gagné mes douleurs, elle se serait moins hâtée de me guérir !

Mause regrettait au fond de son cœur l'impénitence et l'entêtement de son fils ; mais elle n'osa continuer la discussion, et nota sans mot dire la menace qu'il lui avait adressée. Il est difficile de dire combien de temps elle aurait réussi à réprimer l'expression de ses vrais sentiments. Un accident inattendu vint mettre un terme à cette situation forcée.

Le vieux seigneur de Milnwood pratiquait toutes les coutumes antiques qui n'entraînaient pas de dépense. Dans toutes les maisons d'Écosse, autrefois les domestiques, après avoir mis le dîner sur la table, avaient coutume de s'asseoir à l'extrémité de la salle, et prenaient leur repas en même temps que leurs maîtres ; cette coutume, à peu près oubliée, était encore en usage dans la maison de Milnwood.

Le jour qui suivit l'arrivée de Cuddie, c'est-à-dire le troisième depuis le commencement de notre histoire, le vieux Robin, qui était intendant, valet de chambre, laquais, jardinier, etc., etc., apporta et plaça sur la table une immense terrine de soupe, épaissie avec du gruau et des herbes. On voyait dans ce liquide océan deux ou trois petites côtelettes de mouton, qui parfois se montraient à la surface pour disparaître aussitôt. Deux énormes paniers, l'un du pain fait de farine d'orge et de pois, et l'autre de biscuits de gruau, accompagnaient la gigantesque soupière. Un saumon aurait aujourd'hui figuré sur cette table, qui avait quelques prétentions à la magnificence; mais dans ce temps-là les saumons étaient si communs en Écosse, qu'on les donnait d'habitude aux domestiques, qui, dit-on, stipulaient en se louant qu'on ne les nourrirait pas de ce poisson plus de cinq fois par semaine. Il y avait encore une large cruche pleine de très-petite bière faite à la maison, dont chacun pouvait boire à volonté. On avait aussi du pain, des biscuits et de la soupe à discrétion, mais le mouton était spécialement réservé aux chefs de la famille, y compris madame Wilson. Une mesure de bière, qui remplissait un grand pot d'argent, était également pour leur usage exclusif. Un immense fromage fait de lait de brebis et de lait de vache et un pot de beurre salé circulaient librement d'un bout à l'autre de la table.

Le vieux seigneur de Milnwood s'assit au bout de cette table si exquisement servie; son neveu prit place d'un côté et la vieille gouvernante de l'autre. Robin, que l'âge et les rhumatismes avaient courbé et rendu grondeur, et qui était si maigre qu'il semblait toujours affamé, laissa un long intervalle inoccupé, et s'assit au-dessous du sel. Une servante de mauvaise apparence, qui avait fini par ne plus faire attention aux incessantes querelles que lui faisaient son maître et madame Wilson, se plaça vis-à-vis de lui. Le reste de la compagnie comprenait un batteur en grange, un vieux bouvier à cheveux blancs et Cuddie, le nouveau laboureur, avec sa mère. Les autres hommes occupés sur la propriété demeuraient dans des chaumières séparées. Ils avaient au moins cet avantage que, si leurs tables n'étaient pas aussi richement servies que celle dont nous venons de donner la description, ils pouvaient manger à leur faim loin des yeux gris de Milnwood, qui semblait mesurer ce que chacun de ses domestiques mangeait à mesure que leurs assiettes se vidaient ou se remplissaient. Cette surveillance incessante de Milnwood fut défavorable à Cuddie : la rapidité avec laquelle la soupe et le pain disparaissaient sous ses mains inspira à son maître une très-mauvaise opinion du domestique que son neveu avait recommandé. Et de temps en temps Milnwood tournait ses yeux vers Henri, auquel il reprochait intérieurement d'avoir introduit un véritable cormoran dans la maison, tandis qu'à tout prendre on n'aurait pas eu besoin de laboureur s'il eût voulu prendre la charrue lui-même.

— Te payer un salaire? se disait tout bas Milnwood ; mais tu mangerais dans une semaine plus que tu ne gagnerais en un mois!

Ces pensées furent tout à coup interrompues par des coups frappés rudement à la porte extérieure. On avait l'habitude autrefois en Écosse de fermer à clef la porte de la cour et même la grande porte de la maison, quand la famille se mettait à table pour dîner. On ne recevait plus alors personne, excepté des visiteurs de haute importance, ou des courriers apportant des nouvelles extraordinaires. La surprise fut donc grande chez Milnwood ; les troubles du temps inspirèrent même quelque alarme, car on frappait à grands coups redoublés.

Madame Wilson courut elle-même à la porte pour l'ouvrir ; mais ayant reconnu, au moyen d'un petit guichet, comme on en voyait à cette époque à toutes les portes d'entrée, ceux qui demandaient admission d'une manière si bruyante, elle revint en agitant ses bras, la figure bouleversée par la terreur, et criant de toutes ses forces :

— Les habits rouges ! les habits rouges!

— Robin... laboureur... comment qu'on vous appelle?... batteur... neveu Henri... ouvrez, ouvrez la porte! s'écria le vieux Milnwood saisissant en même temps et mettant dans sa poche les deux ou trois cuillers d'argent qui ornaient le haut de la table ; celles du bas n'étaient que de corne. Ayez soin d'être polis avec eux, mes amis... que Dieu nous protège! Soyez polis, vous tous ; ils sont mal souffrants. Oh! nous sommes perdus! nous sommes perdus!...

Les domestiques ouvrirent la porte aux troupiers, qui maugréaient déjà au retard que l'on avait mis à les admettre. Bothwell entra à la tête de quatre gardes du corps.

Les talons ferrés de leurs lourdes bottes à l'écuyère résonnaient bruyamment sur les dalles de pierre du plancher, et leurs longues épées traînaient pesamment derrière eux. Milnwood et sa gouvernante, qui savaient que ces visites domiciliaires se terminaient toujours par des exactions et une sorte de pillage prétendu légal, tremblaient des pieds à la tête. Henri Morton redoutait les suites de cette visite, car il se rappelait qu'il était coupable aux yeux de la loi pour avoir hébergé Burley. Mause Headrigg était aussi dans un extrême embarras, car elle craignait pour la vie de son fils, et sa conscience lui reprochait comme un crime tout pacte, même tacite, qui lui ferait cacher sa foi et son zèle enthousiaste. Les autres domestiques tremblaient comme leur maître, mais sans trop savoir pourquoi. Appelant à son aide cet air d'indifférence et de stupidité qu'un paysan écossais peut toujours assumer pour couvrir sa finesse et sa fourberie, Cuddie continuait à absorber d'immenses quantités de soupe. Pour mieux accomplir cette tâche, qu'il s'était politiquement imposée, il avait approché de sa place l'immense soupière, où il était alors en train de puiser pour la septième fois.

— Pourrais-je savoir ce que vous désirez, Messieurs ? demanda Milnwood de l'air le plus humble. Vous pouvez être certains, Messieurs, que, si j'eusse su que des serviteurs de notre bon roi étaient à la porte... Mais voudriez-vous prendre un verre de bière... ou bien d'eau-de-vie, ou une bouteille de vin d'Espagne, ou de bon vin de France ?

Milnwood se hâta, bien à contre-cœur cependant, de tirer d'une de ses poches deux immenses clefs, qu'il remit aussitôt à sa gouvernante.

— Tiens, dit Bothwell se jetant sur un siège qu'il approcha de la table. Qu'est-ce que c'est que cela ?.. De la viande ? ajouta-t-il en cherchant avec une fourchette dans la soupe et pêchant une côtelette de mouton. Je crois que j'ai un peu faim... mais c'est aussi dur que du cuir.

— Si nous avions dans la maison quelque chose que vous préfériez, Monsieur... dit Milnwood alarmé par ces signes de mécontentement.

— Non, non, dit Bothwell, ce n'est pas la peine : il est temps de penser à l'affaire qui m'amène. On me dit, M. Morton, que vous allez au prêche de M. Poundtexte le presbytérien ?

Morton s'empressa d'admettre la vérité de cette espèce d'accusation, tout en cherchant à s'excuser.

— Oui, dit-il, par l'indulgence de Sa gracieuse Majesté et du gouvernement ; car je ne veux rien faire de contraire à la loi. Je n'ai aucune objection à faire à l'établissement d'une modeste prélature ; mais je suis un homme élevé loin des villes, et les ministres sont des hommes que je comprends mieux, leurs doctrines me conviennent assez, et, sauf votre pardon, Monsieur, cela ne coûte pas aussi cher au pays.

— Ah ! tout cela ne nous importe guère, dit Bothwell ; ils sont autorisés, et c'est tout ce qu'il nous faut. Mais, quant à moi, si je faisais la loi, je ne laisserais aucun de ses tondus beugler dans une chaire d'Écosse. Enfin, n'importe ! je dois exécuter mes ordres. Ah ! voilà le liquide : mettez-le là, ma bonne vieille.

Il versa environ une demi-bouteille de bordeaux dans un vase de bois, et le but d'un seul trait.

— Vous avez calomnié votre vin, mon ami ; il vaut mieux que votre eau-de-vie, quoiqu'elle ne soit pas mauvaise. Voulez-vous boire avec moi à la santé du roi?

— Avec grand plaisir, Monsieur! repartit Milnwood. Je prendrai de la bière, car je ne bois jamais de vin; je n'en ai qu'un peu, très-peu, pour offrir à quelques vieux amis.

— Comme moi, je suppose! dit Bothwell, qui, poussant la bouteille vers Henri, ajouta : Et vous, jeune homme, vous boirez bien aussi à la santé du roi?

Henri remplit un verre sans répondre, et malgré tous les signes que lui faisait son oncle pour qu'il eût à suivre son exemple et prendre de la bière.

— Eh bien! dit Bothwell, avons-nous tous bu à la santé du roi? Qui est-ce, dis, cette vieille femme, là-bas?... Donnez-lui un verre d'eau-de-vie, qu'elle fasse honneur à la santé de Sa Majesté.

— C'est ma mère, dit Cuddie, qui parut encore plus niais que d'habitude, et, sauf votre respect, Monsieur, elle est aussi dure de l'oreille qu'une pierre. Nous ne pouvons pas lui faire entendre ni à dia ni à hue; mais, sauf votre bon plaisir, Monsieur, je boirai à la santé du roi avec autant de verres d'eau-de-vie que vous voudrez.

— Bien! dit Bothwell; nous allons nous mettre à l'ouvrage. Vous avez entendu parler, je le suppose, du meurtre horrible et barbare commis sur la personne de l'archevêque de Saint-André par dix ou douze fanatiques?

Tous les habitants de Milnwood tressaillirent et s'entre-regardèrent. A la fin Milnwood répondit qu'ils en avaient entendu dire quelque chose, mais qu'ils avaient jusqu'alors espéré que ce n'était pas vrai.

— En voici la relation publiée par ordre du gouvernement, mon vieux; qu'est-ce que vous en dites?

— Ce que j'en dis, Monsieur, ce... ce... ce que le conseil privé voudra que j'en dise, balbutia Milnwood.

— C'est votre opinion que je voudrais avoir, l'ami? dit Bothwell d'un ton d'autorité.

Milnwood se hâta de parcourir le papier pour y trouver les expressions les plus violentes qu'il renfermait; comme elles étaient imprimées en italique, il eut bientôt fait.

— Je dis que c'est un meurtre exécrable et sanguinaire, un parricide, un acte d'infernale, d'implacable cruauté, un crime abominable, un scandale à la face de la terre!

— Bien répondu, vieux gentilhomme! dit le dragon. A ta santé! et puissent tes bons principes te porter bonheur! A votre tour, jeune homme : dites-nous ce que vous pensez de cette affaire.

— Il ne me serait pas difficile de vous répondre, répliqua Henri, si je savais de quel droit vous m'interrogez.

— Silence, tout le monde! vociféra Bothwell en frappant violemment la table; silence, tout le monde, et écoutez-moi! Vous me demandez de quel droit je vous interroge, vous, Monsieur, dit-il à Henri, voilà la source de mon droit : ma cocarde et mon épée! Et le vieux Cromwell n'en a jamais eu d'autre, ni lui ni ses tondus. Maintenant, si cela ne vous suffit pas, vous pouvez lire l'acte du conseil privé qui autorise tous les officiers et les soldats de Sa Majesté à chercher, interroger et appréhender au corps toutes personnes suspectes. Cela étant, je vous demande encore une fois ce que vous pensez de la mort de l'archevêque Sharp? C'est une nouvelle pierre de touche que nous avons maintenant pour essayer le métal des gens.

Les réflexions que Henri avait faites pendant le discours de Bothwell lui avaient montré combien il serait inutile d'exposer son oncle et tous ses gens à la vengeance des troupiers en essayant de résister aux injonctions tyranniques d'un impertinent subalterne; il lut donc tranquillement la pancarte où la mort de l'archevêque se trouvait racontée, et répondit :

— Je n'ai aucune hésitation à dire que ceux qui se sont rendus coupables de ce crime ont commis un acte abominable, que je regrette d'autant plus, qu'on en prendra occasion, je le vois, pour tourmenter ceux qui en sont tout à fait innocents et qui le blâment autant que moi.

Bothwell, qui avait les yeux fixés sur Henri pendant qu'il répondait, parut tout à coup se souvenir de l'avoir vu.

— Ah! mais c'est mon ami le capitaine de la joute! je vous ai déjà vu, et en assez mauvaise compagnie, je crois.

— Je vous ai vu une fois, répliqua Henri, à la taverne de.....

— Et avec qui avez-vous quitté cette taverne, jeune homme? N'étiez-vous pas accompagné de Jean Balfour de Burley, un des meurtriers de l'archevêque?

— J'ai quitté la taverne avec la personne dont vous me parlez, répondit Henri, j'aurais honte de le nier : mais, loin de savoir qu'il fût un des assassins du primat, j'ignorais même en ce moment que pareil crime avait été commis.

— Oh! que le Seigneur nous protège! nous sommes ruinés! ruinés de fond en comble! s'écria Milnwood. La langue du bavard va lui enlever la tête de dessus ses épaules et me faire perdre tout ce que j'ai ; tout, jusqu'au pourpoint gris que voici !

— Mais vous saviez que Burley, continua Bothwell s'adressant au neveu sans s'occuper des interruptions de l'oncle, vous saviez que Burley était un rebelle et un traître, et vous connaissiez la défense que l'on a publiée contre toute communication avec ces sortes de gens ; vous saviez qu'en votre qualité de loyal sujet il vous était défendu d'aider ce traître effronté, de correspondre avec lui, de lui parler, de lui donner à boire, à manger, ou un lit, sous les peines les plus sévères : vous saviez tout cela, et vous avez enfreint la loi.

Henri ne répondit pas.

— Où l'avez-vous quitté, continua Bothwell, est-ce sur le grand chemin, ou lui avez-vous donné un asile dans cette maison ?

— Dans cette maison ? répéta l'oncle. Il n'aurait pas osé amener un traître sous mon toit.

— Niera-t-il qu'il l'a fait ? demanda Bothwell.

— Non, Monsieur, dit Henri. J'avoue que j'ai abrité cet homme, ancien camarade de camp de mon père, pendant une nuit ; mais c'était à l'insu de mon oncle, et contrairement à ses ordres formels. J'espère que si mes paroles sont jugées bonnes pour m'accuser, elles n'auront pas moins de valeur pour prouver l'innocence de mon oncle.

— Voyons, jeune homme ! dit le soudard d'un ton très-radouci, ta fierté me plaît, et je suis fâché pour toi : ton oncle est un vieux Troyen, qui est meilleur pour ses hôtes que pour lui-même ; car il boit sa petite bière et nous donne son vin : voyons, dis-moi tout ce que tu sais de ce Burley : qu'a-t-il dit quand vous vous êtes quittés ? où est-il allé ? où pourrait-on le trouver maintenant ? il y a un millier de marcs pour celui qui aura la tête de cet infâme meurtrier, allons ! dites-nous cela : où l'avez-vous quitté ?

— Vous m'excuserez si je ne réponds pas à cette question, Monsieur, dit Morton, les mêmes puissantes raisons qui me firent lui donner l'hospitalité, malgré les risques que je courrais, me commanderaient de respecter son secret, s'il m'en avait confié un.

— Ainsi vous refusez de me répondre ? dit Bothwell.

— Je n'ai rien à dire, répliqua Henri.

— Je pourrais peut-être vous délier la langue en vous attachant un tison entre les doigts, répondit le troupier.

— Oh ! par pitié, Monsieur, dit la vieille Alison tout bas à son maître, donnez-leur de l'argent, c'est de l'argent qu'ils veulent, oh! ils vont tuer M. Henri, et ils vous tueront après.

Milnwood gémit dans l'amertume de ses réflexions et de ses frayeurs, et, aussi pâle que s'il eût été sur le point de rendre l'âme, il s'écria :

— Si vingt... vingt... l... l... livres pouvaient arranger cette malheureuse affaire...

— Mon maître, dit Alison au sergent, mon maître vous donnerait vingt livres sterling...

— Vingt livres d'Ecosse! chienne de femme! interrompit Milnwood. Son extrême avarice lui fit oublier sa précision et sa modération puritaines, et le respect qu'il montrait d'ordinaire à sa gouvernante.

— Livres sterling, répéta la gouvernante en insistant, si vous aviez la bonté de fermer les yeux sur l'inconvenance de la conduite de ce pauvre enfant; il est si entêté que vous pourriez le tailler en pièces, vous n'en tireriez pas un mot, et cela ne vous avancerait guère de brûler ses pauvres petits doigts.

— Mais, dit Bothwell en hésitant, je ne sais pas... D'autres à ma place prendraient l'argent et le prisonnier. Mais j'ai de la conscience; et si votre maître s'exécute, comme vous le dites, et donne caution pour son neveu... et puis si tout le monde ici fait le serment que je vais proposer, je ne sais pas si...

— Oh! oui, oui, Monsieur! s'écria madame Wilson, tous les serments que vous voudrez! Et se tournant vers son maître, elle ajouta :

— Dépêchez-vous, Monsieur, d'aller chercher l'argent, ou ils vont brûler la maison et nous avec.

Le vieux Milnwood jeta un coup d'œil de désespéré vers sa gouvernante, et s'en alla retirer de leur cachette quelques-unes de ses chères pièces d'or.

Cependant Bothwell se mit en mesure de faire prêter serment avec autant de solennité que l'on pouvait l'attendre de l'importance qu'il attachait à son autorité; ce serment était à peu près le même que celui que l'on prête encore aujourd'hui dans les bureaux des douanes.

— Vous, Madame, comment vous appelez-vous?

— Alison Wilson, Monsieur.

— Vous, Alison Wilson, vous jurez solennellement, vous certifiez et déclarez que vous regardez comme illégal pour tout sujet de Sa Majesté, sous prétexte de réforme ou tout autre, d'entrer dans des ligues ou alliances...

Ici le sergent fut interrompu par une discussion qui s'était élevée entre

Cuddie et sa mère, et qui, après avoir commencé tout bas, était continuée à voix haute.

— De quoi, ma bonne femme, dit le soldat, voilà un étrange miracle ! La vieille a recouvré l'usage de sa langue et de ses oreilles, et je crois qu'elle va nous faire perdre l'usage des nôtres à notre tour. Allons, la vieille, taisez-vous, et rappelez-vous à qui vous parlez, vieille folle !

— A qui je parle, oh ! la terre en deuil sait trop qui vous êtes ! des méchants, des suppôts des prélats, suppôts pourris d'une faible et sale cause, oiseaux de proie, buveurs de sang et la honte de la terre !

— Sur mon honneur, dit Bothwell étonné comme aurait pu l'être un bouledogue qui aurait vu une perdrix l'attaquer, voilà le plus beau discours que j'aie jamais entendu ! Ne pourriez-vous pas nous en donner encore un peu ?

— Vous en donner encore ? repartit Mause toussant légèrement pour se préparer, je rendrai témoignage contre vous maintenant et toujours, vous êtes des Philistins, des Édomites, des léopards, des renards, oui ! des renards de nuit qui rongent les os jusqu'au matin ; vous êtes des chiens cruels qui aboyez après les justes, des sangliers, des taureaux de Bashan ; vous êtes des serpents à la dent mortelle ; vous êtes alliés en nom et en fait au grand dragon rouge : douzième chapitre, troisième et quatrième versets de l'Apocalypse.

Elle s'arrêta un instant plutôt par manque d'haleine que par manque de texte.

— Oh ! reprit Bothwell, écoutez-moi : tous les taureaux de Bashan et tous les grands dragons rouges ne seront peut-être pas aussi polis que moi, et ne se contenteront pas de vous remettre aux mains du constable pour vous faire donner un bain froid dans la mare. En attendant, il faut nécessairement que j'emmène ce jeune homme au quartier général ; je ne pourrais pas me justifier auprès de mon commandant, si je le laissais dans une maison où j'ai entendu tant de trahison et de fanatisme !

Les soldats avaient garrotté leur prisonnier. Milnwood entrait au même moment, et effrayé des préparatifs qu'il voyait, il se hâta, en gémissant amèrement, d'offrir à Bothwell la bourse d'or qu'il avait apportée pour la rançon de son neveu. Le sergent la prit de l'air le plus indifférent du monde, et la pesant dans le creux de sa main, il la fit sauter en l'air, comme pour entendre le son de ce qu'elle contenait ; puis il dit en hochant la tête et se tournant vers ses compagnons :

— Voici un nid d'oiseaux jaunes qui nous vaudra quelques bonnes bouteilles de vin, les amis ! Mais écoutez-moi, mon vieux gentilhomme, continua-t-il en se tournant vers Milnwood, je suis forcé d'emmener votre neveu au quartier général ; ainsi, en toute conscience, je ne puis pas garder plus d'or que la civilité ne me le permet.

Le troupier ouvrit la bourse, donna une pièce d'or à chaque soldat, et en prit trois pour lui.

— Maintenant, dit-il, vous pouvez être certain que votre parent, le jeune vainqueur du tir, sera traité convenablement : nous aurons pour lui toutes sortes d'égards ; voici donc le reste de votre or.

Milnwood ouvrit la main.

— Seulement, vous savez, ajouta-t-il en faisant tourner la bourse autour de ses doigts, vous savez que chaque maître de maison est responsable des opinions et de la loyauté de ses domestiques : mes troupiers ne sont pas précisément obligés de garder pour eux seuls le beau sermon que leur a débité la vieille puritaine en mantelet. Je suppose que vous connaissez les conséquences d'un rapport au conseil privé ; il aime assez à infliger une grosse amende.

— Mon bon sergent! mon digne capitaine! s'écria le vieil avare, que la menace d'une amende épouvantait, il n'y a personne dans ma maison, j'en suis sûr, qui ait l'intention de violer la loi!

— Eh bien ! répliqua Bothwell, vous allez l'entendre rendre témoignage, comme elle le dit elle-même... Toi, mon garçon, dit-il à Cuddie, passe à l'arrière, et laisse ta mère parler toute seule. Elle a eu le temps de charger et d'amorcer depuis son premier coup de feu!

Le zèle de Mause n'avait pas besoin de ce coup de fouet pour l'emporter à bride abattue.

— Malheur à ceux dont la foi chancelle! s'écria-t-elle, malheur à ceux qui ne renient pas Satan et ses œuvres! Ce sont des sépulcres blanchis : étouffant la voix de leur conscience, obéissant à des exactions injustes, et fléchissant le genou devant le Mammon des méchants, devant les fils de Bélial, ils cherchent à faire leur paix avec eux!

— N'est-ce pas là une doctrine bien loyale, monsieur Morton; comment la trouvez-vous, demanda Bothwell, et que croyez-vous qu'en penserait le conseil? Je crois que nous pourrons nous en graver la majeure partie dans la tête sans crayon et sans tablettes comme celles dont vous vous servez à vos prêches. N'a-t-elle pas dit qu'il ne fallait pas payer les taxes.

— La voilà qui revient à ses radotages, sergent, ne devrions-nous pas l'emmener? dit un des soldats.

— Imbécile! lui repartit Bothwell à voix basse, ne vois-tu pas qu'il vaut mieux qu'elle soit en liberté aussi longtemps qu'il y a un respectable capitaliste comme M. Morton de Milnwood, qui peut payer pour ses péchés ? Laissons la vieille ensemencer un autre champ, elle est trop dure et trop sèche elle-même pour être d'aucun profit. Allons! s'écriat-il, un autre verre en l'honneur de Milnwood et de sa maison! puissions-nous nous rencontrer bientôt de nouveau! Je peux ajouter que ce ne sera pas long, s'il héberge des fanatiques de l'espèce de cette vieille.

La troupe reçut ordre de monter à cheval, et le meilleur coursier des écuries de Milnwood fut mis en réquisition au nom du roi pour l'usage du prisonnier. Madame Wilson remplit en pleurant un petit portemanteau des objets qu'elle crut indispensables à Henri, et prit occasion, pendant la confusion qu'occasionna le départ des troupiers, de lui remettre, à l'insu de tout le monde, une petite bourse d'argent. Bothwell et ses dragons gardèrent la parole qu'ils avaient donnée, et se retirèrent sans causer d'autres avanies : ils n'attachèrent pas leur prisonnier, et se contentèrent de faire marcher son cheval entre deux cavaliers. Mais tandis que Milnwood et sa famille restaient dans la désolation, les soldats s'en allaient la tête légère et le cœur content. Le vieux Morton, qui ne pouvait oublier le présent de vingt pièces d'or qu'il leur avait fait inutilement, se berça toute la soirée dans son grand fauteuil de cuir en répétant du ton le plus lamentable :

— Ruiné de tous côtés, ruiné de tous côtés! Assassiné, étranglé! étranglé! Corps et biens, corps et biens!...

Madame Alison allégea son chagrin en accablant de ses imprécations la vieille Mause et le pauvre Cuddie, qu'elle se hâta de mettre à la porte. Ils avaient à se mettre de nouveau en quête d'un autre logis.

— La vieille folle, la sorcière, l'imbécile de chouette! s'écria la gouvernante en les voyant partir, s'imaginer qu'elle vaut mieux que les autres, le vieux torchon qu'elle est! venir causer tant de malheurs à une famille si tranquille et si honnête! Si je ne m'étais retenue par respect pour mon rang, je lui aurais griffé mes dix ongles dans sa vieille carcasse.

CHAPITRE VIII.

— Ne perdez pas courage, dit le sergent Bothwell à son prisonnier pendant qu'ils se rendaient au quartier général, vous êtes beau garçon et d'une bonne famille, le pis qui peut vous arriver c'est qu'on vous enrôgimente ; pareille chose est arrivée à plus d'un noble cœur. Je vous le dis franchement, aux termes de la loi, votre vie est exposée, mais vous pouvez faire votre soumission ; et puis votre oncle payera une bonne amende, il en a bien le moyen.

— C'est cela qui me chagrine plus que tout le reste, répondit Henri, il ne paye rien qu'à contre-cœur, et il n'a pas su que j'avais hébergé celui que vous cherchez, pendant une nuit. Mon seul désir, si l'on épargne ma tête, serait d'être puni seul.

— Quoi donc ! est-ce que vraiment vous ne seriez pas whig? demanda le sergent.

— Jusqu'à présent, je n'ai été d'aucun parti, répondit le prisonnier, je suis resté tranquille à la maison ; mais j'ai souvent eu l'idée d'aller m'engager dans un de nos régiments du dehors.

— Vraiment? dit Bothwell. Eh bien ! je vous en félicite : j'ai servi longtemps en France dans la garde écossaise ; c'est là qu'on peut apprendre la discipline! On ne s'occupe jamais de ce que vous faites quand vous n'êtes pas de service : mais ne répondez pas à l'appel, et vous verrez comme on vous soignera. Le vieux capitaine Montgommery me fit un jour monter la garde à l'arsenal, six heures durant, avec ma cuirasse, mon casque et le reste, sous un soleil d'Afrique! j'étais rôti comme une tortue de Port-Royal. Je jurai de ne jamais plus oublier de répondre au nom de François Stewart, quand bien même il me faudrait laisser quinte et quatorze sur la peau du tambour. Ah! la discipline, voyez-vous, je ne connais que cela !

— Mais, outre cela, comment faisiez-vous le service? demanda Morton.

— Monter la garde auprès du roi, répondit le sergent, veiller à la sûreté de Louis-le-Grand, et de temps en temps faire une petite visite aux huguenots, comme ils appellent les protestants. Et là, nous avions carte blanche ; aussi cela m'a fait la main pour notre service actuel. Mais, voyons, vous me semblez un *bon camarade*, comme nous disions en Espagne ; il faut que je vous fasse faire connaissance avec quelques-uns des doublons de votre respectable oncle. C'est là la loi du régiment, nous ne laissons jamais un bon diable manquer d'argent si nous en avons nous-mêmes.

Bothwell tira en même temps sa bourse, prit quelques-unes des pièces d'or qu'elle contenait et les offrit à son prisonnier sans les compter. Morton le remercia de sa générosité ; et n'osant lui avouer qu'il possédait aussi une certaine somme d'argent, il lui dit qu'il lui serait très-facile d'obtenir de son oncle ce dont il aurait besoin.

— Dans ce cas, dit Bothwell, ces petits jaunets serviront à lester ma bourse un peu plus longtemps. Quel est ce château qui s'élève vis-à-vis, sur ce mamelon, et qui semble entouré de bois de tous côtés ?

— C'est le château de Tillietudlem, dit un des soldats ; c'est là que demeure la vieille lady Marguerite Bellenden. C'est une des femmes les plus loyales de ce pays, et qui prend bien soin du soldat. La dernière fois que je fus blessé par un de ces damnés de wigs, qui me tira un coup de fusil de derrière une haie, je suis resté là un mois entier, et je ne demande pas mieux que d'être encore blessé comme cela pour reprendre mes vieux quartiers d'hiver.

— Puisque cette dame entend si bien l'hospitalité, répliqua Bothwell, je vais lui rendre mes respects en passant, et la prier de me faire donner quelques rafraîchissements pour mes hommes et mes bêtes. J'ai plus soif, je crois, que si je n'avais rien bu à Milnwood. Mais il est heureux que, dans un temps comme celui-ci, les soldats du roi ne puissent pas passer auprès d'une maison sans y trouver quelque chose à prendre.

— Avez-vous réellement l'intention, demanda Henri saisi d'anxiété, d'aller à ce château ?

— Certainement, répondit le sergent ; comment pourrais-je affirmer à mes chefs que les principes de la digne dame sont des plus purs et des plus louables, si je ne savais pas la valeur de son vin d'Espagne ? Car elle nous donnera du vin d'Espagne, j'en suis à peu près certain.

— Si vous êtes décidé à aller à ce château, ne prononcez pas mon nom, prêtez-moi le manteau d'un de vos dragons pour m'envelopper, et parlez de moi seulement comme d'un prisonnier quelconque.

— Bien volontiers, répondit Bothwell ; j'ai promis de vous traiter avec bonté, et je suis un homme de parole. André, jette ton manteau sur les épaules du prisonnier ; et qu'aucun de vous ne dise son nom ni l'endroit où nous l'avons pris, s'il ne veut pas avoir un coup de galop sur un cheval de bois.

Ils arrivaient au même moment à la porte principale du château. Les restes de murs, de tours et de créneaux qui le défendaient encore semblaient assez formidables pour que Bothwell pût s'écrier :

— Il est heureux que ce vieux nid soit dans des mains honnêtes et loyales ; si les ennemis en étaient maîtres, une douzaine de vieilles sorcières comme celle que nous avons laissée à Milnwood pourraient le défendre avec leurs quenouilles contre une troupe de dragons ! Sur mon honneur ! reprit-il quand ils arrivèrent au pied de l'entrée et qu'il put voir toute la ligne de défense, c'est une place superbe ! Et, si mon latin ne me trompe pas, d'après l'inscription qui surmonte la porte, elle a été fondée en 1350 par sir Ralph de Bellenden ; c'est une antiquité respectable. Il faudra que je me présente devant la vieille dame avec tout le respect possible.

Pendant qu'il se préparait ainsi à approcher la noble châtelaine, un des gens du château, à travers l'une des meurtrières, avait surveillé la troupe qui s'avançait, et courut prévenir sa maîtresse qu'une compagnie de dragons, ou plutôt, pensait-il, de gardes du corps, était aux portes de la tour avec un prisonnier.

— Je suis certain et positif, dit-il, que le sixième est un prisonnier, car on conduit son cheval, et les deux dragons qui le suivent tiennent leurs carabines au repos sur leur cuisse. C'était toujours comme cela que nous escortions nos prisonniers sous le Grand Marquis.

— Des soldats du roi ? s'écria la vieille dame : ils ont probablement besoin de se rafraîchir. Cours, Gudyill : dis-leur qu'ils sont les bienvenus, et mets à leur dispositions tout le fourrage et toutes les provisions qui sont au château. Attends un peu ; dis à ma servante de m'apporter mon écharpe de soie et mon manteau. Je vais aller les recevoir moi-même : on ne peut pas témoigner trop de respect aux soldats du roi quand ils combattent aussi bravement pour le rétablissement de l'autorité royale. Et puis, Gudyill, dis à Jenny Dennison de mettre ses souliers pour marcher devant moi et ma nièce, les trois femmes nous suivront. Envoie dire à ma nièce qu'elle vienne me trouver immédiatement.

Lady Marguerite descendit bientôt, précédée et suivie de ses femmes comme elle l'avait ordonné, et elle s'avança avec beaucoup de dignité dans la cour où se tenaient les soldats. Le sergent Bothwell s'approcha de la grande dame avec autant d'assurance qu'aurait pu en montrer un des frivoles courtisans de Charles II. Ses manières n'étaient nullement celles d'un rude et brusque sergent de dragons; il semblait s'être tout à coup métamorphosé et être né à la civilisation ! Pendant le cours de ses périlleuses aventures, Bothwell s'était souvent trouvé dans une situation plus conforme au rang de ses ancêtres que celle de sergent aux gardes.

La châtelaine lui demanda donc si elle pouvait lui rendre quelque service. Il répondit, en la saluant avec respect, que sa troupe ayant encore plusieurs milles à parcourir avant la nuit, ils se reposeraient volontiers pendant une heure si elle daignait le leur permettre.

— De tout mon cœur, répliqua lady Marguerite; mes gens auront soin de vous procurer tout ce qui vous sera nécessaire pour vous et vos chevaux.

— Nous savions, Madame, continua le sergent, qu'au château de Tillietudlem c'est ainsi qu'on pratique toujours l'hospitalité envers ceux qui servent le roi.

— Nous nous sommes efforcée en toute occasion, répondit la châtelaine, de remplir notre devoir avec fidélité et loyauté non-seulement envers Sa gracieuse Majesté, mais particulièrement envers ses braves soldats. Il n'y a pas très-longtemps, et probablement Sa Royale Majesté s'en souvient encore, il n'y a pas très-longtemps que Sa Majesté honora ma maison de son auguste présence, et daigna déjeuner dans une salle de ce château, que l'une de mes femmes vous montrera, monsieur le sergent; nous l'appelons encore la salle du roi.

Bothwell avait fait mettre pied à terre à sa troupe; les chevaux étaient sous la garde d'un soldat, le prisonnier était confié à un autre. Il avait donc toute liberté pour continuer la conversation que la grande dame avait entamée si volontiers.

— Puisque le roi mon maître, dit-il, a eu l'honneur de goûter votre hospitalité, je ne m'étonne pas que vous l'offriez si gracieusement à ceux qui le servent, et dont tout le mérite consiste dans leur fidélité. Et cependant, je tiens de plus près à Sa Majesté que cet habit rouge ne semblerait l'indiquer.

— Vraiment, Monsieur? Probablement, demanda lady Marguerite, vous appartenez à sa maison militaire?

— Non, Madame, pas à sa maison militaire, repartit Bothwell; il serait plus exact de dire à sa *maison*. C'est une alliance qui me permet de réclamer la parenté de la plupart des meilleures familles d'Écosse, sans excepter, je crois, celle de Tillietudlem.

— Monsieur! dit la vieille dame se redressant avec dignité en entendant cet aveu, qu'elle prit pour une mauvaise plaisanterie, je ne vous comprends pas.

— Dans ma présente position, répondit le soudard, j'ai l'air assez ridicule d'entamer ce sujet; et cependant, Madame, vous avez dû connaître l'histoire et les malheurs de mon grand-père François Stewart, qui fut créé comte de Bothwell par Jacques Ier, son cousin germain. Mes camarades me donnent encore ce nom. Ce titre, après tout, ne lui fut pas plus profitable qu'à moi.

— Vraiment? s'écria lady Marguerite toute surprise et pleine de sympathie. J'avais, à la vérité, entendu dire que le petit-fils du dernier comte se trouvait dans une situation pénible, mais je n'aurais jamais pensé qu'il occupât un grade aussi modeste. Quelle mauvaise fortune vous a donc forcé... car enfin votre famille... ou vos amis d'Écosse, vos parents, si nombreux, si puissants ?

— Oui ! c'est vrai, Madame, repartit Bothwell, il y en a qui auraient pu me donner une place de garde-chasse, car j'ai l'œil assez juste; d'autres qui m'auraient accepté pour leur bravo, mon épée est assez sûre pour cela : peut-être y en avait-il un ou deux qui, par faute de meilleure compagnie, m'auraient admis à leur table, car je puis boire mes trois bouteilles de vin. Mais je ne sais pas pourquoi, service pour service dans ma famille, j'aime mieux celui de mon cousin Charles; c'est le plus honorable de tous, quoique la livrée ne soit pas magnifique ni la paye superbe.

— C'est une honte ! c'est un scandale affreux, s'écria lady Marguerite. Pourquoi ne vous adressez-vous pas à Sa gracieuse Majesté ! Le roi ne peut pas savoir qu'un rejeton de son auguste famille.....

— Je vous demande pardon, Madame, interrompit le sergent, je ne suis qu'un simple soldat, et j'espère que vous me pardonnerez si je vous dis que Sa gracieuse Majesté pense plus à greffer ses propres rejetons qu'à nourrir ceux qu'avait plantés son trisaïeul.

— Dans tous les cas, monsieur Stewart, dit la grande dame, il faut que vous me promettiez de rester ce soir à Tillietudlem : j'attends demain votre commandant en chef, Claverhouse, qui a tant fait pour le roi et pour le pays contre ceux qui voudraient voir le monde sens dessus dessous. Je lui parlerai de votre promotion, et je suis certaine qu'il sait trop ce que l'on doit au sang qui coule dans vos veines, et aux prières d'une dame que Son auguste Majesté a bien voulu honorer d'une manière toute particulière, pour ne pas vous favoriser plus que par le passé.

— J'ai mille grâces à vous rendre, Madame, répondit Bothwell, je resterai ici avec mon prisonnier, puisque tel est votre plaisir; ce sera d'ailleurs le moyen de le présenter plus tôt au colonel Graham, et de savoir ce qu'il en veut faire.

— Quel est donc ce prisonnier? demanda la châtelaine.

— Un jeune homme des environs, d'assez bonne famille, dit le sergent, qui a été assez imprudent pour héberger un des assassins du primat, et faciliter sa fuite.

— Oh ! c'est indigne, s'écria lady Marguerite : j'oublie trop aisément les insultes que j'ai reçues de ces scélérats, et j'en ai souffert qui n'étaient pas de nature à être légèrement oubliées; mais quand on aide des gens coupables d'un meurtre aussi cruel, aussi abominable, commis sur un homme désarmé, un vieillard, un homme d'un rang aussi élevé que l'archevêque, je dis que c'est indigne ! Si vous voulez le mettre en lieu de sûreté, sans que vos gens soient obligés de le surveiller, je dirai à Harrison ou à Gudyill de chercher la clef de notre cachot.

— Je ne doute pas, Madame, répondit Bothwell, que votre cachot n'offre tous les avantages possibles ; mais j'ai promis de prendre soin du jeune homme, et je le ferai garder de manière à rendre son évasion impossible. Sous l'œil d'un de mes dragons, il sera aussi en sûreté que si ses jambes étaient dans des entraves et ses poignets dans des menottes.

— Vous savez mieux que moi ce que vous avez à faire, monsieur Stewart, répliqua la vieille dame, j'aurai l'honneur de vous souhaiter le bonsoir, et de vous remettre aux soins de mon intendant Harrison. Je vous aurais demandé l'honneur de votre présence chez moi, mais je... Je parlerai demain à votre commandant, et j'espère que vous aurez bientôt un rang qui ne jurera plus avec votre sang.

— Je crains, Madame, que votre bonté n'ait pas tout le succès que vous désirez, mais je vous suis reconnaissant de vos bonnes intentions ; et, en attendant, je m'en vais passer une joyeuse soirée avec M. Harrison.

Lady Marguerite prit congé du sergent avec tout le respect qu'elle devait au sang royal, même quand il coulait sous l'habit d'un garde du corps ; et en partant elle assura de nouveau M. Stewart que tout ce qui était au château de Tillietudlem était à son service et à la disposition de ses hommes.

Le sergent Bothwell accepta les offres de la châtelaine et il oublia joyeusement la chute de sa famille en tenant tête à M. Harrison, qui, de son côté, prit à tâche de servir le meilleur vin du caveau et d'exciter par son exemple la bonne humeur de son hôte. Une soirée de ce genre était trop dans les goûts du vieux Gudyill pour qu'il ne cherchât pas à prendre sa part des rasades que leur inspirait leur vieille loyauté.

Au risque de se casser le cou, il descendit en courant les escaliers du caveau pour puiser à une cachette que lui seul, disait-il, connaissait, et à laquelle il n'allait jamais que pour honorer les vrais amis du roi.

— Et maintenant, monsieur François Stewart de Bothwell, ajouta-t-il en se versant une corne de vin, j'ai bien l'honneur de boire à votre santé : puissiez-vous bientôt porter l'épaulette, et nettoyer complètement le pays des whigs, des tondus, des fanatiques et des prédicants!

Il y avait longtemps que Bothwell n'était pas très-scrupuleux dans le choix de ses compagnons, il se réglait à cet égard plus d'après sa position présente que d'après le rang de ses aïeux ; il répondit donc cordialement au toast de l'économe en ayant soin de vanter pompeusement l'excellence de son vin. Le vieux Gudyill étant régulièrement admis à l'honneur de la société du sergent, il continua jusqu'au matin à leur fournir les moyens de passer le temps.

CHAPITRE IX.

Pendant que lady Marguerite daignait converser avec le noble sergent de dragons, sa petite-fille, qui ne ressentait pas le même enthousiasme pour tous ceux dont les veines étaient pleines de sang royal, sa petite-fille honora à peine M. Bothwell d'un léger regard : elle vit un grand et puissant homme, aux traits fatigués, et qui portait sur la figure des traces évidentes d'orgueil et de débauches, d'insouciance et de mécontentement. Les soldats arrêtèrent encore moins son attention, mais il lui sembla difficile de ne pas se sentir intéressée par la vue du prisonnier, qui se tenait enveloppé et pour ainsi dire déguisé.

— Je désirerais beaucoup, dit-elle à Jenny Dennison, qui était plus spécialement attachée à son service, je désirerais beaucoup savoir quel peut être ce pauvre prisonnier.

— Et moi donc, mam'selle Edith! repartit la suivante. Je saurai bientôt qui c'est, dit Jenny, laissons seulement les soldats se tenir un peu tranquilles, il y en a un que je connais très-bien.

— Je crois que vous connaissez tous les vauriens du pays, répliqua sa maîtresse. Dites-moi comment vous avez connu ce soldat?

— Mais, mam'selle, c'est Tom Halliday, le troupier Tom, comme on l'appelle, qui fut blessé par les gens du haut pays au prêche d'Outerside Muire, et qui est resté ici pour se guérir. Je puis lui demander tout ce que je voudrai et Tom ne me refusera pas, j'en suis bien sûre.

— Eh bien! essayez, dit Edith, tâchez de savoir le nom de son prisonnier, et venez me le dire à ma chambre.

Jenny quitta sa maîtresse, et revint bientôt la figure toute bouleversée à l'idée de la nouvelle qu'elle allait lui annoncer.

— Qu'est-ce que c'est, demanda Edith toute surprise, serait-ce vraiment le pauvre Cuddie?

— Cuddie, mam'selle Edith, non, non, ce n'est pas Cuddie, murmura la femme de chambre, qui savait toute la peine que le nom qu'elle allait prononcer causerait à sa maîtresse; oh! mam'selle Edith! c'est le jeune Milnwood lui-même!

— Le jeune Milnwood! s'écria Edith, c'est impossible, tout à fait impossible! Son oncle va à la chapelle du ministre autorisé par la loi; il n'a aucun rapport avec les récalcitrants, il n'a jamais pris part à aucune de ces misérables discussions. Oh! il doit être innocent, à moins qu'il n'ait voulu défendre quelque malheureux persécuté.

— Oh! mais, mam'selle, on ne regarde pas aujourd'hui si un homme est innocent ou coupable; quand même il serait aussi innocent que l'enfant qui vient de naître, ils trouveraient le moyen de le faire paraître coupable s'ils le veulent; mais Tom Halliday m'a dit que c'était une affaire capitale, il a hébergé un des messieurs de Fife qui ont tué l'archevêque.

— Une affaire capitale! s'écria Edith se levant en grande hâte et parlant d'une voix que l'agitation faisait trembler, ils ne peuvent pas... ils ne voudront pas... je lui parlerai... Oh! ils ne le toucheront pas!

— O ma chère bonne maîtresse! dit Jenny, pensez à votre grand'mère; voyez comme ce sera difficile et dangereux; il va être gardé à vue jusqu'à l'arrivée de Claverhouse, qui vient demain matin; et s'il ne répond pas d'une manière satisfaisante, Tom Halliday dit que son affaire ne sera pas longue: Genou terre!... apprêtez!... joue!... feu!... exactement comme ils ont fait avec ce pauvre vieux sourd de Jean Macbriar, qui n'a jamais entendu une seule de leurs questions, et qu'ils ont tué parce qu'il était sourd!

— Jenny, répondit Edith, ce n'est pas le moment de parler de dangers ou de difficultés, je m'en vais mettre une écharpe, il faut que j'aille le voir là où ils le gardent. Je prierai la sentinelle, je me jetterai à ses genoux, je lui dirai qu'au nom de son âme...

— Bon Dieu du ciel! interrompit la suivante, notre jeune dame aux genoux de Tom le troupier! et lui parlant de son âme, quand le pauvre gars ne sait seulement pas s'il en a une ou non! Ça ne se peut pas! Mais ce qui doit être sera. Ainsi donc, s'il faut que vous voyiez le jeune Milnwood, quoique je ne voie pas ce qu'il pourra en résulter si ce n'est de vous rendre malheureux tous les deux... eh bien! je vais vous y aider à tout risque; je me charge d'amadouer Tom Halliday. Mais il faut que vous me laissiez arranger ça comme je l'entends, et ne pas dire un mot; c'est lui qui est chargé de garder Milnwood dans la tour de l'Est.

— Va me chercher une écharpe, dit Edith, oh! que je le voie seulement une minute, et je trouverai le moyen de le sauver! Dépêche-toi, Jenny, et je t'en récompenserai un jour.

Jenny s'éloigna, et revint bientôt avec une écharpe qu'Edith jeta sur sa tête et ses épaules en la ramenant sur sa figure pour cacher ses traits. C'était assez l'habitude parmi les grandes dames de cette époque, et même un peu plus tard, de se voiler la tête avec une écharpe : les assemblées ecclésiastiques du temps prohibèrent plus d'une fois cette sorte de déguisement. Mais, comme toujours, la mode eut plus de puissance que leur rigorisme, et pendant longtemps les femmes de tout rang continuèrent à se voiler ainsi.

Edith prenant le bras de sa suivante, elles se dirigèrent d'un pas tremblant vers la tour où Henri Morton était gardé à vue.

On l'avait renfermé dans une petite chambre pratiquée dans la tour; on y arrivait par un corridor dans lequel se tenait le factionnaire. Bothwell, qui, malgré ses vices nombreux, tenait scrupuleusement sa parole, avait cru ne pas devoir lui imposer la présence continuelle de son geôlier.

Tom Halliday, la carabine sur l'épaule, se promenait d'un bout à l'autre du corridor.

Jenny Dennison recommanda de nouveau à sa maîtresse de la laisser faire entièrement à sa guise.

— Je peux venir à bout du troupier, dit-elle, tout rude qu'il est, je sais comment m'y prendre, mais il ne faut pas que vous disiez un mot.

Elle ouvrit donc la porte du corridor au moment où le dragon venait de se tourner.

— Ah! quelle bonne occasion vous a donc amenée ici, madame Dennison?

— Ma parente, que voici, aurait quelque chose à dire à votre prisonnier, M. Henri Morton, et je suis venue avec elle pour lui parler.

— Ah! rien que cela! répondit le troupier. Et dites-moi donc, s'il vous plaît, madame Dennison, comment votre parente et vous prétendez arriver jusqu'à lui? Vous êtes trop grassouillette, ce me semble, pour passer par le trou de la serrure; et quant à ouvrir la porte, il n'y faut pas penser, voyez-vous!

— Il n'y faut pas penser, mais il faut le faire, répliqua la suivante sans aucune hésitation.

— C'est ce que nous allons voir, Jenny.

— Ainsi, vous ne voulez pas nous laisser entrer, monsieur Halliday, c'est bien, c'est bien! je vous souhaite le bonsoir, alors, et c'est bien la dernière fois que vous me voyez, moi et ce beau dollar tout neuf, dit Jenny faisant tourner une pièce d'argent entre ses doigts.

— Donne-lui de l'or, donne-lui de l'or! répéta tout bas la pauvre Edith.

— De l'argent est déjà trop bon pour des gens comme lui, répliqua Jenny. Et puis il croirait tout de suite que vous n'êtes pas ma parente. Palsanguienne! l'argent n'est pas déjà si commun dans nos poches, sans parler de l'or!

La suivante, se tournant alors vers le dragon, lui dit tout haut :

— Ma cousine ne veut pas rester plus longtemps, monsieur Halliday. Ainsi, nous vous souhaitons le bonsoir.

— Attendez! attendez! s'écria le troupier : n'allez pas aussi vite et parlementons, Jenny. Si je laisse votre parente entrer dire deux mots au prisonnier, voulez-vous rester me tenir compagnie pendant son absence? Comme cela, ça peut s'arranger.

— Attendez-vous à cela! dit Jenny. Croyez-vous bonnement que ma cousine et moi allons risquer de perdre notre réputation pour causer avec vous ou avec votre prisonnier sans qu'il y ait quelqu'un là? Je vois maintenant quelle différence il peut y avoir entre ce qu'un homme promet et ce qu'il fait! Vous vous moquez toujours du pauvre Cuddie; mais si je lui eusse demandé de faire quelque chose pour moi, il n'y aurait pas regardé à deux fois quand même il aurait eu à risquer son cou.

— Cuddie, répliqua le dragon : il court grand risque de le sentir serré de près, son cou. Je l'ai vu ce matin à Milnwood avec la vieille folle de puritaine qu'il appelle sa mère ; et si j'avais su que vous me l'auriez jeté à la tête comme cela, je vous l'aurais amené attaché à la queue de mon cheval : il y a dix lois qui m'y auraient autorisé.

— C'est bien, c'est bien !... Mais prenez garde que Cuddie ne vous fasse présent d'une balle de plomb un de ces jours si vous le forcez d'aller aux montagnes avec tant d'autres honnêtes gens. C'est un fameux tireur, je peux vous le dire; il était le troisième au tir de l'assemblée. Sa parole est aussi certaine que son œil ou sa main, quoiqu'il ne fasse pas tant d'embarras que quelqu'un de votre connaissance. Mais tout cela m'est bien égal. Allons, cousine, allons-nous-en.

— Arrêtez, Jenny! s'écria le troupier Je tiens ma parole aussi bien que qui que ce soit! Où est le sergent?

— Il est à boire, dit la suivante, avec l'intendant et Jean Gudyill.

— Oh! bien, alors, il n'y a pas de crainte à avoir de ce côté. Et où sont mes camarades?

— Ils sont à goûter notre bière avec le garde, le fauconnier et quelques autres domestiques.

— Leur en sert-on suffisamment?

— Ils en ont six gallons, et c'est de la bière comme on n'en brasse point partout, repondit Jenny.

— En ce cas, Jenny, dit le troupier d'un ton presque mielleux, ils y resteront jusqu'à l'heure de relever les sentinelles, et peut-être un peu plus tard. Si donc vous voulez me promettre de venir seule la prochaine fois...

— Peut-être que oui, peut-être que non, répliqua la suivante, mais, tenez, prenez le dollar, vous aimerez cela tout autant.

— J'aimerais mieux... s'écria Halliday mettant l'argent dans sa poche ; mais c'est toujours quelque chose pour me dédommager du risque que je cours. Si Claverhouse avait la moindre idée de ce que je fais, il me bâtirait un cheval de bois aussi haut que la tour de Tillietudlem. Mais dans le régiment chacun prend ce qu'il peut. Bothwell, malgré son sang royal, est le premier à nous donner l'exemple. Ceci, dit-il en regardant et retournant le dollar, ceci vaut toujours quelque chose. Allons, voyons, voilà la porte ouverte ! Ne restez pas longtemps à prier et à sangloter avec le jeune whig, entendez-vous ? Soyez toutes prêtes à sortir quand je frapperai à la porte, comme si les clairons sonnaient aux armes !

Halliday ouvrit la porte ; et laissant entrer Jenny et sa prétendue cousine, il tira les verrous après elles, reprit sa marche monotone, et se remit à siffler un des airs qui semblent inventés pour tuer le temps des sentinelles.

Quand la porte s'ouvrit, Morton était dans l'attitude de l'abattement, ses deux bras reposaient sur la table et sa tête était appuyée sur ses mains. Il leva les yeux en entendant Edith et sa suivante entrer ; et voyant deux femmes s'avancer, il se leva tout surpris.

Le désespoir avait rempli le cœur d'Edith de courage, mais quand elle se trouva en présence de Morton, la modestie reprit son empire, et la jeune fille s'arrêta auprès de la porte sans pouvoir parler ou avancer. Elle oublia tout à coup ce qu'elle avait imaginé pour l'aider et le consoler ; il ne lui restait plus qu'un véritable chaos d'idées sur lequel surnageait une vive appréhension de s'être déshonorée aux yeux de Henri en venant ainsi le visiter dans sa prison. Elle resta donc immobile et silencieuse, se tenant au bras de sa suivante, qui s'efforçait de lui inspirer un peu de hardiesse en lui disant à l'oreille :

— Nous y voilà, Madame, et nous n'avons pas de temps à perdre; le caporal ou le sergent vont bientôt faire leur ronde, et il serait malheureux de faire punir le pauvre Halliday pour sa complaisance.

Morton soupçonnant la vérité, s'avança timidement. Quelle autre femme dans la maison, excepté Edith, pouvait s'intéresser à ses malheurs? Cependant, il hésitait à parler, craignant d'être trompé par l'obscurité du lieu, ou le déguisement de l'écharpe, et de commettre une indiscrétion qui eût offensé celle qu'il voulait respecter avant tout. Mais Jenny, que son esprit naturel rendait tout à fait digne du rôle qu'elle jouait, Jenny vint à leur secours et brisa la glace.

— Monsieur Morton, dit-elle, mam'selle Edith est très-peinée de votre présente position, et...

Il était inutile d'en dire davantage : il était à ses côtés, presque à ses pieds, et la comblant de remercîments, d'expressions de reconnaissance, qui, n'étant formées que de phrases brisées, n'offraient de sens qu'au moyen des gestes et du ton, révélant les profonds et tumultueux sentiments qu'ils étaient destinés à exprimer.

— J'ai commis une indiscrétion, M. Morton... que vous blâmerez peut-être. Je n'ai pu vous abandonner quand le monde entier semblait vous délaisser. Mais, quelle est la cause de cette arrestation? Que peut-on faire? Mon oncle, qui vous aime tant ; Milnwood, votre parent, ne peuvent-ils rien? N'y a-t-il aucun moyen de vous aider? Et quelle peut être la suite de tout cela?

— Qu'elle soit ce que le ciel voudra, répondit Henri. Si maintenant j'ai à souffrir les dernières rigueurs de la loi, le souvenir de l'honneur que vous m'avez fait sera ma consolation et mon bonheur au dernier instant de ma vie.

— Mais vous n'en êtes pas là, M. Morton! s'écria la jeune fille, vous qui vous occupiez si peu de ces malheureuses discordes civiles, comment vous êtes-vous trouvé subitement et profondément impliqué dans ces affaires, de sorte que votre...

Elle s'arrêta, ne pouvant achever cette terrible phrase.

— De sorte que ma vie doit en répondre? dit Morton d'un ton calme mais triste; je crois que la conscience de mes juges seule en saura la raison. Mes gardiens m'ont fait entrevoir la possibilité d'éluder la peine de mort par un enrôlement à l'étranger. Je pensais à accepter cette alternative.

— Il est donc vrai, reprit Edith, que vous avez été assez imprudent pour avoir quelques rapports avec quelques-uns de ces malheureux qui ont assassiné le primat?

— Je ne savais même pas que ce crime eût été commis, répondit Morton. J'ai malheureusement logé pendant une nuit un de ces hommes de sang, un ancien camarade et ami de mon père. Mais qu'importe que je ne l'aie pas su ? car qui me croira excepté vous, mademoiselle Bellenden ? et pour dire toute la vérité, je me demande encore en ce moment si, sachant que ce crime avait été commis, j'aurais eu la force de refuser l'abri que sollicitait le fugitif ?

— Qui vous interrogera, demanda Edith, devant quelle autorité allez-vous être conduit ?

— On m'assure que le colonel Graham de Claverhouse m'interrogera lui-même. Il fait partie de la commission militaire à laquelle le roi, le conseil privé et le parlement, qui prenait meilleur soin de nos libertés autrefois, ont remis plein pouvoir sur nos biens et sur nos vies.

— Claverhouse ! répéta Edith toute tremblante ! Oh ! vous êtes perdu avant d'être jugé ! Il a écrit à ma grand'mère qu'il serait ici demain matin. Il est en route pour le haut pays, où quelques malheureux, excités par la présence de deux ou trois d'entre ceux qui ont tué le primat, sont, dit-on, réunis dans le but de s'insurger. Les expressions dont il se sert m'ont fait trembler, même quand j'étais loin de soupçonner qu'un... qu'un... ami...

— Ne vous alarmez pas trop, dit Henri, quoique Claverhouse soit dur et sans pitié, c'est un brave et honorable militaire ; je suis le fils d'un soldat, et je me défendrai en soldat ; il accueillera peut-être avec plus de faveur une narration simple et véridique que ne l'aurait fait un juge corrompu et parasite ; et, vraiment, dans un temps où la justice est si complètement vénale, j'aimerais mieux succomber sous un acte de violence militaire que de me voir condamner par un juge inique, qui prête son savoir à nos tyrans pour nous opprimer, quand il devrait s'en servir pour nous défendre.

— Tout est perdu, tout est perdu si vous avez Claverhouse pour juge ! répéta Edith. La corde et l'arbre le plus voisin sont ses expressions favorites. Le malheureux primat était son ami intime et son premier protecteur. « Aucune excuse, dit sa lettre, aucun subterfuge, ne pourront sauver ceux qui ont trempé dans ce meurtre ; la loi suivra son cours, ta vengeance sera complète ; je veux immoler autant de coupables à la mémoire de ce vénérable vieillard qu'il avait de cheveux blancs sur la tête ! » Oh ! il n'y a rien à attendre de lui !

Jenny Dennison s'était jusqu'alors tenue un peu à l'écart sans mot dire.

— Je vous demande pardon, mam'selle Edith, et à vous aussi, monsieur Morton, mais nous n'avons pas de temps à perdre. Que Milnwood prenne mon jupon et mon écharpe ; je m'en vais les retirer là, dans ce coin, s'il me promet de ne pas se retourner, et vous pourrez passer devant Tom Halliday, que son pot de bière a presque aveuglé; je m'en vais vous dire après comment il pourra sortir du château sans être vu. Vous, mam'selle, vous allez retourner tranquillement à votre chambre, je vais me mettre dans ce grand manteau, et, avec son chapeau sur la tête, je lui ressemblerai assez longtemps pour qu'il puisse se sauver; après cela j'appellerai Tom Halliday, et je lui dirai de me laisser sortir.

— Vous laisser sortir! dit Morton, ils se vengeront sur vous de ma fuite.

— Oh! que nenni! répliqua Jenny, Tom n'osera pas dire qu'il nous a laissées entrer, et il faudra bien qu'il trouve un autre moyen d'expliquer comment vous êtes sorti.

— Hum! s'écria le troupier en ouvrant tout à coup la porte de l'appartement, si je suis aveugle je ne suis pas sourd, et vous n'auriez pas dû crier vos plans si fort si vous eussiez voulu réussir. Allons, allons, madame Jeannette, en avant, marche! pas accéléré! Et vous, madame la parente, je ne veux pas demander votre vrai nom quoique vous vouliez me jouer un tour pendable; mais, voyons, vidons le plancher : battez en retraite, autrement j'appelle la garde.

— J'espère, dit Morton, que vous ne direz rien de ceci, mon ami, et que vous vous en rapporterez à mon honneur pour récompenser votre discrétion. Puisque vous avez entendu notre conversation, vous devez savoir que nous n'avons pas accepté l'offre impossible faite par cette bonne fille.

— Oui, je me doute bien de ce que c'est, et je ne suis pas homme à rancune ni à me mêler des affaires des autres : mais je lui vaudrai cela, à cette Jenny, qui mériterait un ruban de chanvre pour avoir voulu ruiner un honnête garçon qui s'était laissé prendre à ses flatteries.

Jenny ne trouvant rien à dire pour s'excuser se couvrit la figure de son mouchoir, et sanglotant amèrement, elle pleura ou fit semblant de pleurer dans toutes les règles voulues.

— Maintenant, reprit le soldat considérablement radouci, si vous avez encore quelque chose à vous dire, dites-le en deux minutes, et tournez-moi le dos; car si Bothwell s'avisait de se traîner de ce côté, sur ses jambes avinées, un peu avant la ronde, ce serait une mauvaise affaire pour nous tous.

— Adieu, Edith, murmura Morton en affectant une tranquillité trompeuse, ne restez pas ici plus longtemps, laissez-moi à mon malheureux sort ; il n'est pas sans douceur, puisque vous vous y intéressez : adieu ! adieu ! prenez garde que l'on ne vous vole !

Il la remit alors aux mains de sa suivante, qui la conduisit hors de l'appartement.

Quand Edith fut de retour à sa chambre, elle s'abandonna à un excès de douleur qui alarma Jenny : la bonne fille se hâta de lui offrir toutes les raisons d'espoir qu'elle put s'imaginer.

— Ne vous chagrinez pas tant, mam'selle Edith, dit la fidèle suivante, qui sait ce qui peut arriver pour venir en aide à Milnwood ? C'est un brave jeune homme, un vrai gentilhomme, et ils ne l'accrocheront pas à un arbre comme les pauvres whigs qu'ils trouvent dans les bruyères et qu'ils pendent comme des bottes d'oignons : son oncle aidera à le sauver, ou peut-être votre grand-oncle dira un mot pour lui ; il connaît tous ces messieurs à habits rouges.

— Tu as raison, Jenny, dit Edith sortant de l'accablement dans lequel elle était plongée, ce n'est pas le moment de se laisser aller au désespoir, il faut agir. Trouve-moi immédiatement quelqu'un pour porter une lettre ce soir à mon oncle.

— Aller à Charnwood, Madame ! il est bien tard, il y a d'ici là six milles et un bout, je ne sais pas si je pourrai trouver un homme et un cheval ce soir, car les dragons ont mis une sentinelle à la porte du château. Pauvre Cuddie ! il est parti, le pauvre garçon, il aurait fait tout ce que je lui aurais demandé, sans jamais faire une question, et je n'ai pas encore eu le temps de faire connaissance avec le nouveau laboureur : d'autant qu'on dit qu'il va épouser Meg Murdieson.

— Il faut me trouver quelqu'un, Jenny ; c'est une affaire de vie ou de mort !

— J'irais bien moi-même, mam'selle, car je pourrais passer par la croisée du garde-manger et descendre le long du vieux if, ce ne serait pas la première fois. Mais les chemins ne sont pas bons, il y a tant d'habits rouges partout, sans compter les whigs, qui ne valent pas mieux que les autres. La longueur du chemin ne m'inquiète guère ; je peux faire aisément six milles par une soirée de clair de lune.

— Ne connais-tu personne qui puisse y aller, par pitié ou par intérêt ? demanda Edith tout inquiète.

— Je ne sais pas, dit Jenny en réfléchissant, à moins que ce ne soit Guse Gibbie, et peut-être qu'il ne sait pas le chemin, quoique cela ne soit pas difficile en suivant la route ordinaire, et ayant soin de tourner à Cappercleugh ; pourvu qu'il ne se noie pas dans le Whomlckirn ou qu'il ne tombe pas dans le Deils Loaning, qu'il ne fasse pas de faux pas aux pierres du gué de Walkwary, et qu'il ne soit pas emmené aux montagnes par les whigs, ou jeté en prison par les habits rouges!

— Il faut en courir les chances, dit Edith interrompant cette longue énumération de dangers; n'importe à quels risques, il faut que tu me trouves un messager. Va, dis-lui de se tenir tout prêt, et fais-le sortir de la tour aussi secrètement que possible. S'il rencontre quelqu'un, il répondra qu'il porte une lettre au major Bellenden de Charnwood, sans dire autre chose.

— Je comprends, mam'selle, répliqua Jenny, le pauvre Gibbie fera très-bien la commission, je dirai à la femme de basse-cour de prendre soin de ses oies pendant son absence; et, à Gibbie, je lui promettrai que vous direz un mot pour lui à lady Marguerite, et que vous lui donnerez un dollar.

— Deux s'il réussit, dit Edith.

Jenny courut éveiller Guse Gibbie : il se couchait d'ordinaire en même temps que le soleil, et quelques minutes seulement après les bêtes dont il prenait soin. Pendant l'absence de Jenny, Edith s'assit à son petit bureau, et écrivit la lettre suivante, qu'elle adressa

« *A mon très-honoré oncle le major Bellenden de Charnwood.*

» Mon cher oncle,

» Ces lignes ont pour but de m'informer de l'état de votre santé : ma grand'mère et moi ne vous ayant pas vu à l'assemblée, nous sommes devenues très-inquiètes. Si votre goutte vous permettait de sortir, nous serions heureuses de vous avoir demain à déjeuner; le colonel Graham de Claverhouse nous fait l'honneur de passer chez nous et nous désirerions que vous nous aidassiez à recevoir dignement un militaire aussi distingué, qui probablement ne se soucierait guère d'un tête-à-tête avec deux femmes. Puis, mon cher oncle, ayez la complaisance de prier madame Grandsoin, votre gouvernante, de m'envoyer mon petit manteau doublé à capuchon et à longues manches; elle le trouvera dans le troisième tiroir de la commode en bois de noyer de la chambre verte que vous êtes assez bon d'appeler ma chambre. Puis encore, mon cher oncle, voudriez-vous m'envoyer le second volume du grand Cirus? car je n'ai lu que jusqu'à l'emprisonnement de Philidaspes, à la cent trente-troisième page. Mais surtout je vous conjure d'être ici demain matin avant huit heures. Comme votre vieux cheval a le trot allongé, vous n'avez pas besoin de vous lever de meilleure heure que d'habitude. Je prie Dieu qu'il vous conserve en bonne santé, et croyez-moi bien votre très-obéissante et affectionnée nièce.

» EDITH BELLENDEN.

» *Post-scriptum.* — Une troupe de soldats nous a amené hier un prisonnier ; c'est un de vos amis, le jeune M. Henri Morton de Milnwood. Vous serez bien peiné, j'en suis certain, de sa mésaventure, et vous voudrez dire deux mots au colonel Graham en sa faveur. C'est dans ce but que je vous en informe. Je n'ai pas dit son nom à ma grand'mère, qui est pleine de préjugés contre sa famille. »

Cette lettre, dûment cachetée, fut confiée à Jenny, qui se hâta de la remettre à Guse Gibbie, qu'elle avait préparé pour cette expédition. Elle lui répéta de nouveau toutes les précautions qu'il avait à prendre le long du chemin. Enfin elle le mit hors du château en le poussant à travers la croisée du garde-manger, d'où il gagna les branches du vieil if. Elle le vit bientôt descendre à terre et prendre le chemin qu'elle lui avait indiqué. Jenny retourna auprès de sa jeune maîtresse et essaya de lui persuader de se reposer, l'assurant que Gibbie réussirait dans sa mission.

Gibbie fut plus heureux à pied qu'il ne l'avait été à cheval : vers le lever du soleil il se trouva devant la grande porte de la maison du major Bellenden.

CHAPITRE X.

Tout en arrangeant les habits de son maître, l'ancien valet de chambre du major Bellenden, le vieux Gédéon Lapique, lui annonça, en s'excusant de le réveiller de meilleure heure que d'habitude, qu'il était arrivé une lettre de Tillietudlem.

— De Tillietudlem ! s'écria le vieux major se redressant sur son séant. Ouvre les contrevents, Lapique... Est-ce que ma belle-sœur serait malade ? Relève les rideaux... Qu'est-ce que cela veut dire ? ajouta-t-il en jetant un coup d'œil sur les premières lignes de la lettre d'Edith, la goutte ? mais elle sait bien que je ne l'ai pas eue depuis la Chandeleur... L'assemblée ? il y a un mois que je lui ai dit que je n'irais pas. Manteau doublé avec capuchon ? oh ! la petite sorcière ! qu'est-ce que tout cela me fait ?... Le grand Cyrus et Philidaspes ? Philippe le Diable ! Est-ce que ma nièce serait devenue folle ? M'envoyer un exprès et me faire réveiller à cinq heures du matin pour m'ennuyer de toutes ces niaiseries !

Ah! mais qu'est-ce que ce *post-scriptum* veut dire? Bonté du ciel! s'écria-t-il en achevant de le lire, Lapique, selle le vieux Kilsythe à l'instant et un autre cheval pour toi.

— J'espère que vous n'avez pas reçu de mauvaises nouvelles de Tillietudlem, Monsieur? dit Lapique étonné de la soudaine résolution de son maître.

— Oui... non... oui! c'est-à-dire qu'il faut que je voie Claverhouse ce matin pour une affaire de haute importance : ainsi, en selle aussitôt que nous pourrons, Lapique! dans quel temps vivons-nous? Le pauvre garçon! le fils de mon vieux compagnon! Et cette folle qui s'en va me mettre cela dans son *post-scriptum*, à la queue de toutes ses vieilles hardes et de ses imbéciles de romans!

Quelques minutes après, le vieil officier était complètement équipé. Et ayant monté son vieux cheval avec autant d'importance qu'aurait pu en avoir Marc-Antoine lui-même, il lui fit prendre le chemin de Tillietudlem.

Le bon major, sachant combien sa belle-sœur détestait les presbytériens et leurs adhérents, résolut prudemment de ne rien dire à la vieille dame du nom ou de la qualité du prisonnier que l'on gardait au château, et d'essayer de son influence personnelle sur Claverhouse pour obtenir la mise en liberté de Morton.

— Loyal comme il est, se disait-il, il voudra faire quelque chose pour un vieux cavalier comme moi; et s'il est aussi galant soldat qu'il en a la réputation, il sera heureux de rendre service au fils d'un vieux soldat. Je n'ai jamais connu un vrai militaire qui ne fût pas franc de cœur et plein de générosité : on peut les charger de faire exécuter les lois avec mille fois plus de raison que d'en confier l'application à des chicaneurs ou à des imbéciles de gentillâtres. Il est malheureux cependant qu'on soit obligé de les faire aussi sévères.

Les réflexions politico-morales du major Miles Bellenden ne cessèrent qu'au moment où Jean Gudyill, un peu chargé de liqueur, prit la bride de son cheval pour l'aider à mettre pied à terre.

— Eh bien! Jean, lui dit le vétéran, à quelle discipline obéissez-vous donc ici maintenant? Voici que vous avez déjà fait la ronde des caves ce matin!

— J'ai lu les litanies, répondit Jean, qui n'avait pas compris l'observation du major et qui crut devoir assumer un air d'extrême gravité, la vie est courte, Monsieur, nous sommes les fleurs de la prairie — ici survint un hoquet — et les lis de la vallée...

— Mais, ce n'est pas de cela qu'il s'agit ; dis-moi où est ta maîtresse.

Jean Gudyill conduisit le major à la salle à manger, où lady Marguerite surveillait, ordonnait et activait les préparatifs du déjeuner qu'elle allait offrir à Claverhouse : dans le camp des royalistes, c'était un héros que l'on ne pouvait trop fêter ; dans les rangs opposés, c'était un homme de sang, de carnage et de vengeance.

— Ne vous ai-je pas répété, disait lady Marguerite à sa première suivante, ne vous ai-je pas répété, Mysie, que je voulais que tout fût arrangé ce matin exactement comme cela avait été disposé pour ce grand jour que Sa gracieuse Majesté nous fit l'honneur de déjeuner à Tillietudlem ?

— Sans doute, et je l'ai bien entendu, Madame, répondit Mysie, et autant que je puis me le rappeler...

— Alors, pourquoi ce pâté de venaison, demanda lady Marguerite en l'interrompant, est-il à gauche du trône, et ce carafon de bordeaux à droite, quand vous devez savoir que Son auguste Majesté mit elle-même le pâté auprès du carafon en disant qu'ils allaient trop bien ensemble pour rester séparés ?

— Je me le rappelle très-bien, Madame, dit Mysie, et je vous ai assez souvent entendu raconter tous ces détails pour ne pas les oublier.

Ce fut à ce moment que la porte s'ouvrit.

— Qu'est-ce que c'est, Jean Gudyill ? s'écria la vieille dame, je ne puis parler à qui que ce soit en ce moment... Quoi ! c'est vous, mon frère ! continua-t-elle saisie d'étonnement en voyant son frère entrer, c'est là une visite matinale !

— Pas plus matinale que bienvenue, j'espère ! répliqua le major Bellenden en embrassant la veuve de son frère ; mais j'ai appris, par un mot qu'Edith m'a écrit pour que je lui envoie quelques livres et divers objets qu'elle avait laissés à Charnwood, que vous attendiez Claverhouse ce matin, et, vieux mousquet comme je suis, j'ai voulu voir ce jeune soldat dont on parle tant. Lapique a donc sellé Kilsythe, et nous voici.

— Et je suis bien aise de vous voir, répondit lady Marguerite ; je vous aurais prié de venir si j'avais eu le temps d'envoyer une invitation. Vous voyez que je suis très-occupée : je veux que tout soit dans le même ordre qu'au jour où...

— Sa Majesté déjeuna à Tillietudlem, interrompit le major, qui, comme toutes les connaissances de la vieille dame, appréhendait de la voir commencer cette histoire, je me le rappelle parfaitement ; vous savez que j'étais de service auprès de Sa Majesté. Mais où est Edith ?

— Sur la plate-forme de la tour du guet, répondit lady Marguerite, attendant l'arrivée de nos hôtes.

— Je vais aller la rejoindre; et vous aussi, lady Marguerite, vous devriez venir dès que vous aurez formé votre ligne de bataille. C'est quelque chose de beau, je vous assure, que de voir le défilé d'un régiment de cavalerie.

Il offrit en même temps son bras à sa belle-sœur, qui l'accepta avec toute la politesse et la courtoisie à la mode dans les salons d'Holyrood avant l'année 1642.

Pour monter au haut de la tour du guet, il fallait suivre plus d'un long corridor et monter d'étroits et rapides escaliers. Ils trouvèrent sur la plate-forme Edith appuyée sur les créneaux, non pas dans l'attitude de la curiosité, mais abattue, pâle, inquiète, montrant par son air fatigué que le sommeil n'était pas venu suspendre le cours de ses réflexions. L'importance des préparatifs que la grand'mère avait surveillés depuis son lever l'avait empêchée de remarquer l'altération des traits de sa petite-fille; sa pâleur n'échappa pas au vieil officier.

— Qu'est-ce que c'est? qu'est-ce que vous avez, petite folle? lui dit-il, vous avez tout l'air d'une femme d'officier qui ouvre la liste des morts et des blessés après une bataille, en s'attendant à y trouver le nom de son mari? Mais je sais pourquoi : vous vous obstinez à lire toutes ces histoires absurdes, et vous vous désolez nuit et jour à l'occasion de malheurs imaginaires. Comment, pouvez-vous croire qu'Artaminès... ou, comment l'appelez-vous... s'est battu tout seul contre un bataillon entier? C'est tout le bout du monde quand un homme tient tête à trois autres, et je n'ai jamais vu personne qui fût pressé de le faire, excepté le vieux caporal Raddlebanes. Mais toutes ces niaises aventures font oublier les belles actions réelles. Je parierais ce que l'on voudra que vous mettez votre Artaminès bien au-dessus de Raddlebanes! Je prendrais tous les écrivassiers qui font imprimer de telles folies, et je les mettrais aux arrêts pour leur apprendre à dire la vérité.

Lady Marguerite, qui se délectait aussi dans la lecture de ces romans, se chargea de répondre au vieux major.

— Monsieur de Scudéri, dit-elle, est soldat, mon frère, et on m'assure qu'il s'est fort distingué. Le sieur d'Urfé porte aussi l'épaulette.

— Ils devraient en avoir honte! car alors ils savent parfaitement combien tout ce qu'ils écrivent est absurde. Quant à moi, je n'ai pas lu un livre depuis vingt ans, excepté ma Bible, les *Devoirs complets de l'homme*, et tout dernièrement la *Pallas armata* de Turner, autrement dit le traité sur l'exercice et le maniement de la pique, et, à vrai dire, je n'aime pas beaucoup sa méthode. Mais j'entends le tambour.

A ce mot, tous les yeux se tournèrent vers l'extrémité de la vallée.

Le château de Tillietudlem s'élevait, et s'élève peut-être encore sur la pointe d'une colline escarpée, à l'endroit où un cours d'eau considérable vient se jeter dans la Clyde. On put bientôt voir les brillants uniformes des dragons paraître et disparaître entre les bouquets d'arbres, suivant que les détours de la route les exposaient au grand soleil ou les protégeaient de ses rayons, que les heaumes d'acier reflétaient au loin. Leurs rangs étaient nombreux et pressés, car il y avait environ deux cent cinquante chevaux; le soleil qui miroitait sur leurs armes, leurs bannières qui flottaient au vent, le son de leurs trompettes et le roulement de leurs tambours frappaient l'imagination de pensées à la fois gaies et sévères. A mesure qu'ils s'approchaient, on pouvait distinguer chaque cavalier : c'était une troupe choisie, dont les chevaux, les armes et l'équipement ne laissaient rien à désirer.

— Cela me rajeunit de trente ans, dit le vieux major; et cependant je n'aime guère le service que ces pauvres diables ont à faire. J'ai pourtant eu ma part des guerres civiles, mais je peux dire que je ne me sentais pas aussi à l'aise dans cette sorte de guerre que lorsque je servais sur le continent et que nous avions affaire à des gens à physionomie étrangère et parlant un patois impossible. Il est trop dur d'entendre un pauvre diable d'Écossais vous demander quartier, et d'être obligé de l'achever tout comme s'il vous parlait en chinois ou en japonais! Ah! les voilà sur la hauteur de Netherwood; c'est une troupe magnifique, des chevaux superbes! Celui que voilà, qui galope pour se rendre en tête de la colonne, doit être Claverhouse; il prend le commandement... Les voici sur le pont... Ils seront ici dans cinq minutes...

La troupe s'arrêta un instant au pied de la tour d'entrée. La majeure partie des soldats reçut ordre de suivre la colline et de traverser un gué pour se rendre à la Grange ; c'était ainsi qu'on appelait une grande ferme appartenant à lady Marguerite, et où elle avait donné ordre de préparer des rafraîchissements. Les officiers, le drapeau et une escorte prirent seuls le chemin couvert qui se terminait à la grande porte, que l'on ouvrit pour leur réception.

Lady Marguerite, Edith et le vieux major s'étaient hâtés de descendre, et vinrent recevoir leurs hôtes, les domestiques se tenant autour d'eux en bon ordre. Le jeune officier que nous avons vu à la taverne du Howff, et qui, nous l'avons dit, était parent de Claverhouse, abaissa le drapeau, et les trompettes sonnèrent une fanfare en l'honneur de lady Marguerite et d'Edith quand il s'approcha de l'endroit où elles se tenaient. L'écho des vieux murs répéta tristement les sons joyeux de la trompette et des hennissements orgueilleux des chevaux.

Claverhouse montait un cheval noir, le plus beau, disait-on, de toute l'Ecosse. Ce cheval n'avait pas un seul crin blanc, sa vitesse et sa vigueur étaient proverbiales ; aussi les malheureux dissidents que son maître poursuivait si souvent avaient fini par croire que c'était un présent du diable, qui avait voulu faciliter leur destruction. Claverhouse rendit ses devoirs aux dames avec une politesse toute militaire, et demanda pardon à lady Marguerite de lui causer autant d'embarras. La noble châtelaine lui répondit que la réception d'un aussi vaillant guerrier, d'un serviteur aussi loyal de Sa Majesté, ne pouvait jamais être une cause d'embarras. Quand on eut satisfait des deux côtés à toutes les règles de la civilité, le colonel demanda la permission de recevoir le rapport du sergent Bothwell, qui s'approcha, et avec lequel il s'entretint pendant quelques minutes.

Le vieux major prit occasion de ce moment de silence pour dire tout bas à sa nièce, et de manière à ne pas être entendu par lady Marguerite :

— Vous avez eu raison, Edith, de ne rien dire de l'aventure de ce jeune homme à votre grand'mère, je ne lui en dirai rien non plus, mais je vais faire en sorte de parler à Claverhouse. Allons, mon enfant, voilà qu'on se rend au déjeuner, suivons-les

CHAPITRE XI.

Lady Marguerite voyait avec bonheur toutes ses provisions disparaître l'une après l'autre, elle n'avait besoin d'aiguillonner l'appétit des officiers par aucune recommandation, tous faisaient de leur mieux, excepté Claverhouse. Edith écoutait sans répondre les phrases de courtisan qu'il lui adressait d'une voix douce et mélodieuse, bien qu'au milieu du combat il pût se faire entendre aussi distinctement que le clairon aux sons argentins. Elle avait perdu tout courage, à peine même pouvait-elle lever les yeux vers ce terrible chef, qui tenait en ses mains la vie de Henri Morton, et dont on ne parlait à la ronde qu'avec terreur ou désespoir. Mais quand enfin, encouragée par le ton de sa voix, elle leva les yeux pour lui adresser quelques mots de réponse, elle resta toute surprise de voir qu'il ne ressemblait nullement au portrait effrayant qu'elle s'en était tracé dans son imagination.

Graham de Claverhouse était alors dans la force de l'âge : sans être grand, son corps était élégamment proportionné ; ses gestes, son langage, ses manières décelaient un homme qui avait vécu avec les nobles et les grands. Les traits de son visage offraient même une certaine régularité féminine. Une figure ovale, un nez droit et bien formé, des yeux noirs, une lèvre supérieure qui se relevait comme celle des statues antiques de la Grèce et ombragée d'une légère moustache brune, une abondance de longs cheveux bouclés de même couleur tombant de chaque côté de sa figure, formaient un ensemble comme on se plaît à en imaginer quand on veut aimer un être idéal.

Il semblait plus accoutumé à la douce vie des salons et de la cour qu'aux rudes travaux de la guerre, et cependant ses ennemis étaient obligés de lui reconnaître, à côté d'une sévérité excessive, un esprit d'aventures, une valeur qui l'emportaient sans frein dans les dangers les plus réels. Ses gestes et ses manières étaient aussi affables que ses paroles étaient joyeuses, mais son extérieur doucereux cachait un génie audacieux et plein d'ambition, un esprit aussi cauteleux, aussi prudent que celui de Machiavel. Profond politique, dénué de tout scrupule, il faisait litière des droits du citoyen, et montrait dans le danger un sang-froid, une prudence admirables ; ardent et impétueux dans le succès, il semblait narguer la mort, qu'il infligeait sans remords, sans hésitation, à ses adversaires. On ne voit guère ses pareils que dans des temps de guerre civile : c'est alors que les plus belles qualités, perverties par l'esprit de parti, surexcitées par une opposition incessante, sont trop souvent mélangées de vices et d'excès qui les ternissent et les absorbent.

Edith parut si confuse, et montra tant d'hésitation à répondre aux compliments de Claverhouse, que sa grand'mère jugea nécessaire de venir à son secours.

— Edith Bellenden s'est si longtemps condamnée à me tenir compagnie, dit la vieille dame, et nous vivons dans une si grande solitude, qu'elle peut à peine répondre à des paroles si courtoises. Il est rare que nous recevions un militaire, colonel ; à moins que ce ne soit celui du jeune lord Evandale, nous ne voyons jamais un uniforme. Et puisque j'ai nommé cet excellent gentilhomme, pourrais-je savoir pourquoi nous n'avons pas eu l'honneur de le recevoir ce matin avec son régiment?

— Lord Evandale nous accompagnait ce matin, Madame, répondit le colonel, mais j'ai été obligé de l'envoyer à la tête d'un petit détachement pour disperser un conventicule que ces misérables whigs avaient l'impertinence de tenir à environ cinq milles de mon quartier général

— Vraiment! s'écria la vieille dame, c'est là une impudence qui semble à peine croyable. Mais nous vivons dans des temps si extraordinaires! Il y a un mauvais esprit dans le pays, colonel Graham, qui pousse les vassaux à s'insurger contre ceux qui les abritent et les nourrissent. Un de mes hommes, l'autre jour, un homme valide, refusa obstinément de se rendre à l'assemblée quand je lui en donnai l'ordre. Est-ce qu'il n'y a pas de loi pour punir ce manque de foi, colonel Graham?

— Oh! j'en trouverais bien une, repartit Claverhouse de l'air le plus tranquille, si Votre Seigneurie m'informait du nom et de la demeure du récalcitrant?

— Il s'appelle Cuttibert Headrigg, répondit lady Marguerite. Quant à sa demeure, je ne saurais vous l'indiquer; car, ainsi que vous pouvez le supposer, colonel, nous ne l'avons pas gardé longtemps à Tillietudlem, il a été expulsé immédiatement. Je ne voudrais pas qu'il arrivât malheur au pauvre garçon, mais quelques jours de prison, ou même quelques coups de fouet, bien appliqués, seraient d'un bon exemple dans le voisinage. Il agit, je crois, sous l'influence de sa mère, ancienne servante de la famille; c'est ce qui me fait pencher vers la clémence, quoique, colonel Graham, continua la vieille dame regardant les portraits de son mari et de ses fils et poussant un soupir, j'aie peu de raisons de montrer de la pitié pour cette génération rebelle et déloyale, ils m'ont tué mon mari et mes enfants, et si nous n'avions pas la protection de Son auguste Majesté, et de ses braves soldats, ils nous raviraient bientôt nos terres, nos biens, nos maisons et nos autels. Il y a sept de mes vassaux, dont les fermages s'élèvent bien tout ensemble à la somme de cent marcs, qui ont refusé de payer fermage ou loyer; ils ont eu l'impudence de dire à mon intendant qu'ils ne reconnaîtraient pour roi ou pour maître que ceux qui auraient signé l'alliance.

— J'irai leur rendre une visite, avec votre permission, toutefois, répliqua Claverhouse, je dois assurer les droits de toute autorité légale, particulièrement quand elle est confiée à des mains aussi dignes que celles de lady Marguerite Bellenden. Mais je suis forcé de dire que ce pays devient chaque jour plus mauvais, et je me vois obligé de prendre des mesures qui s'accordent mieux avec mon devoir qu'avec mes sentiments. En parlant de cela, je ne dois pas oublier de remercier Votre Seigneurie de l'hospitalité qu'elle a bien voulu accorder à une troupe de mes gens qui ont amené un prisonnier accusé d'avoir hébergé cet infâme assassin Balfour de Burley.

— La tour de Tillietudlem, repartit la châtelaine, a toujours été ouverte aux serviteurs de Sa Majesté, et j'espère qu'il n'en restera pierre sur pierre qu'aussi longtemps qu'elle sera au service de Sa Majesté comme au nôtre. Cela me rappelle, colonel Graham, que la personne qui commandait le détachement n'a pas précisément le rang qu'elle devrait occuper, eu égard au sang qui coule dans ses veines. Si je pouvais me flatter que vous voulussiez bien accueillir une requête de moi, je prendrais la liberté de vous prier de lui donner de l'avancement à la première occasion.

— Vous voulez parler du sergent François Stewart, que nous appelons Bothwell? dit Claverhouse en souriant. Le fait est qu'il est un peu trop brusque dans ses rapports avec le paysan; nous n'avons pu le courber sous la règle de la discipline, comme le service l'exige. Mais me dire comment je puis être agréable à lady Marguerite Bellenden, c'est m'imposer une loi que je n'oublierai pas... Bothwell! s'écria-t-il en s'adressant au sergent, qui parut en ce moment sur le seuil de la porte, allez baiser la main de lady Marguerite Bellenden, qui vous a fortement recommandé; grâce à elle, vous aurez une épaulette à la première vacance.

Bothwell accomplit la tâche qui lui était imposée, de manière à montrer toute la répugnance qu'elle lui inspirait, et dit tout haut en se relevant:

— Un gentilhomme n'est jamais déshonoré pour avoir baisé la main d'une dame, mais je ne baiserai la main d'aucun homme, sauf celle de Sa Majesté, même pour des épaulettes de général.

— Vous l'entendez? dit Claverhouse souriant, voilà le roc sur lequel se brise toujours son esquif; il ne peut oublier sa généalogie.

— Je sais, mon noble colonel, dit Bothwell, que vous n'oublierez pas votre promesse, et alors peut-être vous permettrez à l'enseigne Stewart de se souvenir du grand-père que le sergent doit oublier.

— En voilà assez là-dessus, Monsieur, dit Claverhouse reprenant le ton de commandement qui lui était habituel, que venez-vous m'annoncer?

— Lord Evandale et son détachement ont fait halte sur le chemin avec quelques prisonniers qu'ils amènent, répondit le sergent.

— Lord Evandale! dit lady Marguerite, vous lui permettrez certainement, colonel Graham, de nous honorer de sa présence, de prendre sa part de ce pauvre déjeuner.

— Nous sommes déjà bien nombreux, Madame; mais, comme je sais que lord Evandale regretterait beaucoup de ne point partager nos plaisirs, je n'hésiterai pas à faire un nouvel appel à votre bonne hospitalité... Bothwell, dites à lord Evandale que lady Marguerite Bellenden désire avoir l'honneur de sa présence.

— Harrison! ajouta lady Marguerite en se tournant vers son intendant, ayez soin que les hommes et les chevaux ne manquent pas de rafraîchissements.

Le cœur d'Edith battait vivement pendant cette conversation, car il lui vint tout à coup à l'idée que, si l'intercession de son oncle auprès de Claverhouse n'était pas suffisante, elle trouverait un puissant allié dans lord Evandale, et qu'elle userait de son influence pour délivrer Morton de tout danger. Mais elle ne resta pas longtemps indécise.

Le major Bellenden avait fait les honneurs de la table, causant et plaisantant avec les officiers qui l'entouraient; mais quand le déjeuner fut fini, quand il put quitter son poste, il pria sa nièce de le présenter au colonel Claverhouse. Son nom et son caractère étaient bien connus : les deux guerriers se firent donc le meilleur accueil. Bientôt Edith, dont le cœur battait violemment, vit son vieil oncle se retirer avec le colonel dans l'embrasure d'une croisée. Elle étudia le jeu de leur physionomie avec une pénible intensité d'attention : son agitation, son anxiété étaient extrêmes; car elle pouvait deviner le sens de l'entretien par les gestes et les regards qui accompagnaient chaque phrase du solliciteur ou du sollicité.

Les traits de Claverhouse exprimèrent d'abord cette franche et aimable courtoisie qui semble dire avant même de connaître la nature de la demande, combien on sera heureux de pouvoir l'accorder. Mais, à mesure que le vieux major expliqua sa requête, le front du colonel s'assombrit, se fronça, et toute sa figure prit, à la grande terreur d'Edith, une expression de sévérité et d'inflexibilité inexorables, tout en conservant l'apparence d'une exquise politesse. Ses lèvres, qui semblaient comprimées par l'impatience, souriaient parfois comme de mépris, au peu de valeur des arguments que faisait valoir le major. Autant qu'Edith pouvait en juger, son oncle employait le langage des solliciteurs les plus passionnés en même temps qu'il le tempérait par une grande simplicité de manières et lui donnait du poids par son âge et son honorable réputation.

Tout cela semblait faire peu d'impression sur Claverhouse, qui bientôt changea de posture comme pour mettre fin aux prières du vieillard et cesser une conversation qu'il regrettait de voir se prolonger inutilement. Ce mouvement les rapprocha si près d'Edith, qu'elle put distinctement entendre la réponse de Claverhouse :

— C'est tout à fait impossible, major Bellenden; la clémence, dans ce cas, ne m'est pas permise, quoique je sois cordialement disposé à vous obliger... Ah! voici lord Evandale qui nous apporte quelques nouvelles, je crois... Quoi de nouveau, mon cher Evandale?... continua-t-il en s'adressant au jeune officier, qui entra en uniforme de bataille, les cheveux en désordre et les bottes salies, comme après une longue marche forcée.

— Mauvaises nouvelles, colonel, répliqua Evandale; il y a un rassemblement de whigs armés dans les montagnes, ils sont en insurrection ouverte. On a brûlé publiquement l'acte de suprématie, l'acte qui rétablit les évêques, celui qui oblige à honorer le martyre de Charles Ier, et quelques autres encore. Les insurgés annoncent leur intention de rester en armes pour rétablir l'alliance et propager la réforme.

Ces nouvelles inattendues frappèrent de surprise et de regret tous ceux qui les entendirent, excepté Claverhouse.

— Vous appelez cela de mauvaises nouvelles, répliqua le colonel Graham, dont les yeux lançaient des éclairs, ce sont les meilleures que j'aie reçues depuis six mois. Puisque ces misérables se sont rassemblés, nous en aurons plus tôt fini avec eux. Quand la vipère sort de son trou, ajouta-t-il en frappant le plancher du talon de sa botte comme s'il eût voulu écraser un reptile, je puis lui briser la tête, elle n'est en sûreté que sous ses racines ou parmi ses pierres. Où sont-ils, ces audacieux? demanda-t-il à lord Evandale.

— A environ dix milles dans les montagnes, à un endroit nommé le mont de Loudon, répondit le jeune officier. J'ai dispersé le conventicule contre lequel vous m'avez envoyé et j'ai fait prisonnier une des trompettes de la rébellion, un ministre récalcitrant : il était en train d'exhorter ses auditeurs à se lever pour la bonne cause. J'ai pris aussi un ou deux de ceux qui l'accompagnaient et qui m'ont paru les plus insolents. Ce que je viens de vous rapporter m'a été dit par des gens du pays et des éclaireurs que j'ai envoyés.

— Combien peuvent-ils être? demanda le commandant.

— Peut-être un millier d'hommes, mais les rapports varient beaucoup sur ce point.

— Alors il est temps de nous mettre en marche et à l'œuvre. Bothwell, faites sonner le boute-selle!

Bothwell, qui, comme le cheval de bataille de l'Écriture, sentait le carnage de loin, courut donner des ordres à six nègres habillés de blanc, couverts de broderies, et qui portaient des colliers et des bracelets d'argent massif. Ces noirs africains étaient des trompettes du régiment, et leurs clairons firent bientôt résonner tous les échos du vieux château et des bois d'alentour.

— Allez-vous donc nous quitter ainsi ? dit lady Marguerite, dont le cœur s'attristait au souvenir du départ sans retour de ceux qu'elle avait aimés. Pourquoi ne pas envoyer savoir au juste la force des rebelles ! Oh ! combien d'êtres chéris j'ai vus répondre à un appel tout semblable, et sortir des tours de Tillietudlem, que mes pauvres yeux n'ont jamais vus revenir !

— Il m'est impossible d'attendre, dit Claverhouse; il y a assez de mécontents dans ce pays pour accroître cinq fois le nombre des rebelles, s'ils ne sont pas écrasés du premier coup.

— On assure qu'un grand nombre sont en marche pour se joindre à eux, et ils attendent, dit-on, un corps considérable de presbytériens commandé par le jeune Milnwood, comme ils appellent le fils du fameux vieux tondu le colonel Silas Morton.

Cette déclaration produisit divers effets sur ceux qui écoutaient Evandale. Edith s'affaissa presque de frayeur; Claverhouse lança un coup d'œil sardonique et triomphant au major Bellenden, comme pour lui dire :

— Vous voyez quels sont les principes de votre protégé !

— C'est un mensonge, un infâme mensonge de ces abominables fanatiques ! s'écria le major avec véhémence. Je réponds de Henri Morton comme je répondrais de mon fils ; c'est un garçon qui a d'aussi bons principes religieux que n'importe quel gentilhomme des gardes. Je ne veux offenser personne, mais il a été à l'église avec moi cinquante fois et il n'a jamais manqué de répondre avec le reste de la congrégation. Edith Bellenden peut déclarer si je ne dis pas la vérité ; il se servait du même livre de prières qu'elle, et trouvait les leçons du jour aussi bien que le pasteur lui-même. Faites-le venir et interrogez-le, vous verrez !

— Qu'il soit innocent ou coupable, dit Claverhouse, c'est facile à faire. Major Allan, ajouta-t-il en se tournant vers l'officier qui commandait en second, prenez un guide et conduisez le régiment vers le mont de Loudon par la route la plus courte et la plus facile. Allez tranquillement ; ne laissez pas essouffler les chevaux. Lord Evandale et moi nous vous rejoindrons dans un quart d'heure. Bothwell restera avec un détachement pour amener les prisonniers.

Le major Allan salua et sortit de la salle suivi de tous les officiers, excepté lord Evandale, qui resta avec Claverhouse. Quelques minutes après, les fanfares des trompettes et le piétinement des chevaux annoncèrent le départ des dragons. Bientôt on n'entendit plus que les échos, et enfin tout bruit cessa.

Pendant que Claverhouse essayait d'apaiser les terreurs de lady Marguerite et de faire partager au vieux major l'opinion qu'il s'était formée sur le compte de Henri, lord Evandale s'approcha d'Edith Bellenden et du ton le plus respectueux et le plus affectueux lui dit en lui prenant la main et la pressant avec émotion :

— Nous allons vous quitter, Mademoiselle; nous allons vous quitter pour un service qui n'est pas sans danger. Adieu, ma chère Edith! Permettez-moi de vous appeler ainsi pour la première et peut-être pour la dernière fois! Je vous quitte dans des circonstances si solennelles, qu'elles excusent, je l'espère, l'émotion qui m'agite en vous disant adieu.

— J'espère sincèrement, je vous assure, répondit-elle, que vous ne rencontrerez aucun danger. Vous prenez congé, je crois, d'une manière trop solennelle : les malheureux insurgés se disperseront de peur avant que vous soyez obligés d'employer la force; et lord Evandale reviendra bientôt, je l'espère, pour être ce qu'il a toujours été, l'un des meilleurs amis que nous ayons.

— Que *nous* ayons! répéta-t-il en appuyant avec emphase sur le pluriel qu'il regrettait. Mais que cela soit ainsi! tous ceux qui vous entourent me sont chers, et j'estime hautement leur approbation. Je n'ai pas trop bon espoir de notre succès. Nous sommes en si petit nombre, que je n'ose compter sur la fin prochaine, et sans coup férir, de cette malheureuse insurrection. Ces fanatiques sont pleins d'enthousiasme et de résolution ; ils sont poussés au désespoir, et ils ont quelques chefs qui ne manquent pas de connaissances militaires. Je ne puis m'empêcher de penser que l'impétuosité de notre colonel nous entraîne contre eux un peu prématurément. Mais il est peu d'hommes qui aient moins de raisons que moi d'éviter le danger.

Edith aurait pu en ce moment prier le jeune officier d'intercéder auprès de Claverhouse en faveur de Henri Morton; il lui semblait même que c'était la seule chance de salut qui restât au prisonnier. Cependant elle craignait d'abuser de la confiance du jeune officier qui lui ouvrait son cœur. Pouvait-elle prudemment lui adresser une prière, se rendre obligée, sans lui permettre quelques espérances qu'elle ne consentirait jamais à réaliser? Mais il était trop tard pour hésiter, trop tard même pour expliquer la requête qu'elle allait lui faire à titre d'amitié.

— Je m'en vais décider du sort de ce jeune homme, dit Claverhouse, et... Je suis fâché d'interrompre votre conversation, lord Evandale, mais nous allons monter à cheval. Bothwell! pourquoi n'amenez-vous pas le prisonnier? Écoutez! faites charger deux carabines.

Edith comprit que cet ordre équivalait à l'arrêt de mort de Henri. Elle s'affranchit aussitôt de la réserve qui avait scellé ses lèvres.

— Lord Evandale, dit-elle, ce jeune homme est une connaissance intime de mon oncle, vous devez avoir une grande influence auprès de votre colonel; permettez-moi de solliciter votre intervention, vous obligerez mon oncle infiniment.

— Vous avez trop haute opinion de mon influence, mademoiselle Bellenden, dit lord Evandale, j'ai souvent échoué dans des sollicitations de ce genre quand j'ai parlé seulement au nom de l'humanité.

— Essayez encore une fois pour l'amour de mon oncle!

— Pourquoi pas pour l'amour de vous? reprit lord Evandale. Pourquoi ne pas me permettre de penser que je puis vous obliger en quelque chose? Avez-vous si peu de confiance dans un vieil ami que vous ne voulez pas lui donner le plaisir de croire qu'il accomplit un de vos désirs?

— Certainement... certainement, dit Edith, vous m'obligerez infiniment. Je m'intéresse à ce jeune homme... à cause de mon oncle. Mais, mon Dieu, ne perdez pas de temps!

Le pas cadencé des soldats, qui retentissait dans le corridor, où ils amenaient leur prisonnier, la rendit plus inquiète et plus pressante.

— Le ciel m'est témoin, dit Evandale, qu'il ne mourra pas, dussé-je mourir à sa place! Mais, ajouta-t-il en ressaisissant la main qu'elle n'avait pas le courage de retirer, ne m'accorderez-vous rien en souvenir du zèle que je vais montrer en votre faveur?

— Tout ce que vous demanderez, lord Evandale, ce qu'une sœur peut donner.

Un profond soupir qu'elle entendit lui fit tourner la tête avant qu'elle pût achever la phrase dont elle cherchait la fin en hésitant sur le choix des expressions. Elle s'aperçut aussitôt que Morton avait saisi quelques mots en passant, chargé de chaînes, sous la conduite de l'escorte qui le menait à Claverhouse. Leurs yeux se rencontrèrent; la triste et mélancolique expression du regard de Morton lui dit qu'il l'avait entendue, et elle comprit qu'il donnait un sens tout autre aux paroles qu'elle venait de prononcer. C'en était trop pour Edith, dont la détresse et l'embarras étaient extrêmes. Tout son sang reflua violemment vers son cœur, et une pâleur mortelle se répandit sur son visage. Cette agitation n'échappa pas à Evandale, qui devina bientôt qu'il y avait entre Edith et le prisonnier un échange de sentiments intimes et profonds.

Il s'éloigna alors d'Edith ; et s'avançant vers la table où Claverhouse se plaça, il se tint debout, à deux ou trois pas, la main sur le pommeau de son épée, spectateur muet mais attentif de ce qui allait arriver.

CHAPITRE XII.

Il est nécessaire que nous racontions comment Edith et Henri s'étaient connus, et que nous disions quelques mots des idées qui se pressaient dans l'esprit de ce dernier au moment où il surprit une partie de la conversation d'Edith et de lord Evandale. Cette explication fera comprendre plus facilement ses réponses et sa conduite.

Henri Morton était un de ces hommes heureusement doués qui ignorent eux-mêmes l'étendue de leurs talents. Il avait hérité de son père d'un courage indomptable, d'une haine vigoureuse de l'oppression, soit en politique, soit en religion. Mais son enthousiasme était pur de tout fanatisme.

La basse avarice de son oncle avait entravé considérablement son éducation ; mais il avait appris seul tant de choses chaque fois que l'occasion s'en présentait, que ses maîtres, aussi bien que ses amis, étaient surpris des connaissances qu'il avait amassées. Toutefois le développement de son intelligence était retardé par son manque d'indépendance et de fortune ; il se tenait donc forcément sur la réserve, et refoulait la plupart de ses pensées.

Ses amis intimes connaissaient seuls combien étaient grands ses talents, la fermeté de son caractère, et quelle était la profondeur de ses affections. Les circonstances politiques de l'époque avaient ajouté à cette réserve à demi naturelle un certain air d'indécision et d'indifférence. Ne s'étant allié à aucune des factions qui divisaient le royaume, il passait pour avoir une imagination lente, paresseuse, et n'avoir aucun sentiment de religion ni de patriotisme.

On était injuste à son égard cependant, car les raisons qui avaient déterminé sa neutralité émanaient de causes bien différentes et qu'on ne pouvait qu'approuver. Il s'était peu lié avec ceux que l'on persécutait ; leurs sentiments étroits et égoïstes lui répugnaient autant que leur fanatisme, leur réprobation de toute étude mondaine, leur répudiation de tout amusement profane, et l'amère rancune de leurs haines politiques. Cependant son esprit se soulevait d'indignation en pensant aux mesures oppressives et tyranniques adoptées par le gouvernement, en voyant l'insolence et la brutalité des soldats, en apprenant les exécutions capitales, les massacres dans les campagnes, les envois de garnisaires, et les avanies décrétées par l'autorité militaire, qui faisait autant de cas de la vie et des biens d'un peuple libre qu'auraient pu en faire des despotes asiatiques. Désespéré de voir des malheurs auxquels il ne pouvait mettre un terme, entendant un jour des chants de triomphe auxquels il ne pouvait applaudir, et le lendemain des plaintes furibondes qu'il ne pouvait appuyer, il condamnait les excès de chaque parti et se serait décidé depuis longtemps à quitter l'Ecosse si son attachement à Edith Bellenden ne l'eût retenu.

Ils s'étaient vus pour la première fois à Charnwood chez le major Bellenden, qui, aussi innocemment que l'oncle Tobie lui-même, avait encouragé leurs entrevues et leurs rapports incessants sans se douter le moins du monde des conséquences qui pourraient en résulter.

Edith était dans une sphère sociale plus élevée que la sienne : sa supériorité personnelle était si apparente, ses manières étaient si accomplies, qu'il craignait, en outre, qu'un étranger plus riche que lui ne vînt s'interposer dans leur affection et ne fût imposé à la pauvre Edith par sa famille. Le bruit public, nous l'avons déjà dit, avait signalé lord Evandale comme son futur époux. La naissance de ce jeune officier, son immense fortune, sa position à la cour, ses principes politiques, ses visites fréquentes à Tillietudlem, et l'empressement qu'il mettait à accompagner lady Bellenden et sa petite-fille dans toutes leurs excursions publiques, donnaient quelque consistance à ce bruit.

Le plateau de la balance l'emportait donc du côté de lord Evandale, et ce fut le point de départ de la résolution que Henri avait formée d'aller à l'étranger.

La visite qu'Edith lui fit dans son cachot, la profonde et sincère affection qu'elle lui témoigna auraient dû dissiper entièrement ses soupçons; mais, ingénieux comme il était à se tourmenter, il cherchait à se persuader qu'il ne devait attribuer cette démarche qu'à l'amitié ou à une préférence momentanée, qui disparaîtrait probablement aussitôt que lord Evandale se représenterait au château ou que lady Marguerite ferait connaître sa volonté.

— Et pourquoi, disait-il, ne puis-je me présenter comme tout autre homme, plaider ma cause auprès d'elle avant de me voir perdre toute influence et toute chance? Et céderais-je donc la main d'Edith Bellenden à un de ces coupes-gorges salariés d'un gouvernement oppresseur? Non! cela ne sera pas! Ceci est un châtiment du ciel, qui veut me punir de mon indifférence aux maux de mon pays, et l'oppression est venue me trouver pour me montrer le point exact où il est de mon pouvoir d'y résister.

Au moment même où ces idées fermentaient dans son esprit, pendant qu'il passait en revue toutes les insultes et tous les torts qu'il croyait avoir soufferts et que souffrait son pays, Bothwell, suivi de deux dragons dont l'un portait des menottes, entra dans la chambre où était le prisonnier.

— Il faut me suivre, jeune homme, lui dit le sergent, mais auparavant il faut faire votre toilette.

— Faire ma toilette ! s'écria Morton, que voulez-vous dire?

— Mais!... Nous allons mettre ces petits bracelets... Je n'oserais pas... pour un pillage de trois heures dans une ville prise d'assaut, amener un whig devant mon colonel sans qu'il fût enchaîné. Ainsi, voyons, jeune homme, n'ayons pas l'air de trop mauvaise humeur!

Il s'approcha tenant les menottes à la main; mais au même instant Morton, saisissant le siége de chêne sur lequel il était assis, menaça de briser le crâne du premier qui oserait l'approcher.

— Je pourrais vous faire tenir tranquille en un clin d'œil, dit Bothwell, mais j'aimerais mieux que vous cédassiez de vous-même.

Ce n'était pas qu'il eût aucune répugnance à user de violence, mais il craignait que le bruit de cette dispute fît voir à ses officiers que, contrairement aux ordres exprès du colonel, il avait promis à un prisonnier de rester toute une nuit sans être enchaîné.

— Je vous conseillerais de ne pas faire de bruit, continua-t-il d'un ton très-conciliant, et de ne pas gâter votre affaire. On dit là dans le château que la petite-fille de lady Marguerite va bientôt se marier à notre jeune capitaine lord Evandale; je les ai vus causer ensemble dans la grande salle, et je l'ai entendue lui demander d'intercéder en votre faveur...

— Mademoiselle Bellenden intercédait pour moi auprès de lord Evandale? dit le prisonnier d'une voix entrecoupée.

— Oui, oui! Ah! voilà que vous êtes raisonnable maintenant; je savais bien que vous entendriez raison.

Il se disposa donc à mettre les fers à Morton, qui, stupéfait de ce qu'il venait d'apprendre, n'offrit plus aucune résistance.

— Elle lui demande ma vie! Oui, oui! mettez-moi ces menottes... mes membres ne refuseront pas de porter ce qui m'entre jusqu'au fond du cœur! Edith implore mon pardon, et l'implore d'Evandale!...

— Ah! il est assez puissant pour l'accorder, dit Bothwell, il a une plus grande influence auprès du colonel que qui que ce soit dans le régiment.

Il conduisit son prisonnier vers la grande salle du château. Le malheureux Morton, en passant derrière le siége d'Edith, entendit quelques mots interrompus, qui semblèrent lui confirmer ce que le sergent avait dit.

Il se fit en ce moment une singulière et profonde évolution dans ses idées. L'état désespéré auquel ses affaires semblaient réduites, le danger qui menaçait sa vie, le changement qu'il croyait apercevoir dans les sentiments d'Edith, rendaient son abandon encore plus poignant; tout tendait à renverser ses anciennes idées et à éveiller celles qu'une passion tendre mais égoïste avait jusqu'alors comprimées. Il se décida dans son désespoir à défendre hautement les droits de son pays, méconnus en sa personne. C'est ainsi que la chaumière, qui, jusqu'alors n'a été le séjour et le témoin que du bonheur et de la paix domestique, devient tout à coup par l'invasion de la force armée un poste formidable de défense.

Nous avons déjà dit que Henri tourna vers Edith un regard où les regrets s'alliaient aux reproches, comme pour lui adresser un éternel adieu; puis il s'avança hardiment jusqu'au bord de la table où s'était assis le colonel Graham.

— En vertu de quel droit, demanda-t-il résolûment et sans attendre qu'on le questionnât, en vertu de quel droit ces hommes m'ont-ils enlevé à ma famille et m'ont-ils enchaîné?

— Par mon ordre, Monsieur, répondit Claverhouse, et maintenant je vous ordonne de vous taire et d'attendre mes questions.

— Et pourquoi? répliqua Morton d'un ton si hardi qu'il électrisa tous ceux qui l'entouraient : je saurai d'abord si je suis légalement arrêté, si je parais devant un magistrat civil, et si la constitution de mon pays est violée en ma personne.

— Quel brûlot! dit Claverhouse.

— Êtes-vous fou? dit le major Bellenden à son jeune ami. Pour l'amour de Dieu, Henri Morton, continua-t-il du ton le plus persuasif qu'il put trouver, rappelez-vous que vous parlez à l'un des officiers les plus distingués au service de Sa Majesté.

— C'est pour cela même, Monsieur, répondit Henri avec fermeté, que j'insiste pour savoir en vertu de quel droit il me retient prisonnier sans un mandat d'arrestation. Si j'étais devant un magistrat, je saurais me soumettre.

— Votre ami, dit froidement Claverhouse au vieux major, est un de ces messieurs à scrupules, qui, comme le fou de la comédie, ne veulent pas nouer leur cravate sans un ordre spécial du juge Overdo : je m'en vais lui prouver, avant de nous séparer, que mon épaulette est une aussi bonne marque distinctive d'autorité que la toque des magistrats. Aussi, sans discuter davantage, faites-moi le plaisir, jeune homme, de me dire immédiatement quand vous avez vu Balfour de Burley.

— Comme je ne vous reconnais pas le droit de me faire cette question, je n'y répondrai pas, répliqua Morton.

— Vous avez avoué à mon sergent, dit Claverhouse, que vous l'aviez vu, que l'aviez logé, sachant que c'était un traître mis hors la loi : pourquoi ne me montrez-vous pas la même franchise?

— Parce que je suppose que, d'après votre rang et votre éducation, repartit le prisonnier, vous connaissez toute la valeur des droits que vous semblez disposé à fouler aux pieds : et je veux que vous sachiez qu'il y a encore des Écossais qui osent défendre les libertés de l'Écosse.

— En voilà bien assez, dit froidement Claverhouse; votre langage confirme tout ce que l'on m'a dit de vous; mais vous êtes le fils d'un soldat, quoique d'un soldat rebelle, et vous ne mourrez pas de la mort d'un chien, c'est une indignité que je veux vous épargner.

— Tuez-moi comme vous voudrez, répliqua Morton, je mourrai comme le fils d'un galant homme, et l'indignité dont vous parlez retombera sur ceux qui versent le sang innocent.

— Réconciliez-vous avec le ciel : vous avez cinq minutes... Bothwell, conduisez-le dans la cour, et mettez vos hommes en ligne.

L'effrayante aigreur de cette conversation et sa fin terrible avaient frappé de terreur tous les auditeurs. Mais tout à coup ils éclatèrent en exclamations de pitié et de prière. Lady Marguerite, dont les préjugés de rang, de parti et de religion n'avaient pas éteint les sentiments naturels de son sexe, lady Marguerite sollicita ardemment Claverhouse.

— Oh! colonel Graham, s'écria-t-elle, épargnez sa jeune tête! remettez-le aux hommes de loi... ne me récompensez pas de mon hospitalité en versant le sang d'un homme à la porte de ma maison!

— Colonel Graham, dit le vieux major, vous aurez à répondre de cette violence. Ne croyez pas, parce que je suis vieux et impotent, que je laisserai assassiner le fils de mon ami devant mes yeux sans le venger. Je trouverai des amis qui vous en demanderont raison.

— Quand vous voudrez, major Bellenden, j'en rendrai raison, répliqua Claverhouse de l'air le plus tranquille; et vous, Madame, vous devriez m'épargner le regret d'avoir à repousser votre intercession en faveur d'un traître, et vous rappeler combien de fois des gens de son espèce ont versé le sang de votre noble maison.

— Colonel Graham, répondit la vieille dame tremblante d'émotion et d'anxiété, je laisse à Dieu le soin de ma vengeance. Le sang de ce jeune homme ne fera pas revivre ceux qui m'étaient chers : parce qu'un acte commis au seuil de ma maison va peut-être ravir à une pauvre veuve son dernier enfant, cela ne me consolera pas de mes pertes !

— C'est du délire, s'écria Claverhouse, je dois remplir mon devoir envers l'autel et le trône. Il y a là un millier de mécréants en insurrection, et vous venez me demander de faire grâce à un jeune fanatique assez enthousiaste à lui tout seul pour mettre le feu aux quatre coins du pays ! Cela ne se peut pas !... Emmenez-le, Bothwell !

Edith avait en vain essayé deux fois de parler, deux fois sa voix s'était éteinte dans son gosier : il ne lui venait aucun mot à l'idée et sa langue ne pouvait rien proférer. Elle se leva tout à coup et voulut s'élancer vers Claverhouse, mais ses forces l'abandonnèrent ; et elle serait tombée sur le plancher, si sa suivante ne l'eût saisie dans ses bras.

— Au secours !... s'écria Jenny, au secours ! pour l'amour de Dieu ! ma maîtresse se meurt !

A ce cri de détresse, Evandale, qui s'était tenu tout ce temps immobile, la main appuyée sur la poignée de son épée, s'avança et dit à son commandant :

— Avant d'aller plus loin dans cette affaire, colonel Graham, je désirerais vous dire deux mots en particulier.

Claverhouse parut surpris, mais se levant aussitôt, il se retira avec le jeune officier dans l'embrasure d'une croisée, où le dialogue suivant eut lieu.

— Je n'ai pas besoin de vous rappeler, colonel, dit Evandale, que l'an dernier, quand vous eûtes besoin de l'influence de ma famille auprès du conseil privé, vous m'assurâtes que vous me deviez quelque reconnaissance.

— Certainement, mon cher Evandale, répondit Claverhouse, je ne suis pas de ceux qui oublient les dettes de ce genre, et vous m'obligerez infiniment en me disant comment je peux vous le prouver.

— Nous serons quittes, dit lord Evandale, si vous épargnez la vie de ce jeune homme.

— Evandale, répliqua le colonel au comble de la surprise, vous êtes fou, complètement fou ! Quel intérêt pouvez-vous avoir à sauver ce rejeton d'un vieux tondu ? Son père était positivement l'homme le plus dangereux de toute l'Ecosse : froid, résolu, brave et inflexible dans ses hideux principes. Son fils est formé d'après le même modèle, vous ne pouvez pas vous imaginer le mal qu'il peut nous faire. Je connais les hommes, Evandale... Croyez-vous que si c'eût été un imbécile de fanatique, sans portée, sans avenir, j'eusse repoussé les sollicitations de lady Marguerite et de sa famille! Mais c'est un garçon plein de feu, de zèle et d'éducation; les rebelles n'ont besoin que d'un chef comme lui pour diriger leur hardiesse frénétique. Ce que je dis n'est pas pour refuser votre demande, mais pour vous en montrer les conséquences probables. Au reste, je n'éluderai jamais une promesse, je ne refuserai jamais de m'acquitter d'une obligation ; si vous demandez sa grâce, je vous l'accorde.

— Gardez-le prisonnier, répondit Evandale, mais ne soyez pas surpris si je persiste à vous prier de ne pas le faire exécuter, j'ai les plus puissantes raisons pour vous solliciter en sa faveur.

— Il en sera fait comme vous le désirez, repartit le colonel; mais rappelez-vous, jeune homme, que, si vous voulez vous élever dans le service de votre roi et de votre pays, votre première passion doit être l'avancement de l'intérêt public et l'accomplissement de votre devoir, vos affections personnelles et vos sentiments privés ne doivent venir qu'après. Nous ne vivons pas dans un temps où l'on doive sacrifier à tous les cheveux blancs que l'on rencontre, ni à toutes les femmes en pleurs qui se jettent en travers de nos devoirs. Et souvenez-vous que, si je vous cède cette fois, cette concession doit m'affranchir à l'avenir de toute autre requête de même nature.

Il s'avança alors vers la table et dirigea un regard pénétrant sur Morton comme pour étudier l'effet que ce moment de suspens entre la mort et la vie, si terrible pour tous les assistants, avait produit sur le prisonnier. Celui-ci montrait un degré de fermeté qui ne pouvait provenir que d'un cœur qui n'avait plus rien à espérer, rien à aimer sur terre.

— Vous le voyez, dit Claverhouse à voix basse à lord Evandale, le voici au bord de l'abîme, entre le temps et l'éternité; c'est quelque chose de plus terrible certainement que la plus effrayante certitude; cependant sa joue est la seule qui n'ait point pâli, son œil est le seul qui soit calme, son cœur est le seul qui vibre tranquillement, et ses nerfs sont les seuls qui ne tremblent pas ; regardez-le bien, Evandale : si cet homme est jamais à la tête d'une armée de rebelles, vous aurez à vous repentir de votre intervention de ce matin. Il ajouta alors à haute voix : Jeune homme, votre vie est sauve, pour le présent, grâce à l'intercession de vos amis. Emmenez-le, Bothwell; qu'on le garde avec soin avec les autres prisonniers.

— Si je dois la vie, dit Morton, qui ne pouvait supporter l'idée que son rival avait obtenu sa grâce, si je dois la vie à l'intercession de lord Evandale...

— Emmenez votre prisonnier, Bothwell, interrompit le colonel Graham, je n'ai pas le temps d'entendre de beaux discours.

Bothwell emmena Morton en lui disant :

— Avez-vous trois autres têtes dans la poche, outre celle qui est sur vos épaules, pour que vous laissiez trotter votre langue aussi vite? Allons, allons, j'aurai soin de vous tenir loin du colonel, car vous ne seriez pas cinq minutes avec lui, que vous pendriez à un arbre ou que vous seriez étendu dans un fossé. Allons trouver les autres prisonniers.

Bothwell, qui sympathisait volontiers avec les braves de tous les partis, se hâta donc de conduire Morton dans la cour du château, où quelques dragons gardaient trois autres prisonniers, deux hommes et une femme, pris par lord Evandale.

Pendant ce temps, Claverhouse prit congé de lady Marguerite. La bonne dame pouvait à peine oublier le peu de galanterie qu'il avait montrée à son égard.

— J'avais cru jusqu'aujourd'hui, dit-elle, que la tour de Tillietudlem pouvait toujours être un lieu de refuge pour ceux qui se trouvaient en danger, même quand ils n'étaient aussi innocents qu'ils auraient pu l'être; mais je vois que quand le fruit devient vieux, il perd sa saveur : nos services et nos souffrances commencent à prendre de l'âge.

— Permettez-moi de vous assurer, répondit le colonel, que je ne les oublierai jamais. Un devoir impérieux m'a seul empêché d'accéder à vos sollicitations et à celles du major. Allons, ma chère dame, dites-moi que vous me pardonnez, et quand je reviendrai ce soir avec deux cents whigs, j'en relâcherai cinquante pour vous être agréable.

— Je serai heureux de vous voir revenir triomphant, colonel, dit le major Bellenden, mais prenez conseil d'un vieux soldat, et ne versez pas de sang après le combat, et, encore une fois, acceptez-moi comme caution du jeune Morton.

— Nous reparlerons de cela à mon retour, dit Claverhouse; en attendant, vous pouvez être certain que ses jours ne sont pas en danger.

Les prisonniers étaient déjà sur la route avec leurs gardes et les officiers suivirent, bientôt suivis de leur escorte. On se hâta de rattraper le régiment, car il ne fallait guère que deux heures pour arriver en vue de l'ennemi.

CHAPITRE XIII.

Nous avons dit que Morton avait trois compagnons de captivité : ils étaient sous la garde d'un petit corps de dragons qui formait l'arrière-garde du régiment de Claverhouse, et que commandait le sergent Bothwell. La colonne était en marche pour les montagnes, où l'on disait que les presbytériens s'étaient rassemblés en armes. On n'avait pas parcouru un quart de mille, que Claverhouse et Evandale, suivis de leurs plantons, galopèrent le long de leurs rangs pour se mettre à leur tête. Ils ne furent pas plus tôt éloignés de l'arrière-garde, que Bothwell fit arrêter le détachement sous ses ordres pour retirer les menottes qu'il avait mises à Morton.

— Quand on est de sang royal, on tient sa parole, dit le sergent, j'ai promis de vous traiter aussi bien que je le pourrai. Caporal Inglis, approchez : vous pouvez laisser ce prisonnier rester à côté de celui-ci, ils pourront causer ensemble tout bas, si cela leur plaît, mais vous aurez soin qu'ils soient gardés par deux soldats avec leurs carabines chargées. S'ils essayent de fuir on tirera dessus. Vous ne pouvez pas vous plaindre de cela, dit-il à Morton, c'est la loi de la guerre, vous savez. Eh! Inglis, mettez le ministre et la vieille femme ensemble : ils s'entendront parfaitement. Il suffira d'un dragon pour les garder. S'ils essayent d'élever la voix et de commencer leurs fanatiques rapsodies, qu'on leur donne un coup de plat de sabre sur les épaules.

Après avoir donné ses ordres, Bothwell se plaça à la tête de sa troupe, le caporal Inglis et six dragons fermèrent la marche, et on mit alors les chevaux au trot pour rejoindre le gros du régiment.

Morton, que mille pensées diverses absorbaient, sembla tout à fait indifférent aux mesures que l'on prenait pour s'assurer de lui, et parut ne pas prendre garde au soulagement que lui apporta la suppression des menottes.

C'était du haut de la montagne qu'ils gravissaient en ce moment qu'on apercevait tout d'abord la vieille tour de Tillietudlem en venant de ce côté, et qu'on la perdait de vue en s'en retournant ; c'était là, est-il nécessaire de le dire, qu'il avait coutume de s'arrêter pour contempler avec délices les hautes tourelles qui, dépassant les cimes des futaies, indiquaient la demeure de celle qu'il venait de quitter ou qu'il allait rencontrer. Il tourna la tête pour jeter un dernier regard sur ces lieux qui l'avaient tant charmé, et laissa échapper un profond soupir. Son compagnon de captivité, dont les yeux étaient aussi tournés dans la même direction, répondit à ce soupir par un long gémissement.

Le prisonnier exhala cette preuve de sympathie d'un ton plus rude que sentimental ; c'était cependant l'expression d'une profonde tristesse, et à ce titre Morton prit quelque intérêt à son sort.

Leurs yeux se rencontrèrent bientôt et Morton reconnut Cuddie Headrigg, dont les traits, dans leur extrême simplicité, exprimaient un grand abattement en même temps qu'une sincère sympathie pour son compagnon d'infortune.

— O Monsieur, dit l'ex-laboureur des champs de Tillietudlem, c'est une triste chose de voir d'honnêtes gens traînés à travers le pays comme s'ils étaient des bêtes curieuses !

— Je suis fâché de vous voir prisonnier, Cuddie ! repartit Morton, que la détresse ne rendait pas insensible aux malheurs des autres.

— Et moi aussi, monsieur Henri, répondit Cuddie ! tant pour moi que pour vous, mais je ne vois pas trop quel bien cela peut nous faire ! Quant à moi, il n'y a aucune raison pour que je sois ici, mais ma mère, pauvre vieille ! n'a pu retenir sa langue ; de sorte que nous voilà tous les deux sur un vilain chemin.

— Est-ce que votre mère est aussi prisonnière? demanda Morton sans trop savoir ce qu'il disait.

— Elle est là à cheval derrière vous, comme une mariée, avec ce vieux chenapan de prédicant qu'on appelle Gabriel Kettledrummle. Vous saurez donc, Monsieur, que nous ne fûmes pas plus tôt mis à la porte de Milnwood, que votre oncle et la gouvernante mirent les verrous et les barres de fer derrière les portes comme si nous avions eu la peste. Alors je me tourne vers ma mère, et je lui dis : Qu'allons-nous faire à présent? Voilà, maintenant que vous avez fait prendre le jeune Milnwood par les troupiers, que vous avez affronté la vieille dame de Tillietudlem, toutes les barrières et toutes les portes seront closes contre nous. Alors elle me dit : Ne t'abandonne pas, prépare-toi pour la grande œuvre du jour, et viens rendre témoignage, comme un homme, sur la montagne de l'alliance.

— Alors vous êtes allés à un conventicule, je suppose? dit Morton.

— Vous allez voir, continua Cuddie. Ainsi donc, comme je ne savais quoi faire, j'allai avec elle trouver une autre vieille sorcière comme elle, qui nous donna de la soupe à l'eau et des galettes d'orge; mais ils récitèrent tant d'oraisons, ils chantèrent tant de psaumes, avant de me laisser commencer, que j'étais à demi mort de faim. Après cela ils me firent lever presque avant le jour, et, bon gré, mal gré, il fallut les accompagner à une grande assemblée de leurs gens aux Miry-Sikes, et là ce vieux Gabriel Kettledrummle leur criait du haut de la montagne qu'il fallait rendre témoignage, et aller à la bataille de Gilead-Romain, ou quelque chose comme cela ! Ah ! monsieur Henri, il leur en donnait, de la bonne doctrine ! On l'aurait entendu à un mille de là. Il vociférait comme une vache qu'on a oublié de traire. Mais, je me disais, il n'y a par là aucun endroit qu'on appelle Gilead-Romain, ce doit être de l'autre côté des bruyères, et avant que nous y soyons j'aurai trouvé le moyen de planter ma mère là, car je ne me sens pas de goût à mettre mon cou dans un nœud coulant pour les beaux yeux de tous les Gabriel Kettledrummle du pays. Ainsi donc, continua-t-il sans savoir au juste si son compagnon l'écoutait ou non, comme je m'attendais à ce que le sermon fût bientôt fini, voilà qu'on dit que les dragons arrivaient. Quelques-uns se sauvèrent, d'autres dirent de rester en place, et il y en eut qui crièrent : A bas les Philistins ! Je pris le bras de ma mère pour l'emmener un peu plus loin avant que les habits rouges fussent arrivés ; mais j'aurais aussi bien pu essayer de faire marcher notre vieux bœuf de droite sans l'aiguillon ! Impossible de lui faire faire un pas ! Après tout, le vallon était profond, il vint un brouillard épais, et il y avait quelque chance que les dragons passeraient auprès de nous sans nous voir si nous nous tenions tranquilles. Mais ne voilà-t-il pas qu'ils se mettent à vociférer un psaume, si bien qu'on aurait pu les entendre de Lanrich ; avec cela, le vieux Kettledrummle criait tout seul assez fort pour réveiller un trépassé ! Enfin donc, pour en finir, le jeune lord Evandale nous tomba dessus aussi vite que son cheval pouvait le porter, et vingt habits rouges derrière lui ! Deux ou trois pauvres diables voulurent résister avec un mauvais pistolet d'une main et la Bible de l'autre, on leur arrangea le toupet d'une jolie manière ; mais il n'y eut pas beaucoup de mal de fait, parce qu'Evandale criait toujours de nous disperser et de nous épargner.

— Et vous n'avez pas fait de résistance ? dit Morton.

— Non pas, vraiment, répondit Cuddie, je me tins devant ma vieille mère, en leur demandant merci, mais il vint deux habits rouges dont l'un allait frapper ma mère avec son sabre, alors je levai mon bâton et leur dis que je le leur rendrais. Si bien qu'ils se tournent sur moi avec leurs épées et je parais les coups au-dessus de ma tête comme je pourrais. Lord Evandale s'approcha ; je lui criai que j'appartenais à Tillietudlem ; vous savez qu'on a toujours dit qu'il pensait à notre jeune demoiselle ; alors il me dit de jeter mon bâton à terre, et ma mère et moi nous nous rendîmes prisonniers. Je crois bien qu'on nous aurait laissés partir après, mais Kettledrummle fut pris auprès de nous parce que la bête à André Wilson sur laquelle il était monté avait autrefois appartenu à un dragon, et plus Kettledrummle la battait, plus vite elle courait rejoindre les rangs des habits rouges. Quand ma mère et lui se trouvèrent ensemble, voilà qu'ils s'attaquent aux troupiers! et je vous réponds qu'ils les ont bien traités! Ce fut là la raison pour laquelle on nous emmena tous les trois pour faire un exemple de nous, comme ils disent!

— C'est une horrible et odieuse tyrannie, dit Morton.

La conversation s'arrêta et resta longtemps interrompue, et Henri Morton cherchait à deviner dans quelle intention et à quelles conditions mademoiselle Bellenden avait obtenu l'intervention de lord Evandale en sa faveur.

Cuddie lui dit bientôt à voix basse :

— Croyez-vous qu'on aurait tort de chercher à se tirer des mains de ces chenapans si on trouvait l'occasion de le faire?

— Pas le moins du monde, dit Morton; et si l'occasion se présente, vous pouvez être certain que je ne la laisserai pas échapper.

— Je suis bien heureux de vous entendre dire cela, répondit Cuddie; je ne suis qu'un pauvre ignorant, mais je ne peux pas croire qu'il y aurait grand mal à nous débarrasser d'eux pour nous enfuir si la chose était faisable. Comptez sur moi pour toucher rude si cela en vient là. Notre vieille dame aurait cependant appelé cela résistance à l'autorité royale!

— Je résisterai à toute autorité de ce monde, dit Morton, qui méconnaîtra et violera tyranniquement mes droits de citoyen, et je suis bien décidé à ne pas me laisser traîner injustement en prison, ou peut-être à un échafaud, si je puis m'échapper des mains de ces hommes par force ou par adresse.

— C'est justement ce que je pensais, dit Cuddie, en supposant toujours que l'occasion s'en présente. Vous parliez de droits de citoyen, c'est bon pour vous qui êtes un monsieur; mais cela ne me défendrait guère, moi qui ne suis qu'un pauvre laboureur.

— Les droits dont je parle, dit Morton, sont ceux de tous les Écossais, riches ou pauvres. C'est cet affranchissement de la verge et de l'esclavage qui fut réclamé par l'apôtre Paul lui-même, comme vous pouvez le voir dans l'Écriture; c'est le droit que possède tout homme de se lever pour sa défense et pour celle de ses compatriotes...

— Seigneur Jésus! s'écria Cuddie, j'aurais pu attendre longtemps avant que lady Marguerite ou bien ma mère elle-même aient trouvé d'aussi beaux textes dans la Bible! La première parlait toujours du tribut à payer à César, la seconde m'ennuyait autant avec sa whiguerie. J'ai été gâté, corrompu, en n'entendant que deux vieilles radoteuses, mais si je pouvais trouver un gentilhomme qui voulût me prendre à son service, je suis certain que je deviendrais bien supérieur. Et j'espère que Votre Honneur se rappellera cela, et que, si nous pouvons une fois nous tirer de ce mauvais pas, vous me prendrez pour votre valet de chambre!

— Mon valet, Cuddie! dit Morton, hélas! ce serait un bien pauvre service, même si nous étions en liberté.

— Je sais ce que vous voulez dire, repartit Cuddie, c'est que je suis trop paysan, et que je vous ferais honte devant le monde; mais il faut que je vous dise que j'apprends vite ce qu'on me montre. Je n'ai jamais vu rien faire que je n'aie pu faire de même, excepté la lecture, l'écriture et l'arithmétique; mais il n'y en a pas un autre comme moi pour jouer du bâton, et à l'épée je ne craindrais pas le caporal Inglis que voici. Je lui ai cassé la tête avant ce matin, tout fier comme il est derrière nous. Et puis, vous ne voulez peut-être pas rester au pays!

— Il est probable que non, répondit Morton.

— Eh bien! je n'y tiens pas pour une épingle! s'écria Cuddie, parce qu'il faut que vous sachiez que je pourrais mettre ma mère chez sa vieille sœur, ma tante Meg, qui demeure à Glasgow, et alors je n'aurais plus peur qu'on la brûle comme sorcière, ni qu'on la laisse mourir de faim, ni qu'on la pende comme une radoteuse de whig, car on dit que le prévôt est tout à fait bon pour les pauvres vieilles comme elle! Après cela, vous et moi nous pourrions partir et aller chercher fortune comme ceux dont on dit l'histoire dans le conte de *Jean le tueur de géants* et dans *Valentine et Orson*. Nous reviendrions plus tard en Écosse, comme dit la chanson, je reprendrais la charrue, et je ferais de si jolis sillons dans les belles terres de Milnwood, que cela ferait autant de bien de les voir que de boire une pinte de bière.

— J'ai grand'peur, dit Morton, que nous ayons bien peu de chance, mon pauvre Cuddie, de retourner à nos anciennes occupations.

— Oh! oh! Monsieur, répliqua Cuddie, il ne faut jamais désespérer de rien; plus d'un navire échappe à la tempête. Mais qu'est-ce que c'est que cela que j'entends? C'est, en vérité, ma mère, qui recommence à prêcher! J'ai reconnu le son de ses textes, cela grince comme le vent sous les portes. Ah! bon! voilà Kettledrummle qui s'en mêle! Bonté du ciel! si cela ennuie les soldats, ils vont les tuer tous les deux et nous aussi quand ils y seront.

Leur conversation fut en effet interrompue par un bruit étrange qui s'éleva derrière eux : c'était la voix du prédicant se mêlant à celle de la vieille femme, à peu près comme les sons d'une contrebasse qui s'allient à des grincements exécutés sur un violon fêlé. Ils s'étaient d'abord contentés de se plaindre mutuellement en réprimant les écarts les plus bruyants de leur enthousiasme et de leur indignation ; mais le sentiment de l'oppression qui pesait sur eux devenant plus vif et plus violent à mesure qu'ils se communiquaient leurs pensées, il leur devint impossible à la fin d'arrêter l'explosion de leur sainte colère.

— Malheur, malheur, et trois fois malheur à vous, persécuteurs iniques et sanguinaires ! s'écria le révérend Gabriel Kettledrummle : malheur et trois fois malheur à vous jusqu'au moment où les sceaux seront brisés, où les trompettes retentiront, et où l'on répandra les fioles !...

— Oui, oui ! leurs vilaines figures paraîtront des plus noires, et on les jettera au fond de l'abîme au jour du jugement !... exclama la vieille Mause d'une voix aussi aiguë que les plus hautes notes d'un fifre.

— Je vous le dis en vérité, continua le révérend, vos courses et vos visites, vos hennissements et vos piétinements, vos cruautés sanglantes, barbares, inhumaines, vos tromperies, vos fraudes, vos embûches dressées pour la conscience des pauvres fidèles, vos serments damnables et contradictoires, sont montés de la terre vers le ciel, comme un cri de parjure rauque et hideux, et ils ont hâté la colère qui s'approche... Oh ! oh ! oh !...

— Et je vous dis, moi, continua Mause du même ton et presque en même temps, que ma pauvre vieille voix, quoiqu'il soit bien difficile de se faire entendre quand on souffre de l'asthme et qu'on trotte aussi dur...

— Pourquoi ne vont-ils pas au galop ? dit Cuddie, cela lui couperait la parole tout à fait.

— Je vous dis que ma pauvre voix rendra témoignage contre les trahisons, les défections, les défalcations et les abandons sur la terre, contre les griefs et les causes de la colère divine !

— Laissez-moi un peu parler, ma bonne femme, dit le prédicant à la fin d'un violent accès de toux et trouvant sa grosse voix dominée par le fausset de la mère de Cuddie, n'arrêtez pas les paroles sur les lèvres d'un serviteur de l'autel. Je vous le dis donc en vérité, j'élève la voix et je vous le dis, avant que la pièce soit jouée, avant même que ce soleil soit descendu sous l'horizon, vous apprendrez que ni des Judas désespérés, semblables à votre primat Sharpe, qui est allé à sa place réservée; ni des Holopherues, qui violent les sanctuaires, comme cet homme de sang qu'on appelle Claverhouse ; ni des Diotrèphes ambitieux, comme le jeune Evandale; ni des Demas désireux des choses de ce monde, comme celui qui répond au nom du sergent Bothwell, qui s'empare du bien de la veuve et qui mange du pain de ses enfants! je vous le dis, ni vos carabines, ni vos pistolets, ni vos épées, ni vos chevaux, ni vos selles, brides, sangles, gourmettes et martingales, ne résisteront aux flèches qui sont empennées et aux arcs qui sont tendus contre vous!

— Non, ils ne résisteront pas, répéta Mause, les réprouvés qu'ils sont! Balais de destruction qui ne sont bons qu'à jeter au feu après qu'ils ont nettoyé les ordures du temple! fouets faits de petites cordes nouées ensemble pour le châtiment de ceux qui aiment mieux les pompes et les œuvres du monde que la croix ou que l'alliance, mais qui ne seront plus bons, quand l'œuvre du Seigneur sera accomplie, qu'à faire des brayettes pour les chausses de Satan!

— Vraiment! dit Cuddie à son compagnon de captivité, je crois que ma vieille mère prêche aussi bien que le ministre! Mais c'est un grand malheur pour lui, car le long sermon qu'il a débité ce matin était déjà bien assez séditieux. Je voudrais seulement qu'il criât plus fort qu'elle, parce qu'alors on ne s'occuperait que de lui. Il est heureux que la route soit si raboteuse, et que le bruit des chevaux empêche les troupiers d'entendre leur bavardage. Mais aussitôt que nous serons en place droite, vous verrez ce qui sortira de là.

Les conjectures de Cuddie n'étaient que trop fondées. Aussi longtemps que les fers des chevaux retentirent sur les cailloux du chemin, les soldats ne firent pas attention aux pieuses dénonciations des prisonniers; mais on entra bientôt sur les bruyères, et le témoignage que rendaient le prédicant et la vieille femme devint beaucoup plus audible.

Aussitôt donc que l'herbe et la mousse amortirent le bruit du trot des chevaux on entendit Kettledrummle qui s'écriait

— Et j'élèverai la voix comme le pélican dans le désert...

— Et la mienne, cria Mause, sera comme celle du passereau sur les toits...

Tout à coup le caporal qui commandait leur escorte leur cria

— Holà! holà! mettez un frein à vos langues. Si cela continue, je vous mets à chacun une martingale!

— Je ne cesserai pas de chanter les louanges du Seigneur pour obéir à un profane! dit Gabriel.

— Ni moi, dit Mause, je ne me soumettrai pas aux volontés d'un vase de corruption, fût-il peint en rouge comme les briques de la tour de Babel et l'appelât-on un caporal!

— Halliday! dit le caporal, n'aurais-tu pas un bâillon quelque part? Il faut arrêter leur bavardage avant qu'ils nous aient rendus tout à fait sourds.

Avant que Halliday eût pu répondre, ou que le bâillon demandé pût être produit, un dragon s'avança au grand galop vers le sergent Bothwell, qui se trouvait en tête de sa troupe. Quand il eut reçu les ordres que cette ordonnance apportait, Bothwell ordonna à ses hommes de serrer leurs rangs, de marcher en ordre et en silence, car on approchait de l'endroit où était campé l'ennemi.

CHAPITRE XIV.

La plus grand rapidité de la marche empêcha les prisonniers de recommencer leurs imprécations.

Une plaine aride et stérile s'étendait plus loin que l'œil ne pouvait voir : c'était un pays sans grandeur, sans beauté, qui n'avait ni l'imposante dignité des contrées montueuses, ni la richesse et l'ampleur des paysages où l'on voit les traces des travaux des hommes et les divisions artificielles d'une riche culture. L'esprit était frappé de l'immensité de la nature, et on reconnaissait combien les moyens d'amélioration dont l'homme peut disposer auraient été impuissants pour rendre fertile cette solitude improductive.

Ces immenses plaines désertes rappellent à ceux qui les traversent, même en nombreuses caravanes, combien l'homme est faible et petit : l'imagination est fortement frappée par le contraste qu'offre une étendue sans limites et le groupe comparativement insignifiant qui s'y trouve comme perdu. Aussi le voyageur qui suit seul les longs chemins tracés dans un pays prospère et cultivé ne ressent jamais la profonde impression d'humanité et de pieux respect qu'éprouve l'Arabe au milieu d'une caravane de mille chameaux qui traverse les déserts d'Afrique ou d'Arabie.

Ce ne fut donc pas sans une profonde émotion que Morton vit le corps de cavalerie qui précédait son escorte gravir, à la distance d'un demi-mille, une petite colline accidentée qui semblait conduire à un passage menant aux montagnes. Leur nombre, qui lui avait paru formidable quand ils suivaient des chemins étroits et qu'ils paraissaient et disparaissaient derrière les arbres du bois, lui sembla presque insignifiant maintenant qu'il voyait toute la troupe ensemble dans une étendue de terrain dont les immenses proportions rapetissaient les hommes et les chevaux : on eût dit, à les voir défiler sur la colline, que c'était un troupeau de petits bœufs du pays qui se rendait à ses pâturages, tant leur apparence militaire s'effaçait devant cette nature sauvage.

— Une poignée d'hommes résolus, se disait Morton, les repousseraient facilement à l'entrée de ces montagnes, si leur courage était égal à leur enthousiasme.

Pendant que ces pensées l'occupaient, l'escorte qui l'accompagnait se rapprochait vivement du principal corps du régiment, et le rejoignit avant que toute la troupe fût arrivée au sommet de la colline. L'extrême difficulté du chemin, qui parfois était montueux et parfois plat et marécageux, retardait cependant le progrès de l'arrière-garde, car les premiers défonçaient le chemin, et les derniers étaient souvent obligés de chercher un passage hors du sentier battu.

C'était alors que les souffrances et les terreurs du révérend Gabriel Kettledrummle étaient à leur comble, parce que les rudes troupiers qui les gardaient forçaient les chevaux à franchir des fossés ou à traverser des fondrières sans s'inquiéter de la sûreté des prisonniers inaccoutumés à ce genre d'exercice.

Ces accidents n'avaient cependant d'autre résultat que d'exciter les rires et les moqueries des soldats, mais des événements plus importants vinrent toutefois les rendre plus sérieux.

La tête du régiment était arrivée au haut du monticule, quand tout à coup on vit deux ou trois cavaliers, que l'on reconnut bientôt pour faire partie de l'avant-garde, revenir au galop et tout en désordre. Les chevaux étaient essoufflés, et ils étaient poursuivis par cinq ou six hommes à cheval armés d'épées et de pistolets, et qui, à la vue du régiment, s'arrêtèrent à une petite distance.

Deux ou trois de ces hommes étaient armés de carabines, ils mirent pied à terre ; et visant les dragons qui se trouvaient aux premiers rangs, ils firent feu et blessèrent deux soldats. S'élançant au même instant sur leurs chevaux, ils se retirèrent tranquillement, sans paraître craindre d'être poursuivis, et disparurent derrière la colline. Il était évident qu'ils avaient derrière eux un nombre considérable d'insurgés.

Le régiment reçut ordre de faire halte. Pendant que Claverhouse écoutait le rapport de son avant-garde, lord Evandale galopa jusqu'au bord du monticule derrière lequel ils s'étaient retirés. Le major Allen, l'enseigne Graham et les autres officiers se hâtèrent de faire sortir le reste des dragons du terrain défoncé et de ranger toute la troupe en bataille sur deux lignes au haut de la colline.

Claverhouse fit alors galoper en avant. Quelques minutes après, la première ligne se trouvait au-delà du sommet du monticule. La seconde suivait, à peu de distance, avec l'arrière-garde et les prisonniers. Morton et ses compagnons de captivité purent alors voir l'obstacle qui menaçait d'arrêter le progrès de leurs gardes.

Le penchant de la colline sur laquelle les gardes du corps étaient rangés descendait dans une longueur d'un quart de mille vers la plaine, et présentait un terrain assez favorable aux mouvements de la cavalerie. Cependant il se trouvait tout à fait au bas une étendue marécageuse traversée dans toute sa longueur par un cours d'eau ou fossé artificiel irrégulier. De place en place il y avait des flaques d'eau bourbeuse ; c'était aux endroits où l'on avait autrefois extrait de la tourbe, et ces trous humides étaient bordés de petits saules que la sévérité du climat et la pauvreté du terrain empêchaient de s'élever à leur hauteur ordinaire.

Au-delà de ce fossé la plaine s'exhaussait de nouveau ; les insurgés se tenaient au pied de la colline, dont on voyait s'arrondir le sommet derrière eux : ils semblaient avoir l'intention de défendre le passage de ce marécage et du fossé qui protégeait leur ligne de bataille.

Leur infanterie était disposée sur trois lignes. La première, qui comprenait tous les hommes portant des armes à feu, était tout au bord du marais, de sorte que leur feu devait faire beaucoup de mal à la cavalerie royale quand elle descendrait du monticule où elle se tenait encore : si les dragons essayaient de traverser le marécage et le fossé, le feu des insurgés leur devenait nécessairement fatal. La seconde ligne était formée d'hommes armés de piques ; ils devaient appuyer les premiers rangs si la cavalerie royale parvenait à franchir le marais.

Ils avaient relégué à la troisième ligne tous les paysans qui s'étaient joints à eux avec des faux redressées, des fourches, des broches, des épieux, des harpons à saumon, et divers instruments d'agriculture qui avaient pu être transformés en armes de combat.

Deux petits corps de cavalerie étaient postés sur les flancs de cette armée, ils se tenaient un peu à l'écart, sur un terrain sec et solide, comme pour être prêts à se porter au point le plus menacé dans le cas où l'ennemi forcerait le passage du fossé. Les armes des cavaliers laissaient beaucoup à désirer, leurs chevaux étaient de la pire espèce, mais les hommes étaient pleins de zèle pour la cause qu'ils avaient embrassée, et c'était pour la plupart de petits propriétaires ou de bons fermiers qui pouvaient faire la dépense d'un cheval et de son entretien.

Ceux des insurgés qui avaient poursuivi l'avant-garde des royalistes étaient en train de retourner tranquillement vers leurs corps respectifs : c'étaient les seuls parmi toute cette troupe qui fussent en mouvement. Tout le reste se tenait immobile comme les pierres grises que l'on voyait éparses çà et là autour d'eux.

Ils pouvaient être un millier d'hommes, dont un cent étaient à cheval, et la moitié seulement pourvue d'armes convenables. Mais leurs chefs comptaient sur la force de leur position, sur la supériorité de leur nombre, et sur l'ardeur de leur enthousiasme, pour suppléer au manque d'armes, de mutitions et de discipline militaire, qui dans toute autre occasion aurait été une source de faiblesse.

Des femmes et même des enfants se tenaient sur la colline qui s'élevait derrière eux : la persécution leur avait fait chercher un refuge dans la solitude des montagnes. Il était impossible d'occuper une meilleure place pour voir le combat qui allait décider de leur sort et de celui de leurs pères, de leurs maris et de leurs fils. Quand les femmes virent briller les armes des dragons au sommet de la colline opposée, elles élevèrent un cri perçant, comme les épouses des anciens Germains quand elles voulaient exciter leurs maris et leurs fils à défendre tout ce qui leur était sacré. Ce cri eut un effet électrique, car les insurgés y répondirent par un autre cri qui sembla dire aux soldats qu'ils étaient prêts à combattre pour leurs croyances et leurs libertés.

Les clairons et les tambours de la troupe sonnèrent de leur côté une marche guerrière qui courut à travers les ondulations de la plaine comme le son aigu des trompettes de la mort. Alors les insurgés, pour répondre à ces notes de défi et de menaces, commencèrent tous ensemble à chanter sur un air solennel les deux premiers versets du soixante-sixième psaume. A la fin de la première stance, l'assemblée fit un cri d'acclamation; et après un instant de silence, ils reprirent leur chant en appliquant évidemment aux troupes royales les prophéties de mort et de ruine adressées aux Assyriens. Cette stance fut aussi suivie d'une bruyante acclamation, et le silence le plus profond régna sur toute la ligne.

Pendant que ces chants solennels s'élevaient vers le ciel de mille bouches à la fois, Claverhouse étudiait le terrain avec grande attention, ainsi que l'ordre de bataille adopté par les rebelles et dans lequel ils attendaient son attaque.

— Ces gredins, dit-il, doivent avoir quelques vieux soldats avec eux : de simples paysans n'auraient jamais si bien choisi leur terrain.

— Burley est avec eux très-certainement, répondit lord Evandale, ainsi que Hackston de Rathillet, Paton de Moadouhead, Cleland et d'autres individus qui ont quelques connaissances militaires.

— C'est ce que j'ai pensé, dit Claverhouse, quand j'ai vu ces cavaliers faire franchir le fossé à leurs chevaux. Il était aisé de voir qu'il y avait parmi eux d'anciens tondus, des troupiers du vieux levain de Cromwell. Il faut s'y prendre avec prudence et combattre avec énergie. Evandale, dites aux officiers de venir sur cette butte.

Il alla prendre position auprès d'un monceau de pierres, et les officiers appelés à l'ordre se rendirent bientôt autour de lui.

— Je ne vous appelle pas, Messieurs, dit Claverhouse, à un conseil de guerre, car je ne rejetterai jamais sur d'autres la responsabilité qui m'appartient. J'ai seulement besoin d'entendre vos opinions ; je me réserve, comme la plupart de ceux qui demandent un avis, d'en faire usage si je le juge à propos. Qu'en pensez-vous, enseigne Graham ? attaquerons-nous ces bandits qui vocifèrent là-bas ? Vous êtes le plus jeune et le plus ardent, et vous parlerez le premier, que je vous y invite ou non.

— Alors, répondit Graham, aussi longtemps que j'aurai l'honneur de porter le drapeau des gardes du corps, il ne reculera jamais devant des rebelles. Je dis donc, au nom de Dieu et du roi, en avant !

— Et vous, major Allan, que dites-vous ? continua Claverhouse, car Evandale est si modeste, que nous n'en tirerons pas un mot avant que vous ayez parlé.

— Ces gens, dit le major, qui était un vieil officier plein d'expérience, ces gens sont trois ou quatre contre un de nous : cela ne m'inquiéterait guère en belle place, mais ils ont choisi une excellente position et ne semblent pas disposés à la quitter. Je crois donc, tout en respectant l'opinion de l'enseigne Graham, qu'il serait prudent de retourner à Tillietudlem, de fermer le passage qui communique du haut au bas pays, et d'envoyer demander un renfort à lord Ross, qui commande un régiment d'infanterie à Glasgow. Nous pourrions ainsi leur couper toute communication avec la Clyde, les forcer de quitter leur position et de se mesurer avec nous dans des conditions plus égales ; s'ils restaient ici, nous aurions alors de l'infanterie qui nous serait du plus grand service parmi ces fossés, ces mares et ces tourbières.

— Bah ! s'écria le jeune enseigne, qu'importe leur forte position ? ce ne sont que des diseurs de prières et des chanteurs de psaumes !

— On ne se bat pas moins bien, répliqua le major, quand on vénère la Bible et le Psautier. Vous verrez qu'ils résisteront comme de l'acier; il y a longtemps que je les connais.

— Leur psalmodie nasillarde, dit l'enseigne, rappelle à notre major la course de Dundee.

— Jeune homme, répliqua Allan, si vous aviez été à cette course, vous auriez couru assez vite pour vous en souvenir toute votre vie.

— Allons, allons, Messieurs, dit Claverhouse, ces discussions sont intempestives. J'aurais adopté votre avis, major Allan, si notre avant-garde, et j'aurai soin qu'elle en soit punie, si notre avant-garde nous avait fait en temps utile un rapport sur le nombre et la position de l'ennemi. Mais puisque nous sommes venus en présence des lignes rebelles, la retraite des gardes du corps ressemblerait à de la timidité, et donnerait le signal de l'insurrection dans tout l'ouest de l'Ecosse. Et dans ce cas, au lieu de pouvoir compter sur l'appui de lord Ross, je craindrais énormément de voir nos communications interrompues. Une retraite en ce moment serait aussi fatale à la cause royale que la perte d'une bataille, et quant au plus ou moins de danger que nous pouvons personnellement courir, je sais, Messieurs, qu'aucun de nous n'en tient compte. Il doit y avoir quelque passage, quelque ouverture par où nous pourrons entrer; et quand une fois nous serons sur le terrain solide, il n'y a personne dans les gardes du corps qui ne sache que nous pouvons écraser, tout peu nombreux que nous sommes, deux fois autant de paysans qu'en voici rassemblés devant nous... Quelle est votre opinion, lord Evandale?

— Je crois, répondit lord Evandale, que, quelle que soit l'issue du combat, la journée sera chaude : nous perdrons beaucoup de braves gens, et nous serons probablement obligés de tuer un grand nombre de ces pauvres aveuglés, qui, après tout, sont des Ecossais, sujets, comme nous, du roi Charles.

— Des rebelles! des rebelles! qui ne méritent ni le nom d'Ecossais ni celui de sujets! dit Claverhouse. Mais voyons, Evandale, où voulez-vous en venir?

— Je négocierais avec ces malheureux fanatiques, dit le jeune officier.

— Négocier! avec des rebelles en armes! Jamais, aussi longtemps que je vivrai! répondit le commandant.

— Envoyez-leur un trompette et un parlementaire pour les inviter à mettre bas les armes et à se disperser, continua Evandale, promettez-leur le pardon. J'ai souvent entendu dire qu'on eût épargné beaucoup de sang si on eût eu recours à ce moyen avant la bataille des monts Pentland.

— Et qui, dites-moi, voudra se charger de porter un message à des fanatiques aussi désespérés, aussi frénétiques ? Ils ne reconnaissent aucune des lois de la guerre. Leurs chefs ont presque tous pris part au meurtre abominable de l'archevêque de Saint-André ; ils combattent la corde au cou, et ils tueront le parlementaire, quand ce ne serait que pour rendre toute leur troupe complice de l'assassinat d'un envoyé du roi, et lui montrer qu'il n'y a plus de pardon à espérer.

— J'irai moi-même, si vous le permettez, dit Evandale, j'ai souvent risqué ma vie pour donner la mort aux autres, laissez-moi la risquer aujourd'hui en cherchant à sauver quelques malheureux égarés.

— Vous ne porterez pas ce message, répondit Claverhouse, votre rang, votre situation vous donnent une importance immense dans un pays où les bons principes sont aussi clair-semés, nous ne pouvons vous exposer à ce danger. Voici Richard Graham, le fils de mon frère, qui se rit du plomb ou de l'acier comme si le diable lui eût donné une armure à toute épreuve : qu'il prenne un drapeau de parlementaire et un trompette, et qu'il galope jusqu'au bord du fossé pour les sommer de mettre bas les armes et de se disperser.

— De tout mon cœur, colonel, répliqua l'enseigne, je vais attacher ma cravate au bout d'une pique, cela me servira de drapeau blanc ; les pauvres diables n'auront jamais vu un guidon d'aussi belle dentelle de Flandre.

— Colonel Graham, dit Evandale pendant que le jeune enseigne se préparait pour cette expédition, ce jeune homme est votre neveu, il est l'espoir de votre famille ; au nom du ciel ! permettez-moi de prendre sa place. J'ai indiqué ce moyen, c'est à moi d'en courir les risques.

— S'il était mon fils unique, repartit Claverhouse, ce n'est pas en ce moment et ce n'est pas pour la cause que nous servons que j'hésiterais à l'envoyer, mes affections personnelles ne me feront jamais dévier de la ligne de mon devoir. Si Richard Graham est tué, la perte n'atteindra que moi : si vous étiez tué, lord Evandale, le service du roi et du pays en souffrirait doublement. Allons, Messieurs, à nos postes. Si notre message n'est pas accueilli favorablement, l'attaque commencera immédiatement ; et comme le dit la vieille devise de l'Ecosse : Dieu protége le droit !

CHAPITRE XV.

Richard Graham descendit de la colline tenant à la main le drapeau blanc qu'il avait improvisé et faisant danser son cheval au vieil air écossais qu'il sifflait joyeusement. Un trompette le suivait.

Cinq ou six cavaliers, qui semblaient être les chefs des insurgés, se détachèrent de chaque côté de la petite armée ennemie, et se rencontrant vers le milieu, s'approchèrent ensemble aussi près du fossé que la nature du terrain, le permettait. Ce fut vers ce groupe que l'enseigne Graham, sur qui tous les yeux étaient maintenant fixés, dirigea sa course. Sans vouvoir amoindrir le courage des deux partis, nous pouvons affirmer que de part et d'autre on désirait alors que cette négociation pût empêcher le combat.

Quand il arriva vis-à-vis de ceux qui s'étaient avancés pour recevoir son message et qui s'étaient ainsi désignés comme les chefs de la troupe, l'enseigne fit sonner du clairon par son trompette. Les insurgés n'avaient aucun instrument de musique pour lui répondre, mais l'un d'eux, lui adressant la parole à haute voix, lui demanda pourquoi il s'approchait de leurs lignes.

— Je viens vous sommer, au nom du roi et au nom du colonel John Graham de Claverouse, porteur d'une commission du très-honorable conseil privé d'Écosse, répondit l'enseigne, de mettre bas les armes et de faire disperser ceux que vous avez entraînés à la rébellion contrairement aux lois de Dieu, du roi et du pays.

— Retourne vers ceux qui t'ont envoyé, reprit le chef des insurgés, et dis-leur que nous avons pris les armes pour rétablir une alliance violée et une Église persécutée; dis-leur que nous renonçons à Charles Stuart, le parjure que vous appelez le roi, comme il a renoncé à l'alliance après avoir juré à diverses reprises de l'appuyer de tout son pouvoir, avec constance, avec sincérité, aussi longtemps que Dieu lui ferait la grâce d'être sur terre, et de n'avoir d'autres ennemis que les ennemis de l'alliance, ni d'autres amis que ses amis. Mais, au lieu de garder la parole qu'il avait jurée devant Dieu et ses saints anges, son premier acte, en mettant le pied dans ces royaumes, a été de s'attribuer les précieuses prérogatives du Tout-Puissant en décrétant l'acte hideux de la suprématie; puis il a banni, sans forme de procès, au mépris de toutes les lois, des centaines de saints prédicateurs, enlevant ainsi le pain de la vie à de pauvres créatures affamées dont il a voulu rassasier la faim par les mets empoisonnés, sans sel, sans vie, des quatorze faux prélats et de leurs sycophantes, ces hommes de chair et de scandale.

— Je ne suis pas venu ici pour écouter un sermon, dit l'officier, mais pour savoir, d'un seul mot, si vous voulez vous disperser sur l'assurance d'un pardon général, dont ne seront exceptés que les assassins de l'archevêque de Saint-André; ou si vous attendrez l'attaque des troupes de Sa Majesté, qui sont prêtes à s'avancer.

— En un mot donc, répondit son interlocuteur, nous avons ceint l'épée, comme ceux qui doivent veiller la nuit. Nous nous tiendrons ensemble comme des frères en Dieu. Que le sang qui sera versé retombe sur la tête de celui qui nous attaquera dans nos justes droits! Ainsi, retourne vers ceux qui t'ont envoyé, et puisse le Seigneur vous ouvrir les yeux à tous et vous montrer le chemin de perdition que vous suivez!

— Ne vous appelez-vous pas Jean Balfour de Burley? demanda l'enseigne, qui commençait à se rappeler les traits du chef ennemi.

— Et quand cela serait, répondit le chef, qu'aurais-tu à me reprocher?

— J'aurais à dire, répliqua l'enseigne, que, comme vous êtes exclu nominativement du pardon que j'apporte au nom du roi et de mon commandant, c'est à ces malheureux insurgés que je veux parler, et non à vous: je n'ai pas été envoyé pour négocier avec vous ou vos pareils.

— Tu es un jeune soldat, l'ami, dit Burley, tu as encore besoin de prendre quelques leçons : autrement tu saurais qu'un parlementaire ne traite pas avec une armée, mais avec ses chefs; et s'il présume faire autrement, il perd son privilége.

En même temps, Burley, qui jusqu'alors avait eu sa carabine en bandoulière, la prit en main et l'apprêta.

— Les menaces d'un assassin, répliqua l'enseigne Graham, ne m'empêcheront pas de remplir mon devoir... Bonnes gens, écoutez-moi! je vous apporte, au nom du roi et de mon commandant, un pardon plein et entier pour tous, excepté...

— Je t'avertis encore une fois... dit Burley abaissant sa carabine.

— Un pardon plein et entier pour tous, continua le jeune officier s'adressant au corps des insurgés, pour tous, excepté...

— Alors que Dieu ait pitié de ton âme!... Amen! dit Burley.

Il fit feu au même instant, et l'enseigne Richard Graham tomba de son cheval. La blessure était mortelle. L'infortuné jeune homme ne put que se tourner sur la bruyère, et murmurant ces mots : O ma mère! il expira sans efforts. Son cheval effrayé repartit vers le régiment au galop, suivi du trompette non moins épouvanté.

— Qu'avez-vous fait ? dit un des collègues de Balfour.

— Mon devoir, répondit tranquillement Burley. N'est-il pas écrit : Ton zèle ira jusqu'à tuer? Que l'on ose maintenant parler de paix ou de trêve !

Claverhouse vit la chute de son neveu; il se tourna vers Evandale, et pendant une seconde une expression indéfinissable d'émotion vint troubler la sérénité ordinaire de ses traits. Il lui dit seulement : Vous voyez le résultat.

— Je le vengerai ou je périrai ! s'écria lord Evandale, qui, mettant son cheval au galop, descendit rapidement la colline suivi par sa compagnie et celle du malheureux enseigne, qui s'ébranla sans ordre : chacun voulait être le premier à venger le jeune officier; cet empressement jeta le désordre dans leurs rangs.

En vain Claverhouse s'écria.

— Halte ! halte ! cette ardeur va nous perdre !

Il ne put retenir que la seconde ligne en galopant dans ses rangs et menaçant de son épée ceux qui semblaient disposés à suivre un exemple aussi dangereux.

— Allan, dit-il aussitôt qu'il eut un peu rétabli l'ordre et la discipline, conduisez-les tranquillement au bas du vallon pour appuyer lord Evandale, qui va bientôt avoir besoin de tout le secours que nous pourrons lui donner... Bothwell, tu es un brave et prudent garçon...

— Ah ! murmura le sergent, vous pouvez vous en souvenir dans un moment comme celui-ci.

— Prends dix dragons et conduis-les par ce creux sur la droite, continua le colonel, trouve un moyen de traverser le marais, puis tu chargeras les rebelles sur leur flanc ou sur leurs derrières pendant que nous les attaquerons de front.

Bothwell fit un signe d'intelligence et d'obéissance et partit rapidement avec ses hommes.

Pendant ce temps, les difficultés que Claverhouse avait prévues arrêtèrent le progrès de la troupe que devançait lord Evandale : il leur fut impossible de continuer leur course désordonnée, la nature du terrain s'y opposa. Quelques cavaliers s'empêtrèrent dans les fondrières en voulant les franchir, d'autres hésitèrent à s'y aventurer et restèrent sur le bord, tandis que certains autres se dispersèrent à droite et à gauche pour chercher un passage à travers les tourbières. Pendant ce désordre, le premier rang de la première ligne des insurgés mit genou en terre, le second se baissa, et le troisième conserva sa position; on donna ordre de tirer, et une vingtaine de dragons tombèrent de cheval : cette décharge accrut encore la confusion des troupes royales.

Cependant lord Evandale, à la tête des hommes les mieux montés, était parvenu à franchir le fossé; mais il fut aussitôt attaqué avec furie par la cavalerie ennemie postée sur le flanc gauche, qui, voyant le petit nombre de gens qui le suivaient, se précipita sur lui en criant :

— Malheur, malheur aux incirconcis! Malheur aux Philistins! A bas Dagon et tous ses suppôts !

Le jeune officier combattit comme un lion : mais la plupart des hommes qui l'avaient suivi étaient tués, et il n'échappa au même sort que parce que Claverhouse, qui s'était approché avec la seconde ligne jusqu'au bord opposé du fossé, ouvrit un feu de carabines qui fit fléchir un moment l'infanterie et la cavalerie de l'ennemi. Lord Evandale, débarrassé de ses assaillants et se trouvant presque seul, se hâta d'effectuer sa retraite.

Mais après le premier moment d'hésitation dans lequel les avait jetés la fusillade de Claverhouse, les insurgés reconnurent bientôt qu'ils avaient l'avantage du nombre et de la position : s'ils continuaient à se défendre résolûment, les gardes du corps seraient inévitablement obligés de se retirer. Leurs chefs, courant à travers leurs rangs, les exhortaient à tenir bon et leur montraient quels avantages ils avaient sur les cavaliers qui, suivant leur coutume, combattaient sans mettre pied à terre.

Plus d'une fois Claverhouse, qui voyait ses meilleurs hommes tomber sans aucun profit, essaya de forcer le marécage, pour porter le combat sur un terrain plus ferme et moins inégal; mais le feu bien nourri des insurgés, joint aux difficultés naturelles du terrain, le força chaque fois à battre en retraite.

— Nous serons obligés de nous retirer, dit-il à Evandale, à moins que Bothwell ne réussisse à faire une diversion favorable. En attendant, faites retirer les hommes les plus exposés, et laissez seulement des tirailleurs derrière ces buissons pour tenir l'ennemi en échec.

Quand ces ordres furent exécutés, on attendit patiemment que Bothwell et la troupe parussent de l'autre côté du fossé. Mais Bothwell avait aussi rencontré des difficultés imprévues. Son départ n'avait pas échappé à l'œil observateur de Balfour, qui fit surveiller ses mouvements par l'aile gauche de la cavalerie des insurgés. Quand Bothwell, en remontant très-loin dans la vallée, eut enfin trouvé une espèce de gué où l'on pouvait traverser le marais, il reconnut qu'il avait devant lui une force supérieure aux siennes. Son courage ne faiblit pas devant cet obstacle inattendu.

— Suivez-moi, mes amis, s'écria-t-il en s'adressant à ses soldats, il ne sera pas dit que nous avons tourné le dos à ces tondus hypocrites! Inspiré par l'esprit et la valeur de ses ancêtres, il jeta le cri de: Bothwell! Bothwell! en avant! Et s'élançant sur l'étroit passage à la tête de sa troupe, il attaqua celle de Burley avec une impétuosité si grande, qu'il les fit reculer de la portée d'un pistolet, et tua trois hommes de sa main. Burley comprenant toutes les conséquences d'une défaite sur ce point, et sachant que si ses hommes avaient l'avantage du nombre ils étaient inférieurs aux troupes royales dans le maniement des armes et des chevaux, se jeta lui-même à l'encontre de Bothwell, et l'attaqua corps à corps.

Les deux combattants furent regardés comme les champions de chacun leur parti, et il s'ensuivit un combat que l'on voit plus souvent dans des œuvres de fiction que sur un vrai champ de bataille. Leurs hommes s'arrêtèrent des deux côtés, comme si le succès de la journée dût être décidé par le résultat du duel à outrance qui commençait. Bothwell et Burley sentaient toute l'importance de leur lutte, car après avoir échangé deux ou trois passes d'armes ineffectives ils se reposèrent d'un commun accord pour reprendre haleine et se préparer à ce combat fatal.

— Vous êtes l'infâme assassin Burley, dit Bothwell pressant fortement la poignée de son épée et grinçant des dents, vous m'avez échappé une fois, mais votre tête vaut son poids en argent, et je l'emporterai pendante à l'arçon de ma selle, ou ma selle s'en retournera vide.

— Oui! répliqua Burley du ton le plus déterminé et le plus sinistre, je suis ce Jean Balfour de Burley qui t'a promis de mettre ta tête si bas qu'elle ne se relèverait pas, et que Dieu me fasse ainsi, et même plus, si je n'accomplis ma promesse!

— Alors, va pour un lit de bruyères ou un millier de marcs! s'écria Bothwell portant à Balfour un coup terrible du tranchant de son épée.

— L'épée du Seigneur et de Gédéon! répondit Balfour en parant le coup porté par le sergent.

On a rarement vu deux combattants mieux également partagés sous le rapport de la force corporelle, de l'habileté dans le maniement de leurs armes, la bonté de leurs chevaux, leur courage et leur intrépidité. Ils échangèrent ainsi plusieurs coups qui ne leur firent que de légères blessures; impatients tous les deux de la victoire, ils se saisirent l'un l'autre, Bothwell empoignant Balfour à l'épaule, et Balfour pressant sous ses doigts de fer la gorge de Bothwell. Ils tombèrent ensemble de leurs chevaux, se tenant toujours étroitement embrassés. Les compagnons de Burley coururent à son aide, les dragons s'avancèrent pour défendre Bothwell, et la mêlée recommença. Mais rien ne fit cesser la lutte des deux chefs, rien ne leur fit abandonner la position qu'ils avaient prise l'un et l'autre, et ils roulèrent sur la bruyère, se déchirant, se frappant, se culbutant avec toute la ténacité de bouledogues de race pure.

Plusieurs chevaux leur passèrent sur le corps sans leur faire lâcher prise, jusqu'à ce qu'enfin le bras droit de Bothwell fut cassé par un coup de pied de cheval. Le sergent abandonna son adversaire en étouffant un sourd gémissement de douleur, et les deux combattants se relevèrent ensemble. La main droite de Bothwell pendait immobile le long de son corps, sa gauche chercha son poignard... Il était tombé hors de sa gaîne pendant la lutte. Ses yeux exprimaient la rage et le désespoir, il restait sans défense. Balfour jeta un cri de joie sauvage, brandit son épée dans les airs en signe de triomphe, et la lui passa au travers du corps. Bothwell reçut le coup sans tomber... Le fer avait simplement effleuré les côtes : il n'essaya plus de se défendre, mais il jeta un coup d'œil de haine mortelle à Balfour, et s'écria :

— Vil paysan, tu viens de verser le sang d'une race de rois !

— Meurs ! misérable, meurs ! dit Balfour lui portant un nouveau coup mieux dirigé ; et lui mettant le pied sur la poitrine quand il fut étendu sur la terre, il le perça une troisième fois de son épée. Meurs, chien altéré de sang ! Meurs comme tu as vécu ! Meurs comme les bêtes qui périssent sans rien espérer, sans rien croire...

— Et sans rien craindre ! dit Bothwell, qui rassembla le peu de forces qui lui restaient pour proférer cette protestation du désespoir et mourir.

En un instant Burley avait saisi un cheval, s'était élancé sur la selle pour courir au secours de ses amis. La chute de Bothwell avait animé les insurgés d'un nouveau courage et avait abattu celui des dragons, la mêlée générale ne fut pas longue. Plusieurs soldats étaient tués, les autres étaient repoussés et dispersés sur la bruyère. Burley avec sa troupe traversa à son tour l'étroit passage qui permettait de franchir le marais, pour attaquer Claverhouse comme Bothwell avait dû attaquer les insurgés. Il mit ses hommes en ordre, et se disposa à marcher contre l'aile droite des royalistes ; auparavant il envoya annoncer son succès au principal corps d'armée, recommandant à ses amis, au nom du ciel, de traverser le marais, et d'achever l'œuvre glorieuse du Seigneur en attaquant l'ennemi sur toute la ligne.

Pendant ce temps, Claverhouse avait réparé le désordre provenant de la marche irrégulière de ses dragons et de leur première attaque. Le combat n'était plus qu'une fusillade à grande distance, dont le feu était nourri par quelques cavaliers auxquels il avait fait mettre pied à terre, et qui se tenaient derrière les buissons épars çà et là. Ils fatiguaient beaucoup les insurgés, et remédiaient ainsi au désavantage de leur petit nombre. Claverhouse continuait le combat de cette manière parce qu'il espérait que Bothwell pourrait faire une diversion utile et faciliterait une attaque générale.

Un dragon, dont la figure ensanglantée, le cheval couvert de sueur et de boue annonçaient qu'il sortait d'une mêlée affreuse, s'approcha du colonel.

— Qu'y a-t-il, Halliday? dit Claverhouse, qui connaissait par leur nom tous les hommes de son régiment. Où est Bothwell?

— Bothwell est tué, répondit Halliday, avec beaucoup d'autres braves.

— Alors, reprit Claverhouse avec sa tranquillité ordinaire, le roi a perdu un vaillant soldat. Les ennemis sont-ils passés de ce côté-ci du marais?

— Avec une forte troupe de cavalerie que commande ce diable en chair et en os qui a tué Bothwell, répliqua le soldat encore tout effrayé.

— Silence! silence! dit Claverhouse mettant son doigt sur ses lèvres, pas un mot de ceci à qui que ce soit... Lord Evandale, il nous faut battre en retraite; le sort le veut ainsi. Rappelez les hommes dispersés en tirailleurs. Allan formera le régiment, vous monterez la colline en deux corps s'arrêtant alternativement pour donner à l'autre le temps de le rejoindre. Je tiendrai bon contre ces mécréants avec l'arrière-garde en marchant derrière vous et faisant volte-face de temps en temps. Il n'y a pas de temps à perdre, car je les vois déjà se préparer à se mettre en mouvement; ils vont tout à l'heure traverser le fossé.

— Que sont devenus Bothwell et ses hommes? demanda lord Evandale étonné du sang-froid de son commandant.

— Son compte est réglé, répondit tout bas Claverhouse, le roi a perdu un serviteur. Mais, à l'œuvre, Evandale, jouez de l'éperon, et rassemblez notre monde. Allan et vous, tâchez de les maintenir en bon ordre. Nous ne sommes pas habitués aux retraites, mais nous aurons notre revanche une autre fois.

Allan et Evandale se mirent vivement à l'œuvre; mais avant que le régiment fût disposé en deux corps pour commencer la retraite, un nombre considérable d'insurgés avait traversé le marécage. Claverhouse rassemblant autour de lui ses hommes les plus actifs et les plus sûrs se mit à leur tête, et courut attaquer ceux des ennemis qui étaient passés avant qu'ils pussent se former en colonne. Ils en tuèrent quelques-uns, repoussèrent les autres dans le fossé, et les arrêtèrent, de manière à permettre au régiment de commencer sa retraite, un assez grand nombre d'hommes étaient restés sur le champ de bataille, les autres s'en allaient tristes et découragés.

Mais l'ennemi revint bientôt à la charge; et passant le fossé de nouveau, il força Claverhouse à suivre son régiment. Jamais homme cependant ne se montra plus réellement soldat que Claverhouse dans cette malheureuse journée. Monté sur son cheval noir, une blanche plume à son chapeau, il était en tête de ses hommes chaque fois qu'un accident de terrain ou toute autre occasion permettait de rebrousser chemin pour retarder la poursuite de l'ennemi et couvrir la retraite de son régiment. Chaque insurgé cherchait à l'atteindre, mais il paraissait parfaitement indifférent à leurs coups.

Les fanatiques prétendaient qu'il avait fait un pacte avec le malin esprit pour en obtenir des moyens de défense surnaturels; la crainte qu'il inspirait dans les rangs des insurgés était telle, qu'ils s'enfuyaient devant lui comme devant un être surnaturel, et peu d'entre eux étaient assez hardis pour croiser le fer avec lui.

Le combat cependant continuait toujours, mais la retraite accroissait à chaque instant le désavantage des royalistes. A mesure que le gros du régiment vit le nombre des ennemis s'accroître en deçà du fossé, les hommes devinrent impatients; et à chaque mouvement alterné le major Allan et lord Evandale rencontrèrent plus de mauvais vouloir et de difficulté pour former une ligne régulière de défense. Puis, quand ils se remettaient en marche, leur pas devenait plus rapide qu'il n'était besoin, et rompait toute discipline. Chacun se hâtait de mettre l'épaisseur de la colline entre soi et ceux qui poursuivaient : aucun d'eux ne jugeait à propos d'être le dernier dans la retraite et de se sacrifier pour le salut des autres. Quelques-uns piquèrent des deux et s'enfuirent au grand galop; l'anxiété des autres les rendit ingouvernables, et leurs officiers craignaient à tout moment de les voir suivre cet exemple.

Evandale ne pouvait s'empêcher d'admirer la tranquillité et le sang-froid de son commandant au milieu de ce carnage et de cette confusion, quand le trot des chevaux, les gémissements des blessés, le feu continuel de l'ennemi, les cris sauvages d'exaltation qui accompagnaient la chute de chaque dragon formaient un ensemble d'une horreur indescriptible. La terreur et le désordre de sa troupe étaient si grands, qu'il ne pouvait savoir si ses soldats désespérés ne l'abandonneraient pas la minute suivante ; cependant son œil était aussi calme et ses manières aussi tranquilles qu'au déjeuner de lady Marguerite.

Il s'était approché d'Evandale pour lui communiquer quelques derniers ordres et choisir les hommes destinés à renforcer l'arrière-garde.

— Si cette danse continue cinq minutes de plus, dit-il tout bas au jeune officier, tous nos hommes vont nous laisser ; le vieux Allan, vous et moi aurons l'honneur de continuer seuls la bataille. Il faut que je disperse les tirailleurs qui nous pressent si fort, autrement tout est perdu. N'essayez pas de me secourir si vous me voyez tomber ; restez à la tête de vos hommes, et sauvez-vous comme vous le pourrez. Vous direz au roi et au conseil que je suis mort en remplissant mon devoir !

Il commanda ensuite à vingt hommes des plus robustes de sa troupe de le suivre, et fit avec cette poignée de braves une charge si impétueuse et désespérée, qu'il refoula l'avant-garde des ennemis à une assez longue distance. Au milieu du désordre qui s'empara des insurgés, Claverhouse, désirant frapper un coup qui ajoutât encore à la terreur qu'il inspirait, chercha à joindre Balfour de Burley et lui asséna sur la tête un coup si violent, qu'il fendit le casque d'acier qui le protégeait, et le jeta à bas de son cheval. Balfour cependant n'était qu'étourdi, il n'était pas blessé.

Cependant cette charge avait entraîné Claverhouse au milieu des rangs ennemis, sa retraite était coupée. Au moment où ses dragons faisaient l'une des haltes convenues, lord Evandale vit le danger que courait son commandant. Sans s'arrêter aux ordres que le colonel lui avait donnés, il commanda à ses hommes de charger l'ennemi avec lui pour délivrer leur chef. Un petit nombre d'entre eux descendirent la colline, la plupart s'arrêtèrent incertains, et beaucoup quittèrent les rangs et s'enfuirent. Evandale cependant s'ouvrit un passage jusqu'à Claverhouse. Ce secours arrivait juste à temps, car un insurgé venait de blesser son cheval d'un coup de faux, et se préparait à recommencer, quand Evandale l'abattit de son épée.

Ils se retirèrent du milieu de la mêlée et regardèrent autour d'eux. Le détachement sous les ordres d'Allan avait franchi le sommet de la colline, car l'impatience et la frayeur de ses hommes avaient été plus fortes que son autorité. Les hommes d'Evandale étaient dispersés sans aucun ordre.

— Que pouvons-nous faire, colonel ? dit Evandale.

— Nous sommes, je crois, les derniers sur le champ de bataille, dit Claverhouse ; quand on a combattu aussi longtemps que possible, il n'y a plus de honte à s'enfuir. Sauvez-vous, mes amis, et ralliez le régiment aussitôt que vous le pourrez. Venez, Evandale, c'est à nos chevaux à montrer leur vigueur.

Il piqua son cheval blessé, et le généreux coursier, comme s'il eût compris que la vie de son maître dépendait de sa vitesse, partit avec une rapidité que ne ralentissaient ni les fatigues qu'il avait déjà éprouvées ni le sang qu'il perdait. Quelques officiers et un petit nombre de soldats le suivirent dans le plus grand désordre. La fuite de Claverhouse fut le signal pour le reste du régiment et ceux qui essayaient encore d'offrir quelque résistance, ils abandonnèrent le champ de bataille aux insurgés victorieux.

CHAPITRE XVI.

Pendant tout le combat dont nous venons de rapporter les détails, Morton, le révérend Gabriel Kettledrummle, Cuddie et sa mère se tenaient sur le penchant de la colline auprès du monticule de pierres au pied duquel Claverhouse avait tenu conseil de guerre : ils purent donc voir toutes les péripéties de la lutte. Ils étaient sous la garde du caporal Inglis et de quatre soldats, plus occupés, on le conçoit, à regarder les divers accidents de la bataille qu'à surveiller ce que pouvaient faire ou dire leurs prisonniers.

— Si nos gars tiennent bon là-bas, dit Cuddie, nous aurons quelque chance de sauver nos têtes du licou ; mais je ne m'y fie guère, ils sont si peu accoutumés au maniement des armes !

— Il n'est pas nécessaire qu'ils soient bien habiles, Cuddie, répondit Morton, leur position est excellente, et, armés comme ils le sont, ils peuvent repousser trois fois le nombre de leurs assaillants. S'ils ne se battent pas aujourd'hui pour leur liberté, ils méritent d'en être à toujours privés.

— Oh ! bon Dieu ! s'écria Mause, voilà de quoi réjouir les yeux du corps ! Mon esprit est comme celui du bienheureux Elihu, je le sens qui brûle en moi, mes entrailles sont comme le fût qui contient du vin nouveau, elles sont prêtes à éclater. Oh ! puisse-t-il jeter un coup d'œil favorable sur son peuple dans ce jour de châtiment et de délivrance ! et maintenant, qu'avez-vous donc, révérend Gabriel Kettledrummle? qu'avez-vous donc maintenant? votre beauté s'est effacée, votre blancheur est devenue plus noire que le charbon? N'est-il pas temps de se lever, de se mettre à l'œuvre, de crier à voix haute, sans frayeur, et de combattre pour nos pauvres frères qui rendent là-bas témoignage avec leur sang et celui des ennemis?

Cette exclamation de la vieille Mause impliquait un reproche à Kettledrummle.

— Femme, taisez-vous! dit-il, ne troublez pas mes méditations intérieures ni les combats que je livre au malin esprit... Mais, en vérité, la fusillade commence à s'accroître; peut-être quelques balles viendront-elles jusqu'à nous! Ici, je m'abriterai derrière ce monceau de pierres comme derrière un puissant rempart.

— Ce n'est qu'un poltron après tout, dit Cuddie, qui possédait cette sorte de courage qui résulte souvent de l'ignorance du danger, ce n'est qu'un pauvre diable de peureux. Il ne chaussera jamais les souliers de Rumbleberry!

L'intérêt que Morton et Cuddie prenaient au résultat du combat, et le fanatique enthousiasme de Mause les retinrent tous les trois au point culminant d'où ils pouvaient voir et entendre le mieux tout ce qui se passait dans le vallon.

Ils ne tardèrent pas à voir des chevaux de dragons galopant en toute liberté dans le vallon, puis des soldats à pied qui se retiraient du combat et gravissaient la colline pour chercher un abri de l'autre côté. Le nombre des fugitifs, qui s'accroissait, montra quel parti avait le dessus.

Ils virent ensuite un grand nombre de cavaliers sortir de la fumée, se former en ligne sur le penchant de la colline, et reconnurent que leurs officiers les contenaient à peine; enfin ils purent voir Evandale à la tête du second corps, qui opérait sa retraite. Il était évident que le combat était fini, et la joie des prisonniers s'accrut de l'imminence de leur délivrance.

— Ils ont gagné la partie, cette fois, dit Cuddie, n'importe s'ils n'en gagnent pas d'autres!

— Ils s'enfuient, ils s'enfuient! s'écria Mause au comble de l'extase. Oh! les abominables tyrans! ils galopent comme ils n'ont pas encore galopé. Oh! les faux Égyptiens, les fiers Assyriens, les Philistins, les Moabites, les Édomites, les Ismaélites! le Seigneur les a frappés de l'épée pour en faire la pâture des oiseaux du ciel et des bêtes de la terre. Voyez comme les nuées roulent, comme le feu brille derrière eux et marche devant le peuple choisi de l'alliance, comme la colonne de fumée et la colonne de feu qui précédaient le peuple d'Israël à sa sortie d'Égypte! Je vous le dis en vérité, c'est un jour de délivrance pour les justes, un jour de vengeance et de colère pour les persécuteurs et les infidèles !

— Bon Dieu du ciel! ma mère, dit Cuddie, arrêtez votre moulin à paroles, et tenez-vous derrière ces pierres comme cet honnête homme de Kettledrummle! Les balles n'y volent guère, et elles peuvent aussi bien s'adresser à une vieille chanteuse de psaumes qu'à un dragon blasphémateur.

— Ne crains rien pour moi, Cuddie, dit la vieille presbytérienne transportée de joie à la victoire de son parti, ne crains rien pour moi! Je me tiendrai, comme Déborah, sur le haut de ce monceau de pierres, et j'élèverai la voix pour condamner ces hommes de Harssheth des gentils ; le sabot de leurs chevaux est brisé par leurs piétinements!...

La vieille femme, dans son enthousiasme, voulait réellement monter sur le haut des pierres pour devenir, disait-elle, le signal et la bannière de son peuple; mais Cuddie la saisit par le bras et la retint, malgré l'embarras que lui causaient ses menottes.

— Eh! Monsieur! dit-il alors à Milnwood, voyez là-bas : avez-vous quelquefois vu un homme se battre comme cet infernal Claverhouse? Il est entré trois fois parmi eux, et je l'en ai vu sortir trois fois sans aucun mal. Mais je crois que nous allons bientôt être libres nous-mêmes, Milnwood. Inglis et ses gens regardent souvent par-dessus leur épaule, comme s'ils aimaient mieux la route de derrière que celle de devant.

Cuddie ne se trompait pas : quand le gros des fuyards passa à la hauteur où se trouvaient les prisonniers, le caporal et ses quatre hommes tirèrent leurs carabines à l'aventure sur les insurgés les plus proches ; et abandonnant le prédicant et ses compagnons de captivité, ils se joignirent aux dragons qui fuyaient. Morton et la vieille femme, dont les mains étaient libres, ne perdirent pas de temps pour débarrasser Cuddie et le révérend Gabriel de leurs liens. Pendant ce temps, l'arrière-garde des dragons passa en assez bon ordre au-dessus du monticule au haut duquel était le monceau de pierres. Ils se maintenaient en un seul corps, malgré la hâte et la confusion de leur retraite forcée. Claverhouse fermait la marche, tenant en main son épée nue, ensanglantée ainsi que son visage, ses mains et ses habits. Son cheval était couvert de sang, et ses membres semblaient trembler de faiblesse.

Lord Evandale, dont l'uniforme était aussi souillé de sang et de boue, conduisait l'arrière-garde, encourageant ses soldats et leur répétant qu'il n'y avait rien à craindre. La plupart des hommes étaient blessés, et il en tomba un ou deux avant qu'ils fussent arrivés au sommet de la colline.

A la vue de ce désastre, le zèle de Mause l'emporta de nouveau, et se tenant sur le haut du monticule, ses cheveux gris flottant au vent, elle ressemblait à une ancienne prêtresse au moment où le dieu allait rendre ses oracles par sa bouche. Aussitôt qu'elle aperçut Claverhouse au milieu des fuyards, elle l'apostropha.

Claverhouse avait autre chose à faire que d'écouter ses imprécations : il voulait hâter la retraite de ses hommes hors la portée du fusil, dans l'espoir qu'il pourrait alors les rallier de nouveau sous sa bannière. Mais, comme les derniers fuyards passaient le haut de la colline, le cheval de lord Evandale fut atteint d'un coup de feu et tomba sous lui. Deux des cavaliers ennemis, qui étaient le plus en avant, s'élancèrent pour le tuer, car pendant tout le combat on ne l'avait pas vu donner quartier. Morton courut, de son côté, pour lui sauver la vie; sa générosité naturelle le portait à secourir un guerrier désarmé, et il lui tardait de rendre à lord Evandale le même service qu'il en avait reçu dans la matinée.

Au moment où il aidait Evandale, gravement blessé, à se retirer de dessous son cheval mourant et à se relever, les deux cavaliers arrivèrent et l'un deux s'écria : « Mort à l'habit rouge ! » en lui portant un coup d'épée que Morton para difficilement.

— Épargnez cet officier, dit en même temps Henri, épargnez-le à ma demande !

Et voyant que Burley ne le reconnaissait pas immédiatement :

— A la demande de Henri Morton, qui vous a secouru dernièrement...

— Henri Morton ! répliqua Burley essuyant d'une main sanglante son front ensanglanté : ne t'ai-je pas dit que le fils de Silas Morton sortirait de la terre d'esclavage, et ne resterait pas longtemps sous les tentes de Ham ? Tu es un tison que l'on a sorti du feu. Mais quant à cet apôtre botté et éperonné du prélatisme, il va mourir. Nous devons être à l'œuvre et les tuer depuis le lever jusqu'au coucher du soleil. Nous avons reçu ordre de les exterminer comme Amalec, de détruire de fond en comble tout ce qu'ils ont, et de n'épargner ni homme, ni femme, ni enfant même au sein de sa mère ! Ainsi donc, ne m'arrête pas, continua-t-il en essayant de nouveau de frapper Evandale, car nous ne devons pas accomplir notre œuvre à demi.

— Vous ne devez pas, vous ne pouvez pas le tuer, particulièrement quand il ne peut plus se défendre, dit Morton se plaçant devant l'officier de manière à recevoir les coups qui lui seraient adressés ; il m'a sauvé la vie ce matin, il m'a sauvé la vie que je devais perdre pour vous avoir secouru ; et si vous répandez son sang quand il lui est impossible de se défendre, non-seulement vous aurez commis une action que Dieu et les hommes abhorrent, mais vous serez coupable d'une ingratitude détestable envers lui et envers moi !

Burley resta pensif.

— Tu es encore, dit-il, dans le camp des gentils, et je plains ton aveuglement et ta faiblesse. J'épargne donc ce jeune homme à condition que son pardon sera ratifié par le conseil général de l'armée de Dieu, qui a daigné nous accorder aujourd'hui notre délivrance... Tu es sans armes, attends mon retour ici. Il faut que je poursuive encore ces méchants Amalécites, et que je les extermine jusqu'à ce qu'ils soient complètement détruits sur la surface de la terre depuis Havilah jusqu'à Shur !

Il piqua alors son cheval et courut poursuivre les fuyards.

— Cuddie, s'écria Morton, attrape un cheval aussi vite que tu pourras, je ne veux pas laisser la vie de lord Evandale à la merci de ces fanatiques... Vous êtes blessé, milord... Croyez-vous pouvoir continuer votre retraite ? dit-il en s'adressant à l'officier, qui, étourdi par sa chute, ne faisait que de reprendre ses sens.

— Je l'espère, dit Evandale. Mais, serait-il possible ! est-ce à M. Morton que je dois la vie ?

— L'humanité m'aurait fait un devoir d'intervenir, répondit Morton ; mais c'était une dette sacrée de reconnaissance que je vous devais.

Cuddie amena un cheval en ce moment.

— Montez, montez, et volez comme une flèche, milord, dit-il, car voilà qu'ils tuent tous les prisonniers !

Lord Evandale monta à cheval, Cuddie lui tenant l'étrier.

— Retire-toi, mon ami, lui dit l'officier, ta générosité pourrait te coûter cher.

Puis s'adressant à Morton :

— M. Morton, vous m'avez rendu votre débiteur ; mais, vous pouvez y compter, je n'oublierai jamais ce service. Adieu !

Il éperonna son cheval et partit du côté où il semblait y avoir le moins de danger.

Il n'était encore qu'à quelques pas quand plusieurs des insurgés, qui se trouvaient un peu en avant du gros de la troupe, arrivèrent en criant vengeance contre Henri Morton et Cuddie pour avoir aidé à la fuite d'un Philistin, comme ils appelaient le jeune officier.

— Que pourions-nous faire? s'écria Cuddie, pouvions-nous arrêter un homme qui avait une épée et deux pistolets? Vous auriez dû venir plus tôt et nous prêter main-forte.

On n'aurait probablement pas accepté cette étrange excuse; mais Kettledrummle, dont la frayeur était passée, et que la plupart des insurgés connaissaient, et la vieille Mause, qui parlait leur langage aussi facilement que le prédicant lui-même, accoururent à leur secours.

— Ne les touchez pas, ne les blessez pas! s'écria Kettledrummle de sa voix la plus solennelle. Voici le fils du fameux Silas Morton, par la main duquel le Seigneur a fait de grandes choses dans ce pays.

— Et voici mon fils Cuddie, s'écria Mause, le fils de son père Judden Headrigg, qui était un bon et honnête homme, et de moi Mause Middelemas, une suivante indigne des pures Écritures, et qui suis de votre peuple.

Ce groupe d'insurgés s'étant éloigné, il en vint un autre avec lequel il fallut recommencer les mêmes explications; Kettledrummle, qui avait tout à fait surmonté sa frayeur depuis qu'il n'entendait plus de coups de fusil, s'interposa de nouveau en leur faveur, et, devenant plus hardi à mesure qu'il se voyait nécessaire pour la protection de ses compagnons de captivité, il réclama une grande part du mérite de la victoire; il en appelait à Morton et à Cuddie, leur demandant si l'incertitude du combat n'avait pas cessé au moment où, comme Moïse, il priait sur la montagne de Jéhovah Nissi, afin qu'Israël triomphât des Amalécites.

Ce témoignage rendu en faveur des prisonniers courut de rang en rang, et s'exagéra en passant de bouche en bouche.

CHAPITRE XVII.

Cependant la cavalerie des insurgés avait abandonné toute poursuite, et revenait fatiguée et exténuée des efforts qu'elle avait faits, vers l'infanterie, rassemblée sur le terrain qu'avaient occupé les troupes royales. Ils étaient accablés de faim et de fatigues, mais leur triomphe leur réjouissait le cœur et semblait leur tenir lieu d'aliments ou de rafraîchissements.

C'était à peine s'ils avaient jamais osé espérer une victoire aussi complète, car ils avaient perdu très-peu de monde et mis en déroute un des meilleurs régiments du roi, commandé par le premier officier qui fût en Écosse, et dont le nom les avait jusqu'alors remplis d'une excessive terreur. Ils étaient d'autant plus gratifiés et surpris de leur triomphe, qu'ils avaient pris les armes plutôt par désespoir que dans l'espérance de réussir. C'était presque par hasard qu'ils s'étaient trouvés en aussi grand nombre dans ce vallon, et ils s'étaient hâtés de se mettre sous les ordres de ceux de leurs chefs dont on citait le zèle et la vaillance.

Cet état précaire d'organisation fit paraître toute l'armée comme assemblée en comité général chargé de décider ce qu'il y avait à faire en conséquence de la victoire qu'ils venaient de remporter. Les opinions les plus extraordinaires furent émises dans cette foule, et trouvèrent quelques approbateurs. On proposa de marcher sur Glasgow, sur Hamilton, sur Édimbourg, et enfin sur Londres; on demanda s'il ne conviendrait pas d'envoyer une députation à Londres pour convertir Charles II et lui montrer l'erreur dans laquelle il croupissait. Certains enthousiastes, moins charitables que les précédents, voulaient appeler un autre roi au trône ou établir une république en Écosse. Les plus modérés ne parlaient de rien moins que de la convocation d'une assemblée constituante et d'un concile ecclésiastique.

Burley trouva ses compagnons dans cet état d'anxieuse incertitude au moment où il revint de la poursuite des fuyards. Il proposa aussitôt qu'une centaine d'hommes, les moins fatigués, fussent immédiatement mis en réquisition; qu'un petit nombre de ceux dont les efforts avaient le plus contribué à la victoire formât un comité de direction jusqu'à ce que l'on pût nommer régulièrement les officiers, et que, pour achever l'œuvre du jour, le révérend Gabriel Kettledrummle fût invité, en rendant grâce au ciel de sa visible protection, à adresser quelques mots d'espoir et d'encouragement à l'armée. Son but était d'engager l'attention de l'assemblée par des exercices spirituels pour lui donner le temps de tenir conseil avec deux ou trois autres chefs, et ne pas être interrompu par les opinions absurdes et les cris stupides de certains soldats de son armée.

Kettledrummle justifia complètement l'espoir de Burley.

Dans son long sermon, il énumérait et dépeignait les châtiments qui allaient tomber sur un gouvernement prévaricateur. Parfois il usait d'un style familier et populaire, et parfois avait recours aux expressions les plus énergiques et les plus véhémentes : tantôt il approchait du sublime, pour retomber bientôt dans la trivialité. Il revendiquait avec passion le droit qu'a tout homme libre d'adorer Dieu d'après les inspirations de sa conscience, et reprochait les fautes et la misère du peuple à leurs gouvernants, dont il accusait l'indifférence et la négligence. Non-seulement ils n'avaient pas établi le presbytérianisme comme la seule religion nationale, mais ils étaient coupables d'avoir toléré des papistes, des prélatistes, des érastiens, qui prenaient le nom de presbytériens, d'indépendants, de sociniens et de quakers (1).

Dans sa sainte fureur, Kettledrummle proposait de les balayer tous du sol de la patrie, et de réédifier dans toute la splendeur de sa beauté la pureté du sanctuaire. Puis il défendait avec enthousiasme la doctrine de la résistance à Charles II. Il s'étendit assez longuement sur la vie de ce prince frivole; c'était là un sujet que l'orateur traitait avec une grande aigreur; le roi n'était pour lui qu'un autre Jéroboam; c'était encore Omri, Ahab, Shallum, Pekah, et tous les autres monarques impies dont il est fait mention dans les Chroniques.

Kettledrummle n'eut pas plus tôt achevé son sermon, qu'un autre prédicant, d'un tout autre caractère, monta sur la haute pierre qui lui avait servi de chaire. Le révérend Gabriel était déjà chargé d'années : il était gros, sa voix était puissante, sa figure carrée, et ses traits manquaient tout à fait d'expression. On voyait que la chair maîtrisait l'esprit plus qu'il ne convenait peut-être pour un orateur sacré. Le jeune homme qui le remplaça s'appelait Ephraïm Macbriar; à peine avait-il vingt ans, cependant ses traits pâles et fatigués annonçaient une constitution déjà usée par les veilles, les jeûnes, les souffrances de la prison et toutes les misères d'une vie d'exil et de persécution. Malgré sa jeunesse, il avait, à deux reprises différentes, passé plusieurs mois en prison; il avait éprouvé de grandes souffrances, et ses malheurs lui donnaient un pouvoir presque sans bornes sur les gens de sa secte.

Il abaissa les yeux sur la multitude qui l'entourait, il contempla le lieu où la bataille s'était passée, et un air de triomphe vint animer ses yeux fatigués. L'extase répandit sur son visage pâle, mais fortement accentué, une rougeur éphémère et maladive. Ses bras se croisèrent sur sa poitrine, il tourna sa face vers le ciel, et il parut absorbé dans une prière intime, dans un acte d'action de grâces qui devait précéder tout discours.

Quand il commença à parler, sa voix faible et tremblante semblait pouvoir à peine exprimer ses immenses pensées. Mais le profond silence de l'assemblée, l'avidité avec laquelle chacun voulait recueillir ses paroles, comme les Hébreux affamés recueillaient la manne dans le désert, eurent

(1) Inutile sans doute de faire remarquer la contradiction de ces diverses sectes ne pouvant se souffrir entre elles. Est-ce que la négation d'une autorité dans l'Église n'a pas pour conséquence le droit de chacun à se dire possesseur de la vérité et à repousser quiconque professe le contraire? (*Note des Editeurs.*)

un effet électrique sur le prédicateur lui-même. Ses paroles devinrent plus distinctes, ses gestes plus énergiques, son zèle triomphait de ses infirmités et de sa faiblesse corporelle. La rudesse des opinions de sa secte ternissait cependant son éloquence naturelle; mais son bon goût lui faisait rejeter les erreurs les plus grosses et les plus communes de ses confrères. Il s'éleva à une sorte de rude sublimité en s'adressant à ceux sur les vêtements desquels fumait encore le sang versé dans le combat, il les somma de se rappeler ce que le Seigneur avait fait pour eux et de persévérer dans la carrière que la victoire leur avait ouverte.

— Vos vêtements sont teints, s'écria-t-il, mais ce n'est pas avec le jus aviné du pressoir : vos épées sont pleines de sang, mais ce n'est pas le sang des chevreaux ni des agneaux; la boue du désert où nous sommes est engraissée de sang, mais ce n'est pas le sang des taureaux; car un sacrifice a été offert au Seigneur dans Bozrah, et il y a eu grand carnage dans la terre des Iduméens. Ces corps, qui gisent comme du fumier sur les sillons du laboureur, ne sont pas les premiers-nés du troupeau, ce ne sont pas les restes d'un holocauste : ce parfum n'est pas celui de la myrrhe, de l'encens, ni d'herbes odorantes, ces restes ensanglantés sont les cadavres de ceux qui maniaient la lance et l'épée, de ceux dont la cruauté ne montrait aucune pitié, dont la voix grondait comme les flots de la mer, qui couraient sur des chevaux, qui étaient venus équipés pour la bataille : ce sont les cadavres des puissants guerriers qui sont venus contre Jacob au jour de la délivrance, et la fumée qui s'élève sort des feux dévorants qui les ont consumés. Ces monts sauvages qui vous entourent ne sont pas un sanctuaire lambrissé de cèdre et de feuilles d'argent : les ministres du Très-Haut ne sont pas à l'autel avec des torches et des encensoirs; mais vous tenez en vos mains l'épée du combat et les engins de la mort.

Et en vérité, je vous le dis, il ne fut jamais offert de sacrifice plus agréable que celui que vous venez d'offrir quand le saint temple était dans sa première gloire; vous avez tué le tyran et l'oppresseur, des rochers sont vos autels, les cieux sont la voûte de votre sanctuaire, et ce sont vos bonnes épées qui sont les instruments du sacrifice.

Heureux celui qui pourra aujourd'hui échanger sa maison contre un heaume, qui vendra son vêtement pour acheter une épée, et se donnera tout entier à la sainte cause de l'alliance jusqu'au jour où la parole sera accomplie! et malheur! malheur à celui qui, pour des intérêts mondains, pour des espérances de chair, ne prendra pas sa part de la grande œuvre, la malédiction l'atteindra, voire la malédiction de Meroz, parce qu'il ne ne vint pas à l'aide du Seigneur contre les puissants! En avant donc! le sang des martyrs qui fume encore sur les échafauds crie vengeance, les os des saints qui blanchissent le long des chemins demandent réparation, les gémissements des captifs dans les îles désertes de la mer et dans les noirs donjons des tyrans nous appellent à la délivrance de nos frères; les prières des chrétiens persécutés, des chrétiens qui se cachent dans les repaires des bêtes fauves et dans les solitudes pour échapper au glaive de leurs persécuteurs, des chrétiens qui souffrent de la faim et du froid, qui n'ont ni feu, ni abri, ni vêtements, ni aliments, parce qu'ils aiment mieux servir Dieu que les hommes, les prières de ces saints sont avec vous; ils implorent, ils veillent, ils frappent pour vous aux portes du ciel! Le ciel lui-même combattra pour vous comme les étoiles combattirent contre Sisera.

Alors, que ceux qui veulent mériter une gloire immortelle en ce monde, et une béatitude éternelle dans le monde à venir, s'engagent au service de Dieu et acceptent des arrhes de la main de son serviteur. Ma bénédiction pour lui et pour ceux de sa maison, et pour ses enfants jusqu'à la neuvième génération la bénédiction de la Parole, à toujours et à toujours! Ainsi soit-il!

Un sourd murmure d'approbation qui roula de rang en rang dans toute l'assemblée à la fin de ce discours, si bien approprié aux circonstances, récompensa le prédicateur de ses éloquents efforts.

Quand le prédicateur descendit de sa chaire il fut entouré par les plus enthousiastes, qui, l'embrassant dans leurs membres encore rougis de sang, lui jurèrent qu'ils seraient les soldats infatigables du Très-Haut. Accablé par l'excès de son propre fanatisme, le prédicant put seulement répondre en mots entrecoupés :

— Que le Seigneur vous bénisse, mes frères! votre cause est la SIENNE! Debout et soyez des hommes ; ce que nous pouvons craindre de pire c'est de monter au ciel par la voie la plus courte, tout ensanglantée qu'elle puisse être.

Balfour et les autres chefs avaient mis à profit les moments de tranquillité que les deux sermons leur avaient procurés. Ils avaient fait allumer des feux, placé des sentinelles, et pris des arrangements pour fournir aux troupes les rafraîchissements et les provisions que l'on put recueillir à la hâte dans les fermes et dans les villages les plus voisins.

Ayant ainsi pris leurs mesures pour subvenir aux besoins les plus pressants, ils pensèrent aux nécessités de l'avenir. Des émissaires furent envoyés pour annoncer leur victoire, et obtenir de force ou de bonne volonté tout ce dont ils avaient besoin. Ils réussirent mieux qu'ils n'avaient osé l'espérer ; on leur livra dans un village un petit magasin de provisions, de fourrages et de munitions, établi pour l'usage des troupes royales. Non-seulement leur victoire les affranchit de toute crainte immédiate, mais leur inspira de si hautes espérances, que ceux dont le zèle s'était refroidi, et qui pensaient à les abandonner, résolurent de rester en armes et de s'en remettre aux chances de la guerre.

CHAPITRE XVIII.

Nous devons maintenant retourner au château de Tillietudlem. Le départ des gardes du corps y avait laissé le silence, la tristesse et l'anxiété.

Les craintes d'Edith n'étaient pas entièrement évanouies, en dépit des assurances de lord Evandale. Elle savait combien il était généreux et jaloux de sa parole, mais c'était peut-être espérer plus que la nature humaine ne pouvait faire que de supposer qu'il veillerait au salut de Morton, et détournerait de lui les dangers auxquels sa captivité et les soupçons qu'il avait soulevés devaient nécessairement l'exposer. Elle s'abandonna donc aux terreurs les plus poignantes, sans vouloir admettre, sans même vouloir écouter les innombrables causes de consolation que Jenny Dennison produisait les unes après les autres.

D'abord Jenny était moralement certaine qu'il n'arriverait rien au jeune Milnwood ; et puis, s'il arrivait quelque chose, c'était toujours une consolation de penser que lord Evandale était le meilleur parti des deux ; après cela, il y avait toute chance qu'on se battrait, et si lord Evandale était tué, ce serait un malheur dont on se consolerait facilement ; et si alors les whigs avaient le dessus, Milnwood et Cuddie pourraient venir au château et emmener, de force, au besoin, celles qu'ils aimaient.

— Car j'avais oublié de vous dire, Madame, continua Jenny en portant son mouchoir à ses yeux, que le pauvre Cuddie est prisonnier des Philistins comme le jeune Milnwood. Il a été amené ici ce matin, et j'ai été obligée de parler à Tom Halliday, et de lui faire des amitiés pour qu'il me laisse approcher du pauvre gars.

Les autres habitants du château étaient pareillement inquiets et mécontents. Lady Marguerite se disait que le colonel Graham lui avait manqué de respect en rejetant la demande qu'elle lui avait adressée, qu'il n'avait pas suffisamment tenu compte de son rang, et qu'en ordonnant une exécution capitale au seuil même de sa maison il avait usurpé ses droits seigneuriaux.

En ce moment un courrier arriva.

— Qu'est ce que c'est, Harrison! que voulez-vous dire? demanda vivement le major.

— Eh bien! Monsieur, on dit et l'on répète partout que Claverhouse est défait, d'autres disent tué; que les soldats sont tous dispersés, et que les rebelles viennent de ce côté en promettant le pillage et la mort à ceux qui refuseront l'alliance.

— Je ne croirai jamais cela, dit le major se levant vivement de son siége; je ne croirai jamais que les gardes du corps ont battu en retraite devant des rebelles!... Et cependant, pourquoi pas, continua le vieil officier en se reprenant, n'ai-je pas vu pareille chose moi-même? Envoyez Lapique et deux ou trois domestiques pour avoir des nouvelles, et que tous les hommes sûrs qui sont dans le château et dans le village prennent les armes. Cette vieille tour pourrait tenir quelque temps s'il y avait des vivres et une garnison; elle est maîtresse du passage entre le haut et le bas pays... Il est heureux que je sois resté ici... Allons, Harisson, rassemblez votre monde : vous, Gudyill, voyez quelles provisions vous avez et ce que vous pouvez avoir : si la nouvelle se confirme, soyez tout prêt à abattre toutes vos bêtes à cornes pour les saler... Le puits n'assèche jamais... Il y a quelques vieux canons sur les remparts, si nous avions des munitions, nous nous tirerions encore d'affaire.

— Les dragons ont laissé à la ferme ce matin quelques barils de munitions jusqu'à leur retour, dit Harrison.

— Vite, alors, reprit le major, qu'on les apporte dans le château avec toutes les piques, les épées, les pistolets et les fusils que l'on pourra trouver : qu'on ne laisse pas seulement un passe-lacet!... Il est heureux que je sois ici !... Il faut que je parle à ma sœur immédiatement.

Lady Marguerite Bellenden fut atterrée à cette nouvelle si inattendue et si alarmante. Il lui avait semblé que le beau régiment qu'elle avait vu défiler sous ses murs aurait au besoin mis en déroute tous les malcontents de l'Écosse s'ils eussent osé se rassembler pour lui tenir tête. Sa première pensée fut qu'il lui serait impossible d'offrir une résistance sérieuse à une armée assez puissante pour avoir défait Claverhouse à la tête de sa troupe de dragons.

— Quel malheur! quel malheur! répétait-elle ; que pouvons-nous faire qui vaille, mon frère? Si nous résistons, nous ne ferons que rendre notre ruine plus certaine ! C'est la perte de cette pauvre Edith! car, moi ! Dieu sait que je suis trop vieille pour penser à moi !

— Allons, ma sœur, dit le major, ne désespérez pas ainsi ; le château est fort, les insurgés sont mal armés, sans connaissances militaires. La maison de mon frère ne deviendra pas un repaire de voleurs et de rebelles aussi longtemps que Miles Bellenden sera dans ses murs. Ma main n'est plus aussi forte qu'elle était, mais mes cheveux blancs témoignent de l'expérience que j'ai acquise. Voici Lapique qui nous apporte des nouvelles... Eh bien ! Lapique, quelles nouvelles ? Serait-ce un autre Philiphaugh ?

— Oui, oui, dit Lapique tranquillement, une déroute complète. Je me disais ce matin qu'il ne sortirait rien de bon de leur nouvelle méthode de porter leur carabine en bandoulière.

— Qui avez-vous vu ? qui vous a donné des nouvelles ? demanda le major.

— Oh ! plus d'une demi-douzaine de dragons qui sont à piquer des deux pour arriver les premiers à Hamilton. Ils gagneront la course, il n'y a pas de doute ; gagnera la bataille qui voudra.

— Continuez tous vos préparatifs, Harrison, dit le vieil officier, faites apporter les munitions, et tuez votre bétail. Envoyez chercher à la ville toute la farine que vous pourrez trouver. Il n'y a pas un instant à perdre. Ne feriez-vous pas mieux, ma sœur, d'aller avec Edith à Charnwood pendant que nous pouvons encore vous y envoyer sans danger ?

— Non, mon frère, répondit la châtelaine très-pâle d'émotion, mais parlant avec la plus grande tranquillité ; puisque vous allez défendre la vieille maison, j'y resterai. Deux fois je l'ai quittée dans ma vie, et quand je suis revenue je l'ai toujours trouvée veuve des plus braves et des plus beaux : ainsi cette fois je resterai, et j'y finirai mon pèlerinage.

— C'est peut-être, après tout, ce qu'il y a de plus prudent à faire, dit le major, parce que les whigs vont se lever depuis ici jusqu'à Glasgow ; votre voyage, ou même votre séjour à Charnwood, pourraient être dangereux.

— C'est décidé, dit lady Marguerite, et, mon cher frère, c'est comme au parent le plus proche de feu mon mari, que je vous confie ce symbole (ici elle lui remit aux mains la canne à pomme d'or des anciens comtes de Torwood), en vertu duquel vous pourrez garder, défendre et gouverner la tour et sénéchaussée de Tillietudlem et ses dépendances, avec tout pouvoir de tuer, châtier, ruiner ceux qui l'attaqueraient, aussi légalement que je pourrais le faire moi-même. J'espère que vous la défendrez.

Quittant l'appartement aussitôt, le major se hâta, prompt comme un jeune homme de vingt-cinq ans, d'aller examiner l'état de la garnison et de surveiller les mesures à prendre pour défendre la place.

La tour de Tillietudlem avait des murs très-épais, des croisées excessivement étroites ; les murailles étaient flanquées de tours du seul côté où elles étaient accessibles, et s'élevaient sur le côté opposé du bord même du précipice. On pouvait la défendre avec succès contre toute une armée dépourvue d'artillerie. La garnison n'avait guère à craindre que la famine ou l'escalade.

Il y avait encore sur les murs quelques vieilles pièces de canon que l'on appelait alors coulevrines, faucons et fauconneaux. Le major, aidé de Jean Gudyill, les fit mettre en place ; et quand elles furent chargées, il les pointa de manière à pouvoir balayer la route taillée en corniche dans la colline opposée, et par laquelle les insurgés devaient s'avancer. Deux ou trois gros arbres auraient amoindri l'effet de la mitraille, il les fit couper, et les employa, avec d'autres matériaux, à faire des barricades sur le chemin qui menait de la route à la tour, en ayant soin que les dernières commandassent les premières. On barricada, d'après ses ordres, la grande porte d'entrée ; la poterne resta seule ouverte.

Ce qu'il regrettait le plus, c'était la faiblesse de sa garnison : les efforts de l'intendant n'avaient pu rassembler plus de onze hommes, y compris Gudyill et Harrison lui-même, tant la cause des insurgés était plus populaire que celle du gouvernement. Le major et son fidèle Lapique comptaient aussi parmi ces onze hommes, dont la moitié étaient blanchis par l'âge. On aurait pu compléter la douzaine si lady Marguerite avait voulu laisser donner des armes à Guse Gibbie ; mais elle rejeta cette proposition avec une opiniâtreté insurmontable. Elle déclara qu'elle préférait voir le château emporté d'assaut plutôt que d'exposer sa dignité à des mésaventures pareilles à celle survenue le jour de l'assemblée.

Le major Bellenden se décida cependant à défendre la place avec les dix hommes sous ses ordres.

Les préparatifs de la défense occasionnèrent dans tout le château le bruit, la confusion et le fracas qui suivent toujours de pareilles entreprises. Les femmes crièrent, le bétail mugit, les chiens aboyèrent, les hommes couraient çà et là, jurant et blasphémant à tout instant ; le maniement des vieux canons ébranlait les vieux murs, le pavé de la cour retentissait sous les pieds des chevaux qui portaient des messagers de côté et d'autre, et tout ce bruit avant-coureur de guerre était accompagné des lamentations des femmes.

Le sommeil ne pouvait guère être profond dans une semblable Babel ; aussi ce fracas eut bientôt dissipé les profondes rêveries d'Edith Bellenden. Elle envoya Jenny savoir ce qui faisait trembler le château jusqu'en ses fondements ; mais quand Jenny se trouva au milieu de ce tumulte, il arriva qu'elle eut tant de demandes à faire, tant de réponses à écouter, qu'elle oublia complètement l'état d'anxiété dans lequel elle avait laissé sa maîtresse.

Edith n'avait pas de pigeons à envoyer ; quand elle vit que son corbeau ne revenait pas, elle fut obligée de sortir elle-même de son arche pour aller voir le déluge de confusion qui s'étendait sur tout le château. A sa première demande, six voix lui répondirent à la fois que Claverhouse et tous ses hommes étaient tués, que dix mille whigs venaient assiéger le château sous les ordres de Balfour de Burley, le jeune Milnwood et Cuddie Headrigg. Cette étrange association de noms dénotait évidemment une profonde ignorance de la vérité et jetait le doute sur le reste des nouvelles ; mais le mouvement qu'elle observa dans tout le château prouvait d'une manière incontestable que l'on redoutait un danger sérieux.

— Où est lady Marguerite ? demanda Edith.

— Dans son oratoire, répondit-on.

L'oratoire de lady Marguerite était une petite cellule ouvrant dans la chapelle ; la vieille dame allait y faire ses dévotions aux jours indiqués par les usages de l'église épiscopale, et aux anniversaires de ces journées funestes pendant lesquelles elle avait perdu son mari et ses enfants. Enfin elle s'y retirait encore quand une calamité nationale ou domestique lui faisait éprouver le besoin d'ouvrir son cœur au ciel d'une manière plus intime et plus solennelle.

— Et où est le major Bellenden ? demanda Edith, dont les alarmes s'augmentaient.

— Sur les remparts du château, faisant établir les batteries.

Edith se dirigea donc vers les remparts à travers mille obstacles, et trouva le vieil officier dans son élément naturel : il commandait celui-ci, gourmandait celui-là, encourageait l'un, dirigeait l'autre, remplissait avec ardeur tous les devoirs d'un bon gouverneur.

— Mon oncle, qu'est-ce que tout cela signifie ? demanda Edith.

— Cela signifie, mon enfant, répondit tranquillement le major, qui, les lunettes sur le nez, examinait avec attention la position d'un canon, cela signifie... Mais... relève un peu la culasse, Jean Gudyill... cela signifie... que Claverhouse est battu, ma chère, et que les whigs vont nous arriver en grande force ; il n'y a pas autre chose !

— Bonté du ciel ! s'écria Edith, dont le regard parcourait alors le chemin qui remontait le long de la rivière, les voilà là-bas !

— Là-bas ! où ? s'écria le vétéran tournant les yeux du même côté que sa nièce.

Il put voir, en effet, un corps nombreux de cavalerie descendre rapidement la colline.

— A vos pièces, mes amis ! fut son premier cri : nous leur ferons payer un droit de passage quand ils seront sur le chemin vis-à-vis... Mais... mais... attendez, ce sont certainement les gardes du corps !

— Oh ! non, mon oncle, non, reprit Edith ; voyez comme ils galopent en désordre ! Il n'y a pas un rang de formé. Ce ne peut pas être le beau régiment qui nous a quittés ce matin.

— Ah ! ma chère enfant, répliqua le major, tu ne sais pas quelle différence il y a entre un régiment avant la bataille et un régiment après une défaite ! Mais ce sont les gardes, car je vois leur drapeau aux couleurs du roi, rouge et bleu ; je suis bien aise de voir qu'ils l'ont sauvé.

A mesure que les cavaliers approchèrent, tous les doutes furent dissipés ; ils s'arrêtèrent au-dessous de la tour, et leur commandant, leur laissant le temps de respirer et de rafraîchir leurs chevaux, monta vivement au château.

— C'est Claverhouse ! c'est Claverhouse ! dit le major. Je suis heureux de le voir en sûreté ; mais il a perdu son fameux cheval noir. Jean Gudyill, allez prévenir lady Marguerite ; faites servir quelques rafraîchissements ; envoyez de l'avoine pour les chevaux des soldats. Et vous, Edith, venez avec moi le recevoir dans la salle du château. Je crains que nous n'apprenions de bien mauvaises nouvelles.

CHAPITRE XIX.

Le colonel Graham de Claverhouse se présenta dans la grande salle du château de Tillietudlem avec la même sérénité et la même courtoisie qu'il avait montrées au moment où il était arrivé le matin. Il avait pris soin de réparer le désordre de ses vêtements, de faire disparaître de ses mains et de sa figure toutes les marques laissées par la bataille ; on eût dit qu'il revenait d'une simple course matinale.

— Je suis désolée, colonel Graham, dit la vieille châtelaine, dont les yeux laissaient couler d'abondantes larmes, je suis désolée.

— Et je suis désolé, ma chère lady Marguerite, répondit Claverhouse, de savoir que ce malheur peut rendre votre séjour à Tillietudlem dangereux, spécialement à cause de la bonne hospitalité que vous nous avez donnée et de votre attachement bien connu aux principes royalistes. Mon principal but, en venant ici, a été de vous prier d'accepter, avec mademoiselle Bellenden, la protection de mon escorte, si vous ne méprisez pas trop un pauvre fuyard, jusqu'à Glasgow, d'où je pourrai vous faire conduire à Édimbourg ou au château de Dumbarton, à votre choix.

— Je vous remercie infiniment, colonel Graham, répondit lady Marguerite; mais le major Bellenden, mon frère, s'est chargé de défendre cette maison contre les rebelles, et, s'il plaît à Dieu, Marguerite Bellenden n'abandonnera jamais son foyer, aussi longtemps qu'un brave dira qu'il peut le défendre.

— Et le major Bellenden se charge de défendre la tour ? dit vivement Claverhouse en regardant avec enthousiasme le vieux vétéran. Et pourquoi en douterais-je? Il ne serait pas lui-même s'il faisait autrement... Mais avez-vous quelques moyens de résistance, major?

— Tout ce qu'il faut, excepté des hommes et des provisions! répondit le major.

— Quant aux hommes, repartit le colonel, je vais vous laisser quinze ou vingt dragons. Vous nous rendrez un grand service, major, si vous pouvez vous défendre toute une semaine; vous serez certainement secourus auparavant.

— J'en réponds pour plus longtemps que cela, colonel, répondit le major, avec vingt-cinq hommes, des munitions, et dussions-nous manger la semelle de nos souliers; mais je crois que nous pourrons obtenir quelques provisions de la campagne.

— Et si j'osais vous adresser une requête, colonel Graham, dit lady Marguerite, je vous prierais de confier le commandement des hommes que vous voulez bien nous laisser au sergent François Stewart : cela pourrait lui être utile pour justifier sa promotion, et j'ai certains préjugés en faveur de sa haute naissance.

— Le sergent ne se battra plus, Madame, dit Graham d'un ton de voix profondément ému, ce n'est plus sur terre qu'il peut recevoir de faveurs.

— Excusez-moi, dit le major Bellenden prenant la main de Claverhouse, mais je suis inquiet pour mes amis. Je crains que vous n'ayez éprouvé d'autres pertes plus sérieuses, je vois qu'un autre officier porte l'étendard qui était confié à votre neveu.

— C'est vrai, major Bellenden, répondit Claverhouse d'une voix assurée, mon neveu n'est plus. Il est mort en faisant son devoir, comme tous ceux de sa race.

— Juste ciel ! s'écria le major, quel malheur ! ce beau, ce brave, ce joyeux jeune homme !

— Il méritait tous vos éloges, repartit Claverhouse, ce pauvre Richard était comme mon fils, comme la prunelle de mon œil : c'était mon héritier ; mais il est mort en remplissant son devoir, et moi... moi... major Bellenden, ajouta-t-il en fermant les poings, je vis pour le venger !

— Colonel Graham, dit le vétéran, dont les yeux se voilèrent de pleurs, je suis heureux de voir que vous portiez votre malheur avec tant de courage.

— Je ne suis pas égoïste, reprit le colonel, quoi que l'on en dise par le monde ; je ne suis égoïste ni dans mes espérances ni mes craintes, dans mes joies ni mes chagrins. Ce n'est pas pour moi que j'ai usé de sévérité, ce n'est pas pour moi que j'ai été entreprenant, que j'ai été ambitieux. Ce que j'ai voulu, c'est l'avancement du service de mon maître et le bien de mon pays. J'ai peut-être été plus que sévère ; mais si j'ai été cruel, je l'ai fait pour le mieux. Et je n'accorderai pas une sympathie plus profonde à mes propres sentiments que je n'ai donné à ceux des autres.

— Je suis étonné de vous voir si noblement tranquille après une affaire aussi malheureuse, continua le major.

— Je le sais, dit Claverhouse, mes ennemis m'accuseront d'imprudence dans le conseil ; je méprise leurs accusations. On me calomniera auprès de mon roi, je repousserai la calomnie. Nos ennemis triompheront de ma fuite, je leur montrerai prochainement qu'ils triomphent trop tôt. Ce jeune homme devait hériter de mes biens, à l'exclusion d'un parent rapace ; car vous savez que je suis sans enfants. Eh bien ! qu'il repose en paix ! Sa perte sera moins grande pour le pays que celle de votre ami lord Evandale, qui, après s'être battu vaillamment, est tombé aussi, je le crains.

— Quelle journée fatale ! s'écria de nouveau le major, je l'avais entendu dire, puis on a contredit cette nouvelle : on ajoutait que l'impétuosité du noble jeune homme avait causé la perte de la bataille.

— Cela n'est pas exact, major, dit le colonel, les officiers qui ont survécu doivent porter tout le blâme, s'il y en a : la tombe de ceux qui ont succombé ne doit recevoir que des lauriers. Cependant je n'affirme pas que lord Evandale soit mort ; mais s'il n'est pas mort, il est prisonnier. Il était hors des rangs ennemis la dernière fois que nous avons échangé quelques mots. Nous étions sur le point de quitter le champ de bataille avec une arrière-garde d'une vingtaine d'hommes; le reste du régiment était à peu près dispersé.

— Ils se sont bien vite ralliés, dit le major, qui, de la croisée, voyait les dragons faisant manger leurs chevaux et se rafraîchissant eux-mêmes sous les arbres qui bordaient la route.

— Oh ! oui, répondit Claverhouse, les gredins n'étaient guère tentés de déserter, et n'osaient s'aventurer plus loin que là où leur première panique les a portés. Mais causons un peu de vos plans et de vos besoins. Comment pourrons-nous correspondre? A vous dire la vérité, je doute pouvoir garder longtemps Glasgow, même avec le secours de lord Ross. Ce succès éphémère des rebelles va soulever le plat pays dans tout l'ouest.

Ils discutèrent alors les plans de défense que devait adopter le major, et convinrent d'un moyen de correspondance pour le cas où l'insurrection deviendrait générale comme ils le craignaient. Claverhouse offrit de nouveau d'escorter les dames jusqu'à une ville fermée; mais, tout bien considéré, le major crut qu'elles seraient plus en sûreté à Tillietudlem.

Le colonel prit alors congé de lady Marguerite et de mademoiselle Bellenden, leur promettant que ses premiers efforts auraient pour but de rétablir sa réputation de bon et loyal chevalier, et que s'il était malheureusement obligé de les quitter momentanément dans des circonstances aussi critiques, elles pouvaient compter qu'elles auraient bientôt de ses nouvelles ou qu'il reviendrait lui-même.

Lady Marguerite, pleine de doutes et de frayeurs, put à peine répondre à un compliment qui s'accordait si bien avec ses idées ordinaires de regrets; elle se borna à remercier le colonel du renfort qu'il lui avait promis de laisser au château.

Claverhouse descendit la colline que couronne le château; il allait faire mettre ses troupes en marche, et le major l'accompagna pour recevoir le détachement qui devait garder la tour.

— Je vous laisserai le caporal Inglis, dit le colonel, car je regrette de ne pouvoir vous donner un officier : nous avons besoin de tous nos efforts réunis pour garder nos hommes ensemble. Mais si quelques-uns de ceux qui me manquent viennent de ce côté, je vous autorise à les faire rester; car vous auriez peut-être quelque difficulté à maîtriser mes chenapans.

Les dragons étaient alignés, il en appela seize d'entre eux par leur nom, et élevant le caporal Inglis au grade de sergent, il lui donna le commandement de ce détachement.

— Soldats, écoutez-moi, leur cria-t-il avant de s'éloigner, je vous confie la défense de la tour de Tillietudlem : vous serez sous les ordres du major Bellenden, un loyal serviteur du roi. Vous vous conduirez comme des hommes braves, sobres, disciplinés et pleins d'obéissance : à mon retour, je vous récompenserai tous. Si j'entends parler de mutinerie, de négligence, ou de manque de respect envers les propriétaires du château, le prévôt et la corde m'en rendront raison, vous savez que je tiens mes menaces et mes promesses.

Il toucha son chapeau en leur disant adieu, et pressa cordialement la main du major.

— Adieu, lui dit-il, mon brave et loyal ami ! Bonne chance, et que la fortune nous soit propice !

Le major Allan avait rétabli l'ordre dans ce qui restait du régiment : quoique leurs uniformes fussent encore tout ternis des éclaboussures du champ de bataille, ils quittèrent la tour de Tillietudlem en rangs mieux formés qu'ils n'y étaient revenus après leur déroute.

Ne pouvant plus compter que sur ses seules ressources, le major Bellenden envoya quelques fourrageurs pour obtenir des provisions, particulièrement de farine, dont ils manquaient, et des éclaireurs pour prendre des informations sur les mouvements de l'ennemi. Tous les rapports s'accordèrent à déclarer que les insurgés se préparaient à passer la nuit sur le champ de bataille. Ils avaient aussi envoyé plusieurs détachements pour ramasser des vivres; grande était la détresse des malheureux paysans, qui recevaient des ordres contraires au nom de la loi et au nom de l'Église : d'un côté, on leur commandait d'envoyer des provisions au château de Tillietudlem; de l'autre, on leur enjoignait d'en fournir au camp des libérateurs de l'Église, qui se tenaient en armes pour la cause de la réforme, à Drumlog, auprès du mont de Loudon. Chaque ordre était accompagné de menace de feu et de sang, car ni l'un ni l'autre parti n'avaient assez de confiance dans le zèle de ceux auxquels ils s'adressaient pour espérer qu'ils donneraient leurs biens sur de simples prières. De sorte que le pauvre peuple ne savait auquel obéir, et, nous devons le dire, il y en eut plusieurs qui fournirent des grains et des fourrages aux deux partis.

Pendant que les hommes d'un tempérament prudent cherchaient à se concilier la faveur des deux partis, ceux qui d'ordinaire s'occupaient des affaires publiques prenaient les armes de tous côtés.

Les royalistes n'étaient pas nombreux dans la campagne, mais ils étaient riches pour la plupart et possédaient une grande influence. Ils formaient une classe de propriétaires qui, avec leurs parents, amis et dépendants, pouvaient défendre leurs maisons contre les attaques de corps détachés; généralement ils résistaient à toutes demandes de provisions, et interceptaient même les convois qui se dirigeaient vers le camp.

Quand on sut que la tour de Tillietudlem se préparait à résister aux insurgents, on reprit courage de tous côtés; car on regarda cette vieille forteresse comme un lieu de refuge assuré, s'il devenait impossible de se maintenir dans le bas pays.

Mais, en même temps, les villes, les bourgs, les hameaux et les fermes envoyèrent de nombreux renforts aux presbytériens. C'étaient pour la plupart des hommes qui avaient sérieusement souffert pendant la persécution. Les avanies et les cruautés auxquelles ils avaient été exposés les avaient aigris, irrités et les avaient portés au désespoir. Ils étaient loin de se proposer le même but, et d'être d'accord sur les moyens à employer pour l'obtenir : le désir le plus général était d'user de la victoire qu'ils devaient à la Providence pour obtenir la liberté de conscience qu'on leur refusait depuis si longtemps, et s'affranchir de la tyrannie qui pesait sur leur corps et leur âme. Un grand nombre d'hommes prirent donc les armes, et, comme ils le disaient eux-mêmes, coururent les chances de bonne ou mauvaise fortune des vainqueurs du mont de Loudon.

CHAPITRE XX.

Nous avons laissé Henri Morton sur le champ de bataille. Il était assis auprès de l'un des feux de bivouac, mangeant la part de provisions qu'il avait reçue quand on en avait distribué à l'armée, et il réfléchissait sérieusement à ce qu'il devait faire, quand Balfour de Burley, accompagné du jeune prédicateur dont le discours avait produit une si profonde impression, vint le trouver.

— Henri Morton, lui dit Balfour tout à coup, le conseil de l'armée de l'alliance, certain que le fils de Silas Morton ne peut pas être un Laodicéen indifférent dans un jour comme celui-ci, vous a nommé l'un des capitaines de ses troupes, avec le droit de vote au conseil, et vous confie toute l'autorité afférente à un officier qui commande des hommes ayant foi dans le Christ.

— Monsieur Balfour, répliqua Morton sans hésiter, je suis sensible à cette preuve de confiance. Mais je vous avouerai que je désirerais être plus convaincu de la justesse des principes sur lesquels vous appuyez votre cause, avant de consentir à prendre un commandement parmi vous.

— Et pouvez-vous douter de nos principes ? répondit Burley ; n'avons-nous pas déclaré que nous voulions la réforme de l'Église et de l'État, la reconstruction du sanctuaire, la réunion des saints dispersés, et la destruction de l'homme du péché ?

— J'avouerai franchement, monsieur Balfour, répliqua Morton, que la plupart de ces phrases qui ont tant d'action sur vos partisans sont pour moi entièrement inintelligibles. Il est bon que vous sachiez tout cela avant que nous nous engagions davantage l'un et l'autre. — Ici le jeune prédicant fit entendre un gémissement. — Je vous chagrine, Monsieur, lui dit Morton, c'est peut-être parce que vous ne m'avez pas entendu jusqu'au bout. Je révère les Écritures aussi humblement que quelque chrétien que ce soit. Je les étudie dans l'espoir d'y trouver la règle de ma conduite et la loi de mon salut. Mais je crois trouver cette règle et cette loi dans l'interprétation générale du texte dans son entier, dans l'esprit dont je vois partout les traces, et non pas dans l'application de tel ou tel verset ou de telle ou telle phrase à des évènements et à des faits auxquels ils ne se rapportent en aucune manière.

Le jeune ministre parut étonné et scandalisé de cet aveu, et fut sur le point de prendre la parole.

— Attendez, Éphraïm ! lui dit Burley, rappelez-vous que ce n'est qu'un enfant encore dans les langes... Écoute-moi, Morton... je vais te parler dans le langage mondain de cette raison qui n'est pour toi qu'un guide aveugle et fautif. Pourquoi consentirais-tu à tirer l'épée ? Ne serait-ce pas pour obtenir qu'un parlement librement élu pût réformer l'Église et l'État ? pour que ce parlement pût faire des lois qui empêchassent le pouvoir exécutif de verser le sang, de torturer, d'emprisonner les citoyens, de détruire les propriétés, et de fouler aux pieds la conscience des hommes comme bon leur semble ?

— Certainement, dit Morton, ce sont là des raisons légitimes pour lesquelles je combattrai aussi longtemps que je pourrai tenir une épée.

— Mais, dit Macbriar, vous traitez ces choses d'une manière trop mondaine ; ma conscience ne me permet pas de farder ni de voiler la cause de la colère divine...

— Silence, Éphraïm Macbriar ! interrompit de nouveau Burley.

— Je ne me tairai pas, dit le jeune ministre. N'ai-je pas été envoyé (1)

---

(1) *Envoyé* par qui ? Nos plus jeunes lecteurs voient aisément le défaut de ce procès. Pas plus un puritain qu'un épiscopalien n'a le droit de dire : Je suis l'autorité. *(Note des Éditeurs.)*

pour défendre la cause de mon Maître? N'est-ce pas une destruction profane de son autorité, le crime des érastiens, une usurpation de son pouvoir, une renonciation de son nom, que de mettre le roi ou le parlement à sa place, comme gouverneur de sa maison.

— Tes paroles sont des paroles de vérité, dit Burley le tirant à l'écart, mais elles ne sont pas prudentes : tes oreilles ont entendu ce soir dans le conseil combien ce reste des croyants est divisé d'opinions, voudrais-tu maintenant abaisser un voile impénétrable pour séparer certains d'entre nous? voudrais-tu bâtir un mur sans mortier? tu connais la résolution conciliante que le conseil a adoptée ; on va faire une déclaration générale qui pourra satisfaire les consciences timides de tous ceux qui gémissent sous le joug de nos oppresseurs. Retourne au conseil si tu veux, fais rappeler cette résolution, et propose une déclaration non moins explicite. Mais ne reste pas ici pour m'empêcher de décider ce jeune homme dont mon âme a soif : son nom seul nous amènera des centaines de volontaires.

— Fais comme tu l'entends, alors, dit Macbriar, mais je ne veux pas t'aider à tromper ce jeune homme, ni le décider à risquer sa vie, excepté s'il le fait dans des conditions de conscience qui assureront son salut éternel.

Balfour renvoya donc le prédicateur fanatique et revint à son prosélyte. Afin de nous dispenser de rapporter tout au long les arguments qu'il employa pour décider Morton à se joindre aux insurgés, nous saisirons cette occasion pour donner quelques détails sur ce farouche sectaire et rapporter les raisons qu'il avait de désirer vivement l'adhésion du jeune Milnwood à la cause dans laquelle il était si profondément engagé.

Jean Balfour de Kinloch ou de Burley, car on lui donne ces deux noms dans les histoires et les proclamations de cette triste époque, était originaire du comté de Fife. Il possédait quelque fortune, sa famille était considérée, et dans sa jeunesse il avait été soldat. Il avait mené une vie des plus licencieuses dans les premières années de son adolescence ; mais il s'était bientôt défait de ces habitudes de débauche, et il avait adopté avec ardeur les dogmes les plus stricts du calvinisme. Malheureusement il lui avait été plus facile de déraciner de son cœur ses tendances aux excès et à l'intempérance que d'affranchir sa nature froide, calculatrice et entreprenante des idées de vengeance et d'ambition qui continuèrent à inspirer toutes ses actions en dépit de ses sentiments religieux, d'une imagination hardie; il était violent et empressé dans l'exécution, adoptant les conséquences les plus extrêmes d'exclusivisme, il aspirait à devenir le chef du parti presbytérien.

Il avait très-régulièrement fréquenté leurs conventicules ; plus d'une fois il les avait commandés quand ils avaient pris les armes, et avait souvent battu les détachements envoyés pour les disperser. Enfin, son enthousiasme, et peut-être aussi certaines raisons personnelles de haine, le mirent à la tête du parti qui assassina le primat d'Écosse, l'archevêque Sharp, auquel on reprochait toutes les souffrances des presbytériens. Les violentes mesures que prit le gouvernement pour venger cette mort, non-seulement sur les coupables, mais sur tous les adhérents du presbytérianisme, et les longues souffrances antérieures que le parti avait éprouvées, donnèrent naissance à l'insurrection, qui commença par la déroute de Cleverhouse au combat du mont de London.

Mais, malgré la part importante que Burley avait prise à cette affaire, il était loin d'avoir atteint le poste que désirait son ambition.

Tous les insurgés ne pensaient pas de même relativement au meurtre de l'archevêque de Saint-André. Les plus violents d'entre eux approuvaient ce crime, qu'ils appelaient un acte de justice accompli sur un persécuteur de l'Église du Seigneur, et d'après l'inspiration directe du Très-Haut ; mais la majorité des presbytériens désavouait ce meurtre comme un crime, tout en admettant que le châtiment n'avait pas excédé la culpabilité de l'archevêque.

Les insurgés étaient encore partagés sur une autre question dont nous avons déjà parlé. Les fanatiques les plus sévères et les plus extravagants condamnaient les prédicateurs et les congrégations qui consentaient à demander au gouvernement l'autorisation d'élever une chaire et de se réunir pour prier ; ils les accusaient d'un abandon coupable et pusillanime des droits imprescriptibles de l'Église. C'était, disaient-ils, de l'érastianisme incontestable, c'était courber l'Église de Dieu sous les règlements et la volonté d'un gouvernement humain ; ce n'était guère moins criminel que le prélatisme ou le papisme.

D'un autre côté, le parti le plus modéré voulait bien reconnaître les droits du roi au trône et son autorité dans les affaires temporelles toutes les fois qu'il respectait les libertés légales des citoyens et ne violait aucune des lois du royaume ; mais les sectaires les plus violents, que l'on appelait caméroniens, du nom de leur chef, Richard Cameron, répudiaient l'autorité du monarque et de ses successeurs s'ils ne reconnaissaient pas l'alliance solennelle.

Il y avait donc de nombreuses causes de désunion dans ce malheureux parti; et Balfour, malgré son enthousiasme, malgré son attachement aux dogmes les plus extrêmes, ne prévoyait que la ruine de ses espérances si l'on ne faisait de part et d'autre quelques concessions pour obtenir l'unité de vues, sans laquelle ils ne pouvaient rien entreprendre.

Il désapprouva donc le zèle ardent, inflexible, mais honnête, de Macbriar; car il désirait, avant tout, obtenir l'appui du parti presbytérien modéré pour renverser le gouvernement, dans l'espoir de pouvoir lui imposer plus tard les conditions qu'il jugerait à propos. Il cherchait donc par tous les moyens à gagner Henri Morton à la cause des insurgés. Les presbytériens conservaient un grand respect pour le nom de son père; et comme peu de personnes de qualité s'étaient rendues sous le drapeau de la réforme, la naissance et les talents de ce jeune homme permettaient d'espérer qu'il serait choisi pour l'un des chefs.

Burley pensait pouvoir exercer une grande influence sur la partie la plus libérale de l'armée au moyen de Morton, le fils de son ancien camarade; puis peut-être pourrait-il obtenir leur appui pour être nommé général en chef. C'était là le but que recherchait son ambition. Avant donc que personne eût fait aucune allusion au prisonnier de Claverhouse, il avait exposé au conseil les talents et les inclinations de Morton; et on l'avait volontiers nommé au rang pénible et dangereux de capitaine d'une partie de cette armée, aussi partagée d'opinions que peu habituée à la discipline.

Pour décider Morton à accepter le poste qui lui était offert, Balfour employa les arguments les plus pressants et les plus astucieux. Il insista beaucoup sur les avantages qu'il y aurait à ne pas laisser échapper l'occasion qui se présentait. Il affirma qu'ils recevraient de nombreux renforts des districts de l'ouest, et il signala le crime de ceux qui reconnaissant les souffrances du pays, la tyrannie sous laquelle il gémissait, céderaient à la peur ou à l'indifférence et refuseraient leur concours à la bonne cause.

Morton déclara à Burley qu'il acceptait le vote par lequel il avait été nommé l'un des chefs des insurgés et un des membres du conseil de guerre, mais son acceptation n'allait pas jusqu'à ratifier tout ce qui avait été fait.

— Je consens, dit-il, à employer toutes mes forces pour effectuer la libération de mon pays; mais, ne vous y trompez pas, je désapprouve au plus haut degré le fait qui semble avoir été le point de départ de cette insurrection. Aucun argument ne me déciderait à me ranger sous votre drapeau s'il doit toujours flotter sur des scènes comme celle par laquelle vous avez inauguré la guerre.

Le sang de Burley vint rougir sa figure.

— Vous voulez parler, dit-il en cherchant à maîtriser son émotion, vous voulez parler de la mort de James Sharp!

— Je serai franc, répondit Morton, c'est à quoi je faisais allusion.

— Alors vous pensez, dit Burley, que le Tout-Puissant, dans des temps comme ceux où nous vivons, ne choisit pas des instruments de sa colère pour délivrer son Église de ses oppresseurs?

— Je ne veux pas me constituer juge de cette affaire, dit Morton, je désire seulement vous faire bien comprendre mes principes. Je le répète donc, les raisons que vous venez de me donner ne me satisfont pas complètement. Si le Tout-Puissant, dans sa providence mystérieuse, envoie une fin tragique à un homme de sang, cela ne justifie pas ceux qui sans autorité se choisissent pour instruments d'exécution, et s'appellent d'eux-mêmes les exécuteurs de la vengeance divine.

— Et ne l'étions-nous pas, s'écria Burley d'un ton de violent enthousiasme, n'étions-nous pas, tous ceux qui ont intérêt à la sainte alliance de l'Église d'Écosse n'étaient-ils pas obligés par cette alliance à détruire le Judas qui avait vendu la cause du Seigneur pour cinquante mille marcs?

— Il ne m'appartient pas de vous juger. Je n'ai pas oublié que la première délivrance de l'Écosse eut pour signal un acte de violence que personne ne peut excuser, l'assassinat de Cumming par Robert Bruce! Ainsi donc, tout en condamnant ce fait, comme il est de mon devoir, j'admets volontiers que vous avez eu des raisons qui le justifient à vos yeux, tout insuffisantes qu'elles sont pour moi. Si j'en parle en ce moment, c'est parce que je désire que vous sachiez bien que je me joins à des hommes qui se sont unis pour faire la guerre comme on la fait parmi les nations civilisées, et que je n'approuve en aucune manière l'acte de violence qui l'a immédiatement précédée.

Balfour se mordit les lèvres de dépit, et put à peine retenir une réponse véhémente. Il vit avec regret que son jeune frère d'armes possédait une clarté d'esprit, une rectitude de jugement et une fermeté d'opinion qui lui laissaient peu d'espoir de pouvoir obtenir sur lui l'influence sur laquelle il avait compté.

Il dit cependant avec tranquillité après un moment de silence :

— Les hommes et les anges peuvent juger mes actions. L'affaire n'a pas eu lieu dans un coin retiré, je suis ici en armes pour défendre ce que j'ai fait, et peu m'importe devant qui ou par qui je puis être accusé. Je suis prêt à répondre sous la tente du conseil, dans le champ de bataille, sur l'échafaud, et quand viendra le grand jour du jugement de tous.

Mais je ne veux pas discuter davantage avec vous aussi longtemps que vous serez de l'autre côté du voile. Mais si vous voulez être avec nous comme un frère, venez au conseil ; il est encore assemblé pour décider de la marche de l'armée et de ce qu'il nous faut faire pour retirer tous les fruits de notre victoire.

Morton se leva et le suivit en silence. Les précédents de Balfour lui répugnaient, et il aimait mieux penser à la justice de la cause dans laquelle il s'engageait qu'aux faits et gestes de la plupart de ceux dont il allait devenir le compagnon.

CHAPITRE XXI.

Une misérable hutte de berger s'élevait dans le creux d'un vallon, à peu près à la distance d'un demi-mille du champ de bataille : c'était cette misérable hutte, la seule qui existât à la ronde, qui servait de salle de conseil aux chefs de l'armée presbytérienne. Burley y conduisit Morton, qui fut tout surpris, à mesure qu'ils en approchaient, d'entendre les clameurs étranges qui s'en élevaient.

On aurait pu penser que le calme et la gravité auraient présidé à un conseil où l'on débattait des questions aussi importantes et dans un moment aussi critique : mais, au lieu du silence qu'il espérait, Morton entendit un bruit confus de discorde et de discussions intempestives qui faisait mal augurer du succès futur. Ils trouvèrent la porte ouverte mais encombrée par une foule de paysans, qui, n'appartenant pas au conseil, n'éprouvaient aucun scrupule d'assister à une délibération qui les intéressait aussi vivement.

Burley eut à prier, à menacer et même à user quelque peu de violence pour forcer cette foule de curieux à se retirer, et faisant entrer Morton, il ferma la porte pour empêcher toute curiosité impertinente. La sévérité de son caractère lui assurait une grande influence sur les plus fanatiques de ce rassemblement tumultueux. Dans toute autre circonstance, Morton aurait été vivement impressionné par la vue de l'assemblée réunie dans l'intérieur de la chaumière.

C'était une scène de doute, de regrets, d'enthousiasme et de désunion.

Les plus actifs d'entre eux étaient ceux qui avaient pris part avec Burley au meurtre de l'archevêque ; il y en avait quatre ou cinq qui avaient pu gagner le mont de Loudon avec d'autres fanatiques dont le zèle ne connaissait aucune borne, et qui tous s'étaient rendus coupables de quelque acte de rébellion contre le gouvernement.

Il y avait encore leurs prédicants : c'étaient des ministres qui avaient rejeté l'offre de permissions gouvernementales et assemblaient leurs ouailles dans le désert.

Les autres membres du conseil étaient de petits propriétaires, de bons fermiers qu'une oppression intolérable avait jetés dans les rangs des insurgés. La première discussion du manifeste devait proclamer les raisons de leur prise d'armes, mais on l'avait remise sur le tapis pendant l'absence de Balfour ; et, à son grand regret, il trouva en rentrant que Macbriar, Kettledrummle et les autres prédicants des solitudes la discutaient amèrement avec Pierre Poundtext, le pasteur autorisé de Milnwood, qui avait ceint une épée, et qui défendait son opinion devant le conseil avant de la défendre sur le champ de bataille.

C'était le bruit de cette dispute, à laquelle prenaient part Poundtext et Kettledrummle avec leurs adhérents les plus fidèles, que Morton avait entendu en s'approchant de la chaumière. Les deux ministres étaient doués d'une voix pareillement puissante, ils produisaient en abondance les textes sacrés, et, tous les deux ardents, emportés, intolérants, ils causaient autant de tumulte qu'aurait pu le faire une lutte corps à corps.

Scandalisé par une discussion qui menaçait presque de se terminer par des coups, Burley s'interposa entre les orateurs ; et faisant d'abord quelques réflexions des plus sages sur le danger de la discorde, il flatta adroitement la vanité de l'un et de l'autre, et se servit de l'autorité morale que lui donnait la part qu'il avait prise au combat, pour déclarer que la discussion de cette question devait être ajournée de nouveau. Mais, s'il put faire taire Poundtext et Kettledrummle, il ne put les empêcher, comme deux bouledogues que leurs maîtres viennent de séparer, et qui se sont retirés chacun sur leur terrain : ils se guettent l'un l'autre ; de temps en temps on entend un sourd grognement, leurs crins qui se hérissent, leurs prunelles qui se dilatent, disent assez que leur querelle n'est pas finie, et qu'ils n'attendent qu'une occasion pour se sauter à la gorge.

Balfour se hâta de présenter au conseil M. Henri Morton de Milnwood, qui, touché des malheurs du temps, venait risquer ses biens et sa vie pour la bonne cause, pour laquelle son père, le fameux Silas Morton, avait tant de fois donné témoignage.

Poundtext, son ancien pasteur, et ceux des insurgés qui soutenaient les principes les plus modérés, lui firent l'accueil le plus fraternel. On entendit de l'autre côté quelques observations à voix basse sur l'érastianisme, et l'on s'y disait : que Silas Morton, qui avait été dans le principe un bon et loyal serviteur de l'alliance, s'était écarté de la bonne voie quand les *résolutionnaires* avaient commencé à reconnaître l'autorité de Charles Stuart, faisant une brèche à travers laquelle le tyran actuel était venu opprimer le pays et l'Église. Ils ajoutaient cependant : que dans ce grand jour de l'appel, ils ne voulaient pas refuser l'aide de quiconque venait mettre la main à la charrue. Morton fut donc accepté comme l'un des chefs, membre du conseil, sinon avec l'entière approbation de tous ses collègues, du moins avec leur consentement tacite.

Burley proposa alors de partager entre eux le commandement des hommes assemblés au champ de bataille, et dont le nombre s'accroissait à chaque instant. Les insurgés de la paroisse et de la congrégation de Poundtext furent naturellement mis sous les ordres de Morton : cet arrangement fut accepté volontiers par le chef et les soldats, car ses qualités personnelles leur inspiraient toute confiance.

Quand ce partage fut achevé, il fallut discuter quelles mesures il importait de prendre. Le cœur de Morton battit vivement quand il entendit parler de la tour de Tillietudlem comme d'une position dont il importait de se saisir. Nous avons déjà dit que cette forteresse dominait le passage qui communiquait du haut au bas pays, et l'on disait avec raison qu'elle deviendrait un lieu de rendez-vous pour les royalistes de la contrée si les insurgés s'avançaient dans le bas pays sans la tenir en leurs mains. Poundtext et ses paroissiens, dont les familles pouvaient redouter les vengeances des royalistes des environs, demandaient à grands cris qu'on ne laissât pas cette place forte au pouvoir des ennemis de la réforme !

— Je suis d'avis, dit Poundtext, de prendre et de raser la forteresse de la nommée lady Marguerite Bellenden. Je suis d'avis de nous en emparer, fallût-il pour cela construire un fort et élever une montagne auprès. Les maîtres sont d'une race sanguinaire et rebelle dont la main s'est toujours appesantie sur les enfants de l'alliance, dans le temps passé et dans le temps présent. Nous avons senti leur éperon dans nos chairs et leur mors entre nos dents !

Le révérend Poundtext n'hésitait pas plus que ses confrères des autres sectes à donner son opinion sur les questions militaires, auxquelles cependant il était complètement étranger.

— Quels sont les moyens de défense et combien y a-t-il d hommes dans cette place? demanda Burley. La position est très-forte, mais je ne puis croire que deux femmes osераient la disputer à une armée.

— Il y a encore, répondit Poundtext, l'intendant Harrison, Jean Gudyill l'économe, qui se vante d'avoir été un homme de guerre dès sa jeunesse, et qui combattit contre la bonne cause avec cet homme de Bélial, James Graham de Montrose.

— Bah! répliqua Burley d'un ton de mépris, un économe!

— Il y a aussi le vieux cavalier, continua Poundtext, Miles Bellenden de Charnwood, dont les mains ont souvent été teintes du sang des saints.

— Si ce Miles Bellenden, dit Burley, est le frère de sir Arthur, il ne refusera pas le combat; mais il doit être bien âgé.

— J'ai entendu dire en me rendant au camp, dit un autre membre du conseil, qu'aussitôt qu'ils ont eu avis de la victoire que le ciel nous a donnée, ils ont fermé les portes de Tillietudlem, rassemblé quelques hommes et des munitions... Cette maison a toujours été du côté de nos ennemis.

— Si ce siége doit nous faire perdre du temps, dit Burley, je ne suis pas d'avis de l'entreprendre. Il nous faut marcher en avant, aller occuper Glasgow; c'est le meilleur moyen de mettre notre victoire à profit : car je ne pense pas que les troupes que nous avons battues osent nous tenir tête de nouveau, même avec l'appui que pourra leur donner lord Ross.

— Cependant, reprit Poundtext, nous pourrions montrer notre bannière devant le château, sonner une trompette, et les sommer de se rendre. Il serait possible qu'ils se rendissent à merci, quoique ce soit encore une race rebelle. Nous sommerons les femmes de sortir de leur forteresse, lady Marguerite Bellenden, sa petite-fille, et Jenny Dennison, qui est une fille à l'œil mutin, ainsi que les autres femmes, et nous leur donnerons un sauf-conduit, et les enverrons en paix vers la cité que l'on appelle Édimbourg. Mais nous mettrons dans les fers Jean Gudyill, Hugues Harrison, et Miles Bellenden, comme au temps passé ils avaient coutume de mettre les saints dans les fers.

— Qui parle de paix et de sauf-conduit? demanda une voix aiguë et enrouée du milieu de la foule.

— Silence, frère Habbacuc! dit Macbriar d'un ton de conciliation.

— Je ne ferai pas silence, reprit la voix fausse et criarde : est-ce le moment de parler de paix quand la terre tremble, quand les montagnes se fendent, quand les rivières roulent du sang, quand l'épée fraîchement aiguisé est sortie du fourreau pour faire couler le sang comme de l'eau, et détruire la chaire comme le feu détruit le chaume!

L'orateur s'était ouvert un passage en prononçant cette sentence, et s'avança au milieu du conseil; son corps, ses membres, sa figure, tout son extérieur était digne de son timbre de voix et de l'opinion qu'il émettait. Les restes d'un habit qui pouvait avoir été noir, les fragments déchiquetés d'une écharpe de berger formaient un ensemble de vêtements qui satisfaisait à peine la décence, et n'était certainement d'aucun secours contre le vent, le froid ou la pluie. Une longue barbe blanche tombait sur sa poitrine; et de longs cheveux gris, qui depuis nombre d'années n'avaient pas été soignés, descendaient sur ses épaules, et donnaient à sa maigre et cadavéreuse figure un air de sauvagerie repoussante. La faim et les souffrances de toute nature avaient fatigué ses traits de telle sorte, qu'ils avaient à peine gardé quelque chose d'humain. Ses yeux, qui roulaient incessamment sous les paupières, et brillaient d'un éclat étrange, indiquaient une imagination troublée et sans frein. Sa main tenait une épée rouillée, rougie de sang; ses mains armées d'ongles semblables à des serres d'oiseau de proie étaient encore ensanglantées.

— Au nom du ciel! quel est cet homme? demanda Henri surpris et presque effrayé à la vue de ce spectre, qui ressemblait plus à un sacrificateur de cannibales, ou à un druide venant d'accomplir le sacrifice, qu'à un homme civilisé.

— C'est Habbacuc l'enragé, répondit tout bas Poundtext; longtemps les ennemis l'ont tenu en captivité dans des forts et dans des donjons: son intelligence l'a quitté, et je crains qu'un mauvais esprit ne se soit emparé de lui. Cependant certains de nos frères prétendent qu'il parle d'après l'Esprit, et qu'ils retirent quelque profit de ses objurgations.

Poundtext fut interrompu par l'enragé, qui, cria d'une voix à faire trembler les chevrons du toit:

— Qui parle de paix et de sauf-conduit? Qui parle de pitié pour la race sanguinaire des méchants? Je vous dis de prendre les enfants et de leur briser la tête contre les pierres. Prenez les filles et les mères, et jetez-les du haut de leurs murailles, afin que les chiens se repaissent de leur sang, comme ils firent de celui de Jézabel, la femme d'Ahab, et que leurs cadavres soient du fumier pour les champs de l'héritage de leurs pères!

— Il a raison, dit plus d'une voix rancuneuse dans la foule; nos efforts pour la grande cause ne seront pas regardés d'un œil favorable, si nous favorisons déjà les ennemis du ciel.

— C'est une indigne abomination et une odieuse impiété! s'écria Morton incapable de retenir son indignation plus longtemps, pouvez-vous espérer que Dieu bénira vos armes, si vous écoutez les atroces conseils d'un fou bon à renfermer?

— Silence, jeune homme, dit Kettledrummle, et borne-toi à blâmer ce dont tu peux prouver la fausseté. Ce n'est pas à toi de juger dans quels vases l'Esprit a pu descendre.

— Nous jugeons l'arbre par son fruit, dit Poundtext, et nous ne croyons pas que ce qui contredit les lois divines puisse être inspiré du ciel.

— Tu oublies, frère Poundtext, répliqua Macbriar, que les derniers jours sont venus, et voici que les signes et les miracles se multiplient.

Poundtext s'avança pour répondre; mais, avant qu'il eût pu prononcer un mot, le prédicateur sauvage jeta un cri si perçant, qu'il imposa silence dans tous les groupes, et il s'écria :

— Qui parle de signes et de miracles? Ne suis-je pas Habbacuc l'enragé, dont le nom a été changé en celui de Magor Missabib, parce que je suis la terreur de tous ceux qui m'approchent et de moi-même?... Je l'ai entendu!... Quand l'ai-je entendu?... N'était-ce pas dans la tour du rocher de Bass, qui est suspendue sur l'abîme des mers? Et cela cria dans les vents, cela gronda dans les vagues, cela mugit, cela siffla, et cela changea avec les cris, avec les croassements, avec les sifflements des oiseaux de la mer quand ils flottaient, quand ils volaient, quand ils descendaient, quand ils plongeaient au sein des flots... Je l'ai vu!... Où l'ai-je vu?... N'était-ce pas des pics élevés de Dumbarton, quand je regardais vers le couchant sur les campagnes fertiles et vers le septentrion sur les montagnes sauvages, quand les nuées s'amoncelèrent, quand la tempête accourut, quand les éclairs du ciel brillèrent en flammes aussi larges que les bannières d'une armée?... Et qu'ai-je vu?... Des cadavres humains, des chevaux blessés, une mêlée épouvantable et des vêtements rougis de sang!... Qu'ai-je entendu?... La voix qui criait : Tue! tue!... Égorge!... Tue sans pitié!... Tue jusqu'au dernier... les vieux et les jeunes, la jeune fille, l'enfant, et la femme dont les cheveux sont blanchis! Ensanglantez la maison, remplissez les cours de cadavres!...

— Nous acceptons le commandement, s'écria plus d'une voix du milieu de la foule, voilà six jours que sa bouche est muette, six jours qu'il n'a goûté, et maintenant il parle, nous acceptons le commandement, et nous ferons ainsi qu'il l'ordonne.

Étonné, dégoûté, effrayé même de ce qu'il venait de voir et d'entendre, Morton se retira du conseil et sortit de la chaumière.

Burley, qui le surveillait attentivement, le suivit, et lui dit bientôt en le prenant par le bras :

— Où allez-vous ?

— Je ne sais, n'importe où, répondit Morton, mais je ne resterai pas là plus longtemps.

— Tu te fatigues de bonne heure, jeune homme, lui dit Burley, tu viens à peine de mettre la main à la charrue, voudrais-tu déjà l'abandonner ? Ton ardeur pour la cause de ton père n'est-elle pas plus vive que cela ?

— Il n'y a pas de causes, répliqua Morton indigné, il n'y en a pas qui puissent prospérer conduites par de tels moyens. Un parti acclame les rapsodies sanguinaires d'un fou altéré de carnage, un chef est un vieux pédant scolastique, un autre... Il s'arrêta, et son compagnon, achevant la phrase, ajouta : Est un meurtrier, veux-tu dire, comme Jean Balfour de Burley ? Prends patience quelque peu, Henri Morton, tu ne dois pas abandonner la cause de ta foi et de ton pays parce que tu as entendu une parole sauvage ou vu commettre un acte extravagant. Écoute-moi. J'ai déjà convaincu mes amis les plus sages que le conseil est trop nombreux ; nous ne pouvons pas espérer que les Madianites seront délivrés en nos mains si le nombre de nos conseillers n'est pas réduit. Ma voix a été écoutée, et le conseil sera bientôt composé d'un nombre d'hommes suffisant pour prendre toutes décisions et les faire exécuter. Tu auras là ta voix, tu seras écouté sur nos affaires militaires, et tu pourras protéger ceux que tu croiras dignes de pardon. Et maintenant, es-tu content ?

— Je serai heureux, sans doute, répondit Morton, de pouvoir adoucir les horreurs de la guerre civile, et je n'abandonnerai pas le poste que j'ai accepté, à moins que ma conscience ne me fasse un crime des mesures que l'on adoptera. Mais je n'approuverai ni ne sanctionnerai aucune exécution après la bataille, aucun massacre sans jugement. Vous pouvez compter que je m'y opposerai, de la voix et de la main, de toutes mes forces, même contre nos gens, avec autant d'ardeur et de résolution que contre des ennemis.

La main de Balfour fit un geste d'impatience.

— Tu n'es encore qu'un enfant, tu ne sais pas encore combien peu pèsent quelques gouttes de sang auprès de ce grand témoignage national. Mais ne crains rien : tu discuteras et voteras ces sortes d'affaires avec nous ; il peut arriver que nous soyons presque toujours d'accord.

Morton fut obligé de se contenter de cette concession. Burley le quitta en lui recommandant de chercher quelque repos dans le sommeil, car il était probable que l'armée se mettrait en marche de grand matin.

— Et vous, demanda Morton, n'allez-vous pas reposer aussi ?

— Non, répondit Burley, mes yeux ne doivent pas se fermer encore. L'œuvre que nous avons entreprise ne doit pas être faite à la légère : il faut que je choisisse maintenant le comité de direction ; je vous appellerai de bonne heure pour assister au conseil.

Il s'éloigna, et Morton demeura seul.

L'endroit où il était convenait assez comme lieu de repos : c'était un creux protégé par un immense rocher et à l'abri du vent. Le gazon était formé d'une mousse très-épaisse sur laquelle, après toutes ses fatigues et l'anxiété qu'il avait éprouvée, Morton fut très-heureux de pouvoir s'étendre. Il se roula dans le manteau de dragon qu'il avait gardé, et le sommeil vint bientôt mettre un terme aux pénibles réflexions qui l'agitaient.

Le reste de l'armée dormit dans la plaine, dispersé dans tous les abris que les hommes surent trouver. Quelques-uns des principaux chefs conférèrent avec Burley sur les affaires du parti, et les sentinelles se tinrent éveillées en chantant des psaumes ou en écoutant les pieuses exhortations de leurs frères les plus fervents.

CHAPITRE XXII.

Quand Henri s'éveilla aux premières lueurs de l'aube, le fidèle Cuddie se tenait auprès de lui un portemanteau à la main.

— J'ai mis toutes vos petites affaires en ordre pendant que vous dormiez, comme c'est mon devoir, vu que vous avez été assez bon pour me prendre à votre service, dit Cuddie.

— Je vous ai pris à mon service, Cuddie ! répéta Morton : vous devez rêver, je crois.

— Nenni, nenni, Monsieur ! répondit Cuddie : ne vous ai-je pas dit, quand j'étais attaché hier sur le cheval, que, si nous pouvions nous en tirer, je serais votre domestique, et vous n'avez pas dit non ? Si cela n'est pas louer un homme, je ne sais pas ce que c'est ; vous ne m'avez pas donné d'arrhes, c'est vrai, mais vous m'en aviez donné bien assez à Milnwood.

— Eh bien! Cuddie, si vous persistez à partager ma mauvaise fortune...

— Oh! mauvaise! je vous garantis qu'elle sera bonne, moi! interrompit Cuddie plein d'espoir. Il ne reste plus qu'à confier ma pauvre vieille mère à de braves gens. J'ai commencé la campagne par le bout le plus facile, Monsieur.

— Vous avez été piller, je suppose, dit Morton; comment vous êtes-vous procuré ce portemanteau?

— Je ne sais pas si c'est piller, ou comment vous l'appelez, répondit Cuddie, mais ce n'est pas difficile à faire, et cela rapporte assez. Nos gens avaient mis les pauvres dragons morts aussi nus que des vers presque avant que nous fussions en liberté; mais, quand je les ai vus attroupés autour de Kettledrummle et de l'autre bavard, je les ai quittés pour mes affaires et les vôtres, Monsieur. Ainsi donc, j'ai remonté le vallon, un peu sur la droite, où j'ai vu les traces de la cavalerie, et voilà que je suis arrivé à une place où l'on s'était joliment chamaillé, et les pauvres gens étaient là étendus avec leurs habits comme ils les avaient mis le matin, personne n'était allé jusque-là, et qu'est-ce que je vois au milieu desdits, comme dirait ma mère, notre vieille connaissance... le sergent Bothwell!

— Comment, il est mort! s'écria Morton.

— Hélas! oui, répondit Cuddie: ses yeux étaient tout grands ouverts, son front était ridé, et ses dents grinçaient comme les dents d'une trappe à putois qu'on tend au printemps; il me fait presque peur. Cependant je crus qu'il y avait quelque chose à faire avec lui: je mis la main dans ses poches, comme il avait mis la sienne dans la poche des honnêtes gens, et voici votre propre argent, Monsieur, ou celui de votre oncle, c'est la même chose. C'est l'argent qu'il prit à Milnwood le jour où il nous a tous faits soldats.

— Je ne crois pas, dit Morton, qu'il y ait grand mal à se servir de cet argent, car nous savons comment il en est devenu possesseur; mais nous allons partager.

— Attendez, attendez! s'écria Cuddie: voici un petit agneau qu'il avait sur la poitrine attaché à un ruban. Pauvre garçon! Et puis voilà un livre avec des papiers, et j'ai deux ou trois autres petites choses que je garderai pour moi.

— Mais, en vérité, Cuddie, lui dit son maître, votre coup d'essai a été des plus heureux!

— N'est-ce pas, Monsieur, reprit Cuddie tout fier de cette approbation, je vous avais dit que je n'étais pas aussi bête que j'en avais l'air, et que je m'en tirerais assez bien quand il y aurait quelque chose à prendre. Mais ce qu'il y a de mieux, c'est que j'ai eu deux bons chevaux. Un pauvre diable de tisserand de Straven, qui avait laissé sa navette et sa maison pour courir la campagne, avait attrapé deux chevaux de dragon, et, comme il ne savait qu'en faire, il me les a donnés tous les deux pour un noble d'or. J'aurais dû tâcher de les avoir à moitié prix, mais il aurait été difficile d'avoir la monnaie de la pièce dans ce triste pays. Vous trouverez cela de moins dans la bourse de Bothwell.

— Vous avez fait un excellent marché, dit Morton ; mais où avez-vous eu ce portemanteau ?

— Ce portemanteau, répondit Cuddie, appartenait hier à lord Evandale, il vous appartient aujourd'hui. Je l'ai trouvé derrière ce buisson de genêts. Chacun son tour ! comme dit la chanson. Et, à propos de cela, il faut que j'aille chercher ma mère, la pauvre vieille ! si vous n'avez pas d'ordres à me donner, Monsieur.

— Mais, Cuddie, dit Morton, je ne peux réellement pas accepter tout cela sans vous le payer.

— Ah ! par exemple, Monsieur, répliqua Cuddie, prenez toujours, nous aurons toujours le temps de parler du payement. Je me suis procuré d'autres hardes qui me conviennent bien mieux. Qu'est-ce que je pourrais faire avec les beaux habits de lord Evandale, ceux du sergent Bothwel feront bien mieux mon affaire.

Trouvant qu'il ne pouvait persuader à son trop désintéressé valet de rien accepter pour sa part du butin, Morton résolut de rendre à lord Evandale ce qui lui appartenait, s'il était encore en vie aussitôt qu'une occasion favorable se présenterait. En attendant, il n'hésita pas à emprunter quelques petits articles et un change complet de linge. Puis il examina les papiers que renfermait le portefeuille de Bothwell. Il y en avait de plus d'une sorte.

C'était d'abord le rôle nominatif de la compagnie, avec les noms de ceux absents en congé, puis venaient des comptes de taverne, une liste de malintentionnés que l'on pouvait mettre à l'amende, et une copie d'un ordre du conseil privé pour arrêter certaines personnes de distinction.

Dans une autre poche du portefeuille il trouva un ou deux brevets de grades, que Bothwell avait obtenus à diverses époques; des certificats de ses services à l'étranger, qui témoignaient hautement de son courage et de ses talents militaires ; mais le document le plus curieux était un arbre généalogique très-complet avec toutes les indications qui pouvaient établir son authenticité ; puis venait une liste des propriétés des comtes de Bothwell qui avaient été confisquées : celles que le roi Jacques VI avait données à ses courtisans, dont les descendants les possèdent encore, étaient notées en particulier. Le sergent avait écrit en encre rouge au bas de cette liste : *Haud immemor* et signé ses initiales, F. S. C. B. (François Stuart, comte de Bothwell.)

Ces documents, qui indiquaient le caractère et les sentiments du pauvre sergent, étaient accompagnés de fragments et de lettres qui le montraient sous un jour tout différent de celui sous lequel nous l'avons jusqu'à ce moment présenté au lecteur.

Dans une poche secrète que Morton ne trouva pas tout d'abord, il y avait deux ou trois lettres qu'une main de femme avait écrites. Leur date remontait à une vingtaine d'années ; elles ne portaient pas d'adresse, et n'avaient que des initiales pour signature. Morton n'eut guère le temps de les lire attentivement, mais il vit tout d'abord qu'elles étaient pleines de douces et élégantes assurances d'affection destinées à modérer l'impatience de celui à qui elles étaient adressées, à adoucir ses regrets, à repousser des soupçons que la jalousie lui inspirait. Le temps avait jauni l'encre de ces lettres, et, malgré le soin que le sergent avait pris pour les conserver intactes, elles étaient devenues illisibles en deux ou trois endroits.

Bothwell avait écrit sur l'enveloppe de l'une d'elles : « N'importe, je les sais par cœur. »

Il y avait aussi une boucle de cheveux enveloppée dans une pièce de vers dont Morton trouva l'inspiration plus poétique que la versification, et qui, pleine de ces images forcées que le goût du temps imposait aux poètes de l'époque, ne pourrait offrir aucun attrait à nos lecteurs.

Morton ne put s'empêcher de plaindre le sort de ce malheureux, qui, même au dernier degré de l'humiliation et du mépris, se repaissait continuellement des souvenirs glorieux de sa famille, du rang auquel sa naissance l'avait destiné, et qui, plongé dans l'abîme du vice, se reportait avec remords à cette époque de sa jeunesse pendant laquelle il avait aimé d'un amour pur, quoique malheureux.

— Hélas! que sommes-nous? dit Morton. Nos sentiments les meilleurs et les plus dignes de louanges peuvent se changer en vices honteux ; une honorable fierté peut devenir une orgueilleuse indifférence pour l'opinion des autres ; les regrets qu'inspirent une affection que le temps a flétrie habitent le même cœur que l'esprit de vengeance, de débauche et de pillage ; et partout nous voyons les mêmes contrastes : les principes de cet homme lui font défendre la liberté, et il devient la proie d'une froide indifférence! cet autre est plein du zèle religieux le plus ardent, et son enthousiasme n'est bientôt plus qu'une frénésie sauvage! nos résolutions et nos passions sont comme les vagues de la mer, et, sans l'aide de Celui qui a fait le cœur de l'homme, nous ne pouvons leur dire : Vous irez jusque-là, vous n'irez pas plus loin !

Quand il eut ainsi exprimé les réflexions que tous ces papiers lui avaient inspirées, il leva les yeux et vit Burley debout devant lui.

— Déjà réveillé, dit le chef puritain, c'est bien, cela montre votre zèle pour la cause que vous avez embrassée. Quels sont ces papiers?

Morton lui raconta l'expédition de Cuddie, et lui présenta le portefeuille de Bothwell avec tous les papiers qu'il contenait. Balfour lut avec grande attention ceux qui avaient trait aux affaires militaires, ou aux proscriptions, mais il jeta de côté, de l'air du plus grand mépris, ceux qui ne contenaient que de la poésie.

— Je ne pensais guère, dit-il, quand Dieu m'a fait la grâce de conduire trois fois mon épée au travers du corps de cet instrument de cruelle oppression, qu'un homme d'un caractère aussi dangereux, aussi désespéré, se soit abaissé à s'occuper de choses aussi puériles que profanes. Mais je vois que Satan peut pétrir comme il le veut les qualités diverses de ses meilleurs agents, et que la même main qui sait manier l'épée ou la hache contre les saints du Seigneur dans la vallée de la mort peut toucher le luth ou la viole pour plaire aux oreilles des filles dansantes de perdition dans leur soin des vanités.

— Votre idée du devoir, dit Morton, exclut donc l'amour des beaux-arts, que l'on suppose généralement capables de purifier et d'élever l'âme?

— Pour moi, jeune homme, répondit Burley, et pour ceux qui pensent comme moi, les plaisirs de ce monde, appelez-les comme vous voudrez, ne sont que vanité; sa grandeur et sa puissance ne sont qu'un leurre. Nous n'avons qu'une seule chose à faire sur terre, c'est d'élever le temple du Seigneur.

— J'ai entendu dire à mon père, répliqua Morton, que plusieurs de ceux qui s'emparent du pouvoir au nom du Seigneur l'exercent aussi sévèrement et le gardent avec autant d'égoïsme que s'ils eussent été mus par des motifs d'ambition mondaine. Mais nous reparlerons de cela plus tard. Avez-vous réussi à nommer un comité de direction?

— C'est fait, répondit Burley, nous sommes six, vous êtes du nombre, et je viens vous chercher pour délibérer.

Morton le suivit vers une pelouse retirée où leurs collègues les attendaient. Les deux partis principaux de cette armée tumultueuse avaient eu soin de se faire représenter au conseil par trois de leurs adhérents. Les puritains avaient choisi Burley, Macbriar et Kettledrummle; les modérés avaient envoyé Poundtext, Henri Morton et un petit propriétaire appelé le laird de Langcale. Les deux factions étaient donc également représentées dans le comité de direction; mais il paraissait probable que l'opinion la plus violente obtiendrait, comme toujours, la supériorité, en montrant une énergie à laquelle l'autre ne pourrait rien opposer.

La discussion, cependant, fut conduite plus sagement que les débats de la nuit précédente ne pouvaient le faire espérer. Ils discutèrent d'abord de leurs moyens d'action, et de la situation où ils se trouvaient; ils calculèrent les renforts qu'ils devaient attendre; et, pour laisser reposer leurs hommes, ils convinrent de rester un jour dans la position qu'ils occupaient, cela donnerait à leurs amis le temps de venir les joindre; et, le lendemain, ils marcheraient sur Tillietudlem, pour sommer cette forteresse des méchants, comme ils l'appelaient, de se rendre à eux. Si une sommation ne suffisait pas pour en faire ouvrir les portes, ils devaient essayer un assaut; et, en cas de non-succès, il était convenu qu'ils laisseraient une partie de leurs forces pour en faire le blocus, et la réduire par la famine. Pendant ce temps, le gros de l'armée devait s'avancer sur Glasgow pour en chasser Claverhouse et lord Ross.

Telle fut la décision du comité de direction : le premier acte auquel Morton prit une part active fut donc de décider l'attaque du château de la grand'mère de sa future, et que défendait son parent, le major Bellenden, auquel il devait tant de reconnaissance! Il comprit parfaitement toutes les difficultés de la situation où il se trouvait, mais il se consola en pensant que la part de pouvoir qui lui revenait dans l'armée des rebelles lui permettrait, dans tous les cas, de les protéger plus efficacement qu'il n'aurait pu le faire s'il se fût tenu à l'écart. Il espérait pouvoir négocier un arrangement entre les hôtes de Tillietudlem et l'armée presbytérienne, qui garantirait leur neutralité pendant toute la guerre qui venait de commencer.

CHAPITRE XXIII.

Le lendemain du jour qui suivit la bataille du mont de Loudon, alors que la garnison de Tillietudlem s'occupait activement d'accroître les défenses de la place, la sentinelle qui faisait le guet sur la plus haute des tours, annonça qu'un cavalier s'approchait. On put bientôt reconnaître l'uniforme d'un officier aux gardes ; son cheval avançait lentement, et la manière dont le cavalier se tenait sur sa selle indiquait clairement qu'il était malade ou blessé. La poterne fut ouverte, et lord Evandale entra dans la cour du château, si faible et si souffrant, qu'il fallut l'aider à descendre. Quand, supporté par un domestique, il entra dans la salle, les dames firent un cri de surprise et de terreur ; il était pâle, son uniforme était taché de sang, ses cheveux étaient en désordre, il ressemblait plutôt à un spectre qu'à un homme. Mais leur surprise fit bientôt place à la joie qu'elles ressentaient de le savoir échappé au massacre.

— Dieu soit loué ! s'écria lady Marguerite, vous êtes enfin ici, vous avez échappé à ces hommes altérés de sang, qui ont tué un si grand nombre des serviteurs loyaux de Sa Majesté.

— Dieu soit loué ! ajouta Edith, vous voilà enfin au milieu de nous et en sûreté. Nous avons tant craint pour vous ! Mais vous êtes blessé, et je crains que nous ne puissions guère vous soulager.

— Mes blessures ne sont que des coups de sabre, répondit le jeune officier, elles ne me font guère souffrir, ma faiblesse ne provient que de la quantité de sang que j'ai perdue. Mais je ne suis pas venu pour accroître vos embarras, je voulais tâcher de vous être utile en ce moment critique : que puis-je faire pour vous ? Permettez-moi, Madame, ajouta-t-il en s'adressant à lady Marguerite, permettez-moi de penser et d'agir comme votre fils... comme votre frère, Edith !

L'expression qu'il mit dans ces derniers mots montrait combien il craignait de voir les prétentions qu'il avait formées à la main d'Edith faire repousser ses offres de services. Miss Bellenden comprit l'idée qui le tourmentait, mais ce n'était pas le moment de faire parade de politesse.

— Nous sommes disposés à nous défendre, dit la vieille dame d'un ton plein de dignité ; mon frère a pris le commandement de notre garnison, et, avec l'aide de Dieu, nous ferons aux rebelles la réception qu'ils méritent.

— Que je serais heureux de pouvoir contribuer à la défense du château ! répondit lord Evandale ; mais, faible comme je le suis, je vous serais à charge et pourrais devenir une cause de danger. Si ces bandits savaient qu'un officier aux gardes se trouve ici, ce serait une raison pour qu'ils voulussent s'emparer de la tour ; s'ils croient que la famille seule est restée derrière ces murs, peut-être marcheront-ils sur Glasgow sans essayer un assaut.

— Pouvez-vous nous croire assez lâches, milord, dit Edith pleine de cette générosité chaleureuse si naturelle aux femmes, pouvez-vous croire vos amis assez lâches pour supposer qu'ils songeraient à vous abandonner quand vous êtes incapable de vous défendre, et quand le pays est parsemé d'ennemis? Il y a-t-il dans toute l'Écosse une seule chaumière dont l'habitant voulût permettre à son ami de quitter l'abri de son toit dans les circonstances pareilles? Pouvez-vous penser que nous vous laisserons sortir d'un château que nous croyons assez fort pour nous défendre? Et sa voix tremblait d'émotion, tandis que ses joues rougissaient d'enthousiasme et de modestie.

— Lord Evandale ne peut pas penser à nous quitter, dit lady Marguerite; je vais soigner ses blessures moi-même, c'est tout ce qu'une vieille femme peut faire en temps de guerre. Mais il ne sortira pas du château de Tillietudlem quand l'épée de l'ennemi est hors du fourreau pour le tuer; je ne laisserais pas partir le moindre des soldats du roi, à plus forte raison je retiendrai milord Evandale. Ce n'est pas à notre maison qu'on peut infliger un tel déshonneur. La tour de Tillietudlem a été trop honorée par la visite de Sa Très-Sacrée...

Elle fut interrompue par l'arrivée du major.

— Nous avons fait un prisonnier, mon cher oncle, dit Edith, un prisonnier blessé, et il veut s'évader, il faut que vous nous aidiez à le retenir!

— Lord Evandale, s'écria le vétéran, je suis aussi heureux que le jour où je reçus mon premier brevet, Claverhouse nous avait dit que vous étiez tué ou prisonnier!

— J'aurais été tué si un de vos amis ne m'eût protégé, dit lord Evandale d'un ton de voix plein d'émotion, et baissant les yeux comme s'il eût désiré ne pas voir l'impression que ses paroles allaient causer à miss Bellenden. J'étais tombé de cheval, incapable de me défendre, et l'épée me menaçait déjà, quand le jeune M. Morton, ce prisonnier en faveur duquel vous intercédâtes hier matin auprès de Claverhouse, intervint de la manière la plus généreuse, me sauva la vie et me donna les moyens de m'échapper.

La curiosité l'emporta sur sa première résolution, et levant les yeux sur Edith, il crut pouvoir lire dans la rougeur de ses joues et l'éclair de ses yeux combien elle était heureuse d'apprendre que celui qu'elle aimait était en liberté, et combien elle était fière de savoir qu'il avait eu occasion de montrer sa générosité. Tels étaient, en effet, les sentiments qui se pressaient au cœur d'Edith, mais elle était en même temps saisie d'admiration pour la franchise et l'empressement que lord Evandale avait mis à reconnaître les services d'un rival préféré, services que probablement il aurait mieux aimé recevoir de tout autre individu.

Le major, auquel toutes ces sensations intimes échappaient, se contenta de répondre :

— Puisque Henri Morton a quelque influence auprès de ces vagabonds, je suis heureux d'apprendre qu'il a su en faire un bon usage ; mais j'espère qu'il les abandonnera aussitôt que possible. Oh ! j'en suis sûr. Je connais ses principes ; je sais qu'il déteste leur bigotisme et leur hypocrisie. Je l'ai vu se moquer cent fois du pédantisme de ce vieux scélérat de presbytérien Poundtext, qui, après avoir joui de l'indulgence du gouvernement pendant tant d'années, s'est enfin montré tel qu'il est, au premier mouvement qui a eu lieu, et est allé joindre cette troupe de fanatiques avec les trois quarts de ses paroissiens. Mais comment vous êtes-vous tiré d'affaire après avoir quitté le champ de bataille, milord ?

— J'ai piqué des deux, comme un faux et déloyal chevalier, répondit lord Evandale en souriant, j'ai pris le chemin que j'ai cru le moins dangereux, et je trouvai pendant quelques heures un abri... vous ne devineriez pas où !

— Au château de Bracklan peut-être, dit lady Bellenden, ou chez quelque loyal gentilhomme?

— Non, Madame. Sous un prétexte ou sous un autre, on a refusé de me recevoir dans plus d'une de ces maisons dont vous parlez; ils avaient peur que l'ennemi ne fût à ma poursuite. J'ai pu me reposer dans la chaumière d'une pauvre veuve dont le mari a été tué il y a à peine trois mois par un détachement de nos troupes, et dont les deux fils sont en ce moment avec les insurgés !

— Vraiment? dit lady Bellenden. Une de ces fanatiques a-t-elle réellement été capable de tant de générosité? Elle n'approuve pas, je le suppose, les croyances de sa famille?

— Au contraire, Madame, continua le jeune officier, ses principes sont strictement puritains, mais elle a vu que je souffrais et que j'étais en danger, elle s'est rappelé que j'étais comme elle une créature humaine, et elle a oublié que j'étais un cavalier et un soldat. Elle a mis un bandage sur mes blessures, et, me permettant de reposer sur son lit, elle m'a caché quand une troupe d'insurgés vint à la recherche des traînards! Puis, elle m'a fait prendre quelque nourriture, et ne m'a laissé partir que quand elle eut appris que j'avais toute chance d'arriver ici en sûreté!

— C'est une noble femme, dit miss Bellenden, et j'espère que vous aurez occasion de récompenser sa générosité.

— Je m'endette de tous côtés, miss Bellenden, répondit lord Evandale, mais quand j'aurai les moyens de prouver ma reconnaissance, ma volonté ne me fera pas défaut.

Lord Evandale fut de nouveau prié d'abandonner toute intention de quitter le château, et l'observation que fit le major le décida à rester.

— Votre présence au château, lui dit-il, nous sera très-utile, et je pourrais dire absolument nécessaire, milord, pour maintenir la discipline parmi les hommes que Claverhouse nous a laissés, et qui ne me semblent pas faciles à réglementer sans votre autorité. Je suis même chargé par votre colonel de garder tout officier de son régiment que le hasard amènerait de ce côté.

— Voilà un argument auquel je n'ai rien à répondre, dit lord Evandale, puisqu'il prouve sans réplique que je puis vous être utile à quelque chose, tout impotent que je suis.

— Quant à vos blessures, milord, reprit le major, si ma sœur, lady Bellenden, veut prendre sur elle de combattre et d'apaiser tout symptôme de fièvre qui pourra survenir, j'ai là un vieux compagnon d'armes, Gédéon Lapique, qui met un appareil aussi bien que tout barbier chirurgien licencié. Du temps de Montrose, il eut assez d'expérience; car nous n'avions guère de chirurgiens en titre, comme vous le pensez bien... Ainsi il est convenu que vous restez avec nous?

— Quoique les raisons que j'avais de quitter le château, répliqua lord Evandale en jetant un coup d'œil vers Edith, soient des plus puissantes, elles doivent s'effacer devant celles qui me permettent de vous servir. Oserai-je, major, vous demander quels sont vos moyens et vos plans de défense, irai-je avec vous examiner vos remparts?

Miss Edith, voyant combien lord Evandale était accablé de fatigue, se hâta de dire au major:

— Je crois, mon oncle, que, puisque lord Evandale consent à devenir l'un des officiers de notre garnison, vous devriez lui montrer que vous êtes commandant en chef; il serait bon que vous lui ordonniez de se rendre à son appartement et de prendre quelques rafraîchissements avant de commencer son service.

— Edith a raison, ajouta la vieille dame, il faut vous mettre au lit immédiatement, milord, je vais vous préparer une potion fébrifuge, et ma première camériste, madame Marthe Weddel, vous fera un lait de poule ou quelque chose de très-léger. Je ne vous conseillerais pas de prendre du vin... Jean Gudyill, dites à la femme de charge de faire préparer la chambre au dais; lord Evandale en a besoin immédiatement. La pique va lever l'appareil et examiner vos blessures.

— Ce sont là de bien tristes préparatifs, Madame, dit lord Evandale remerciant lady Marguerite au moment où il allait sortir de la salle, mais je m'abandonne à vos soins. J'espère que vous m'aurez bientôt mis en état de défendre votre château avec honneur. Vous n'avez besoin que de mes services manuels; car, aussi longtemps que le major Bellenden sera ci, tout conseil serait superflu.

— Un excellent jeune homme, plein de modestie! dit le major quand le jeune officier fut sorti de l'appartement.

— Il n'a aucun de ces airs, ajouta lady Marguerite, qui vous feraient croire que l'on sait dès le jeune âge mieux que dans la vieillesse comment on doit traiter les diverses affections maladives.

— Il est aussi généreux que beau, dit Jenny Dennison, qui était entrée vers la fin de cette conversation, et qui se trouvait seule avec sa maîtresse, car le major était retourné à ses occupations militaires, et lady Marguerite était allée commencer ses potions fébrifuges.

Edith ne répondit à ces éloges que par un soupir : elle savait et sentait mieux que personne cependant combien ils étaient mérités.

Jenny continua :

— Après tout, c'est bien vrai, ce que dit milady, on ne peut pas se fier à un presbytérien; ce sont tous gens sans foi et sans vergogne. Qui aurait jamais pu croire que le jeune Milnwood et Cuddie Headrigg se seraient enrôlés parmi tous ces vagabonds d'insurgés?

— Qu'est-ce que vous voulez dire, Jenny, en me rapportant toutes ces absurdités? dit sa jeune maîtresse très-mécontente.

— Je sais bien que cela n'est pas pour vous faire plaisir, Madame, répondit hardiment Jenny, et je n'en ai guère à vous le rapporter; mais il vaut autant que vous le sachiez tout de suite, puisqu'on ne parle que de cela dans le château...

— On parle de quoi, Jenny, dit Edith avec impatience, voulez-vous me dire de quoi il s'agit?

— On dit que Henri Morton de Milnwood s'est mis avec les rebelles, et qu'il est un de leurs chefs.

— C'est un mensonge! dit Edith, c'est une vile calomnie! et vous êtes bien hardie de venir me la répéter! Henri Morton est incapable de devenir traître à son roi et à son pays; ce serait une cruauté envers moi... envers toutes les pauvres victimes, veux-je dire, que font toujours des troubles civils, ce serait une cruauté dont il est tout à fait incapable.

— Mon Dieu! mon Dieu! mam'selle Edith, répliqua Jenny maintenant toujours son dire, je ne connais pas assez les hommes, et je ne les connaîtrai probablement jamais assez, pour pouvoir dire exactement ce dont ils peuvent être capables; mais le troupier Tom et un autre gars sont allés, en bonnet d'Écossais et en plaid, pour reconnaître l'ennemi, ils se sont avancés jusqu'au milieu des rebelles, et ils rapportent qu'ils ont vu le jeune Milnwood monté sur un des chevaux de dragon qu'ils ont pris au mont de Loudon. Il était armé d'épées et de pistolets; il était au milieu des chefs, ordonnant et commandant comme le premier d'entre eux. Cuddie est derrière ses talons, habillé dans un des beaux uniformes du sergent Bothwell, avec un chapeau à claque et un nœud de ruban bleu, c'est la couleur de la ligue, et Cuddie a toujours aimé les rubans bleus; on dit qu'il a encore une chemise à manchettes, comme un vrai seigneur : rien que cela d'impudence !

— Jenny, dit vivement sa jeune maîtresse, il est impossible que cela soit vrai, mon oncle n'en savait pas un mot il n'y a qu'un instant.

— Parce que Tom Halliday n'est revenu que cinq minutes après lord Evandale, répondit la suivante ; et, quand il a su que Sa Seigneurie était au château, il a juré comme un profane mécréant que le diable l'emporterait avant qu'il fît son rapport, comme il l'appelle, au major Bellenden, puisqu'il y avait un officier de son régiment dans la garnison. Il n'en aurait rien dit jusqu'à ce que lord Evandale se fût éveillé demain matin, seulement il m'a conté tout cela pour me vexer un peu à cause de Cuddie.

— Bah! petite folle, dit Edith reprenant courage, c'est une histoire que cet homme vous a fait pour vous agacer.

— Non, Madame, ce ne peut pas être cela, parce que Jean Gudyill a mené l'autre dragon, je ne sais pas son nom, c'est un homme à l'air dur, dans le caveau, et lui a donné un verre d'eau-de-vie pour qu'il lui conte les nouvelles; alors il a rapporté mot pour mot tout ce qu'avait dit Tom Halliday. Si bien que M. Gudyill est dans une terrible colère, et il est venu nous redire cela; il jure que milady, le major et lord Evandale, qui ont obtenu hier matin le pardon du jeune Milnwood et de Cuddie, sont la cause de la rébellion, parce que, s'ils avaient été pendus, le pays serait resté tranquille, et vraiment je commence à le croire aussi.

Jenny ajouta cette dernière observation pour faire sentir à sa maîtresse combien elle était offensée de son extrême incrédulité. Mais l'effet que ces nouvelles produisirent sur Edith, qui avait été élevée dans des principes strictement opposés à ceux des rebelles, alarma bientôt sa suivante. Edith devint d'une pâleur mortelle, sa respiration s'embarrassa, et sa faiblesse fut si grande, qu'elle se laissa tomber sur un siége et sembla près de s'évanouir. Jenny eut recours à l'eau froide, aux plumes brûlées ; elle coupa les lacets de sa maîtresse et s'empressa autour d'elle, comme il est d'usage de le faire en pareil cas : mais ce fut sans aucun effet immédiat.

— Dieu me pardonne ! qu'ai-je fait ! s'écria la pauvre camériste toute repentante, j'aurais dû me couper la langue ! Qui est-ce qui aurait jamais cru qu'elle l'aurait pris de cette manière, et tout cela pour un jeune gars ? Oh ! mam'selle Edith ! ma chère mam'selle Edith ! ne perdez pas courage comme cela ! peut-être que ce n'est pas vrai. Oh ! j'aurais dû avoir un cadenas à la bouche ! Tout le monde me dit que ma langue me portera malheur. Si milady allait venir ! ou bien le major ! et elle est assise sur le trône où personne ne s'est assis depuis cette ennuyeuse matinée que le roi était ici ! Oh ! qu'est-ce que je vais faire ? qu'est-ce que nous allons devenir ?

Pendant que Dennison se lamentait ainsi, Edith reprit peu à peu ses sens.

— S'il avait été malheureux, dit-elle, je ne l'aurais jamais abandonné. Je ne l'ai jamais fait, même quand il y a eu du danger et une sorte de honte à parler pour lui. S'il fût mort, je l'aurais regretté ; s'il m'eût été infidèle, je lui aurais pardonné. Mais rebelle à son roi, traître à son pays, persécuteur de tout ce qui est grand et noble, ennemi déclaré de tout ce qui est saint et sacré, je le chasserai de mon cœur, quand même cela devrait me coûter la vie !

Elle sécha ses yeux et quitta le grand fauteuil que lady Marguerite appelait le trône, pendant que Jenny secouait les coussins pour faire disparaître toute trace qui pût indiquer que le siége avait été occupé. Et quand Jenny lui offrit l'appui de son bras, alors qu'elle marchait en silence d'un bout à l'autre de la salle :

— Non, Jenny, lui répondit-elle, vous avez vu ma faiblesse, vous verrez combien je serai forte !

— Vous vous êtes appuyée sur moi l'autre jour, mam'selle, quand vous étiez si chagrine.

— Une affection déplacée et trompeuse peut avoir besoin d'un appui, Jenny, mais le devoir doit s'en passer ; cependant je ne ferai rien hâtivement. Je veux connaître ses raisons, et alors... m'en séparer à toujours.

Étonnée de cette résolution, dont elle ne pouvait comprendre les raisons ni l'importance, Jenny murmura entre ses dents :

— Oh! quand le premier moment sera passé, mam'selle Edith le prendra aussi tranquillement que moi, et même plus tranquillement, car je suis sûre que je n'ai jamais autant pensé à Cuddie Headrigg qu'elle pense au jeune Milnwood, et puis il n'est peut-être pas si malheureux d'avoir un ami des deux côtés ; car si les whigs venaient à prendre le château, ce qui n'est pas impossible, vu qu'il y a si peu de provisions et que les dragons les gaspillent déjà, et, dans ce cas, Milnwood et Cuddie seraient les maîtres, et leur amitié vaudrait de l'argent comptant... j'y pensais déjà ce matin avant de savoir les nouvelles.

La camériste alla vaquer à ses occupations ordinaires, laissant sa jeune maîtresse s'essayer à effacer de son cœur tous les sentiments qu'elle y avait nourris en faveur d'Henri Morton.

CHAPITRE XXIV.

Tous les rapports qu'ils reçurent jusqu'au soir du même jour leur firent supposer que l'armée des rebelles se mettrait en marche de bonne heure le lendemain pour venir attaquer Tillietudlem. Lapique avait examiné les blessures de lord Evandale et déclara qu'elles ne présentaient aucune gravité : elles étaient nombreuses, mais sans profondeur. La perte de sang, autant peut-être que la merveilleuse potion de lady Marguerite, empêcha toute attaque de fièvre, de sorte que, malgré sa faiblesse et les douleurs qu'il ressentait, il ne voulut pas garder son appartement, et il insista pour aller encourager les soldats par sa présence, et surveiller les préparatifs de défense.

Lord Evandale avait servi dès sa première jeunesse en France et dans les Pays-Bas, il possédait donc toute l'expérience nécessaire. Il eut cependant peu d'observations à faire ; le chapitre des provisions pouvait seul donner raison de craindre que l'on ne pût tenir la place contre les assiégeants qui s'avançaient.

Le major Bellenden et lord Evandale étaient sur les murs dès le point du jour pour examiner encore leurs moyens de défense en attendant l'approche de l'ennemi. Le major avait reçu les rapports des éclaireurs et des espions, mais il avait refusé de croire que Morton pût être en armes contre le gouvernement.

— Je le connais trop bien pour en croire un mot, avait-il dit, la peur les aura pris, il n'auront pas osé s'aventurer assez près, et ils auront été trompés par quelque prétendue ressemblance, ou simplement écouté quelque histoire d'avant-postes.

— Je ne suis pas de votre avis, major, répliqua lord Evandale, je crois que nous verrons ce jeune homme à la tête des insurgés ; j'en serai très-fâché, mais je vous assure que je m'y attends.

— Vous êtes comme Claverhouse, reprit le major, qui prétendait hier matin que ce jeune homme, qui est plein de cœur, n'attendait qu'une occasion de se mettre à la tête des rebelles.

— Mais si nous nous rappelons le traitement qu'il a reçu, les soupçons auxquels il est en butte, dit lord Evandale, quelle autre voie lui reste-t-il ? Quant à moi, je ne sais s'il mérite plus de blâme que de pitié.

— Blâme, milord, pitié, répéta le major surpris de cet aveu, il mériterait d'être pendu, voilà tout : et fût-il mon fils, je le verrais accroché avec plaisir. Blâme, vraiment ! Votre Seigneurie ne dit pas ce qu'elle pense.

— Je vous assure sur l'honneur, major Bellenden, répondit lord Evandale, que je commence à croire que nos politiques et nos évêques ont poussé les choses trop loin dans ce pays, et se sont aliéné par leur violence, non-seulement les classes inférieures, mais tous ceux que l'esprit de parti ou l'intérêt n'attachent pas au drapeau de la cour.

— Je ne suis pas un profond politique, repartit le major, et je ne comprends pas toutes ces subtiles distinctions. Mon épée appartient au roi, et quand il l'ordonne je la tire du fourreau.

— J'espère, répliqua le jeune officier, que vous ne me trouverez pas plus indifférent que vous, mais j'aimerais mille fois mieux que l'ennemi fût étranger. Toutefois, ce n'est pas le moment de discuter ces questions, les voici qui s'approchent, et nous allons nous défendre de notre mieux.

Au moment où parlait lord Evandale, l'avant-garde des insurgés parut au sommet de la route qui descendait dans la vallée sur le côté opposé au château. Mais ils semblèrent comprendre que leurs colonnes allaient être exposées au feu de la place, et ils s'arrêtèrent au haut de la montagne. Leurs rangs, qui d'abord avaient paru peu nombreux, se multiplièrent bientôt, et les masses qui se concentrèrent à l'ouvert du chemin représentaient une force considérable. Il y eut un moment d'inquiétude des deux côtés : les rangs des assiégeants étaient agités, comme si les derniers venus pressaient l'avant-garde, ou comme s'ils hésitaient sur ce qu'il y avait à faire. Ceux qui étaient armés portaient des piques, des fusils, des hallebardes ou des haches de combat. Les insurgés restèrent quelques minutes dans la même position, jusqu'à ce que trois ou quatre cavaliers, qui semblaient être les chefs, s'avancèrent vers une petite éminence plus rapprochée du château. Jean Gudyill, qui avait quelques prétentions à passer pour un adroit canonnier, dirigea l'une de ses couleuvrines vers ce groupe.

— Je vais la laisser cracher aussitôt que Votre Honneur le voudra, dit-il, elle va leur friser le plumet.

Le major regarda lord Evandale.

— Attendez un instant, dit le jeune officier, ils nous envoient un parlementaire.

Un des cavaliers était descendu, et déployant un drapeau blanc au haut d'une pique, il s'avançait vers la tour, tandis que le major et lord Evandale, ne jugeant pas à propos de l'admettre dans l'intérieur du château, descendirent des murs pour le recevoir à la première barricade. Quand le parlementaire eut déployé son drapeau, le petit groupe de cavaliers quitta la petite éminence où ils avaient conféré, et se retira vers le gros de l'armée, comme s'ils eussent deviné que Jean Gudyill se préparait à les recevoir.

A juger de l'ambassadeur des puritains par son air et ses manières, il était profondément imbu de ce bigotisme orgueilleux qui distinguait certains sectaires. Ses traits exprimaient le mépris de tous ceux qui n'atteignaient pas à son degré de sainteté, et ses yeux à demi fermés semblaient dédaigner de regarder les objets de ce bas monde, tandis que sa démarche solennelle et ses pieds tournés en dehors annonçaient que son pèlerinage avait un but plus élevé que cette misérable terre.

Lord Evandale ne put retenir un sourire à la vue de cette apparition extraordinaire.

— Avez-vous jamais vu, dit-il au major, un pareil automate? on jurerait qu'il est monté sur des ressorts! Croyez-vous qu'il puisse parler?

— Oh! oui, répondit le major, cela ressemble à une de mes vieilles connaissances, un vrai puritain de la vieille roche... Attendez... il tousse... c'est pour sommer ce château de se rendre à l'air d'un bout de sermon au lieu d'une fanfare de trompettes.

Le vieil officier, qui avait eu plus d'une occasion d'étudier les manières de ces sectaires, avait à peu près deviné ce qui allait se passer; seulement, au lieu d'un exorde en prose, le laird de Langcale, car c'était ce noble personnage, commença d'une voix de stentor un verset du vingt-quatrième psaume.

Le major s'approcha de l'entrée de la barricade, et lui demanda à quelle occasion il venait hurler ainsi sous les portes du château.

— Je viens, répliqua l'ambassadeur de sa voix de fausset la plus criarde et sans échanger aucun témoignage de politesse, je viens, au nom de la sainte armée de la ligue et alliance solennelle, pour parler à deux hommes de chair, William Maxwell, appelé lord Evandale, et Miles Bellenden de Charnwood.

— Et qu'avez-vous à dire à Miles Bellenden et à lord Evandale? demanda le major.

— Êtes-vous les susnommés? répliqua le laird de Langcale du même ton acariâtre et impertinent.

— Oui... par faute de mieux, répondit le major.

— Alors voici les sommations publiques, dit l'envoyé remettant un papier à lord Evandale, et voici une lettre particulière pour Miles Bellenden, de la part d'un saint jeune homme qui a l'honneur de commander une partie de notre armée. Lisez vite, et que Dieu vous fasse la grâce de profiter de leur contenu! ce dont il est permis de douter.

— Nous, disait la sommation, les chefs nommés et reconnus des gentilshommes, ministres, et autres présentement en armes pour la cause de la liberté et de la vraie religion, avertissons et sommons William lord Evandale, Miles Bellenden de Charnwood et autres présents sous les armes et tenant garnison dans la tour de Tillietudlem de rendre ladite tour à condition d'avoir la vie sauve, et la liberté de se retirer avec armes et bagages. Autrement ils seront exposés à souffrir du feu et de l'épée, comme l'autorisent les lois de la guerre à l'égard de ceux qui veulent défendre un poste sans défense. Et qu'ainsi Dieu protége la bonne cause!

John Balfour de Burley avait signé ce document au nom des autres chefs et en qualité de quartier-maître général de l'armée de l'alliance.

La lettre de Morton adressée au major contenait ce qui suit:

« J'ai pris une résolution, mon vénérable ami, qui aura, entre autres pénibles conséquences, celle d'encourir votre désapprobation la plus absolue. Mais, cette résolution, je l'ai prise en tout honneur et bonne foi, et ma conscience est en paix. Je ne puis voir plus longtemps mes droits et ceux de mes compatriotes perpétuellement méconnus, notre liberté violée, nos personnes insultées, notre sang répandu sans juste raison, sans jugement légal. La violence de nos oppresseurs eux-mêmes semble avoir secondé la Providence pour nous ouvrir le chemin qui doit nous conduire à la liberté en nous délivrant de cette tyrannie intolérable. Celui qui pense comme moi ne mérite plus le nom ni les droits d'un homme libre s'il ne vient pas soutenir de son épée la cause de son pays.

» Je prends à témoin Dieu, qui connaît mon cœur, que je ne partage pas les passions violentes et sanguinaires des malheureuses victimes avec lesquelles j'agis aujourd'hui de concert. Mon désir le plus grand, le plus sincère, est de voir cesser au plus tôt cette guerre contre nature : je voudrais voir les hommes les plus sages, les plus modérés de tous les partis, s'unir pour établir une paix qui, tout en respectant les droits constitutionnels du roi, substituerait l'autorité des lois à la violence militaire, permettrait à chacun de prier Dieu suivant sa conscience, vaincrait l'enthousiasme et le fanatisme par la raison et la douceur au lieu de le pousser à la frénésie par la persécution et l'intolérance.

» Vous comprendrez donc combien je souffre d'être obligé de paraître en armes devant la maison de votre vénérable parente que vous vous proposez, dit-on, de défendre. Permettez-moi de vous assurer que vous ne ferez que rendre l'effusion du sang nécessaire, car si nous sommes repoussés quand nous marcherons à l'assaut, nous sommes assez nombreux pour faire le blocus de la place et la réduire par la faim, car nous savons que vos provisions ne vous permettront pas de tenir longtemps. Je serais peiné jusqu'au fond du cœur de savoir combien vous souffririez alors et qui souffrirait avec vous.

» Ne supposez pas, mon respectable ami, que je veux vous proposer des conditions incompatibles avec le caractère honorable qui vous distingue. Si les dragons, auxquels j'assurerai une retraite tranquille, sont renvoyés vers leur régiment, nous ne demanderons rien autre chose que votre parole de rester neutre pendant cette malheureuse guerre. J'aurai soin que toutes les propriétés de lady Marguerite et les vôtres soient respectées, et vous n'aurez à recevoir aucune garnison. Je pourrais m'étendre beaucoup sur les offres que je vous soumets; mais comme je vous parais probablement sous l'aspect d'un criminel, mes arguments n'auraient aucune valeur auprès de vous. Je terminerai donc en vous assurant que, quels que soient à l'avenir vos sentiments à mon égard, ma reconnaissance pour toutes vos bontés passées ne sera ni diminuée ni effacée, et je me croirais au moment le plus heureux de ma vie si je pouvais vous le prouver autrement que par des paroles. Quoique le premier moment de colère puisse vous porter à rejeter mes propositions, pensez-y de nouveau plus tard si les circonstances vous les faisaient paraître plus acceptables. Quand je pourrai et partout où je pourrai vous être de quelque utilité, ce sera toujours une source de sincère satisfaction pour

» HENRI MORTON. »

Le major Bellenden lut cette longue lettre en témoignant son indignation à plusieurs reprises, et la remit à lord Evandale.

— Je n'aurais jamais cru cela de Henri Morton, dit-il, quand la moitié du genre humain me l'aurait juré! L'ingrat! le traître! le rebelle! rebelle de sang-froid, sans l'excuse de l'enthousiasme qui échauffe la bile de notre imbécile d'ambassadeur que voici... Mais j'aurais dû me rappeler qu'il est presbytérien, j'aurais dû savoir que je nourrissais un chien-loup dont la nature diabolique le ferait tourner contre moi à la première occasion. Si saint Paul revenait sur terre, et qu'il fût presbytérien, il serait avec les rebelles avant trois jours ; c'est dans leur sang.

— Je serai le dernier à parler de nous rendre, dit lord Evandale ; mais, si nos provisions viennent à manquer, et si nous ne recevons de secours ni de Glasgow ni d'Édimbourg, je crois que nous ferons bien de nous servir de cette ouverture pour obtenir au moins de laisser sortir les dames du château.

— Elles souffriront tout plutôt que d'accepter la protection d'un pareil hypocrite, s'écria le major encore indigné ; je les renierais pour mes parentes, si elles acceptaient... Mais renvoyons ce digne parlementaire. Mon ami, dit-il en se tournant vers Langeale, dites à vos chefs et à la multitude qui les suit que s'ils ne croient pas leurs têtes plus dures que d'ordinaire, je ne leur conseille pas de venir les cogner contre ces vieux murs. Et n'envoyez plus d'ambassadeur, car nous le pendrons en représailles du meurtre de l'enseigne Graham.

L'ambassadeur retourna porter cette réponse à ceux qui l'avaient envoyé. Il ne fut pas plus tôt arrivé au corps d'armée, que l'on entendit un murmure circuler dans les rangs, et ils élevèrent un immense drapeau rouge bordé de bleu. Au moment où ce signal de guerre se déroulait au vent, l'ancienne bannière de Tillietudlem et le drapeau royal flottèrent au haut des tours pendant qu'une décharge d'artillerie allait causer quelque dommage aux premiers rangs des insurgés.

— Je crois, dit Jean Gudyill en rechargeant ses pièces, qu'ils ont trouvé mes couleuvrines de bon aloi.

Les rebelles cependant couvrirent de nouveau le sommet de la colline et commencèrent à tirer sur les assiégés. Une colonne d'hommes choisis et déterminés s'avança enveloppée par la fumée, et, malgré le feu de la garnison, arriva jusqu'à la première barricade qui défendait les approches de la tour. Elle était commandée par Balfour, qui montra un courage égal à son enthousiasme : malgré les efforts des assiégés, il força la barricade, tuant ou blessant une partie des défenseurs, et forçant le reste à se retirer dans leur seconde ligne de défense. Mais l'expérience du major avait rendu ce premier succès inutile, car les puritains ne furent pas plus tôt maîtres de ce poste, qu'ils furent exposés à une vive fusillade du château et des autres retranchements élevés de chaque côté de l'avenue. Reconnaissant qu'il leur était impossible de se protéger contre ce feu, et qu'ils ne pouvaient riposter sur des hommes à couvert derrière des murs ou des barricades, les insurgés furent obligés de se retirer, mais auparavant ils détruisirent la palissade à coups de hache, de manière à empêcher les assiégés de pouvoir s'en servir de nouveau.

Balfour se retira le dernier; il resta même quelques instants tout seul, travaillant comme un pionnier avec sa hache au milieu d'une grêle de balles dont la plupart étaient dirigées contre lui. La retraite cependant ne s'effectua pas sans une perte sévère qui leur fit reconnaître tous les avantages que possédait la garnison.

Les puritains mirent plus de prudence dans leur seconde attaque. Une troupe de bons tireurs se glissa sous les bois qui offraient le meilleur abri, et s'efforça, sous les ordres de Henri Morton, de gagner une position qui leur permît d'inquiéter les défenseurs de la seconde barricade pendant que Balfour l'attaquerait de front. Les assiégés virent le danger de ce mouvement, et commencèrent à tirer sur tous les puritains qui se montraient sous le bois. Mais les assiégeants continuèrent d'avancer sous la conduite de leur prudent commandant, qui montra autant d'adresse à protéger ses hommes que d'ardeur à attaquer l'ennemi.

Morton recommandait sans cesse à ceux qui le suivaient de tirer sur les habits rouges et d'épargner les autres défenseurs du château, et surtout de prendre garde au vieux major, qui s'exposait de manière à courir les plus grands dangers. Le château était devenu le centre d'une vive fusillade. Les tirailleurs s'avançaient de buisson en buisson, de rocher en rocher et d'arbre en arbre, et, s'aidant des branches et des racines, ils s'approchaient incessamment des murailles. Ils gagnèrent enfin une position si élevée, qu'ils purent tirer dans la barricade ; et Balfour, profitant de la confusion où cette attaque jeta les défenseurs de ce retranchement, marcha hardiment à l'assaut. Il attaqua avec la même ardeur qu'auparavant, et, rencontrant moins de résistance, il poursuivit les assiégés, qui se retiraient, jusqu'à la troisième et dernière barricade, dans laquelle il entra avec eux.

— Tue! tue! à bas les ennemis de Dieu et de son peuple ! tue partout ! nous avons le château !

Il animait ses hommes par ces cris ; quelques-uns des plus hardis le suivaient, tandis que d'autres, armés de haches, de pelles et de pioches, abattaient des arbres et se hâtaient d'élever une palissade pour se mettre à couvert en deçà de la seconde barricade, s'ils ne pouvaient emporter le château immédiatement.

Lord Evandale ne put maîtriser plus longtemps son impatience. Quoique son bras fût encore en écharpe, il se mit à la tête de quelques soldats qu'il avait tenus en réserve dans la cour du château, et s'avança au secours de ceux qui résistaient à Burley. Le combat devint acharné. L'étroit chemin était rempli des hommes de Burley, qui se pressaient pour l'appuyer. Les soldats, animés par la voix et la présence de lord Evandale, combattirent avec furie. Le désavantage de leur petit nombre était compensé par leur plus grande adresse et par l'élévation du terrain qu'ils occupaient. Ceux qui étaient restés dans le château secondaient leurs compagnons en tirant sur les assiégeants toutes les fois qu'ils pouvaient le faire sans blesser aucun des leurs. Un nuage de fumée roulait tout autour du château, et du pied de chaque rocher s'élevaient les cris des combattants. Un singulier accident qui arriva au milieu de cette scène de confusion rendit les assiégeants presque maîtres du château.

Cuddie Headrigg, qui connaissait tous les rochers et tous les buissons du voisinage, où il avait souvent cueilli des noix avec Jenny Dennison, put s'approcher sans danger plus près que la plupart de ses compagnons ; trois ou quatre seulement l'avaient fidèlement suivi. Tout brave qu'il était cependant, il n'aimait pas à trop braver le danger ; et quand il se trouva exposé au feu des assiégés, il tourna vers la gauche et s'avança, sous les murs du château, vers un point que l'on ne songeait pas à défendre à cause de l'escarpement du précipice. C'était l'endroit où se trouvait une certaine croisée ouvrant dans une office et où l'on pouvait arriver à l'aide d'un if qui croissait dans une fente du rocher. Guse Gibbie était sorti par cette croisée quand il était allé porter la lettre d'Edith au major Bellenden.

Cuddie, s'approchant sur la crosse de son fusil et montrant la croisée, dit à un de ses compagnons :

— Voilà une place que je connais bien : j'ai souvent aidé Jenny Dennison à descendre par là pour aller nous amuser ensemble quand la charrue était remisée.

— Et qu'est-ce qui nous empêche d'y passer maintenant ? dit l'autre, qui était plein d'ardeur.

— Il n'y a rien, que je sache, répondit Cuddie ; mais qu'est-ce que nous ferons après ?

— Nous prendrons le château, répliqua son compagnon ; nous voici cinq ou six, et tous les soldats sont occupés à la grande porte.

— Eh bien ! venez avec moi, dit Cuddie, mais rappelez-vous de ne rien faire à lady Marguerite, ou à miss Edith, ou au vieux major, et surtout à Jenny Dennison, ou à qui que ce soit, excepté les soldats ; vous pouvez les traiter comme vous voudrez.

— Oui, oui, dit l'autre, faites-nous entrer, et nous en prendrons soin.

Cuddie commença à monter en silence et comme à regret, car sa conscience lui reprochait toutes les bontés et la protection de lady Marguerite. Il monta cependant dans le vieil if, suivi de ses compagnons. La croisée était étroite et avait été défendue par des barres de fer ; mais le temps les avait rongées ou elles avaient été arrachées par les domestiques pour ouvrir un passage ignoré des maîtres. Il était donc facile d'entrer s'il n'y avait personne dans l'office ; c'est ce que Cuddie tâcha de découvrir avant de descendre à l'intérieur.

Pendant que ses compagnons le pressaient d'avancer, il avait avancé la tête en dedans des barreaux, quand Jenny Dennison, qui s'était réfugiée là comme dans l'endroit le plus en sûreté, l'aperçut tout à coup. Dans son extrême frayeur, elle poussa un cri de désespoir ; et, courant à la cuisine, elle saisit une casserole dans laquelle elle faisait cuire le déjeuner dont elle avait promis de régaler Tom Halliday, elle revint à la croisée en criant : Au secours ! au secours ! Nous sommes prises ! Le château est emporté !... Tenez, prenez cela pour vous !

Elle répandit au même instant tout le contenu de sa casserole sur le pauvre Cuddie. Si Jenny eût donné cette bonne soupe à son ancien admirateur d'une manière plus acceptable, elle l'aurait probablement guéri pour toujours de l'idée d'être soldat ; mais malheureusement le casque et l'habit galonné du sergent Bothwell ne le protégèrent pas suffisamment. La douleur et la surprise le firent sauter à bas de l'arbre, et entraînant avec lui ses compagnons, il commença une retraite accélérée jusqu'au gros de l'armée, d'où rien ne put l'arracher ensuite.

Jenny continua à crier dans l'intérieur de la cuisine, et causa tant d'alarme, que le major et lord Evandale jugèrent leur présence nécessaire dans le château pour repousser toute surprise, et laissèrent leurs hommes défendre les remparts. La panique de Cuddie et de ses compagnons occusionna parmi les assiégeants autant de confusion que les cris de Jenny parmi les assiégés, et l'attaque cessa en même temps que la défense.

L'armée des insurgés avait éprouvé des pertes nombreuses, et la résistance qu'ils avaient trouvée dans l'attaque des barricades leur laissa peu d'espoir d'emporter la place. La situation des assiégés était critique et leur semblait presque désespérée. Ils avaient perdu deux ou trois hommes pendant cette escarmouche, et un assez grand nombre étaient blessés. Leurs pertes cependant n'étaient pas aussi considérables que celles de l'ennemi, qui avait laissé vingt hommes sur le champ de bataille; mais leur petit nombre rendait ces pertes très-sérieuses, car l'enthousiasme que les assiégeants avaient montré prouvait combien ils tenaient à s'emparer du château et avec quelle ardeur ils combattaient.

Le major et ses amis redoutaient un blocus : on n'avait pu obtenir que peu de provisions, et, malgré l'autorité de lord Evandale, les dragons ne les économisaient guère. Ce fut donc le cœur plein de tristesse que le vieil officier donna ordre de garder la croisée qui avait facilité une surprise dont le hasard seul avait fait manquer la réussite.

CHAPITRE XXV.

Les chefs de l'armée presbytérienne tinrent conseil dans la soirée qui suivit cette attaque. Leurs hommes étaient presque découragés par les pertes qu'ils avaient éprouvées; c'était, comme toujours, les plus braves et les plus hardis qui étaient tombés. Ils pouvaient craindre que le zèle de leurs soldats se refroidît et que leur nombre diminuât, s'ils les laissaient se fatiguer devant une place dont il ne leur importait guère de s'emparer : c'était risquer de perdre tous les avantages que leur avait donnés la victoire du mont de Loudon.

Il fut donc résolu que l'armée marcherait sur Glasgow et chercherait à s'en rendre maîtresse. Le conseil confia le commandement de cette expédition à Henri Morton, et décida que Burley resterait avec cinq cents hommes pour faire le blocus de Tillietudlem. Cet arrangement contraria vivement Morton.

— Il avait de puissantes raisons personnelles, dit-il, pour désirer de rester auprès de Tillietudlem; et si le conseil voulait lui confier le siége du château, il était certain de le mener à bonne fin et de manière à servir les vues des assiégeants.

Burley comprit les raisons qui portaient Morton à rester commandant du blocus : curieux de connaître le caractère des hommes avec lesquels il lui fallait agir, il avait réussi, grâce à la simplicité de Cuddie et à l'enthousiasme de Mause, à connaître les rapports d'intimité qui existaient entre Henri et les habitants de Tillietudlem. Il prit donc occasion de l'intention qu'exprima Poundtext de parler sur les affaires en délibération, ce qui annonçait un discours d'une heure et demie, pour engager Morton à se retirer un peu à l'écart avec lui.

— Tu n'es pas sage, Henri Morton, lui dit-il, de vouloir sacrifier le succès de notre sainte cause par amitié pour un Philistin incirconcis, et par amour pour une femme des Moabites.

— Je ne vous comprends pas, monsieur Balfour, et je n'aime pas vos allusions, répliqua Morton indigné, et je ne sais pas quelle raison vous avez de me parler sur ce ton.

— Confesse la vérité, dit Balfour, et avoue qu'il y a dans cette tour de perdition des personnes auprès desquelles tu voudrais veiller comme une mère veille sur ses enfants, plutôt que de planter la bannière de l'Église d'Écosse sur les corps de ses ennemis.

— Si vous voulez dire que je voudrais finir cette lutte sans répandre de sang, et que je le désire plus que d'acquérir du pouvoir ou de la renommée, répliqua Morton, vous avez raison.

— Et je n'ai pas tout à fait tort, reprit Burley, en pensant que tu ne voudrais pas exclure de cet embrassement général tes amis du château de Tillietudlem.

— Certainement, répondit Henri, j'ai trop d'obligations au major Bellenden pour ne pas désirer de lui être utile, tout autant que me le permettront les intérêts de la cause que j'ai embrassée. Je n'ai jamais fait un secret de mes sentiments à son égard.

— Je le sais, dit Burley ; mais, si tu l'eusses caché, je l'aurais deviné. Maintenant, écoute-moi. Ce Miles Bellenden a des provisions pour un mois.

— Cela n'est pas, répliqua Morton, nous savons qu'il en a à peine pour une semaine.

— On l'a dit, continua Balfour ; mais, depuis, j'ai eu des preuves incontestables que ce vieux grison avait fait courir ce bruit pour décider sa garnison à se soumettre à des rations amoindries : il voulait que nous restions devant ses murs jusqu'à ce que nos ennemis aient eu le temps de rassembler leurs forces et d'aiguiser l'épée qui devait nous détruire.

— Et pourquoi n'avez-vous pas produit ces preuves au conseil? demanda Morton.

— Pourquoi? répéta Balfour; mais est-il nécessaire de dire tout ce que je sais à Kettledrummle, Macbriar, Poundtext et Langcale? Tu sais toi-même que tout ce que l'on confie aux prédicants leur sort des lèvres à leur prochain sermon. Nos hommes sont déjà découragés à l'idée de rester ici une semaine, que serait-ce s'ils savaient que le blocus devra durer un mois?

— Alors, pourquoi me l'avoir caché? ou pourquoi me le dire maintenant? et surtout où sont vos preuves? demanda Morton.

— Les voici, répondit Burley.

Il lui présenta une liasse de réquisitions pour du bétail, du grain ou de la farine, signées par le major avec les reçus à l'appui. Elles formaient un total de provisions qui semblait exclure toute idée de la possibilité d'une disette dans le château. Mais il se garda bien de lui dire ce qu'il savait pertinemment, que la plus grande partie de ces provisions n'était jamais parvenue à Tillietudlem, les dragons ayant volontiers vendu dans une maison ce qu'ils avaient obtenu dans une autre.

— Maintenant, continua Balfour, je dois ajouter que je ne t'ai pas caché ceci très-longtemps, car je n'ai reçu ces papiers que ce matin. Je te le dis en ce moment, afin que tu entreprennes ta grande œuvre avec joie, et que tu sois certain que tes amis n'éprouveront aucun mal en ton absence, car ils ont des vivres en abondance, et je n'aurai que les hommes qu'il me faut pour les empêcher de sortir.

— Mais pourquoi, reprit Morton, qui ne pouvait être convaincu par les arguments de Balfour, pourquoi ne pas me laisser ici à la tête de cette petite troupe, et ne pas marcher vous-même sur Glasgow? c'est une entreprise plus honorable.

— Et pourquoi donc, jeune homme, répondit Burley, ai-je voulu que l'attaque de Glasgow fût confiée au fils de Silas Morton? Je me fais vieux, et ces cheveux gris ont acquis assez d'honneur là où il y avait danger à l'obtenir. Je ne parle pas de cette vaine fumée que les hommes appellent la gloire, mais de l'honneur qui revient à celui qui accomplit courageusement son œuvre. Ta carrière ne fait que commencer. Tu as à justifier la confiance que l'on a mise en toi sur l'assurance que j'ai donnée que tu la méritais de tout point. Au combat du mont de Loudon, tu étais prisonnier; au dernier assaut, tu as eu la chance de combattre à l'abri tandis que j'étais parmi les plus exposés. Si tu restais devant ces murs pendant que l'on se battrait ailleurs, crois-moi, on dirait partout que le fils de Silas Morton ne suit pas les traces de son père.

Piqué par cette dernière observation, Morton se hâta d'acquiescer à la décision du conseil. Cependant il ne pouvait s'affranchir entièrement de certains soupçons qui le tourmentaient.

— Monsieur Balfour, reprit-il, entendons-nous bien l'un et l'autre. Vous avez cru nécessaire de vous occuper de mes affaires et de mes affections personnelles, ayez la bonté de vous rappeler qu'elles sont aussi invariables que mes principes politiques. Il est possible que pendant mon absence, vous puissiez blesser ou flatter ces sentiments. Soyez assuré que, quelle que soit l'issue de notre présente entreprise, je vous aurai une reconnaissance éternelle ou je vous poursuivrai de mon ressentiment implacable, suivant la ligne de conduite que vous aurez adoptée à ce sujet. Jeune et inexpérimenté comme je suis, je trouverai néanmoins des amis pour me seconder dans l'un ou l'autre cas.

— Si cette déclaration renferme une menace, répliqua Burley d'un ton hautain, vous auriez mieux fait de me l'épargner. Je sais le prix de l'affection de mes amis, et je méprise du plus profond de mon âme les menaces de mes ennemis. Mais je ne veux pas être offensé. Quoi qu'il arrive en votre absence, j'aurai égard à vos désirs, autant que me le permettra mon devoir envers notre Maître de là-haut.

Morton fut obligé de se contenter de cette demi-promesse.

— Notre défaite, pensa-t-il, fera lever le siége du château avant que la garnison soit forcée de se rendre à discrétion; et si nous sommes vainqueurs, je vois déjà que l'importance croissante du parti modéré me permettra de balancer l'influence de Burley quand il faudra décider comment nous devrons user de notre victoire.

Il retourna donc avec Balfour au conseil, où Kettledrummle ajoutait en dernier lieu quelques mots d'explication pratiques. Quand il eut fini, Morton signifia aux chefs assemblés qu'il était prêt à prendre le commandement de l'armée destinée à marcher sur Glasgow. On lui adjoignit quelques autres chefs, et les ministres leur adressèrent de pieuses exhortations. Le lendemain, au point du jour, l'armée se mit en marche.

Nous n'avons pas l'intention de raconter tous les détails de cette lutte. Il nous suffira de dire que lord Ross et Claverhouse, apprenant que des forces considérables venaient les attaquer, se retranchèrent et se barricadèrent dans le centre de la cité, où étaient situés la prison et l'hôtel de ville. Les presbytériens s'avancèrent en deux colonnes, l'une entra dans la cité par la ligne du collége et de la cathédrale, l'autre suivit la Gallowgate ou la route du Sud. Ces deux divisions étaient commandées par des hommes résolus et combattirent vaillamment : mais la position que les troupes occupaient était trop forte pour leur courage indiscipliné.

Les soldats de Ross et de Claverhouse occupaient les maisons qui commandaient les carrefours et l'entrée des passages; d'autres défendaient les barricades élevées d'un côté à l'autre des rues. Les puritains virent leurs rangs éclaircis par des ennemis invisibles qu'ils ne trouvaient aucun moyen d'inquiéter : ce fut en vain que Morton et les autres chefs s'exposèrent avec courage, et tentèrent de forcer leurs ennemis à un combat moins inégal, leurs hommes commencèrent à les abandonner de tous côtés. Et, cependant, quoique Henri fût un des derniers à se retirer et se multipliât pour maintenir le bon ordre dans la retraite et repousser les efforts que faisait l'ennemi pour profiter de la victoire, il eut la douleur d'entendre plus d'un presbytérien murmurer dans les rangs : que cela venait d'avoir confié le commandement à un latitudinarien ! Si l'honnête et fidèle Burley, disaient-ils, les avait conduits à l'assaut, comme il avait fait aux barricades de Tillietudlem, le résultat aurait été tout différent.

Ce fut avec dépit que Morton entendit faire ces observations par ceux-là mêmes qui s'étaient découragés le plus tôt. Cet injuste reproche enflamma son émulation, et lui fit comprendre qu'il était embarqué dans une entreprise dans laquelle il fallait vaincre ou mourir.

— Il n'y a pas à reculer, se dit-il, tout le monde conviendra... le major Bellenden lui-même... Édith elle-même... que le rebelle Henri Morton avait autant de courage que son père!

Son armée était si indisciplinée et dans un tel désordre, que les chefs jugèrent utile de la conduire à quelques milles en dehors de la cité pour y rétablir l'ordre et l'autorité. Des renforts, excités plus tôt par la victoire du mont Loudon que découragés par la non-réussite de cette attaque, venaient les joindre à chaque instant. La plupart se mettaient sous les ordres de Morton : mais il eut la douleur de voir que son impopularité croissait rapidement parmi les puritains les plus intolérants. Ils appelaient sa prudence et la discipline qu'il voulait introduire, une confiance mondaine dans les armes de la chair; sa tolérance pour toutes les croyances qui différaient de la sienne lui valut le surnom de Gallion, à qui toutes ces choses étaient indifférentes. La multitude ignorante et fanatique préférait donc le commandement des chefs les plus zélés, qui permettaient à l'enthousiasme de tenir lieu de discipline et de bon ordre. Morton se trouva donc bientôt avec toute la responsabilité d'un général en chef, sans avoir cette autorité qui eût pu rendre ses ordres obligatoires.

Cependant il s'était occupé si activement à remodeler son armée, qu'il jugea possible de renouveler son attaque sur Glasgow quelques jours après en avoir été repoussé.

Morton avait le plus grand désir de se mesurer avec le colonel Graham de Claverhouse, dont il avait été le prisonnier. Mais Claverhouse déçut l'espoir du jeune chef presbytérien : content d'avoir pu repousser la première attaque des rebelles sur Glasgow, il se décida à ne pas attendre un second assaut; et évacuant cette place, il marcha à la tête du peu de troupes qui lui restaient sur Édimbourg. Les insurgés occupèrent Glasgow sans opposition. La retraite de Claverhouse et la prise de Glasgow rendirent courage aux presbytériens et leur valurent de nouvelles recrues.

Morton fut chargé de choisir les officiers, et de former les régiments et les escadrons de nouvelles troupes; les connaissances militaires que son père lui avait inculquées lui permirent de s'acquitter de ce devoir avec honneur.

La forteresse semblait favoriser les entreprises des rebelles plus qu'ils ne l'avaient espéré. Le conseil privé d'Écosse, étonné de la résistance que ses mesures arbitraires avaient provoquée, semblait atterré et incapable de rien faire pour apaiser la colère qu'il avait soulevée. Il n'y avait que peu de troupes en Écosse, elles furent rappelées à Édimbourg pour protéger cette métropole. Les grands vassaux de la couronne eurent ordre de prendre les armes; mais très-peu firent preuve d'obéissance. La cause n'était pas vue d'un bon œil parmi la noblesse, et mille excuses furent trouvées pour rester neutre.

Le cabinet anglais commença à douter de la prudence et du zèle des conseillers écossais : le duc de Monmouth, qui, par son mariage, avait acquis de grandes propriétés en Écosse, fut nommé commandant en chef de l'armée. Les connaissances militaires qu'il avait montrées à l'étranger en plus d'une occasion firent supposer qu'il dissiperait facilement l'armée des rebelles, tandis que la douceur habituelle et la faveur qu'il montrait ordinairement aux presbytériens permettaient d'espérer qu'il pourrait pacifier les esprits et les réconcilier au gouvernement. On lui confia donc tous les pouvoirs nécessaires pour apaiser cette rébellion, et il quitta Londres accompagné de troupes nombreuses.

CHAPITRE XXVI.

Les deux partis suspendirent leurs opérations militaires. Le gouvernement se contenta d'empêcher les rebelles de marcher sur la capitale; et, dans le but d'accroître leurs forces, les puritains établirent leur camp dans le parc de Hamilton, qui était protégé par la Clyde, rivière rapide et profonde que l'on ne pouvait passer que par le pont long et étroit du village de Bothwell.

Morton avait reçu plusieurs lettres de Burley, mais elles se bornaient à l'informer que le château de Tillietudlem tenait encore. Impatient de connaître enfin la vérité, Henri annonça à ses collègues son intention de s'absenter pendant un jour ou deux pour arranger quelques affaires importantes. Le révérend M. Poundtext voulut aussi visiter ses ouailles auprès de Milnwood et demanda la permission de l'accompagner. Comme leur cause était populaire dans le pays qu'ils avaient à traverser, ils partirent sans autre escorte que celle du fidèle Cuddie.

Vers le soir, ils arrivèrent à Milnwool; là Poundtext se sépara de ses compagnons pour aller jusqu'à sa cure, située à un demi-mille au-delà de Tillietudlem.

La vue des lieux où s'étaient passées les plus douces années de sa vie firent réfléchir Morton sérieusement sur l'étrange suite d'événements qui l'avait porté à la tête de cette insurrection.

— Il est probable que je mourrai jeune, se dit-il, on ignorera les raisons qui m'ont fait agir, et ceux mêmes dont l'approbation me serait la plus chère me condamneront. Mais, je tiens l'épée du patriotisme et de la liberté, je ne succomberai pas lâchement ni sans être vengé. Ils pourront exposer mon corps et mes membres sur leurs potences, mais le jour viendra où il leur sera demandé compte de leur sentence infâme. Et le ciel, dont on profane le nom si souvent pendant cette guerre odieuse, me sera témoin de la pureté des raisons qui m'ont guidé.

Quand Henri Morton frappa pour demander à être admis à Milnwood, ce n'était plus l'hésitation et la timidité d'un jeune homme qui craint d'avoir outre-passé les limites de sa liberté, il avait maintenant la confiance et la hardiesse d'un maître de ses actions, en pleine possession de ses droits. Sa vieille connaissance, madame Alison Wilson, entr'ouvrit la porte, et recula quand elle vit le casque d'acier et les plumes de l'étranger.

— Où est mon oncle, Alison? dit Morton souriant de sa frayeur.

— Bon Dieu du ciel! est-ce bien vous, monsieur Henri? répliqua la vieille dame; vrai, vous m'avez fait sauter le cœur aux lèvres. Mais cela ne peut pas être vous, car vous paraissez plus grand et plus fort que vous n'étiez.

— Cependant, c'est bien moi-même, dit Henri souriant et soupirant à la fois, je crois que cet habit me fait paraître plus grand, et nous vivons dans un temps où les enfants deviennent bientôt des hommes.

— Des temps bien malheureux! reprit la vieille dame. Et dire que vous êtes au milieu de tous ces dangers! Mais il n'y a pas moyen de l'empêcher. Vous étiez mal conseillé, et, comme je dis à votre oncle, si vous marchez sur un ver il regimbera.

— Vous preniez toujours ma défense, Aillie, dit-il, et vous ne laissiez personne autre que vous me gronder, je le sais bien. Mais où est mon oncle?

— A Édimbourg, répondit Alison, l'honnête homme a cru qu'il valait mieux aller s'asseoir auprès de la cheminée quand il y avait un peu de fumée. Oh! qu'il a eu peur, et qu'il a eu de chagrin! Mais vous le connaissez aussi bien que moi.

— J'espère que sa santé n'a pas souffert? dit Henri.

— Oh! non, repartit la gouvernante, il n'y a rien à en dire, ni en bien ni en mal. Nous avons fait nos petites affaires; car, quoique les dragons aient emmené notre vache rouge à Tillietudlem, et le vieux Hackie, vous vous le rappelez bien? ils nous en ont vendu assez bon marché quatre autres qu'ils conduisaient au château.

— Ils vous ont vendu bon marché? répéta Morton, que voulez-vous dire?

— Mais, ils vinrent chercher des vivres pour la garnison, répondit Alison, et ils recommencèrent leur ancien métier, ils couraient le pays, ramassaient tout ce qu'ils pouvaient, et le revendaient comme autant de voleurs de bétail de l'ouest. Certes, le major n'eut pas grand'chose de ce qu'ils recueillirent, quoique ce fût pris en son nom!

— Alors, dit Morton vivement, la garnison doit être affamée!

— Affamée, sans aucun doute! répliqua Aillie.

— Burley m'a trompé, pensa Henri, sa foi lui permet le mensonge comme la cruauté. Puis il ajouta: Je ne peux pas m'arrêter, madame Wilson, il faut que je continue mon chemin.

— Oh! mais, mangez un morceau, dit la bonne gouvernante, je vais l'avoir prêt dans une minute.

— C'est impossible, répliqua le jeune homme. Cuddie, apprête les chevaux.

— Ils mangent l'avoine, répondit Cuddie.

— Cuddie! s'écria Ailie, qu'est-ce qui vous a fait amener cet oiseau de mauvais augure? Ce fut lui et sa bigote de mère qui firent commencer tous les malheurs qui sont tombés sur la maison!

— Bah! bah! reprit Cuddie, il faut oublier et pardonner, ma bonne dame. Ma mère est à Glasgow chez sa tante, et ne vous tourmentera plus; je suis maintenant le valet du capitaine, et j'en prends plus de soin que vous ne l'avez jamais fait : l'avez-vous quelquefois vu plus bravement mis?

— C'est vrai, cela, dit la vieille gouvernante admirant son jeune maître, dont la bonne mine était singulièrement rehaussée par son habit militaire, je suis sûre que vous n'avez jamais eu une cravate avec d'aussi belle dentelle quand vous étiez à Milnwood; ce n'est pas moi qui ai cousu cela.

— Non, non, Madame, répliqua Cuddie, c'est là de mon ouvrage, c'est une des cravates de lord Evandale.

— Lord Evandale? répéta la vieille dame, c'est lui que les whigs, me dit-on, veulent pendre demain matin.

— Les whigs veulent pendre lord Evandale? s'écria Morton.

— Oui, vraiment, dit la gouvernante; hier au soir il a fait une sortie pour avoir des provisions; ses hommes furent repoussés, et il fut pris. Le whig, capitaine Balfour, a fait élever une potence et a juré... non, il a affirmé sur sa conscience, parce que ces gens-là ne jurent pas, que si la garnison ne se rendait pas demain matin, il le pendrait à un gibet aussi haut que celui d'Aman. Ah! nous vivons dans des temps bien malheureux! Mais il n'y a pas de remède, ainsi asseyez-vous et mangez un morceau de pain et de fromage, en attendant que j'aie autre chose de prêt. Vous n'en auriez pas su un mot si j'avais cru que cela vous eût empêché de dîner.

— Cuddie, s'écria de nouveau Morton, selle les chevaux immédiatement, nous ne pouvons nous arrêter que sous les murs du château.

Malgré les prières et les supplications d'Alison, ils se remirent en route aussitôt. Morton s'arrêta chez Poundtext et le pria de l'accompagner au camp. Le digne ministre avait déjà repris ses habitudes pacifiques, et, une pipe à la bouche, un pot de bière à côté de lui, lisait un ancien traité de théologie. Ce fut à regret qu'il dit adieu de nouveau à ce qu'il appelait ses études pour recommencer son pèlerinage sur un cheval trottant sec et dur.

Quand il apprit cependant ce dont il s'agissait, il abandonna en gémissant l'idée de passer une soirée tranquille dans son petit salon, car, adoptant les vues de Morton, il comprit que s'il était de l'intérêt de Burley de creuser un abîme entre les presbytériens et le gouvernement, le parti modéré devait s'y opposer de toutes ses forces.

M. Poundtext était naturellement opposé à tout acte de violence, et il convenait avec Morton que lord Evandale pouvait devenir le médiateur d'une paix honorable pour les deux partis. Ils hâtèrent donc leurs montures, et atteignirent vers onze heures du soir le petit hameau de Tillietudlem, où Burley avait établi son quartier général.

Devant une des maisons s'élevait une potence si haute, qu'on pouvait l'apercevoir des murs de Tillietudlem ; un soldat faisait sentinelle devant la porte : ils conclurent que c'était la prison de lord Evandale. Morton demanda à parler immédiatement à Burley. Ils le trouvèrent lisant les saintes Écritures, avec ses armes à côté de lui. Il se leva tout surpris à l'arrivée de ses collègues.

— Qui vous amène ici ? demanda-t-il vivement. Apportez-vous de mauvaises nouvelles ?

— Non, répondit Morton ; mais nous avons appris que l'on avait décidé ici certaines mesures qui concernent intimement le salut de l'armée. Lord Evandale est votre prisonnier ?

— Le Seigneur, répliqua Burley, nous l'a livré.

— Et voulez-vous vous servir de cet avantage que le ciel vous a donné pour déshonorer notre cause devant le monde, en mettant à mort un prisonnier d'une manière ignominieuse ?

— Si le château de Tillietudlem ne nous est pas rendu au point du jour, répondit Burley, que Dieu me punisse de mort s'il ne souffre pas comme tant de saints qui ont été méchamment mis à mort par son chef et patron John Graham de Claverhouse !

— Nous avons pris les armes, répliqua Morton, pour faire cesser ces cruautés, et non pas pour les imiter, encore moins pour faire payer à un innocent les crimes d'un autre. Quelle loi peut justifier l'atrocité que vous voulez commettre ?

— Si tu ne la connais pas, répondit Burley, ton compagnon sait comment les hommes de Jéricho furent livrés à l'épée de Josué le fils de Nun.

— Mais nous vivons sous une loi plus douce, dit le révérend, une loi qui nous enseigne à rendre le bien pour le mal, et à prier pour ceux qui nous tourmentent et nous persécutent.

— Ce qui veut dire, riposta Burley, que tes cheveux gris appuieront les idées de ce jeune homme sur cette matière?

— Nous sommes deux des chefs auxquels l'autorité a été confiée en commun avec toi, dit Poundtext, et nous ne te permettrons pas de toucher à un cheveu du prisonnier. Dieu peut vouloir s'en servir pour guérir les plaies d'Israël.

— J'ai toujours pensé que cela en viendrait là, remarqua Burley, quand des hommes tels que toi ont été appelés au conseil des anciens.

— Des hommes tels que moi! répéta Poundtext. Et qui suis-je pour que vous me désigniez d'une manière aussi impertinente? N'ai-je pas défendu ce bercail contre les loups pendant trente ans? Oui, quand toi-même, John Balfour, tu combattais dans les rangs des incirconcis, quand tu étais un Philistin au cœur endurci, à la main sanglante! Qui suis-je, dis-tu?

— Je vais te dire qui tu es, puisque tu désires le savoir, repartit Burley. Tu es un de ceux qui veulent moissonner où ils n'ont pas semé, qui veulent leur part des dépouilles quand les autres portent le poids de la bataille; tu es un de ceux qui cherchent dans l'Évangile les pains et les poissons, qui aiment leur cure mieux que l'Église de Dieu, et qui préféreraient recevoir leur salaire des prélatistes ou des païens plutôt que de partager le sort des nobles cœurs qui ont tout sacrifié à la cause de l'alliance.

— Et je vais te dire, John Balfour, répliqua Poundtext justement irrité, je vais te dire ce que tu es. Tu es un de ceux dont le caractère sanguinaire et féroce est une cause de reproche à toute l'Église de ce malheureux royaume, un de ceux qui, par leurs violences et leurs cruautés, empêchent la Providence de nous favoriser dans cet effort pour recouvrer nos droits civils et religieux.

— Messieurs, dit Morton, cessez ces récriminations irritantes et inutiles; et dites-nous, monsieur Balfour, si vous avez l'intention de vous opposer à la mise en liberté de lord Evandale, qui nous paraît en ce moment l'acte le plus avantageux au succès de notre cause?

— Vous êtes ici deux contre un, répondit Burley, mais vous ne refuserez pas d'attendre jusqu'à ce que le conseil puisse décider de cette affaire?

— Nous ne le refuserions pas, répliqua Morton, si nous pouvions avoir confiance dans les gardiens du prisonnier... Mais vous savez, ajouta-t-il en fixant Balfour, que vous m'avez déjà trompé !

— Bah! dit Burley d'un ton de mépris, tu es un frivole et léger garçon, qui troquerais ta foi, ton honneur, la cause de Dieu et celle de ton pays contre les yeux noirs d'une fillette !

— Monsieur Balfour, s'écria Morton portant la main sur son épée, je ne me laisserai pas insulter impunément.

— Je te répondrai, gamin, quand et où tu oseras, dit Burley, je t'en donne ma parole.

Poundtext intervint à son tour, et effectua une sorte de réconciliation.

— Quant au prisonnier, dit Burley, faites-en ce que vous voudrez. Je me lave les mains de tout ce qui peut en résulter. Il est mon prisonnier, je l'ai gagné à la pointe de mon épée, quand vous, monsieur Morton, vous vous amusiez aux parades et aux exercices, et que vous, monsieur Poundtext, vous faisiez de l'érastianisme avec les Écritures. Prenez-le néanmoins, et faites comme vous l'entendez... Dingwale ! ajouta-t-il en appelant une sorte d'aide de camp qui dormait dans l'appartement à côté, que la sentinelle qui garde le mécréant lord Evandale donne son poste à ceux que le capitaine Morton enverra à cet effet... Le prisonnier, dit-il en se tournant de nouveau vers Poundtext et Morton, est à votre disposition. Mais souvenez-vous que toutes ces choses seront un jour jugées sévèrement.

A ces mots, il se retira brusquement dans un appartement plus reculé. Les deux presbytériens jugèrent prudent de confier la garde du prisonnier à quelques soldats choisis parmi les paroissiens de Poundtext. Il y en avait plusieurs qu'à cause de leur adresse et de leur activité on appelait les tirailleurs de Milnwood. Quatre d'entre eux furent placés en sentinelle à la porte de la prison, et Morton leur adjoignit Cuddie Headrigg, qui reçut ordre de l'avertir s'il survenait quelque chose de remarquable.

Morton et son collègue ne prirent aucun repos avant d'avoir formulé un mémoire complet des griefs des presbytériens modérés, et une requête en faveur d'une tolérance religieuse absolue. Leur pétition demandait encore un parlement librement élu pour régler les affaires de l'Église et de l'État et redresser les torts soufferts par la nation, et un franc pardon pour tous ceux qui avaient pris les armes en faveur de la liberté.

Morton espérait que le duc de Monmouth accueillerait ces demandes avec bienveillance si elles lui étaient présentées par un officier du rang et de l'importance de lord Evandale. Il résolut donc de visiter le prisonnier de bonne heure le lendemain, et de le sonder à ce sujet ; mais un événement inattendu lui fit hâter cette démarche.

CHAPITRE XXVII.

La pétition était achevée, et Morton allait se retirer pour prendre quelque repos, quand on frappa à la porte de son appartement.

— Entrez, dit-il ; entrez, répéta-t-il à Cuddie, qui entr'ouvrit la porte : que voulez-vous ? Y a-t-il quelque chose de nouveau ?

— Non, Monsieur ; mais je vous amène quelqu'un...

— Qui ? demanda Morton.

— Une vieille connaissance, répondit Cuddie, qui, ouvrant la porte, fit entrer, bon gré, mal gré, une femme dont la tête était enveloppée de son plaid. Allons, allons, reprit Cuddie, vous n'avez pas besoin de faire tant de cérémonies devant une vieille connaissance, Jenny.

A ces mots, il rejeta le plaid en arrière, et laissa voir la figure un peu confuse de Jenny Dennison.

— Dites à Sa Seigneurie, voyons, là, comme une bonne fille, dites à Sa Seigneurie ce que vous voulez conter à lord Evandale.

— Ce que je voulais dire à votre maître lui-même, l'autre jour qu'il était prisonnier, vaurien que vous êtes ! répondit Jenny. Pourquoi ne voudrait-on pas voir un ami quand il est dans le malheur, vieux pas grand'chose ?

Jenny fit cette réponse avec sa volubilité ordinaire ; mais sa voix tremblait, ses joues étaient maigries et pâles ; des pleurs étaient suspendus sur ses cils, sa main tremblait, et toute sa personne portait la trace de souffrances et de privations.

— Qu'y a-t-il, Jenny ? dit Morton d'un ton plein de douceur ; vous savez combien je vous suis redevable, et vous pouvez me faire toutes les demandes que vous voudrez, je ferai mon possible pour vous contenter.

— Merci, merci, Milnwood, dit la suivante ; vous avez toujours été plein de bonté, quoiqu'on dise que vous êtes bien changé.

— Qu'est-ce que l'on dit de moi ? demanda Morton.

— On dit, répliqua Jenny, que vous avez juré avec les whigs de jeter le roi Charles en bas du trône, et d'empêcher que ni lui ni ses descendants de génération en génération en aient jamais plus possession. Jean Gudyill assure que vous donnerez les orgues des églises aux joueurs de cornemuse, et que vous ferez brûler le livre des prières par le bourreau, pour vous venger de ce que le texte de l'alliance a été brûlé quand le roi est revenu.

— Mes amis de Tillietudlem ont bien mauvaise opinion de moi, dit Morton. Je désire avoir le libre exercice de mon culte, sans insulter celui des autres ; et quant à vos maîtres, je voudrais seulement avoir occasion de leur prouver que je suis toujours leur ami.

— Que Dieu vous bénisse pour ces bonnes paroles! répondit Jenny éclatant en sanglots : ils n'ont jamais eu plus besoin d'amis, car ils sont tout près de mourir de faim !

— Ciel ! s'écria Morton, j'avais craint la rareté des vivres, mais non pas la famine! Est-il possible? Les dames... le major?...

— Tout le monde a souffert ensemble, répliqua Jenny; on a partagé ce qu'il y avait dans le château. Mes pauvres yeux sont si faibles, que je n'y vois presque plus, et ma tête est si creuse que c'est à peine si je peux me tenir.

Les traits amaigris de la pauvre fille attestaient la vérité de ses déclarations. Morton, épouvanté de cette détresse, lui dit en lui donnant le seul siége qui fût dans la chambre :

— Asseyez-vous : je ne savais pas tout cela, ajouta-t-il; je ne pouvais pas le savoir! Fanatique sans cœur ! odieux hypocrite!... Cuddie, apporte des rafraîchissements... de la viande... du vin si c'est possible, tout ce que tu trouveras...

— Du whiskey serait assez bon pour elle, murmura Cuddie ; on n'aurait pas pensé que les vivres étaient rares chez eux quand elle eut l'impertinence de m'arroser d'une marmite de bonne soupe.

Faible et souffrante comme elle était, Jenny ne put entendre cette allusion à sa défense du château sans éclater d'un franc rire, qui dégénéra bientôt en convulsions hystériques. Morton réitéra sévèrement ses ordres à Cuddie, et tâcha de tranquilliser Jenny.

— Votre maîtresse vous a probablement envoyée visiter lord Evandale? Dites-moi ce qu'elle veut : ses désirs seront des ordres.

Jenny parut réfléchir un moment, et lui dit :

— Votre Seigneurie est un vieil ami, je dois avoir confiance en vous et vous dire la vérité...

— Soyez certaine, Jenny, dit Morton voyant qu'elle hésitait, qu'il est de l'intérêt de votre maîtresse d'agir avec franchise.

— Eh bien ! il faut que vous sachiez donc que nous mourons de faim, comme je vous l'ai déjà dit, et il y a déjà plus d'un jour que cela dure. Le major jure qu'il attend des secours tous les jours, il ne veut pas rendre le château avant que nous ayons mangé ses vieilles bottes, et vous savez comme elles sont épaisses des semelles. Si bien que les dragons voient qu'ils seront forcés à la fin de se rendre, ils ne peuvent pas supporter la faim après la vie qu'ils ont menée, et depuis que lord Evandale est prisonnier, on n'en est plus maître. Inglis dit qu'ils se rendra aux whigs, en abandonnant le major et les dames, si on veut seulement faire quartier aux dragons.

— Les brigands ! s'écria Morton, pourquoi ne stipulent-ils pas pour tous les habitants du château ?

— Ils craignent qu'on ne leur fasse pas quartier à cause de tout le dégât qu'ils ont commis dans le pays, et Burley en a déjà pendu un ou deux. Ils cherchent donc à se tirer d'affaire aux dépens d'honnêtes gens.

— Et on vous a envoyée, dit Morton, pour annoncer à lord Evandale la rébellion de ses hommes ?

— Justement, répondit Jenny, Tom Halliday s'est repenti, il m'a dit tout, et m'a fait sortir du château pour tâcher d'arriver à lord Evandale.

— Mais comment peut-il vous aider, demanda Morton, il est prisonnier ?

— Mais... mais... répondit la suivante, peut-être qu'il pourrait traiter de notre reddition, ou bien... il pourrait nous dire ce qu'il y a à faire... ou bien... il pourrait envoyer un ordre à ses dragons de...

— Ou bien, interrompit Morton, vous pourriez essayer de le mettre en liberté ?

— Et si cela était, répliqua hardiment Jenny, ce ne serait pas la première fois que j'aurais essayé d'aider un ami malheureux !

— C'est vrai, Jenny, dit Morton, je serais un ingrat si je l'oubliais. Mais voici Cuddie avec des provisions. Je vais aller communiquer vos nouvelles à lord Evandale pendant que vous allez vous restaurer.

— Il serait à propos que vous sussiez, dit Cuddie à son maître, que cette Jenny, cette madame Denison, essayait de se mettre dans les bonnes grâces de Tom Rand, le garçon meunier, pour qu'il la laissât parler à lord Evandale sans témoins. Elle ne se doutait guère, la futée, que j'étais à sa piste.

— Et vous m'avez joliment fait peur quand vous êtes venu me prendre par derrière, repartit Jenny en lui pinçant le bras, comme si nous n'étions pas de vieilles connaissances, vaurien que vous êtes!

Cuddie, dont le ressentiment commençait à s'effacer, donna un demi-sourire à son ancienne maîtresse, pendant que Morton, s'enveloppant de son manteau, prenait son épée et se disposait à sortir.

S'informant auprès des sentinelles s'il était survenu quelque chose de nouveau, l'un d'eux lui répondit :

— Rien de remarquable ; seulement Cuddie a emmené une jeune fille, et le capitaine Balfour a expédié deux courriers, l'un pour le révérend Ephraïm Macbriar, et l'autre pour Kettledrummle.

— Il les prie, probablement, de venir au camp ? dit Morton d'un air indifférent.

— C'est ce qu'ils m'ont dit, répliqua un des soldats qui leur avait parlé.

Il veut s'assurer une majorité dans le conseil, pensa Morton, il faut se hâter, ou l'occasion sera perdue.

Quand il entra dans la prison de lord Evandale, il le trouva chargé de fers et couché sur un misérable grabat. Le prisonnier dormait ou était absorbé par ses pensées ; il avait tant souffert de la faim, il était si exténué par ses blessures et ses fatigues, qu'on aurait eu peine à reconnaître le brillant officier de dragons. Il témoigna quelque surprise à l'approche de Morton.

— Je suis fâché de vous voir ici, milord, dit le jeune presbytérien.

— On m'a dit que vous êtes versé dans notre littérature, monsieur Morton, répondit le prisonnier, vous vous rappelez peut-être ces paroles : « Ce ne sont ni des murs de pierre ni des barreaux de fer qui font une prison, un cœur libre et tranquille peut s'y faire un ermitage. » Mais, quelque sévère que soit ma captivité, on me promet la liberté pour demain.

— Dans la tombe ? dit Morton.

— Assurément, repartit lord Evandale, je ne m'attends pas à autre chose. Votre camarade Burley s'est déjà baigné les mains dans le sang d'hommes que leur insignifiance et leur obscurité auraient dû garantir. Je n'ai pas ce palladium, et je m'attends à tout.

— Mais le major Bellenden peut se rendre pour vous sauver la vie, répliqua Morton.

— Jamais, aussi longtemps qu'il y aura une croûte et un homme dans le château pour le défendre. Je le connais, et je serais désolé qu'il changeât de résolution à cause de moi.

Morton se hâta de lui apprendre la mutinerie des dragons et leur intention de rendre le château en remettant à l'ennemi les dames et le vieux major. Lord Evandale parut d'abord surpris et incrédule, puis, peiné jusqu'au fond du cœur, il s'écria :

— Que faire? comment empêcher ce malheur?

— Ecoutez-moi, milord, dit Morton, je crois que vous vous chargerez volontiers de porter le rameau d'olivier qui pourra faire cesser cette malheureuse querelle entre le roi et ceux de ses sujets qui ont été forcés de prendre les armes.

— C'est vrai, dit Evandale, mais à quoi bon cette observation?

— Vous allez le sav milord, continua Morton. Je vais vous mettre en liberté sur parole ; plus, vous pourrez retourner au château, vous aurez un sauf-conduit les dames, pour le major et tous ceux qui voudront vous suivre, à condition que Tillietudlem nous soit rendu ; en vous prêtant à cette négociation, vous vous soumettez à la nécessité : avec une sédition à l'intérieur, avec la famine qui vous désole, la place ne pourrait être défendue plus de vingt-quatre heures. Vous et vos amis, vous aurez un passeport pour Edimbourg ou toute autre place où peut être le duc de Monmouth. En échange de cette liberté, nous espérons que vous voudrez bien recommander à Grâce cette humble pétition et remontrance qui contient l'exposé des griefs qui ont donné naissance à l'insurrection. Si nos demandes sont accueillies, je vous jure sur ma tête que la majeure partie des insurgés déposera les armes.

Lord Evandale lut attentivement la pétition.

— Dans mon humble opinion, monsieur Morton, dit-il, il n'y a guère d'objections à faire à ce que vous demandez, je crois même que tout cela s'accorde avec les sentiments secrets de lord Monmouth, et cependant, à vous parler franchement, je n'ai aucun espoir de voir accepter votre pétition, avant que, tout d'abord, vous déposiez les armes.

— Mais, répondit Morton, cela serait avouer que nous n'avions pas le droit de les prendre, et, quant à moi, je ne puis souscrire à cette condition.

— On ne peut guère s'attendre à ce que vous acceptiez cette condition préliminaire, dit lord Evandale, et je crains que la négociation n'échoue par là. Cependant, après vous avoir dit ce que je pensais, je suis tout prêt à faire ce que je pourrai pour amener l'affaire à bonne fin.

— C'est tout ce que nous demandons, tout ce que nous désirons, répondit Morton. Dieu seul sait l'avenir, seul il dispose du cœur des rois. Vous acceptez alors le sauf-conduit ?

— Assurément, dit lord Evandale; et si je me tais sur la grandeur du service que vous me rendez, croyez bien que je n'en suis pas moins reconnaissant.

— Et la garnison de Tillietudelem? demanda Morton.

— Sortira comme vous le désirez, répondit le prisonnier. Je reconnais que le major ne pourrait maîtriser la rébellion, et je tremble en pensant au sort qui pourrait être réservé aux dames et au brave major s'ils étaient remis aux mains de ce brigand de Burley.

— Alors vous êtes libre, dit Morton. Préparez-vous à partir. Quelques hommes sur lesquels je peux compter vous accompagneront jusqu'au delà de nos vedettes.

Morton se hâta de choisir quelques tirailleurs qu'il fit monter à cheval, leur ordonnant d'avoir tous un cheval de rechange. Jenny, qui pendant son souper s'était réconciliée avec Cuddie, monta sur le cheval que conduisait ce vaillant presbytérien. Ils partirent au grand trot pour Tillietudlem, emmenant lord Evandale avec eux.

La troupe s'arrêta à une petite distance des murs, de peur de donner l'éveil à la garnison. Lord Evandale s'avança vers le château, suivi seulement de Jenny Dennison. En approchant de la porte, ils entendirent un grand tumulte dans la cour : c'étaient des cris et des jurements; un ou deux coups de pistolet furent échangés, et tout annonçait que la rébellion assumait un caractère sérieux. Tom Halliday était de garde à la porte. En entendant la voix de lord Evandale il lui ouvrit immédiatement, et l'officier tomba comme des nues au milieu des dragons révoltés : c'était au moment où désarmant le major, Harrison et les autres habitants du château, il allaient en devenir les maîtres pour le livrer aux puritains.

L'arrivée de lord Evandale changea les choses de face : il saisit Inglis au collet, et, lui reprochant son infamie, il ordonna à deux des soldats de s'en emparer, promettant le pardon à ceux qui se soumettraient. Il leur commanda de se mettre en ligne : ils obéirent. Il leur donna ordre de mettre bas leurs armes : ils hésitèrent, mais l'habitude de la discipline et l'air d'autorité qu'assuma leur officier, leur faisant supposer qu'il était suivi de forces imposantes, les fit enfin soumettre.

— Emportez ces armes, dit lord Evandale aux gens du château, je ne les rendrai à ces hommes que quand ils sauront mieux s'en servir. Et maintenant, continua-t-il en s'adressant aux mutins, allez. L'ennemi vous accorde une trêve de trois heures ; dépêchez-vous de prendre le chemin d'Edimbourg, vous me joindrez à la maison du marais. Je n'ai pas besoin de vous recommander de vous abstenir de toute violence sur la route, dans l'état où vous êtes il ne vous serait pas prudent d'exciter la colère des paysans. Prouvez-moi par votre zèle que je puis oublier ce qui vient de se passer.

Les soldats se retirèrent sans mot dire, et prirent, en sortant du château, la route de la maison du marais; Inglis, qu'Evandale voulait punir, resta prisonnier. Halliday fut félicité de sa conduite, et son officier lui promit de l'élever au rang du coupable sergent.

Après ces arrangements, lord Evandale s'approcha du major et lui dit :

— Mon cher major, nous sommes forcés de rendre la place.

— Est-il possible ! s'écria le major, j'espérais que vous nous aviez amené un renfort et des provisions.

— Pas un homme, pas une livre de farine, répondit lord Evandale.

— Néanmoins je suis heureux de vous voir, continua le vieux major; on nous avait dit hier que ces brigands de chanteurs de psaumes avaient résolu de vous mettre à mort. J'avais assemblé vos dragons il y a un quart d'heure pour faire une sortie et vous arracher de prison, quand ce chien d'Inglis s'est mutiné au lieu de m'obéir. Mais qu'avons-nous à faire maintenant ?

— Pour moi, je n'ai pas le choix, repartit l'officier, je suis libre sur parole, je dois me rendre à Edimbourg. Il faut que vous me suiviez avec les dames, un ami m'a donné un sauf-conduit et des chevaux pour vous et votre suite; vous ne pouvez espérer résister plus longtemps avec sept ou huit hommes et sans provisions. Vous avez assez fait pour l'honneur, vous avez en même temps rendu par votre défense un service signalé au gouvernement; faire plus serait inutile et périlleux. L'armée anglaise est à Edimbourg et marchera bientôt sur Hamilton. Les rebelles ne seront pas longtemps maîtres de Tillietudlem.

— Si vous croyez, milord... dit le vétéran en soupirant; mais je sais que vous ne pouvez donner que d'honorables conseils... si vous croyez qu'une plus longue défense est inutile, je me soumets. La rébellion de ces brigands laisse nos murs sans défenseurs. Gudyill, dites aux femmes d'éveiller leurs maîtresses, et que tout le monde s'apprête à marcher... Si je croyais cependant qu'en restant dans ces murs jusqu'à parfaite dessiccation, comme une momie, je pourrais être utile au roi, le vieux Miles Bellenden n'en sortirait pas tant qu'il aurait un souffle de vie.

Les dames, alarmées par la rébellion, apprirent bientôt la résolution du major, et s'apprêtèrent à regret pour le départ. Ce fut un grand chagrin quand il fallut que lady Marguerite dit adieu à la salle où Sa très-gracieuse Majesté avait déjeuné. Les préparatifs furent bientôt faits ; et, longtemps avant le jour, les dames, le major, Harrison, Gudyill et les autres domestiques, montés sur les chevaux amenés aux portes du château, prirent la route du nord, escortés par quatre insurgés à cheval.

Les autres insurgés qui étaient venus avec lord Evandale prirent possession du château, et, quand le soleil se leva, le drapeau rouge et bleu de l'alliance écossaise flottait sur les tours de Tillietudlem.

CHAPITRE XXVIII.

La petite troupe s'arrêta quelques instants dans la petite ville de Bothwell pour y prendre quelques rafraîchissements, et continua sa route vers Edimbourg aux premières lueurs du soleil levant.

Au lieu de rester aux côtés d'Edith Bellenden, lord Evandale, après avoir échangé quelques paroles de politesse, était allé rejoindre l'avant-garde, où se trouvait le major, qui semblait avoir laissé sa nièce sous la protection d'un des insurgés qui cachait sa figure dans les plis de son large manteau.

Pendant plus de deux milles, les voyageurs n'échangèrent pas une parole. A la fin, l'étranger, se tournant vers miss Bellenden, lui dit, d'un ton de voix que l'émotion altérait :

— Miss Bellenden doit avoir des amis partout où l'on a le bonheur de la connaître, même parmi ceux dont elle blâme aujourd'hui la conduite. Peuvent-ils faire quelque chose pour lui prouver leur respect, et combien ils regrettent ce qu'elle a souffert?

— Qu'ils apprennent à respecter les lois, dit Edith, et à épargner le sang innocent; qu'ils retournent à leur foi, et je pourrai leur pardonner tout ce que j'ai souffert et mille fois plus.

— Vous croyez donc qu'il est impossible, repartit le cavalier, de servir dans nos rangs tout en désirant le bien du pays et en croyant accomplir un devoir patriotique?

— Peut-être serait-il imprudent de vous répondre, dit Edith, avant d'être hors de votre pouvoir.

— Pas en ce moment, sur la parole d'un soldat! répliqua l'étranger.

— On m'a toujours appris à dire la vérité, continua Edith, et, s'il faut que je parle, je vous dirai franchement ce que je pense. Dieu seul juge les cœurs ; les hommes ne peuvent apprécier les intentions que par les actes. La trahison, le meurtre par l'épée et la potence, l'oppression d'une famille inoffensive comme la nôtre, qui n'avait pris les armes que pour défendre le gouvernement établi et notre propriété sont des actes qui doivent souiller tous ceux qui y prennent part, quels que soient les beaux prétextes dont ils se targuent.

— La responsabilité de la guerre civile, repartit le cavalier, et des misères qu'elle traîne à sa suite, doit retomber sur ceux qui l'ont provoquée par leur tyrannie plutôt que sur ceux qui ont été forcés de prendre les armes pour revendiquer leurs droits d'hommes libres.

— C'est là ce qu'il faudrait d'abord prouver, dit Edith; chaque parti prétend avoir le droit pour soi ; le crime retourne donc à ceux qui les premiers ont tiré l'épée, de même que, dans une querelle, la loi donne tort à celui qui le premier a eu recours à la violence.

— Hélas répondit le cavalier, s'il ne fallait que cela pour nous justifier, il nous serait facile de prouver que nous avons souffert avec une patience presque surhumaine avant de songer à la résistance. Mais je vois, ajouta-t-il en soupirant, qu'il est inutile de défendre une cause que miss Bellenden a déjà condamnée, autant peut-être par haine des personnes que par opposition aux principes de ceux qui l'ont adoptée.

— Pardonnez-moi, repartit Edith, je vous ai franchement exprimé mon opinion sur les principes des insurgés; quant aux personnes, je n'en connais qu'une seule.

— Et cette seule personne, demanda le cavalier, vous a fait condamner tout le reste?

— Bien loin de là, répondit Edith. Quant à lui, il est... ou plutôt j'ai cru qu'il était de ceux qui n'ont guère d'égaux ; il est... ou il paraissait être plein de talents, rempli de foi, imbu de haute moralité, animé d'affections généreuses. Comment pourrais-je approuver une rébellion qui a rendu cet homme, né pour être l'orgueil, la lumière et le défenseur de son pays, le compagnon de fanatiques ignorants et cruels, d'hypocrites cafards, le chef de paysans abrutis, le frère d'armes de bandits et d'assassins de grand chemin? Si vous rencontrez cette personne dans votre camp, dites-lui qu'Edith Bellenden a plus pleuré sur son avenir perdu, son caractère souillé, son nom déshonoré, que sur les malheurs de sa maison; dites-lui qu'elle aurait supporté plus facilement les horreurs de la famine qui l'ont affaiblie et amaigrie que les tortures que son cœur éprouvait en pensant à celui qui avait causé toutes ces calamités.

A ces mots, elle tourna vers son compagnon de route un visage dont la pâleur et l'air maladif attestaient la vérité de ses paroles. Le cavalier ne resta pas insensible à cet appel ; il porta la main à son front, comme pour en chasser une pensée douloureuse, et il rabattit encore davantage son chapeau sur ses yeux. Ce mouvement n'échappa pas à Edith.

— Et cependant, continua-t-elle, si la personne dont je vous parle vous semble trop attristée par la sévère opinion de... de... d'une ancienne amie, dites-lui qu'un repentir sincère rend presque l'innocence ; que, quoique tombé d'une position à laquelle peu pourraient prétendre, quoique l'auteur de beaucoup de maux, il peut encore réparer le mal qu'il a fait.

— Et de quelle manière? demanda le cavalier d'une voix tremblante d'émotion.

— En faisant tous ses efforts pour ramener la paix dans ce malheureux pays, et persuader à des hommes égarés de mettre bas les armes. En arrêtant l'effusion du sang, il peut se faire pardonner celui qui a déjà été versé : celui qui sera le plus actif dans cette grande entreprise aura bien mérité de ses contemporains, et son nom sera béni par les générations futures.

— Mais miss Bellenden ne voudrait pas, reprit l'étranger d'un ton plus ferme, que cette paix fût faite en sacrifiant à tout jamais les intérêts du peuple à l'accroissement du pouvoir royal?

— Je ne suis qu'une jeune fille, répondit Edith, et je ne devrais peut-être pas discuter ces questions. Mais, puisque j'ai tant fait, j'ajouterai franchement que je désire une paix qui donnera la tranquillité à tous les partis en protégeant les citoyens contre les exactions militaires, que je déteste autant que les moyens par lesquels on cherche à y mettre fin.

— Miss Bellenden, dit Henri Morton découvrant sa figure et parlant avec sa fermeté habituelle, la personne qui a perdu votre haute estime est trop fière pour plaider sa cause comme un criminel. Puisque malheureusement elle ne compte plus au nombre de vos amis, elle accepterait votre blâme en silence, si elle ne pouvait en appeler au témoignage de lord Evandale, pour vous prouver que ses désirs les plus sincères, que ses efforts les plus sérieux n'ont pas en ce moment d'autre but que d'établir une paix telle que le cœur le plus loyal pourra l'accepter.

Il salua courtoisement Edith, qui avait bien deviné quel était son compagnon de voyage, mais qui ne s'attendait pas à le voir se justifier avec autant de dignité. Elle lui rendit son salut sans mot dire, et il la quitta pour joindre l'avant-garde.

— Henri Morton! s'écria le major surpris de son arrivée au milieu d'eux.

— Lui-même, répondit Morton, et je regrette de voir mes actes et mes intentions jugés sévèrement par le major Bellenden et sa famille. Je laisse à lord Evandale, ajouta-t-il en se tournant vers le jeune officier, le soin de détromper ses amis et de leur expliquer les causes de ma conduite et la pureté des motifs qui m'ont fait agir. Adieu, major; puisse le bonheur vous accompagner toujours, vous et les vôtres! puisse un avenir plus heureux nous rapprocher sous de meilleurs auspices!

— Vous pouvez être certain, monsieur Morton, dit lord Evandale, que votre confiance ne sera pas déçue. J'essayerai de reconnaître les services que vous m'avez rendus, j'éclairerai le major et tous ceux dont vous recherchez l'estime sur vos véritables intentions.

— Je n'attendais pas moins de votre générosité, milord, répondit Morton.

Il appela alors ses hommes, et s'éloigna dans la direction de Hamilton.

— Jenny, dit lady Marguerite aussitôt que Jenny fut de retour auprès d'elle, ce jeune homme qui commandait l'escorte n'est-il pas celui qui fut capitaine de la joute et que nous avons eu ensuite prisonnier à Tillietudlem quand Claverhouse y passa?

Heureuse de voir que la curiosité de la bonne dame n'avait pas trait à ses affaires personnelles, elle jeta un coup d'œil vers sa jeune maîtresse pour tâcher de deviner s'il fallait mentir ou dire la vérité. Mais, ne pouvant trouver aucun indice de ce qu'elle devait faire, elle se laissa aller à son instinct de femme de chambre et mentit hardiment.

— Nous sommes bien heureuses, dit lady Marguerite, d'être sorties si facilement des mains d'un fanatique aussi altéré de sang...

— Vous vous trompez, Madame, interrompit lord Evandale, monsieur Morton ne mérite pas d'être traité ainsi, moins par nous que par tout autre. C'est à lui que je dois la vie, et si vous êtes en sûreté, au lieu d'être en la puissance d'un vrai fanatique, vous le devez à son active intervention et à son énergique humanité.

Il raconta alors tous les événements qui venaient de se passer, parla longtemps des qualités de Morton, et s'expliqua sur son compte plutôt comme un frère que comme un rival.

— Je serais pire qu'un ingrat, dit-il, si je taisais les vertus de l'homme qui deux fois m'a sauvé la vie.

— Je serais heureux de juger Henri Morton favorablement, milord, dit le major, et je reconnais qu'il en a noblement agi envers vous et envers nous ; cependant je ne peux voir sa conduite actuelle du même œil que Votre Seigneurie.

— Rappelez-vous, répliqua lord Evandale, que la nécessité lui a imposé cette ligne de conduite, et je dois ajouter que ses principes, tout différents qu'ils sont des miens, méritent cependant le respect de tous. Claverhouse, qui, vous le savez, sait juger les hommes, a proclamé ses qualités hors ligne, quoiqu'il ait traité durement et peut-être injustement ses principes et ses motifs d'action.

— Vous n'avez pas été longtemps à découvrir ses talents, milord, répondit le major ; moi qui le connais depuis son enfance, je pouvais, avant cette affaire, certifier ses bonnes dispositions et ses excellents principes, mais quant à ses talents...

— Ils étaient encore sous le boisseau, major, répliqua généreusement Evandale, les circonstances les ont mis au jour ; et si je les ai découverts, c'est que nos rapports et nos conversations ont eu trait à des sujets des plus importants. Il s'efforce en ce moment de mettre fin à cette insurrection, et les conditions qu'ils propose sont si modérées, que je les appuierai de toutes mes forces.

— Espérez-vous réussir ? demanda lady Marguerite.

— J'espérerais, Madame, si tous les whigs étaient aussi modérés que Morton, et si tous les royalistes étaient aussi désintéressés que le major Bellenden. Mais le fanatisme est si violent des deux côtés, que je crains de ne pas voir cette guerre civile se terminer autrement que par le tranchant de l'épée.

Edith, comme on peut le supposer, écoutait cette conversation avec le plus grand intérêt ; elle regrettait de s'être exprimée si durement sur le compte de Morton mais elle était fière d'entendre son noble rival le justifier d'une manière aussi digne.

— La guerre civile et les préjugés de famille, pensa-t-elle, peuvent me forcer à l'oublier, mais c'est un bonheur pour mon cœur de savoir qu'il est toujours digne de la place qu'il a occupée dans mes affections.

Tandis qu'Edith revenait ainsi à ses premiers sentiments à l'égard de Henri, le jeune chef puritain arrivait au camp des insurgés, auprès de Hamilton. On y avait appris l'arrivée en Ecosse de l'armée anglaise et d'un détachement des gardes royales. Le bruit public avait considérablement grossi cette armée, que l'on savait être commandée par Monmouth, et par le célèbre général Thomas Dalzell, qui avait appris l'art de la guerre dans la barbare Russie, où il s'était accoutumé à mépriser la vie humaine et les souffrances de l'homme. La cavalerie était sous les ordres de Claverhouse, qui brûlait du désir de venger son échec de Drumlog.

On faisait aussi courir des bruits exagérés sur le train d'artillerie que possédait l'armée royale et sur les clans de montagnards venus des districts les plus reculés.

Morton s'efforça d'apaiser les craintes qu'inspiraient toutes ces exagérations, en rappelant à ses troupes leur victoire sur Claverhouse alors qu'ils étaient si peu nombreux et si mal armés. Il ne négligea pas cependant cette occasion de faire remarquer aux chefs combien il serait prudent de proposer un arrangement : il faisait ressortir l'indiscipline de ses troupes, les frayeurs qui les agitaient et les déplorables conséquences d'une défaite.

La plupart des officiers, convaincus par les arguments qu'il leur présenta, consentirent à appuyer la pétition qu'il avait fait présenter par lord Evandale. Cependant un petit nombre de chefs se refusa à traiter sur d'autres bases que celles de l'alliance solennelle de 1640, prétendant que toutes autres conditions étaient impies et antichrétiennes.

Ces diverses opinions formaient le thème de discussions violentes et haineuses dans toutes les tentes des insurgés : ces discussions n'étaient souvent que le prélude de querelles qui se vidaient d'une manière violente et faisaient pressentir quel sort était réservé à l'armée puritaine.

CHAPITRE XXIX

Deux jour après son retour à Hamilton, Morton reçut la visite de son ami et collègue, le révérend M. Poundtext, qui avait quitté Balfour irrité au dernier degré de la mise en liberté de lord Evandale. Le digne ministre se hâta de raconter à Henri ce qui s'était passé à Tillietudlem après son départ.

L'expédition de Morton avait eu lieu avec tant de rapidité, et ses hommes avaient été si discrets, que Burley ne l'apprit que tard dans la matinée. Il demanda tout d'abord si Macbriar et Kettledrummle étaient arrivés? Macbriar était venu et l'on attendait son autre collègue à chaque instant. Burley envoya un messager à Morton pour l'inviter à venir tenir conseil : le messager revint lui annoncer que Morton était parti. Poundtext fut ensuite convoqué, mais le digne ministre s'était retiré chez lui pour ne pas affronter seul la colère de Balfour. Quand ce dernier s'informa enfin de lord Evandale, et qu'on lui dit qu'il avait été emmené pendant la nuit par une troupe de tirailleurs de Milnwood sous les ordres de Morton, il éprouva un véritable accès de fureur.

— Le brigand! s'écria-t-il en s'adressant à Macbriar, le lâche! le traître! pour se mettre bien avec le gouvernement il a mis en liberté un prisonnier que j'avais fait moi-même et dont la tête nous aurait valu la possession de cette maudite forteresse.

— Mais, n'en sommes-nous pas les maîtres, dit Macbriar regardant vers le donjon, est-ce que je ne vois pas flotter la bannière de l'alliance sur les murs?

— C'est un stratagème... une embûche, répondit Burley, une insulte à notre désenchantement, une ironie amère de notre fausse situation.

L'arrivée d'un des hommes de Morton l'interrompit : cet homme venait l'informer de l'occupation du château par les insurgés. Au lieu d'apaiser l'irritation de Burley, cette nouvelle le jeta dans une nouvelle fureur.

— J'ai veillé, dit-il, j'ai comploté, j'ai combattu, j'ai tout fait pour obtenir la reddition de cette place; j'ai refusé de commander les entreprises plus importantes et plus honorables... je les ai bloqués, j'ai coupé leurs sources d'eau, j'ai empêché toute arrivée de provisions... et au moment où ils allaient se rendre, quand leurs fils allaient être nos esclaves et leurs filles le jouet de nos camps, arrive ce jeune homme, sans barbe au menton, qui met sa faux au sillon et nous enlève l'honneur de la moisson. Est-ce que le laboureur ne vaut pas son salaire? La tour, les prisonniers, tout appartient à celui qui les a gagnés.

— Cependant, reprit Macbriar, surpris de l'extrême colère de Balfour, il ne convient pas de s'irriter à cause des méchants. Le ciel choisit ses instruments, et qui sait si ce jeune homme...

— Silence, s'écria Burley en l'interrompant, ton cœur vaut mieux que tes paroles. Tu as été le premier à m'avertir de me défier de ce sépulcre peint, ce morceau de cuivre doré que je prenais pour du pur métal. Les bons prennent une fausse voie quand ils négligent les avis de pasteurs aussi pieux que toi. Mais nos affections terrestres nous trompent, le père de cet ingrat était mon ami. Il faut être aussi ardent pour la bonne cause que tu l'es, Ephraïm Macbriar, pour pouvoir se débarrasser des chaînes et des entraves de l'humanité.

Ce compliment gagna tout à fait le prédicant, et Burley ne douta plus de l'avoir avec lui, car ils avaient des vues identiques quant à la prédominance des saints.

— Allons immédiatement à la tour, ajouta-t-il, il y a dans les chartes de ce château certains documents qui nous vaudront cent cavaliers. Dans tous les cas, cette femme des Moabites sera dépouillée de son héritage, et ni le méchant Evandale ni l'érastien Morton ne posséderont ce château et ces terres, quoiqu'ils puissent rechercher la main de l'héritière.

Il se rendit à Tillietudlem, où il s'empara de l'argenterie et des autres objets de valeur pour l'usage de l'armée ; fouilla le chartrier, et les dépots de papiers de famille : réprimant avec mépris les observations de ceux qui voulaient lui rappeler que les conditions faites à la garnison promettaient de respecter toutes les propriétés.

Kettledrummle arriva auprès d'eux dans le courant de la journée, ainsi que le laird de Langcale, que ce prédicant avait détourné, disait Poundtext, des voies de vérité dans lesquelles il avait été élevé. Ils envoyèrent une invitation à Poundtext de se rendre à Tillietudlem, mais le ministre se souvenant qu'il y avait de noirs cachots et des portes de fer, jugea prudent de ne pas y répondre. Il se retira, ou plutôt s'enfuit à Hamilton, où il annonça que Burley, Macbriar et Kettledrummle arriveraient aussitôt qu'ils auraient pu rassembler un nombre suffisant de cameroniens pour maîtriser le reste de l'armée.

Morton annonça à Poundtext qu'il espérait bien des négociations commencées par l'entremise de lord Evandale, et le ministre résolut d'attendre l'arrivée des cameroniens auprès de son jeune ami.

Les troupes que Burley avait pu rassembler comptaient environ cent hommes à cheval et quinze cents hommes à pied. Burley, après avoir fait une visite de politesse à ses deux collègues, les fit convoquer pour une assemblée générale du conseil.

Quand Morton et Poundtext arrivèrent au lieu indiqué, leurs collègues étaient déjà en séance. Il purent voir tout d'abord que la conférence ne serait pas des plus paisibles. Le zèle emporté de Macbriar lui fit faire la première question. Il désirait savoir au nom de qui le méchant, communément appelé lord Evandale, avait été mis en liberté, quand il avait été justement condamné à mort.

— Il a été mis en liberté en mon nom et au nom de M. Morton, répondit Poundtext, qui voulait donner à son collègue une haute opinion de son courage, tout en espérant qu'il viendrait de bonne heure à son secours.

— Et qui, mon frère, demanda Kettledrummle, vous a autorisé à intervenir dans cette affaire ?

— Les termes de notre brevet, répondit Poundtext, nous donnent le pouvoir de lier et délier. Si un d'entre nous avait pouvoir de condamner justement lord Evandale à mort, deux de nous pouvaient certainement l'absoudre de ce verdict.

— Allons, allons! dit Burley, nous connaissons vos raisons : vous avez voulu envoyer ce ver à soie, ce joujou doré, ce mannequin brodé, porter une proposition de paix au tyran.

— C'est vrai, répliqua Morton, qui vit que son collègue commençait à faiblir devant le regard irrité de Balfour, c'est vrai. Eh bien ! quoi ? Devons-nous précipiter la nation dans une guerre interminable, pour courir après des idées aussi creuses, aussi criminelles, qu'impossibles d'exécution ?

— Vous l'entendez, dit Balfour, il blasphème!

— C'est faux, repartit Morton. Je le répète : nous voulons rétablir la paix à des conditions honorables pour notre liberté et notre religion. Nous ne voulons imposer à qui que ce soit notre manière de voir.

La discussion aurait pu devenir violente, mais ils furent interrompus par la nouvelle que le duc de Monmouth s'était mis en marche pour l'ouest et était déjà à mi-chemin d'Edimbourg. La querelle s'apaisa pour le moment.

Il fut proposé d'envoyer un message au duc de Monmouth pour savoir s'il n'était pas chargé de quelques communications secrètes de la part du gouvernement.

— Mais qui prendra sur lui d'y aller, demanda Burley, qui ira vers leur camp, quand on sait que Graham de Claverhouse a juré de pendre le premier parlementaire qui se présenterait, en représailles de la mort de son neveu ?

— Que cela ne vous inquiète pas, dit Morton, j'irai avec plaisir.

— Qu'il parte, dit Balfour à Macbriar, nous serons débarrassés de sa présence.

Quelques chefs du parti modéré s'engagèrent envers Morton à accepter les termes de la pétition remise à lord Evandale, et il partit suivi seulement de son fidèle Cuddie.

Morton n'avait pas parcouru six ou sept milles avant d'être en vue de l'avant-garde des troupes royales. Il se rendit vers le premier corps de cavalerie qui s'avançait, et s'annonça comme envoyé par les presbytériens pour traiter avec le duc de Monmouth. Le sous-officier qui commandait le détachement fit son rapport à son supérieur, qui le répéta à un officier général ; et ces derniers s'approchèrent aussitôt de Morton.

— Vous perdez votre temps, mon ami, et vous risquez votre tête, dit l'un d'eux ; le duc de Montouth n'écoutera aucune ouverture de la part de traîtres qui ont encore les armes à la main : les cruautés que vous avez commises nous autorisent à vous rendre la pareille. Retournez la tête de votre cheval, et ménagez-le aujourd'hui, afin qu'il puisse vous sauver demain.

— En admettant que le duc de Monmouth nous croie tous coupables, e ne puis croire, dit Morton, qu'il voulût condamner un aussi grand nombre de ses concitoyens sans écouter les raisons qu'ils ont à faire valoir. Quant à moi, je ne crains rien. Je sais que je n'ai ni autorisé ni ordonné aucun acte de cruauté, et la peur de souffrir pour le crime des autres ne m'empêchera pas de remplir ma mission.

Les deux officiers s'entre-regardèrent.

— Il est probable, dit le plus jeune, que c'est là le jeune homme dont a parlé lord Evandale.

— Lord Evandale est-il avec vous? demanda Morton.

— Non, répondit l'officier, nous l'avons laissé à Edimbourg, il est trop malade pour faire cette campagne. Vous êtes probablement Henri Morton?

— Lui-même, répliqua Morton.

— Nous ne nous opposerons pas à ce que vous alliez voir le duc, Monsieur, dit l'officier d'un ton plus poli, mais vous pouvez être certain que c'est complétement inutile. Si même Sa Grâce était bien disposée en votre faveur, elle a des collégues qui mettront un frein à ses bonnes intentions.

— Je regrette qu'il en soit ainsi, dit Morton, mais mon devoir m'oblige à persister dans ma demande pour obtenir une audience du duc.

— Lumley, dit le plus âgé des deux officiers, faites savoir au duc que M. Morton est arrivé, et rappelez à Sa Grâce que c'est de lui dont lord Evandale a parlé avec tant de chaleur.

L'officier revint bientôt annoncer que le duc ne pouvait pas recevoir M. Morton ce soir, mais qu'il le verrait de bonne heure le lendemain. Le même officier vint le lendemain matin et le conduisit à la tente du général en chef.

— Vous voyez comment nous sommes préparés à faire visite à vos amis, dit l'officier, comme ils traversaient les lignes nombreuses d'infanterie, de cavalerie et d'artillerie qui composaient l'armée royale.

— Si je n'avais pas eu l'intention d'être à leurs côtés, répondit Morton, je ne serais pas ici en ce moment. Cependant j'aimerais mieux, pour tout le monde, une visite plus amicale.

Ils s'approchèrent bientôt du général en chef, qui était assis, au milieu de ses officiers, sur un petit monticule d'où l'on pouvait voir tout le pays qu'occupaient les deux armées. Le capitaine Lumbey, qui accompagnait Morton, communiqua à Monmouth le nom de l'étranger, et sur un signe que fit le général, tous les officiers, excepté deux, se retirèrent.

Claverhouse se tenait auprès de Monmouth, ainsi qu'un officier général, habillé à la mode de Charles Ier, et qui n'était autre que le célèbre Thomas Dalzell, que les whigs craignaient et haïssaient encore plus que Claverhouse lui-même. La vue de ces deux officiers fit mal augurer à Morton du succès de son ambassade; mais il s'avança hardiment, et Monmouth le reçut avec la gracieuse courtoisie qu'il savait mettre dans tout ce qu'il faisait. Dalzell regarda Morton d'un air impatient et menaçant; Claverhouse lui fit un signe de tête quelque peu ironique, comme à une vieille connaissance.

— Vous venez, Monsieur, de la part de ces malheureux qui sont assemblés en armes, dit le duc de Monmouth, et vous vous appelez Morton, je crois : voulez-vous nous faire le plaisir de nous communiquer le but de votre visite?

— Les demandes que j'ai à vous faire sont formulées, milord, répondit Morton, dans une pétition et remontrance que milord Evandale a, je crois, remise entre les mains de Votre Grâce.

— J'ai reçu cette pétition, répliqua le duc, et j'ai appris de lord Evandale que M. Morton s'est conduit dans cette malheureuse affaire avec beaucoup de modération et de générosité ; je le prie de recevoir mes remercîments.

Morton put remarquer à ce moment que Dalzell fit un mouvement dédaigneux, et dit quelque chose à l'oreille de Claverhouse, qui répondit par un sourire. Le duc, tirant la pétition de sa poche, et après l'avoir de nouveau parcourue, dit à Morton :

— Je ne puis en ce moment vous donner aucune opinion sur les diverses propositions que contient ce papier. Il y en a qui me paraissent justes et raisonnables, et quoique le roi ne m'ait pas donné d'instructions précises sur ce sujet, je vous assure sur l'honneur, monsieur Morton, que j'interviendrai en votre faveur, et que j'emploierai toute mon influence pour obtenir de Sa Majesté ce que vous désirez. Mais il faut que vous compreniez bien que je ne puis traiter qu'avec des hommes soumis, et non avec des rebelles. Et tout d'abord, pour que je puisse agir en votre faveur, je dois insister pour que vos amis déposent leurs armes et se dispersent.

— Ce serait reconnaître, milord, dit résolûment Morton, que nous sommes coupables de la rébellion dont nos ennemis nous accusent. Nous avons tiré l'épée pour recouvrer des droits naturels que l'on nous a ravis : Votre Grâce reconnaît, dans sa modération et dans son bon cœur, la justice de nos demandes; on ne les aurait jamais écoutées si nous ne les avions faites au son de la trompette. Nous ne pouvons donc, nous n'osons pas mettre bas nos armes, même sur la parole gracieuse de Votre Seigneurie, à moins que nous n'ayons quelque gage qui nous garantisse le redressement prochain des torts dont nous nous plaignons.

— Monsieur Morton, reprit le duc, vous êtes jeune, mais vous connaissez assez le monde ; des discussions raisonnables peuvent devenir dangereuses si elles sont conduites d'une certaine manière.

— Nous pouvons répondre, à cela, milord, dit Morton, que nous n'avons adopté cette manière de présenter notre requête que quand tout autre moyen a failli.

— Monsieur Morton, répliqua Monmouth, nous ne pouvons pas continuer cette discussion. Nous sommes prêts à vous attaquer, cependant j'attendrai une heure pour vous donner le temps de communiquer avec vos amis. Si vous vous dispersez, si vous déposez vos armes et m'envoyez une députation de paix, je me croirai engagé d'honneur à faire tout ce que je pourrai pour remédier à vos griefs; sinon, mettez-vous sur vos gardes, et attendez-vous aux plus terribles conséquences. Je crois, Messieurs, ajouta-t-il en se tournant vers ses collègues, que c'est tout ce que mes instructions me permettent de faire pour ces malheureux égarés par une déplorable infatuation.

— Par ma foi, dit Dalzell, c'est beaucoup plus que dans ma conscience je n'aurais cru pouvoir faire pour le service du roi! Mais probablement Votre Grâce connaît mieux que nous, qui n'avons que le texte de nos instructions pour règle, quelles sont les intentions intimes du roi.

Monmouth rougit, et se tournant vers Morton :

— Vous voyez, dit-il, que le général Dalzell me blâme de m'être montré aussi facile.

L'opinion du général Dalzell, dit Morton, est telle que nous pouvions l'attendre; les bontés de Votre Grâce répondent à l'espérance que nous avions formée. Et je ne puis m'empêcher d'ajouter que si nous nous soumettions comme vous le désirez, il est douteux que l'intervention de

Votre Grâce elle-même puisse nous être de quelque utilité quand le roi a des conseillers de ce genre auprès de lui. Mais je rapporterai à nos chefs la réponse que j'ai obtenue, et puisque nous ne pouvons pas avoir la paix, nous allons nous préparer à la guerre.

— Allez, Monsieur ! dit le duc ; je suspendrai l'attaque pendant une heures, et pas une minute de plus. Si vous avez une réponse à me communiquer, je la recevrai ici, et je désire de tout mon cœur qu'elle soit telle qu'il n'y ait plus de sang versé.

Un sourire vint de nouveau effleurer les lèvres de Dalzell et de Claverhouse. Le duc s'en aperçut, et ajouta avec beaucoup de dignité :

— Oui, Messieurs, j'ai dit que je désirais que la réponse fût telle qu'il n'y ait plus de sang versé. Cet espoir ne mérite, je crois, ni le dédain ni la colère.

Dalzell se contenta de froncer le sourcil ; Claverhouse dit en faisant un salut qu'il ne lui appartenait pas d'être juge des sentiments de Sa Grâce.

Le duc fit signe à Morton de se retirer ; il obéit, et, accompagné de son guide, il traversa de nouveau l'armée royale. Au moment où il passa devant les gardes royales, Claverhouse, qui s'était déjà mis à leur tête, s'avança vers lui et lui dit du ton le plus courtois :

— Ce n'est pas la première fois, je crois, que j'ai l'honneur de voir M. Morton ?

— Ce n'est pas la faute du colonel Graham, répondit Morton, si je puis encore fatiguer quelqu'un de ma présence.

— Permettez-moi au moins de dire, repartit Claverhouse, que la situation actuelle de M. Morton justifie l'opinion que j'avais formée sur son compte, et que mon devoir m'indiquait exactement ce que j'avais à faire la première fois que nous nous sommes rencontrés.

— C'est à vous de concilier vos actes avec votre devoir et votre devoir avec votre conscience, colonel Graham, je n'ai la charge ni de l'un ni de l'autre, dit Morton repoussant une insinuation qui lui demandait d'approuver la sentence qui l'avait presque envoyé dans l'autre monde.

— Attendez, attendez un instant ! reprit Claverhouse ; Evandale prétend que j'ai eu des torts envers vous. J'espère que je saurai toujours distinguer un gentilhomme qui, quoique égaré, est plein de grandeur d'âme, de ces imbéciles de fanatiques et des assassins qui les mènent. Si donc ils ne se dispersent pas à votre retour, promettez-moi de revenir vers nous, de vous rendre à nous, car vous pouvez être certain qu'ils ne nous résisteront pas une demi-heure. Si vous me croyez, revenez me demander, car, tout étrange que cela puisse vous paraître, Monmouth ne peut pas vous protéger; Dalzell ne le voudrait pas. Je le puis et je le veux; je l'ai promis à Evandale, si vous m'en donnez l'occasion.

— Je serais très-reconnaissant à lord Evandale, répondit froidement Morton, si cette proposition n'impliquait pas l'idée que je peux abandonner ceux avec lesquels je me sois engagé dans cette affaire. Quant à vous, colonel Graham, si vous voulez m'honorer en m'accordant un autre genre de satisfaction, il est probable que dans une heure vous me trouverez sur le pont de Bothwell, l'épée à la main.

— Je serai heureux de vous y rencontrer, dit Claverhouse, mais plus heureux encore si vous acceptez ma première proposition.

Ils se saluèrent l'un l'autre et se séparèrent.

— Voilà un brave garçon, Lumley, dit Claverhouse s'adressant à son officier, mais c'est un homme perdu par sa faute.

En même temps ils se prépara activement pour l'attaque.

CHAPITRE XXX.

Quand Morton eut laissé les avant-postes de l'ennemi et arriva à ceux de son armée, il fut péniblement frappé de la différence de discipline des deux camps. Les hommes étaient en querelle entre eux, et, commençant à désespérer de leur cause, se croyaient sacrifiés à un service inutile; ils pensaient même à se retirer vers le gros de l'armée.

Au-delà du pont la campagne était ouverte, et n'offrait aucun point d'appui ou de résistance à l'armée des insurgés. Morton étudia attentivement la place et reconnut que si l'on occupait deux ou trois maisons bâties sur la rive gauche de la rivière et si l'on fermait et barricadait les portes du pont, on pouvait résister avec quelque chance de succès à une armée nombreuse. Il donna des ordres en conséquence et fit jeter à bas les parapets du pont vers l'extrémité opposée, afin que l'ennemi fût plus exposé dans sa marche. Il conjura la garde de bien veiller à la conservation de ce point important, leur promettant de leur envoyer immédiatement des renforts. Puis, galopant vers le corps de l'armée, il fut surpris et indigné de la scène de confusion et de désordre qu'il eut sous les yeux. Voici ce qui avait eu lieu pendant son absence.

Une chaire provisoire avait été élevée au milieu du camp; le révérend Poundtext devait l'occuper le premier, comme étant le plus âgé de tous les ministres présents. Mais au moment où le prédicant s'avançait d'un pas lent et mesuré, sa place fut prise tout à coup par Habacuc Mucklewrath, le prédicant lunatique dont les paroles furieuses avaient tant scandalisé Morton au conseil qui suivit la victoire du mont de Loudon.

Jetant un coup d'œil sauvage sur la multitude, et méprisant les clameurs de quelques-uns, il s'attaqua directement à Morton, disant qu'il était un homme de Bélial. Il le dénonça, lui et tous ses adhérents, à la fureur et à la vengeance des saints, qu'il conjura de sortir d'au milieu d'eux.

A cette terrible dénonciation contre un de ses chefs, un tumulte inexprimable régna dans l'assemblée; la plupart des assistants demandaient une nouvelle élection de chefs pris en dehors du conseil actuel, tandis que les caméroniens s'écriaient que ceux qui n'étaient pas avec eux étaient contre eux, et pour eux un presbytérien modéré ne valait pas mieux qu'un prélatiste, un antiligueur, un nullifidien.

Poundtext et un ou deux autres essayèrent de rappeler le calme parmi la multitude, et ne firent qu'accroître la confusion. Ce fut en vain que Burley lui-même commanda le silence et voulut parler, l'esprit d'insubordination avait été déchaîné par Mucklewrath, et avait répandu une sorte de frénésie que l'on ne pouvait apaiser.

Ce fut donc à ce moment que Morton arriva : il fut accueilli par de bruyantes acclamations d'une part, et de violentes imprécations de l'autre.

— Que signifie ce désordre en ce moment suprême? demanda-t-il à Burley, qui s'efforçait en vain de le réprimer.

— Cela signifie, répondit Burley, que le Seigneur nous a abandonnés à nos ennemis.

— Cela n'est pas, répliqua Morton d'un ton de voix qui força le plus grand nombre à l'écouter; ce n'est pas Dieu qui nous abandonne, c'est nous qui l'abandonnons, et qui nous déshonorons en trahissant la cause de la liberté et de la religion. Écoutez-moi, s'écria-t-il du haut de la chaire, j'apporte une offre d'arrangement, si vous voulez mettre bas les armes. Si vous êtes d'une opinion plus vaillante, je peux vous donner les moyens de vous défendre honorablement. Le temps passe vite, décidons donc de la paix ou de la guerre; que l'on ne dise pas de nous un jour que six mille écossais en armes ne surent ni maintenir leur position, ni combattre, ni traiter de la paix, ni même se retirer en bon ordre en temps utile. Pourquoi se quereller sur de petites différences de discipline, quand toute l'Église est menacée de ruine? Oh! souvenez-vous, mes frères, que le dernier châtiment que le Seigneur envoya au peuple qu'il avait choisi fut de leur souffler des querelles qui mirent leur cité à feu et à sang alors que l'ennemi frappait à ses portes !

Quelques-uns des auditeurs applaudirent, d'autres s'écrièrent : A vos tentes, ô Israël !

Morton, qui voyait déjà les colonnes de l'ennemi s'approcher sur la rive gauche de la rivière, éleva encore la voix, et les indiquant de la main, il s'écria : Cessez vos vaines clameurs, voici l'ennemi ! Notre vie, notre liberté, notre religion peuvent être sauvées si nous défendons ce pont. C'est là qu'un Écossais saura mourir ! Que ceux qui aiment leur pays me suivent !

L'assemblée avait tourné les yeux vers les collines opposées, et la vue des longues files de soldats avait fait cesser toutes clameurs et répandu partout la consternation. Ils se regardèrent d'un œil plein de désespoir, tandis que Morton s'avança vers le pont, suivi d'environ une centaine de jeunes gens qui s'étaient attachés à lui.

Burley se tourna vers Macbriar :

— Ephraïm, lui dit-il, la Providence nous montre dans la décision de ce jeune homme ce qu'il y a à faire. Que ceux qui aiment la lumière suivent Burley ?

— Attends encore, répondit Macbriar, ce n'est pas Henri Morton ni ses pareils qui doivent nous tracer notre voie ; attends donc avec nous. Je crains une trahison de la part d'Achan : tu n'iras pas avec lui. Tu es nos chariots de guerre et nos hommes d'armes.

— Ne m'arrête pas, repartit Burley, Morton a raison : tout est perdu si l'ennemi emporte le pont, ainsi donc ne m'arrête pas. Est-ce que les enfants de cette génération seront plus sages ou plus braves que les enfants du sanctuaire ? Alignez-vous sous vos chefs, ne nous laissez pas manquer d'hommes ni de munitions, et maudit soit celui qui refusera aujourd'hui sa part du labeur !

Il s'avança vivement vers le pont, suivi d'environ deux cents de ses plus fidèles adhérents. Le reste de l'armée, plein de découragement, se laissa mettre en rang par ses chefs ; mais personne ne montra ni résolution ni énergie.

Kettledrummle, Poundtext, Macbriar, et d'autres ministres, parcouraient les rangs pour les encourager, et leur firent commencer le chant d'un psaume. Mais les plus superstitieux remarquèrent que ce chant avait quelque chose de sépulcral et n'avait pas l'ampleur de cet hymne de triomphe qu'ils avaient entonné sur les bruyères du mont de Loudon.

Leur mélancolique mélodie qui fut bientôt interrompue par les cris et les clameurs de l'armée royale au moment où la fusillade commença.

L'ennemi avait commencé à attaquer le pont avant que Morton ou Burley y fussent arrivés. Les insurgés se défendaient avec courage, les uns tiraillant à travers la rivière, les autres entretenant une vive fusillade dans toute la longueur du pont. Malgré leurs pertes incessantes, les soldats de Monmouth avançaient en bon ordre, et la tête de leur avant-garde atteignait le pont au moment où Morton arriva. Le feu de ses tirailleurs força bientôt les assaillants à se retirer : une seconde fois l'armée royale revint à la charge, et fut repoussée de nouveau devant la défense combinée de Henri et de Burley, qui était venu prendre part à l'action.

On pouvait voir Monmouth monté sur un superbe cheval blanc, animant ses soldats du geste et de la voix sur la rive opposée. Il donna bientôt l'ordre de faire approcher du canon ; mais on ne le manœuvrait pas à cette époque aussi rapidement qu'aujourd'hui, et son effet ne fut pas d'un grand secours aux assaillants. Les insurgés combattaient couverts, protégés par les maisons, les broussailles et les parapets du pont, tandis que les royalistes étaient complètement exposés au feu de l'ennemi. La défense était obstinée, et les généraux royalistes commençaient à douter du succès, quand Monmouth, descendant de cheval, rallia les gardes à pied, et les fit marcher de nouveau à l'attaque, secondés par le général Dalzell, qui, se mettant à la tête d'un corps de montagnards de Lennox, accourut aux cris mille fois répétés de Loch-Sloy !

Les munitions des insurgés manquèrent bientôt au moment le plus important : en vain messages après messages furent envoyés au gros de l'armée, rien ne vint, et le feu des défenseurs du pont se ralentit à mesure que celui des assaillants s'accroissait.

Excitées par l'exemple de leurs chefs, les troupes royales commencèrent l'attaque des barricades ; les matériaux furent jetés dans la rivière, la porte fut enfoncée. Morton et Burley combattaient à la tête de leurs hommes, et, saisissant des piques et des hallebardes, attendirent les baïonnettes des gardes et les haches des montagnards. Mais ceux qui occupaient les derniers rangs s'enfuirent d'abord seul à seul, puis deux à deux, et par groupes plus nombreux. Le passage fut bientôt ouvert aux troupes royales ; mais le pont était long et difficile, elles étaient encore exposées au feu des maisons voisines. Burley et Morton combattaient côte à côte en ce moment.

— Il est encore temps, dit Balfour, de les faire attaquer par la cavalerie avant qu'ils puissent se former de ce côté, et avec l'aide de Dieu nous pouvons les refouler de l'autre côté du pont. Cours donner l'ordre aux chevaux d'avancer pendant que je vais encore défendre ce poste.

Morton reconnut l'importance de ce mouvement, et, se jetant sur le cheval que Cuddie tenait prêt derrière un buisson, il galopa vers un corps de cavalerie qui se trouva être composé de tous cameroniens. Avant qu'il pût leur communiquer ses ordres, il fut accueilli par les imprécations de toute la troupe.

— Il s'enfuit, s'écrièrent-ils, le lâche, le traître ! il court comme un lièvre devant les chasseurs, et il a laissé le vaillant Burley au milieu de la tuerie !

— Je ne fuis pas, dit Morton, je viens vous conduire à l'attaque ; venez hardiment, et tout peut être réparé.

— Ne le suivez pas ! ne le suivez pas ! s'écria-t-on de tous côtés, il s'est vendu à l'ennemi.

Pendant que Morton discutait, priait et ordonnait en vain, le moment favorable s'écoula, l'entrée du pont et toutes ses défenses tombèrent au pouvoir de l'ennemi. Burley et ses compagnons furent refoulés jusque sur le principal corps de l'armée rebelle.

Claverhouse avait attendu la prise du pont, et le passa à la tête de sa cavalerie, qu'il forma en escadrons, sur le bord de la plaine, menant une des divisions à l'attaque du centre, tandis que deux autres attaquaient les ailes. Les cameroniens n'étaient plus en état de soutenir le choc de la cavalerie, à peine essayèrent-ils une défense mal dirigée et sans aucun ordre : en moins de cinq minutes les dragons étaient au milieu d'eux, taillant et tuant sans pitié.

On entendait la voix de Claverhouse, qui dominait le tumulte, criant à ses soldats : Tuez, tuez ! pas de quartier ! souvenez-vous de Richard Graham ! La plupart des dragons avaient à venger l'affront du mont de Loudon et n'avaient pas besoin d'être excités ; leur vengeance était aussi facile que complète.

Environ douze cents insurgés, qui restaient en ordre sur la gauche en dehors des charges de la cavalerie, mirent bas les armes, et se rendirent à discrétion au duc de Monmouth, qui s'avançait à la tête de l'infanterie. Le duc, galopant sur le champ de bataille, mit autant d'ardeur à arrêter le carnage qu'il avait montré de courage pour obtenir la victoire. Pendant qu'il était ainsi occupé il se rencontra avec Dalzell, qui encourageait ses montagnards à éteindre le feu de la rébellion dans le sang des rebelles.

— Remettez votre épée dans le fourreau, je vous l'ordonne, général, s'écria le duc, et faites sonner la retraite, assez de sang a été versé, ayez pitié des malheureux sujets du roi !

— J'obéis à Votre Grâce, dit le vieux soldat essuyant son épée et la retournant à son fourreau, mais je vous prédis en même temps que les rebelles ne se croiront pas suffisamment intimidés. Votre Grâce n'a-t-elle pas appris que Basile Olifant a rassemblé plusieurs gentilshommes et des gentillâtres de l'ouest pour venir joindre ces misérables ?

— Basile Olifant ? repartit le duc, quel est cet homme ?

— L'héritier présomptif du comte de Torwood. Il est en opposition au gouvernement, parce que ses droits sur la baronnie de Tillietudlem ont été jugés inférieurs à ceux de lady Marguerite Bellenden, et je crois qu'il a remué dans l'espoir d'obtenir cette propriété.

— Qu'il espère ce qu'il voudra, répliqua Monmouth, il aura à renvoyer ses partisans, car cette armée ne peut se rallier. Je réitère donc mon ordre, que l'on cesse toute poursuite.

— Il appartient à Votre Grâce de commander et d'être responsable de ses ordres, dit Dalgell ; et il donna les instructions nécessaires pour arrêter le carnage.

Mais le bouillant et vindicatif Claverhouse était déjà loin, et continua avec sa cavalerie à tuer tout ce qui se trouvait sur son passage.

La masse des fuyards entraîna Morton et Burley loin du champ de bataille : ils essayèrent de se défendre dans les rues de Hamilton ; mais au moment où il encourageait ses hommes à faire volte-face et à tenir tête aux dragons, Burley fut atteint d'une balle qui lui cassa le bras droit.

— Malheur à la main qui m'a envoyé ce plomb ! s'écria-t-il en laissant tomber son épée ; je ne puis plus combattre.

Il s'éloigna alors rapidement. Morton vit bientôt que ses efforts pour rallier les fuyards n'auraient d'autre résultat que sa mort ou sa captivité, et, suivi du fidèle Cuddie, il partit sur son bon cheval et fut bientôt en rase campagne.

Du haut de la première colline qu'ils gravirent, ils cherchèrent à reconnaître ce qui restait de l'armée puritaine : les dragons poursuivaient encore quelques malheureux fuyards.

— Il est impossible qu'ils puissent jamais plus tenir tête aux ennemis, dit Morton.

— Ils ont perdu la tête, ajouta Cuddie, on l'a tranchée net comme avec une faux. Seigneur Dieu ! comme les épées sont en jeu ! La guerre est une terrible chose. Ils seront habiles ceux qui me reprendront dans une pareille bagarre. Mais, pour l'amour de Dieu, Monsieur, ne restons pas ici.

Morton reconnut la prudence de cette demande, et, piquant des deux, ils dirigèrent leur course vers le pays des montagnes, où ils supposaient que les fuyards s'assembleraient pour résister encore ou obtenir une capitulation.

CHAPITRE XXXI.

La nuit était venue, et pendant deux heures de chemin Morton et son compagnon n'avaient encore rencontré aucun fuyard. Ils étaient arrivés aux bruyères, et s'approchaient d'une grande maison solitaire située à l'entrée d'une gorge sauvage, loin de toute autre habitation.

— Nos chevaux, dit Morton, ne nous porteront pas plus loin sans se reposer et se rafraîchir; il faut que nous tâchions de trouver ici un gîte et des provisions.

Il s'approcha de la maison, qui paraissait habitée; on voyait autour des traces récentes de pas de chevaux, et d'épais tourbillons de fumée sortaient des cheminées. Des voix humaines retentissaient dans l'intérieur, mais toutes les croisées étaient closes, et quand ils frappèrent à la porte, personne ne répondit. Voyant l'inutilité de leurs efforts, ils conduisirent leurs chevaux à une sorte d'étable avant d'insister pour être admis. Ils y trouvèrent dix ou douze autres chevaux dont l'air fatigué et les harnais à demi militaires dénotaient pleinement qu'ils appartenaient à des fuyards de l'armée presbytérienne.

— Nous sommes bien tombés, dit Cuddie, ils ont abondance de provisions, car voici une peau de bœuf qui recouvrait une bonne bête il n'y a pas longtemps; elle n'est pas encore refroidie.

Encouragés par cette découverte, ils demandèrent à ceux qui occupaient l'intérieur de les admettre.

— Qui que vous soyez, répondit une voix des plus rauques après un long silence, ne troublez pas ceux qui pleurent sur la désolation et la ruine du pays, et qui cherchent les causes de la colère et de l'abandon du ciel pour pouvoir enlever les pierres d'achoppement sur lesquelles nous sommes tombés.

— Ce sont, dit Cuddie, des whigs furieux de l'ouest, je les reconnais à leur langage.

Morton fit cependant un nouvel appel en insistant pour entrer ; mais voyant qu'on ne lui répondait plus, il força l'une des croisées, dont les volets n'étaient pas très-solides, et entra dans la cuisine d'où la voix était sortie. Cuddie le suivit. Le maître et le valet se trouvèrent en présence de dix ou douze hommes armés, assis autour du feu, sur lequel cuisaient des provisions, et apparemment occupés à leurs dévotions.

Morton reconnut bientôt à la lueur du feu quelques-uns de ces fanatiques qui s'étaient prononcés le plus violemment contre toutes les mesures modérées, et parmi eux l'enthousiaste Ephraïm Macbriar et le maniaque Habacuc Mucklewrath. Les caméroniens ne semblèrent faire aucune attention à l'arrivée de leurs compagnons d'infortune et continuèrent à écouter les inspirations de Macbriar, qui priait le Tout-Puissant de ne pas appesantir sa main sur son peuple et de ne pas l'exterminer dans sa colère. Il était évident cependant que son arrivée n'était pas inaperçue, car ils échangeaient de temps à autre des regards pleins de colère et d'indignation.

Morton, voyant ces dispositions sinistres, pensa à se retirer ; mais en tournant la tête, il vit avec alarme que deux hommes s'étaient placés sans mot dire auprès de la croisée par laquelle il était entré. Un de ces hommes dit tout bas à Cuddie :

— Fils de cette sainte femme Mause Headrigg, ne lie pas ton sort à celui de cet homme de trahison et de perdition. Continue ton chemin, et ne t'arrête pas, car le vengeur du sang est derrière toi.

Il montra en même temps la croisée, et Cuddie sauta aussitôt hors de l'appartement ; car cet avis lui annonçait un danger personnel imminent.

— Ils vont le tuer, dit-il, les maudits assassins, et vont croire qu'ils ont rempli un devoir ! Mais je vais reprendre le chemin d'Hamilton, et voir si je ne peux amener quelques-uns des nôtres à son secours.

Il se hâta d'aller à l'étable, et prenant le meilleur cheval au lieu du sien, qui était fatigué, il partit au galop dans la direction de la ville.

Le bruit de sa fuite alarma un instant les fanatiques. A mesure qu'il cessa, Macbriar acheva ses exhortations, et tous se levant ensemble, tournèrent vers Henri des regards irrités.

— Vous me regardez d'un œil de colère, leur dit Morton, je ne sais, Messieurs, comment j'ai mérité cet accueil.

— A bas ! à bas ! s'écria Mucklewrath. Il est entré comme un voleur par la croisée : c'est un bouc embarrassé dans les buissons, son sang sera offert en expiation pour venger l'Église, et ce lieu sera appelé dans l'avenir Jehovah-Jireh, car nous avons la victime. Debout, et lions-le à l'autel avec des cordes !

Morton n'était armé que de son épée, il avait laissé ses pistolets à l'arçon de sa selle, et il regretta amèrement de s'être aventuré dans cette maison si mal à propos : les cameroniens avaient tous des armes à feu, et il n'y avait aucune chance de pouvoir s'échapper.

Macbriar cependant le protégea un instant.

— Attendez encore un moment, mes frères, leur dit-il, n'employons pas l'épée hâtivement, de peur que le sang innocent ne retombe sur nous. Voyons, dit-il à Morton, nous allons compter avec toi avant de venger la cause que tu as trahie. N'as-tu pas endurci ton cœur comme le caillou quand la vérité était proclamée dans les conseils de l'armée ?

— Nous le savons, nous le savons, murmurèrent les puritains.

— Il a toujours conseillé la paix avec les méchants, dit l'un.

— Il a parlé en faveur de cette abominable indulgence, ajouta l'autre.

— Il aurait livré l'armée à Monmouth, s'écria un troisième, il a été le premier à abandonner l'honnête et vaillant Burley pendant qu'il défendait encore le pont. Je l'ai vu sur la plaine, éperonnant son cheval, longtemps avant que l'ennemi passât.

— Ecoutez ce qu'il a à dire, reprit Macbriar, car le ciel sait que nos cœurs ont saigné pour lui afin qu'il fût amené à voir la vérité et à employer ses talents à la défendre. Mais il est aveuglé par son savoir mondain, et il a rejeté la lumière qui brillait devant lui.

Quand le silence se fit, Morton expliqua la part honorable qu'il avait prise dans les négociations avec Monmouth.

— Il avoue, dit un des cameroniens, il avoue ses inclinations mondaines et son érastianisme : qu'il meure !

— Silence encore ! reprit Macbriar, je vais l'essayer de nouveau. N'est-ce pas grâce à toi que le méchant Evandale a deux fois échappé à la mort ou à la prison ? N'est-ce pas toi qui as sauvé de l'épée Miles Bellenden et sa garnison ?

— Je suis fier de dire que ces deux accusations sont vraies, repartit Morton.

— Vous le voyez, dit Macbriar, sa bouche l'a encore confessé. Et tu l'as fait pour l'amour d'une Madianite.

— Vous ne pouvez, répliqua hardiment Morton, apprécier mes sentiments pour cette jeune dame. Mais n'eût-elle pas existé, j'aurais fait tout ce que j'ai fait.

— Tu es bien hardi dans ta rébellion contre la vérité, dit un autre puritain, et ne l'as-tu pas fait parce qu'en faisant échapper la vieille femme Marguerite Bellenden, tu faisais avorter le grand et sage projet de Jean Balfour de Burley pour amener sur le champ de bataille Basile Olifant, qui était convenu de prendre les armes si nous lui garantissions la possession des biens terrestres de ces femmes?

— Je n'ai jamais entendu un mot de ce projet, répondit Morton, et je ne pouvais rien faire pour l'empêcher, mais est-ce que votre religion vous permet d'employer des moyens aussi déshonorants et immoraux?

— Silence! s'écria Macbriar un peu déconcerté, il ne t'appartient pas de vouloir instruire les professeurs ni d'interpréter les obligations de l'alliance. Note bien mes paroles: nous sommes au jour du sabbat, et notre main ne versera pas ton sang aujourd'hui; mais quand la douzième heure sonnera, ce sera le signal que ton dernier moment est arrivé! Fais donc bon usage des instants qui te restent, car le temps passe vite. Empoignez le prisonnier, mes frères, et désarmez-le!

Cet ordre fut donné à un moment et d'une manière si inattendus, que Morton fut entouré, saisi, désarmé et garrotté avant de pouvoir offrir aucune résistance. Quand cela fut fait, un silence de mort s'établit.

Les fanatiques s'assirent autour d'une table de chêne et mirent Morton entre deux d'entre eux, de manière qu'il fût vis-à-vis l'horloge qui devait sonner sa dernière heure. Des mets furent servis; ils en offrirent à leur victime, dont l'appétit était disparu. De temps en temps des yeux hagards se tournaient vers le cadran pour interroger la marche de l'aiguille.

Morton étudiait aussi ce cadran en pensant qu'il était impossible qu'un secours arrivât avant que l'aiguille eût parcouru l'étroite section du cercle qu'elle avait à tracer. Le désespoir semblait s'être emparé de lui; il ne se sentait plus animé de cette ardeur et de cette énergie qui l'avaient soutenu en pareille circonstance, alors qu'il était au pouvoir de Claverhouse. Il était à la merci de féroces fanatiques, sans un ami pour lui dire un mot d'adieu, lui jeter un coup d'œil d'encouragement ou de sympathie, attendant que l'épée fût sortie de son fourreau, et condamné à boire goutte à goutte la coupe amère de la mort. Ses bourreaux lui semblaient être des spectres qui le poursuivaient dans un rêve terrible: leurs traits s'élargirent à ses yeux, leurs figures devinrent gigantesques, et il se crut au milieu d'une bande de démons. Les murs suintaient de sang, et les tintements réguliers du balancier de l'horloge résonnaient clairs et distincts dans son oreille comme autant de coups d'épée.

Il tressaillit en se voyant irrésolu au bord de la tombe; et faisant un effort sur lui-même pour maîtriser son imagination, il eut recours à la prière pour la délivrance et la paix de l'esprit, que l'on trouve dans le livre des prières de l'église anglicane. Macbriar, qui avait été élevé dans cette persuasion, reconnut aussitôt cette oraison que le prisonnier récitait à demi-voix.

— Il ne manquait plus que cela, dit-il les yeux enflammés d'indignation, pour me retirer tout regret de voir verser son sang !

Il sauta sur une chaise d'un bond frénétique pour hâter le fatal signal en avançant l'aiguille, et plusieurs des fanatiques préparaient leurs épées pour l'exécution immédiate de Morton, quand la main de Mucklewrath fut arrêtée par un de ses compagnons.

— Écoutez ! dit-il, j'entends du bruit.

— C'est le murmure du ruisseau sur les cailloux, dit l'un.

— C'est le soupir du vent sous les branchages, dit un autre.

— Ce sont des chevaux qui galopent, se dit Morton, dont l'ouïe était devenue extrêmement sensible dans l'horrible position où il se trouvait, Dieu veuille que ce soit des libérateurs !

Le bruit devint de plus en plus distinct.

— Ce sont des chevaux, dit Macbriar ; voyez au dehors, et sachez ce qu'ils sont.

— C'est l'ennemi ! cria un homme qui avait ouvert la croisée.

On entendit aussitôt des voix confuses et un piétinement de chevaux autour de la maison. Quelques-uns des fanatiques se levèrent pour résister, d'autres pour s'échapper : les portes et les croisées furent brisées en même temps, et les habits rouges entrèrent dans l'appartement.

— Sus aux rebelles, vengeons l'enseigne Graham ! répétèrent toutes les voix à la fois.

Les lumières furent éteintes, on massacra à la lueur douteuse du feu ; on tira plusieurs coups de pistolet, et le whig qui était assis près de Morton reçut une balle au moment où il se levait. Il trébucha sur le prisonnier, et l'entraînant avec lui, ils roulèrent ensemble sur le plancher. Cet accident sauva probablement la vie à Morton.

— Le prisonnier est-il sauf ? demanda la voix bien connue de Claverhouse ; cherchez-le, et achevez ce chien de puritain qui grogne ici !

Ces deux ordres furent exécutés : un coup d'épée fit taire pour toujours le whig qui se plaignait ; et Morton, dégagé de dessous le fanatique fut relevé, et se trouva une seconde après dans les bras du fidèle Cuddie, qui pleura de joie en voyant que le sang qui couvrait son maître ne provenait pas de lui.

Cuddie expliqua bientôt le secret de l'heureuse intervention des dragons.

— Je suis tombé au milieu des hommes de Claverhouse pendant que je cherchais quelques-uns des nôtres pour vous retirer des mains des whigs; j'ai cru qu'il valait mieux l'amener avec moi; car il doit être fatigué de tuer; demain sera un jour nouveau, et lord Evandale vous doit une revanche. Les dragons me disent que Monmouth fait quartier à ceux qui le demandent. Ainsi, n'ayons pas peur, nous nous tirerons d'affaire.

CHAPITRE XXXII.

Quand le carnage eut cessé, Claverhouse ordonna à ses soldats d'emporter les cadavres, de se rafraîchir, eux et leurs chevaux, et de se préparer à passer la nuit à la ferme pour marcher de bonne heure le lendemain. Il se tourna ensuite vers Morton, et ses manières étaient pleines de politesse et même de bonté.

— Vous vous seriez épargné plus d'un danger, monsieur Morton, si vous m'aviez fait l'honneur d'accepter le conseil que je vous donnais hier; mais je respecte vos raisons. Vous êtes prisonnier de guerre à la disposition du roi et du conseil; vous serez traité avec civilité. Je me contenterai de votre parole que vous ne chercherez pas à vous échapper.

Quand Morton lui eut donné sa parole, Claverhouse salua en signe d'acceptation; et se tournant vers son sergent-major :

— Combien de tués et combien de prisonniers, Halliday? demanda-t-il.

— Trois tués dans la maison, Monsieur, deux dans la cour, un dans le jardin, six en tout; quatre prisonniers.

— Armés ou sans armes? reprit Claverhouse.

— Trois armés jusqu'aux dents, répondit Halliday, un sans armes, qui a l'air d'un ministre.

— Ah! probablement la trompette à longues oreilles de la troupe, dit Claverhouse jetant un rapide coup d'œil sur ses victimes; je lui parlerai demain. Emmenez les trois autres dans la cour, prenez deux hommes, et feu dessus! Vous mettrez dans votre rapport trois rebelles pris les armes à la main et fusillés, avec la date et le nom de l'endroit : c'est Drumshinnel, je crois, qu'on l'appelle. Faites garder le prédicant jusqu'à demain Comme il n'était pas armé, il doit être interrogé, ou peut-être nous l'en verrons au conseil privé; ils devraient, je crois, prendre leur part de cette dégoûtante occupation. Que l'on soit poli envers M. Morton, et que les hommes aient soin de leurs chevaux. Dites à mon valet de laver l'épaule de Sang-Sauvage avec un peu de vinaigre; la selle l'a un peu écorché.

Tout ces ordres de vie et de mort, pour le traitement des prisonniers et le pansement de son cheval, furent donnés du même ton de voix et comme si l'un n'eût pas été plus important que l'autre.

Les cameroniens attendirent la mort avec autant d'indifférence qu'ils en avaient montré quand ils se disposaient à agir en bourreaux.

Il ne furent pas plutôt sortis, que Claverhouse fit venir des rafraîchissements, et se mit à table en invitant Morton à l'imiter, disant que ce jour avait été plein de fatigues pour eux. Morton refusa les mets qui lui étaient offerts; mais il éprouvait une soif brûlante, et il demanda à boire.

— Je boirai à votre santé de tout mon cœur, dit Claverhouse. Voici un cruchon de bière, et ce doit être de la bonne, s'il y en a dans le pays, car les whigs savent toujours où la trouver. A votre santé, monsieur Morton! ajouta-t-il en remplissant deux gobelets, l'un pour lui, l'autre pour son prisonnier.

Morton porta la coupe à ses lèvres; mais, au moment où il allait boire, une décharge de carabines sous la croisée, suivie d'un sourd et profond gémissement répété deux ou trois fois, lui annonça que les trois cameroriens avaient cessé d'exister. Il tressaillit, et remit la coupe sur la table sans y goûter.

— Vous êtes encore neuf dans ces sortes d'affaires, monsieur Morton, dit Claverhouse après qu'il eut longuement savouré son verre de bière, mais cela n'amoindrit pas votre courage à mes yeux. L'habitude, le devoir et la nécessité réconcilient l'homme à toute espèce de choses.

— J'espère, dit Morton, que je ne verrai jamais de pareilles scènes de sang-froid. Et ils se séparèrent.

Morton fut conduit à un autre appartement; il n'y fut pas plus tôt seul, qu'il pensa à rendre grâce au ciel de l'avoir sauvé du danger par la main même de ses ennemis.

Après les agitations qu'il avait éprouvées et les événements qui venaient de se passer, Morton dormit d'un si profond sommeil, qu'il savait à peine où il était quand il fut réveillé par les cris des hommes, le piétinement des chevaux et le son de la trompette qui sonnait la diane. Le sergent-major vint bientôt après, lui intimer d'une manière très-respectueuse que le général espérait avoir le plaisir de sa société le long de la route. Des invitations de ce genre sont toujours des ordres. Morton se rendit auprès de Claverhouse aussi promptement que possible, et trouva son cheval tout sellé sous la garde de Cuddie. On leur demanda leurs armes à feu ; mais on laissa à Morton son épée, qui était alors l'apanage distinctif du gentilhomme.

La courtoisie et l'urbanité des manières du général, ses opinions chevaleresques sur les devoirs des militaires, son entente profonde du cœur humain frappaient toujours d'étonnement et d'admiration ceux qui conversaient avec lui. Morton ne put s'empêcher de le comparer à Balfour de Burley ; et cette idée l'obséda de telle sorte, qu'il y fit plus d'une allusion pendant qu'ils marchaient ensemble à une petite distance de la troupe.

— Vous avez raison, dit Claverhouse en souriant, vous avez raison, nous sommes fanatiques tous les deux, mais il y a quelque différence entre le fanatisme de l'honneur et celui d'une superstition morose et ténébreuse.

— Cependant c'est sans pitié et sans remords que vous versez le sang tous les deux ! dit Morton, qui ne put taire son opinion.

— Assurément, dit Claverhouse d'un air tranquille, mais de quelle sorte ? Il y a, je crois, une grande différence entre verser le sang de sages et savants prélats, de vaillants soldats, de nobles gentilshommes, et répandre la boue rouge qui croupit dans les veines de laboureurs chanteurs de psaumes, de démagogues idiots et de paysans imbéciles. Il y a la même différence que si l'on renverse un flacon de vin généreux ou que l'on jette un cruchon de bière aigre et bourbeuse.

— Cette distinction est trop subtile pour moi, répliqua Morton. Dieu nous donne à tous le souffle de la vie, celui du paysan comme celui du prince. Ceux qui détruisent son ouvrage sans cause et sans raison en sont responsables dans tous les cas. Pourquoi, par exemple, aurais-je droit aujourd'hui à la protection du général Graham plus que la première fois que nous nous sommes vus ?

— Et que vous eûtes grand'peine à échapper aux conséquences de notre rencontre, voulez-vous dire ? demanda Claverhouse. Je vais vous répondre franchement. Je pensais alors que j'avais devant moi le fils d'un ancien rebelle, le neveu d'un laird presbytérien ; maintenant je vous connais mieux, il y a quelque chose en vous que je respecte dans un ennemi autant que je l'aime dans un ami. J'ai appris bien des choses sur votre compte depuis notre première rencontre, et vous devez trouver, je crois, que mes réflexions sur ce que j'ai appris ne vous ont pas été défavorables.

— Cependant... dit Morton.

— Cependant, répéta Graham en l'interrompant, vous voulez dire que vous êtes aujourd'hui ce que vous étiez alors? C'est vrai; mais comment pouvais-je le savoir? Quoique, entre nous, la répugnance que j'ai montrée pour surseoir à votre exécution puisse vous montrer quelle haute opinion j'avais de vos talents.

— Vous ne vous attendez pas, général, dit Morton, à ce que je vous sois particulièrement reconnaissant de cette preuve d'estime?

— Allons, allons! vous êtes trop pointilleux, repartit Claverhouse, je vous dis que je vous croyais un tout autre homme. Avez-vous jamais lu Froissart?

— Non, répondit Morton.

— J'ai presque envie, reprit Claverhouse, de vous faire donner un emprisonnement de six mois pour vous procurer le temps de le lire. Ses œuvres m'inspirent plus d'enthousiasme que la poésie elle-même. Avec quel vrai sentiment chevaleresque il accumule les plus magnifiques expressions de regret à la mort d'un noble et vaillant chevalier, dont c'était pitié de voir le trépas, tant il était plein de loyauté pour son roi, de foi sainte pour sa religion, de courage envers son ennemi et de fidélité à la dame de ses pensées! Ah! *Benedicite*, comme il pleure sur la fin de cette perle de la chevalerie! qu'il soit du côté de ses amis ou avec ennemis. Mais, quant à balayer du sol quelques centaines de sales paysans qui son nés pour le labourer! le rare et noble historien montre là peu de sympathie, aussi peu ou peut-être moins que Jean Graham de Claverhouse.

— Vous avez un laboureur en votre pouvoir, général, dit Morton, pour lequel, je vous demande humblement permission de solliciter votre faveur.

— Vous voulez parler, répondit le général consultant un mémorandum, d'un certain Hatherick... Hedderick... ou... ou Headrigg? Oui, Cuthbert ou Cuddie Headrigg, je l'ai là. Oh! ne craignez rien pour lui s'il veut être raisonnable. Les dames de Tillietudlem se sont intéressées en sa faveur il y a déjà quelque temps. Il lui sera facile de se tirer d'affaire s'il n'est pas trop entêté.

— Je ne crois pas, dit Morton, qu'il ait jamais eu l'ambition de mourir martyr.

— Tant mieux pour lui, répondit Claverouse; mais, quand même il aurait de lourdes charges contre lui, je me montrerais son ami, à cause de la vaillante résolution qui le jeta au milieu de nous hier au soir quand il alla chercher du secours pour vous sauver. Je n'abandonne jamais un homme qui me montre autant de confiance. Mais, pour vous dire toute la vérité, il y a longtemps que nous avons l'œil sur lui. Halliday, apporte-moi le livre noir.

Le sergent remit au général le terrible livre dans lequel les noms des suspects étaient inscrits par ordre alphabétique.

Claverhouse, en tournant les feuillets, lut quelques noms que ses yeux rencontrèrent : Gumblegumption, un prédicant, âgé de cinquante ans, ayant souscrit à l'indulgence, discret, rusé, etc. Bah ! bas !... Ah ! je l'ai ici : Heathewcat, mis hors la loi, un prédicant, zélé cameronien, tient un conventicule dans les monts de Campsie. Bah !... Ah ! voici Headrigg... Cuthbert, sa mère est une puritaine fanatique ; c'est un homme sans portée, qui aime à se mettre en avant, mais n'a aucune idée de complots, plutôt de la main que de la tête : pourrait être remis dans la bonne voie, si ce n'était son dévouement à..... Ici Claverhouse regarda Morton, ferma le livre ; et changeant l'expression de sa voix, il lui dit :

— Les bonnes paroles ne sont jamais perdues avec moi, M. Morton ; vous pouvez compter qu'il ne sera rien fait à ce jeune homme. J'ai eu votre signalement moral, il y a plus de trois ans.

— Vraiment ! dit Morton. Voudriez-vous me faire le plaisir de me le communiquer?

« Henri Morton, fils de Silas Morton, colonel de cavalerie pour le parlement d'Ecosse, neveu et héritier présomptif de Morton de Milnwood. Son éducation est imparfaite, son courage excède ses années, très-adroit à tous les exercices corporels, indifférent aux formes de religion, mais paraît incliner vers le presbytérianisme ; il a de hautes et dangereuses idées sur la liberté de penser et de parler, et flotte entre l'indifférence et l'enthousiasme. Il est le chef et le modèle des jeunes gens de son âge, modeste, tranquille, simple dans ses manières, mais au fond du cœur particulièrement hardi et intraitable. Il est... »

— Il y a là trois croix rouges, M. Morton, ce qui veut dire triplement dangereux. Vous voyez quel important personnage vous êtes... Mais que veut cet individu?

Un cavalier s'avança comme il parlait, et lui donna une lettre. Claverhouse y jeta un coup d'œil, sourit dédaigneusement, et dit au messager qu'il n'y avait pas d'autre réponse que de dire à son maître d'envoyer ses prisonniers à Edimbourg.

Quand l'étranger se fut éloigné, Claverhouse dit à Morton d'un ton de mépris :

— Voici un de vos alliés qui vous abandonne, je devrais dire plus tôt un allié de votre excellent ami Burley. Ecoutez ce qu'il m'écrit : « Cher Monsieur (je ne sais pas quand j'ai eu l'honneur de le connaître), qu'il plaise à Votre Excellence de recevoir mes très-humbles félicitations au sujet de la victoire... Hem !... Les armes bénies de Sa Majesté. Je prends la liberté de vous faire savoir que j'ai mes gens sous les armes pour arrêter les fuyards, et j'ai déjà fait plusieurs prisonniers. » Le reste de la même force. Signé : Basile Olifant. Vous le connaissez de nom, je suppose ?

— N'est-il pas parent de lady Marguerite Bellenden ? demanda Morton.

— Oui, répliqua Graham, il est l'héritier mâle de la famille de son père, quoique la parenté soit très-éloignée ; c'est de plus un prétendant à la main d'Edith, quoique remercié et indigne de l'honneur. Mais c'est surtout un profond admirateur des terres de Tillietudlem et de leurs dépendances.

— Correspondre avec notre parti n'était guère le moyen de se mettre en faveur avec la maison de Tillietudlem, dit Morton.

— Oh ! ce précieux Basile Olifant peut faire patte de velours comme le meilleur chat, répliqua Claverhouse. Il était mécontent du gouvernement parce qu'on n'a pas voulu annuler le testament du dernier comte de Torwood, par lequel tous les biens passaient à sa fille ; il était mécontent de lady Marguerite parce qu'elle ne montrait aucun empressement à le voir entrer dans la famille, et mécontent d'Edith parce qu'elle n'admirait par sa grande et grotesque figure. Si bien qu'il entra en correspondance avec Burley et arma ses gens pour le joindre et l'aider s'il n'avait besoin d'aucune aide, c'est-à-dire si vous nous aviez battus hier. Maintenant le fripon prétend qu'il ne se proposait que le service du roi, et il est très-probable que le conseil va accepter son affirmation comme de l'argent comptant, car il sait comment s'y faire des amis : une douzaine de pauvres fanatiques seront pendus ou fusillés, tandis que cet adroit scélérat vivra tranquille sous son manteau de loyauté doublé d'hypocrisie.

C'est en conversant ainsi sur toutes sortes de sujets qu'ils chassèrent les ennuis de la route ; de temps en temps leur troupe s'augmentait de détachements qui avaient été envoyés de divers côtés, et ramenaient avec eux de malheureux prisonniers. Ils approchèrent enfin d'Edimbourg.

— Je crois, dit Claverhouse, que le conseil est décidé à montrer par la glorification de leur triomphe quel a été l'excès de leur terreur : ils ont décrété une sorte d'entrée triomphale pour nous et nos prisonniers. Mais comme je n'aime pas ces ovations, je vais m'épargner l'embarras d'y figurer et vous l'épargner en même temps.

Il remit bientôt le commandement des dragons à Allan, devenu lieutenant-colonel, et prenant un chemin de traverse, il entra sans bruit dans la cité, suivi seulement de Morton et de deux ou trois domestiques. Il donna à son prisonnier une chambre de l'appartement qu'il occupait dans la Canongate, et se contenta de la parole qu'il lui demanda de ne pas sortir.

Environ un quart d'heure après avoir été laissé à ses réflexions, l'attention de Morton fut excitée par un grand bruit qui se faisait dans la rue. Des trompettes sonnaient, des tambours retentissaient, les voix de la foule s'élevaient et lui apprirent que la cavalerie royale faisait l'entrée triomphale dont Claverhouse lui avait parlé.

Les magistrats municipaux, entourés de leurs hallebardiers, avaient été recevoir les vainqueurs aux portes de la cité, et les précédaient dans cette marche de triomphe. Après eux venaient deux têtes portées sur des piques ; elles étaient précédées des mains des deux malheureux exécutés, que ceux qui les portaient rapprochaient souvent dans la position d'un homme qui prêche ou qui prie. Ces restes sanglants étaient ceux de deux prédicants tués au pont de Bothwell. Puis venait une charrette que conduisait l'aide du bourreau, et dans laquelle étaient Macbriar et deux autres prisonniers qui semblaient être de même profession que lui. Ils étaient nu-tête et fortement garrottés ; cependant ils regardaient la multitude d'un air de triomphe plutôt que d'abattement ; le sort de leurs compagnons, dont les membres étaient portés devant eux, et qui leur annonçaient leur prochaine exécution, ne semblait nullement les émouvoir.

Derrière ces prisonniers, exposés ainsi à l'insulte et à l'infamie, venait un corps de cavaliers faisant brandir leurs épées et remplissant l'air de leurs acclamations, auxquelles répondaient les cris tumultueux de la canaille, qui toujours et partout est heureuse quand on lui permet d'acclamer quoi que ce soit. A la suite de ces troupiers marchait le plus grand nombre des prisonniers, qui semblaient conduits par leurs chefs, et que l'on abreuvait à chaque pas de sarcasmes et d'outrages. Plusieurs étaient placés sur des chevaux, la figure tournée vers la queue de l'animal ; d'autres étaient chargés de longues barres de fer, auxquelles ils étaient enchaînés comme les esclaves des galères espagnoles. La tête de certains autres qui avaient succombé dans le combat était portée en triomphe devant les survivants : on en voyait sur des piques et des hallebardes ; d'autres étaient dans des sacs sur lesquels le nom du mort était inscrit en grands caractères.

Morton éprouva un malaise indicible à la vue de ces trophées sanglants et de ces prisonniers dont les traits lui étaient familiers : il se laissa tomber sur un siége, et resta dans un état de profond accablement. Il en fut retiré par l'exclamation de Cuddie :

— Que le ciel nous protége, Monsieur ! s'écria le pauvre diable, dont les dents claquaient d'effroi et dont les cheveux s'étaient hérissés comme les crins d'un sanglier, que le ciel nous protége ! il faut que nous paraissions immédiatement devant le conseil. Oh ! Seigneur Dieu ! qui peut leur avoir donné l'idée d'envoyer chercher un pauvre être comme moi ? Et voilà ma mère qui est venue à pied de Glasgow pour m'entendre témoigner comme elle le dit, c'est-à-dire témoigner et être pendu ! Mais voilà Claverhouse lui-même ! que le ciel nous protége encore une fois !

— Il faut que vous paraissiez immédiatement devant le conseil, monsieur Morton, dit Claverhouse, qui entra comme l'annonçait Cuddie, et votre valet doit vous accompagner. Vous n'avez rien à craindre pour vous personnellement. Mais je vous avertis que vous verrez quelque chose qui vous peinera excessivement ; j'aurais voulu vous l'épargner, cela m'a été impossible. Ma voiture attend, voulez-vous venir ?

Morton se leva et accompagna Claverhouse.

— Je dois vous dire, reprit ce dernier en descendant les escaliers, que vous en serez quitte à bon marché, ainsi que votre valet, s'il peut retenir sa langue.

Cuddie écouta cette parole avec joie, et s'écria : pourvu que ma mère ne s'en mêle pas.

La vieille Mause, qui avait réussi à entrer jusque dans le vestibule, le saisit par le bras au même instant.

— O mon fils ! mon fils ! dit-elle en l'embrassant, je suis heureuse et fière, tout humiliée et triste que je suis, de voir mon enfant appelé à témoigner glorieusement en faveur de la vérité devant le conseil, comme il a témoigné bravement avec son épée sur le champ de bataille.

— Silence, silence, ma mère ! s'écria Cuddie impatienté. Je ne veux plus de vos sermons qui finissent par un psaume sur l'échafaud.

— Oh ! Cuddie, mon enfant, je serais malheureuse s'ils te faisaient du mal, dit la vieille femme partagée entre la crainte pour le salut de l'âme de Cuddie et sa peur de le voir souffrir ; mais rappelle-toi.

— C'est bon, c'est bon, ma mère, répliqua Cuddie ; ne voyez-vous pas qu'on m'attend? Ne craignez rien, je sais mieux que vous comment arranger tout cela.

Il s'échappa des bras de sa mère, et pria les soldats de le conduire immédiatement à la salle du conseil; Claverhouse et Morton l'avaient précédé.

CHAPITRE XXXIII.

Le conseil privé d'Écosse, qui depuis l'union des deux couronnes faisait fonction de pouvoir judiciaire suprême, et qui avait en outre la direction générale de la puissance exécutive, tenait ses séances dans une ancienne salle gothique attenante aux chambres du parlement d'Édimbourg. Le général Graham alla prendre place parmi les conseillers.

Le clerc lut d'abord un acte par lequel le général Graham de Claverhouse et lord Evandale se portaient garants pour Henri Morton de Milnwood, qui devait aller à l'étranger et y rester selon le bon plaisir de Sa Majesté, à cause de la part que ledit Morton avait prise à la dernière insurrection, sous peine pour ledit Morton de perdre la vie, et pour ses garants de payer chacun une amende de dix mille marcs.

— Acceptez-vous le pardon du roi à ces conditions, M. Morton? demanda le duc de Lauderdale, président du conseil.

— Je n'ai pas à choisir, milord, répondit Morton.

— Alors signez cet acte.

Morton signa sans répondre, sachant que dans les circonstances où il se trouvait il lui était impossible d'en être quitte à meilleur marché. Macbriar, qui fut à ce moment même amené au bas de la table du conseil, lié sur une chaise, car sa faiblesse l'empêchait de se tenir debout, vit Morton occupé à sceller ce qu'il considérait comme une apostasie.

— Il couronne sa défection, dit-il en gémissant, il reconnaît le pouvoir du tyran! Une étoile déchue! une étoile déchue!

— Taisez-vous, Monsieur, dit le duc, et gardez votre haleine pour refroidir votre propre bouillon; vous le trouverez brûlant, je puis vous le dire. Appelez un autre individu qui ait un peu de bon sens. Un mouton saute le fossé quand il en a vu un autre le passer.

Cuddie fut amené sans être lié, mais gardé par deux hallebardiers; il fut placé près de Macbriar au bas de la table. Le pauvre diable jeta un regard piteux autour de lui; on voyait qu'il était plein de respect pour l'assemblée devant laquelle il se trouvait, de compassion pour ses compagnons de malheur, et de terreur pour le sort qui l'attendait. Il fit plusieurs profonds saluts et attendit en silence qu'on l'interrogeât.

La première question le surprit comme un coup de tonnerre :

— Vous étiez au combat du pont de Bothwell ?

Cuddie pensa d'abord à répondre négativement, mais il eut assez de bon sens, en y réfléchissant, pour comprendre qu'il ne pourrait empêcher la vérité de se faire jour ; il répéta donc, comme un vrai Calédonien, d'une manière des plus indirectes :

— Je ne dirai pas qu'il est impossible que j'y aie été.

— Répondez-moi plus clairement, niais que vous êtes, oui ou non ; vous savez que vous y étiez.

— Il ne m'appartient pas de contredire l'Honneur de Votre Grâce, Votre Seigneurie, répondit Cuddie.

— Encore une fois, Monsieur, étiez-vous présent, oui ou non ? dit le duc impatienté.

— Mon Dieu, Monsieur, repartit Cuddie, comment peut-on savoir exactement où l'on a été chaque jour de sa vie ?

— Veux-tu parler, méchant gredin ! s'écria le général Dalzell, ou je te brise les dents avec le pommeau de mon épée ! Crois-tu que nous pouvons rester ici toute la journée à tourner autour de toi comme un lévrier après un lièvre ?

— Eh bien ! alors, dit Cuddie, puisque vous le voulez absolument, écrivez que je ne peux pas dire que je n'y étais pas.

— C'est bien, reprit le duc ; et croyez-vous que vous fissiez alors un acte de rébellion ?

— Je ne suis guère en position de vous dire ce que j'en pense, Monsieur, répondit le prudent Cuddie, cela pourrait me coûter cher ; cependant je m'imagine que c'était quelque chose comme cela.

— Quelque chose comme quoi ?

— Comme une rébellion, ainsi que l'a dit Votre Honneur, repartit Cuddie.

— A la bonne heure ! voilà ce qui s'appelle parler, reprit le duc ; et vous consentez à accepter le pardon du roi pour la part que vous avez prise à la rébellion.

— De tout mon cœur, Monsieur, répondit Cuddie sans aucune hésitation, et je boirai à sa santé quand la bière sera bonne.

— Tiens ! dit le duc, mais voici un fameux gaillard ! Comment donc vous êtes-vous trouvé dans cette bagarre, mon bon ami ? Mais, mon brave garçon, il faut se garder à l'avenir des mauvais consei's. Inscrivez sa mise en liberté, et amenez cet autre avec sa chaise.

Macbriar fut approché.

— Étiez-vous au combat du pont de Bothwell? demanda le duc encore une fois.

— J'y étais, répondit le prisonnier d'un ton ferme et résolu.

— Aviez-vous des armes?

— Je n'en avais pas; j'étais là pour remplir mon devoir comme ministre de la parole de Dieu, et encourager ceux qui avaient tiré l'épée pour la sainte cause.

— En d'autres termes, pour aider et seconder les rebelles, dit le duc.

— Vous l'avez dit, répliqua le prisonnier.

— Eh bien! continua le duc, dites-nous si vous avez vu Jean Balfour de Burley parmi les rebelles? Je suppose que vous le connaissez?

— Je remercie le Seigneur de me l'avoir fait connaître, répliqua Macbriar, c'est un chrétien sincère et zélé.

— Quand et où avez-vous vu cet homme pour la dernière fois?

— Je suis ici pour répondre de mes actes, dit Macbriar aussi résolûment qu'auparavant, et non pour dénoncer personne.

— Nous saurons comment vous faire parler, dit Dalzell.

— Si vous pouviez lui faire croire qu'il est dans un conventicule, ajouta Lauderdale, il parlerait malgré vous. Allons, mon garçon, parle avant que nous nous fâchions; tu es trop jeune pour porter le fardeau que nous t'infligerions.

— Je vous en défie! répliqua Macbriar; ce n'est pas la première fois que j'ai été jeté en prison, ni la première fois que je souffre. Jeune comme je suis, j'ai vécu assez longtemps pour savoir mourir quand mon heure sera venue.

— Oh! mais il y a diverses choses à faire avant de passer de vie à mort, si vous persistez dans votre entêtement, repartit Lauderdale, qui agita une petite sonnette d'argent.

Un rideau cramoisi, qui cachait une espèce de niche ou d'enfoncement dans le mur, se retira à ce signal, et découvrit le bourreau. C'était un homme de haute stature, à l'air féroce et hideux. Devant lui était une table de chêne sur laquelle il y avait des vis pour serrer les pouces, et une forme de fer appelée botte écossaise, dont on se servait dans ces temps de tyrannie pour mettre les accusés à la torture. Surpris par cette apparition inattendue, Morton tressaillit, quand le rideau se leva, mais Macbriar resta impassible. Il regarda tranquillement tout l'horrible appareil, et si la nature fit retirer le sang de ses joues pendant une seconde, la fermeté de son caractère l'y rappela plus intense aussitôt.

— Connaissez-vous cet homme? lui demand Lauderdale d'un ton de voix qui descendait presque aux dernières notes.

— Je suppose, répliqua Macbriar, qu'il est l'infâme exécuteur de vos atroces jugements sur les membres du peuple de Dieu.

— Faites votre devoir, dit le duc au bourreau.

Cet homme s'avança, et demanda d'une voix rauque sur lequel des membres du prisonnier il travaillerait d'abord.

— Qu'il choisisse lui-même, répondit le duc, je voudrais l'obliger autant que cela se peut.

— Puisque vous me donnez le choix, dit le prisonnier étendant sa jambe droite, prenez la meilleure. Je la donne volontiers pour la cause dans laquelle je suis martyr.

Le bourreau, aidé de ses apprentis, enferma la jambe et le genou dans une lourde botte de fer, et, plaçant un coin de même métal entre le genou et le bord de la botte, il prit un maillet, et attendit de nouveaux ordres. Un chirurgien, habillé de noir, se plaça de l'autre côté de la chaise du prisonnier, lui mit le bras à nu, et plaça son pouce sur le pouls, pour déterminer combien de temps les forces du patient pourraient supporter cette torture. Quand tout fut prêt, le président du conseil réitéra sa première demande :

— Où et quand avez-vous vu Jean Balfour de Burley pour la dernière fois?

Au lieu de répondre, le prisonnier leva les yeux vers le ciel, comme pour demander son appui, et murmura quelques mots, dont les derniers seulement purent être entendus : Tu as dit que ton peuple serait soumis au jour de ta puissance!

Le duc de Lauderdale regarda tour à tour tous les conseillers, comme pour recueillir leurs suffrages, et, d'après leur muette adhésion, fit un signe au bourreau, dont le maillet tomba immédiatement sur le coin, et le forçant à descendre entre la botte et le genou, occasionna la douleur la plus poignante, car la face du patient se teignit de pourpre aussitôt. Le bourreau releva son maillet et resta prêt à donner un second coup.

— Voulez-vous dire, répéta le duc, où et quand vous avez quitté Jean Balfour de Burley?

— J'ai répondu, dit intrépidement le malheureux, et le second coup retentit, puis un troisième et un quatrième : mais au cinquième, quand on eut introduit un coin de plus forte dimension, le patient jeta un cri de douleur.

Morton, dont le sang bouillonnait à la vue de cette cruauté, ne put se retenir plus longtemps, et, quoique sans armes et en danger lui-même, il allait s'élancer, quand Claverhouse, qui vit son émotion, le saisissant par le bras et lui mettant une main sur la bouche, lui dit tout bas : Pour l'amour de Dieu, pensez où vous êtes !

Ce mouvement ne fut heureusement vu par aucun des conseillers, qui tous étaient très-occupés à suivre attentivement le progrès de la torture.

— C'est fini, dit le chirurgien, il est évanoui. Milord, il ne peut en supporter davantage.

— Débarrassez-le, dit le duc, qui, se tournant vers Dalzell, ajouta : Il va prouver la vérité d'un vieux proverbe ; car il ne pourra guère chevaucher aujourd'hui, quoiqu'il ait de bonnes bottes. Nous devons en finir avec lui, je suppose ?

— Oui, écrivez sa sentence, et finissez-en : nous avons encore beaucoup d'affaires.

On employa des eaux de senteur et des essences pour faire revenir le malheureux prisonnier, et quand ses premiers mouvements indiquèrent qu'il avait repris ses sens, le duc passa sur lui sentence de mort, comme traître pris en insurrection. Il le condamna à être conduit au lieu ordinaire d'exécution pour y être pendu ; ses mains et sa tête devaient être coupées pour être mises à la disposition du conseil.

Macbriar, qui avait à peine entendu le duc parler, comprit de quoi il s'agissait ; quand le greffier lut ensuite la sentence, il répondit hardiment :

— Milords, je vous remercie, car c'est la seule faveur que j'attendais et que je pouvais accepter de vous ; vous envoyez à sa fin cette carcasse brisée et estropiée que vous avez torturée aujourd'hui. Il m'importe peu de mourir dans la prison ou sur l'échafaud ; mais si ma mort, qui ne pouvait tarder après ce que j'ai souffert aujourd'hui, eût eu lieu dans ma prison, nul n'eût pu voir comment un chrétien peut mourir dans la bonne cause. Au reste, je vous pardonne ce que vous avez ordonné et ce que j'ai souffert. Et pourquoi ne vous pardonnerais-je pas ? vous me faites échanger pour un meilleur monde et la compagnie des anges et des justes un monde de poussière et de cendres. Vous m'envoyez de l'obscurité vers la lumière, de la mort à l'immortalité ; en un mot, de la terre au ciel ! Si donc la reconnaissance et le pardon d'un mourant peuvent vous être utiles, je vous les donne, et puissent vos derniers moments être aussi tranquilles que les miens !

Pendant qu'il parlait ainsi, ses traits exprimaient la joie et le triomphe, et les gardes qui l'avaient apporté l'emmenaient hors de la salle; une demi-heure après il était à l'échafaud. Il mourut avec la même intrépidité, avec le même enthousiasme.

Le conseil leva la séance, et Morton fut bientôt dans la voiture du général Graham.

— Merveilleuse fermeté, étonnant courage! dit Morton pensant à Macbriar : quel malheur qu'un pareil héroïsme ait été inspiré par le fanatisme!

— Faites-vous allusion à sa résolution de vous mettre à mort? demanda Claverhouse. Il aurait fait taire sa conscience au moyen d'un texte comme celui-ci : « Et Phinéas se leva et exécuta le jugement, » ou quelque chose de semblable. Mais savez-vous où vous allez, monsieur Morton?

— Je vois que nous sommes sur la route de Leith, répondit Morton. Ne puis-je voir mes amis avant de quitter mon pays natal?

— Votre oncle, répondit Graham, refuse de vous voir; le bon vieillard est terrifié, et non sans raison; il craint que votre trahison ne s'étende à ses terres et à ses maisons; il vous envoie cependant sa bénédiction et une petite somme d'argent. Lord Evandale est toujours extrêmement malade. Le major Bellenden est à Tillietudlem pour remettre tout en ordre. Les brigands ont causé de terribles ravages dans les précieuses antiquités de lady Marguerite, ils ont détruit ce que cette bonne dame appelait le trône de Sa très-gracieuse Majesté. Désiriez-vous voir quelque autre personne?

Morton soupira profondément, et répondit : Non..... ce serait inutile. Mais mes préparatifs, simples comme ils doivent être, ne sont pas encore faits.

— Tout est prêt pour votre départ, dit le général, lord Evandale a devancé tous vos désirs. Voici un pli de sa part avec des lettres de recommandation pour le prince d'Orange, auxquelles j'en ai ajouté une ou deux. C'est sous ses ordres que j'ai fait mes premières campagnes ; j'ai vu le feu pour la première fois à la bataille de Senef. Vous trouverez aussi des lettres de crédit pour subvenir à vos premiers besoins, on vous en enverra d'autres quand il sera nécessaire.

Morton écouta toutes ces explications et reçut le paquet de l'air le plus confus et le plus étonné, tant son exil était soudain.

— Et mon domestique? dit-il.

— On en prendra soin ; il rentrera, si cela est possible, au service de lady Marguerite Bellenden : je ne crois pas qu'il néglige à l'avenir les parades du comté, ou qu'il pense à se faire de nouveau soldat. Mais nous voici arrivés au quai, et voilà le bateau qui vous attend.

Une chaloupe, en effet, attendait le capitaine Morton : il y avait à bord les malles et les portemanteaux qui convenaient à son rang. Claverhouse lui prit la main et lui souhaita une bonne fortune et un heureux retour en Écosse en des temps plus tranquilles.

— Je n'oublierai jamais, dit-il, votre générosité à l'égard de mon ami Evandale dans des circonstances que beaucoup d'hommes auraient saisies pour s'en débarrasser.

Comme Morton descendait l'escalier de la jetée pour entrer dans la chaloupe, un inconnu lui remit une lettre de petite dimension. Il regarda, pour voir d'où cette lettre venait. La personne qui l'avait remise était soigneusement enveloppée, et mit son doigt sur ses lèvres en disparaissant dans la foule.

Cette aventure excita la curiosité de Morton ; lorsqu'il fut à bord du navire, qui était en charge pour Rotterdam, et qu'il vit tous ses compagnons de voyage occupés à préparer leur cabine, il ouvrit le billet qui lui avait été remis d'une manière si mystérieuse. Il était ainsi conçu :

« Ton courage dans la fatale journée qui a vu fuir Israël devant ses ennemis a, en partie, racheté ta malheureuse inclination vers l'érastianisme. Ce n'est pas en ce moment qu'Ephraïm doit s'élever contre Israël... Il y a un noyau d'honnêtes Écossais en Hollande qui attendent notre délivrance. Va les rejoindre comme le vrai fils du vaillant et digne Silas Morton, et tu seras bien reçu par eux en souvenir de lui et pour tes propres mérites. Si tu es encore trouvé digne de travailler à la vigne, tu sauras toujours où me trouver, en demandant Quintin Mackell de Irongray, à la maison de cette digne femme chrétienne, Bessie Maclure, auprès du Howff, où Niel Blane donne à loger. Je suis celui qui l'a écrite, dont la main est tombée sur le puissant dans le champ de la mort. »

Cette lettre extraordinaire était signée J. B. de B.; mais Morton n'eut pas besoin de voir ces initiales pour reconnaître qu'elle venait de Burley. Après avoir réfléchi sur ce qu'il devait faire de cette étrange communication, il prit note du nom et de l'endroit où il pourrait être mis en rapport avec Balfour ; et déchirant la lettre, il en jeta les morceaux à la mer.

Pendant ce temps le navire avait mis à la voile, la ville et les terres disparaissaient, et Morton s'éloigna pour plusieurs années de son pays natal.

CHAPITRE XXXIV.

Quelques années après l'exil de Morton, l'Écosse se reposait des dissensions occasionnées par un changement de dynastie : les partis avaient pour ainsi dire changé de position, les anciens rebelles adhéraient à la famille expulsée, tandis que les montagnards étaient en armes, pour s'opposer au nouvel établissement, sous les ordres du vicomte de Dundée, que nos lecteurs ont connu sous le nom de Graham de Claverhouse.

Sur le soir d'un beau jour d'été, un étranger, à la tournure militaire et montant un cheval de prix, descendait un chemin aboutissant aux ruines pittoresques du château de Bothwell sur le bord de la Clyde. L'œil embrassait de divers points de ce chemin le pont de Bothwell et la plaine adjacente. Cette plaine, où avait eu lieu la déroute des cameroniens, était maintenant tranquille comme la surface d'un lac un jour d'été.

L'habitation qui se trouvait la plus rapprochée du voyageur était une chaumière, résidence d'un fermier, ou peut-être d'un petit propriétaire, qui l'avait ombragée de poiriers et de pommiers. Au bas du sentier qui conduisait à cette chaumière, était une petite hutte qui ressemblait à la loge d'un portier ; mais elle n'était évidemment pas destinée à cet usage. La chaumière avait son jardin, où sous les arbres fruitiers croissaient des légumes domestiques ; une vache et six brebis paissaient dans un champ voisin ; le coq parcourait fièrement une petite basse-cour en rappelant à tout moment sa nombreuse famille autour de lui ; un monceau de bois et de tourbe indiquait que l'on avait pensé aux jours froids de l'hiver, et le filet de fumée légère qui s'échappait du sommet de la cheminée et roulait à travers le feuillage des arbres annonçait que la ménagère préparait le repas du soir. Ce tableau champêtre n'eût pas été complet si une petite fille de cinq à six ans n'eût été occupée à quelques pas de la maison à apporter un cruchon d'eau qui coulait pure et transparente au pied d'un vieux chêne.

L'étranger arrêta son cheval et demanda à cette enfant le chemin de Fairy-Knowe. L'enfant, comprenant à peine ce qu'on lui disait, mit son cruchon à terre, écarta de son front ses cheveux dorés, et, ouvrant de beaux yeux pleins d'étonnement :

— Que désirez-vous ? dit-elle, comme répondent invariablement les paysans de ce pays à toutes les questions que l'on peut leur faire.

— Je voudrais savoir le chemin de Fairy-Knowe?

— Maman, maman! cria la petite fille courant vers la porte de la chaumière, viens donc parler à un monsieur!

La mère se présenta : c'était une belle jeune femme dont les traits avaient autrefois exprimé la finesse et l'espièglerie, mais qui avaient acquis dans le mariage cet air de décente modestie qui semble l'apanage de la femme du paysan écossais. Elle portait un enfant sur un bras et redressait de l'autre main son tablier, auquel s'était cramponné un petit chérubin de deux ans. La petite fille à laquelle le voyageur avait parlé tout d'abord se retira de côté quand sa mère parut, et se mit à l'abri pour mieux regarder l'étranger.

— Que désirez-vous, Monsieur? dit la femme d'un air respectueux.

L'étranger la regarda un instant avec grand intérêt, et répondit :

— Je cherche un endroit appelé Fairy-Knowe et un homme du nom de Cuthbert Headrigg. Pourriez-vous me dire où je les trouverais?

— C'est mon mari, Monsieur, dit la jeune femme en souriant de bonheur, voulez-vous descendre et entrer dans notre pauvre maison? Cuddie, Cuddie! ajouta-t-elle en s'adressant à un petit garçon de quatre ans dont la tête blondine parut à la porte, cours, mon bonhomme, et va dire à ton père qu'un monsieur désire lui parler. Ou plutôt, attends. Jenny, tu as plus de sens que lui, cours, et va le dire à ton père : il est dans le parc des Quatre-Acres. Ne voulez-vous pas descendre et vous reposer un moment, Monsieur? Voulez-vous prendre un morceau de pain et de fromage, ou un verre de bière, en attendant mon mari? Notre bière est bonne, quoique je ne devrais pas en parler, puisque c'est moi qui la brasse, mais les laboureurs travaillent dur, il faut qu'ils aient quelque chose pour se réconforter, et j'y ajoute toujours une autre mesure d'orge.

Comme l'étranger refusait les offres de la jeune femme, notre ancienne connaissance Cuddie parut sur le seuil. Ses traits présentaient encore cette lourde expression réveillée de temps en temps par des éclairs qui indiquaient la présence de cette fine adresse que l'on trouve si souvent sous l'habit du paysan. Il regarda l'étranger comme s'il ne l'avait jamais vu, et commença la conversation, comme sa femme et sa fille, par la question indispensable :

— Que désirez-vous, Monsieur?

— J'aurais plusieurs choses à vous demander relativement à ce pays, répondit le voyageur, car on m'a adressé à vous comme à un homme intelligent qui pourra me donner les informations que je désire.

— Sans doute, dit Cuddie après un moment d'hésitation, mais je voudrais savoir d'abord quelles sortes de questions cela peut être. On m'a fait tant de questions dans ma vie, et d'une si drôle de manière, que si vous saviez tout, vous ne vous étonneriez pas de m'entendre vous dire cela. Ma mère me força d'apprendre le petit catéchisme, ce qui m'embêtait terriblement ; puis, pour plaire à la vieille dame, il fallut que j'apprisse toutes sortes de choses pour mes parrains et mes marraines : je faisais un mélange de tout cela qui ne contentait personne. Quand je devins un homme, il y eut d'autres sortes de questions que j'aimais encore moins sur l'appel effectuel ; mais on y retrouvait les promesses et les vœux qui m'avaient déjà tarabusté. Si bien donc, Monsieur, qu'avant de répondre aux questions, j'aime qu'on me les fasse.

— Vous n'avez rien à craindre de moi, mon ami, elles ont seulement rapport à l'état du pays.

— Le pays, répliqua Cuddie, oh ! le pays n'est pas mal, n'était ce diable incarné de Claverhouse, qu'ils appelle Dundée maintenant, qui se remue dans les montagnes, dit-on, avec les Donald, les Duncan, les Dugald et tous ces malheureux qui portent des culottes sans fond, les traînant après lui pour jeter le trouble partout maintenant que nous avons tout à peu près bien arrangé. Mais Mackay va en finir, cela ne fait pas de doute : il va lui donner son compte, je gagerais ma tête.

— Qui est-ce qui vous rend si sûr de cela, mon ami ? demanda le voyageur.

— Je l'ai entendu de mes propres oreilles, répondit Cuddie, cela lui a été prédit par un homme qui avait été roide mort pendant trois heures, et revint juste pour lui dire ce qu'il pensait de lui. C'est arrivé à un endroit qu'on appelle Drumshinnel.

— Vraiment, dit l'étranger, il m'est difficile de croire cela, mon ami.

— Vous pourriez le demander à ma mère, alors, si elle n'était pas morte, repartit Cuddie ; c'est elle qui me l'a expliqué, car je croyais que l'homme n'avait été que blessé. Dans tous les cas, il parla de la chute des Stuarts, en les appelant par leur nom, et de la vengeance qui se brassait pour Claverhouse et ses dragons. On appelait cet homme-là Habacuc Mucklewrath : sa cervelle était un peu à l'envers, mais cela n'y faisait rien, c'était un fameux homme pour prêcher.

— Vous semblez demeurer dans un pays riche et tranquille ? dit l'étranger.

— On ne peut pas se plaindre, Monsieur, si on rentre bien la moisson, répondit Headrigg, mais si vous aviez vu le sang couler aussi sur ce pont de là-bas aussi vite que l'eau qui passe dessous, vous n'auriez pas trouvé que ce fût un pays aussi tranquille.

— Vous parlez de la bataille qui eut lieu il y a quelques années? dit le voyageur. J'étais auprès de Monmouth dans la matinée de ce jour-là, mon bon ami, et j'ai vu une partie de l'action.

— Eh bien! alors vous avez vu une grande affaire, reprit Cuddie, qui me servira de batailles pour tout le reste de mes jours. Je croyais bien, en effet, que vous étiez un trouplet par votre habit rouge et votre chapeau retroussé.

— Et de quel côté étiez-vous, mon ami? demanda l'étranger.

— Ah! voilà, repartit Cuddie en clignant l'œil d'un air qui voulait être fin, je ne vois pas de nécessité de le dire, à moins que je ne sache d'où me vient la question.

— Vous avez raison d'être prudent, mais c'est inutile; je sais que vous étiez attaché à la personne de Henri Morton.

— Ah! s'écria Cuddie tout surpris, et comment avez-vous su ce secret-là? Ce n'est pas que je m'en inquiète la valeur d'un fétu, car le soleil brille de notre bord aujourd'hui. Ah! je regrette bien que mon maître soit mort! il en aurait sa part maintenant.

— Qu'est-il devenu? demanda l'étranger.

— Il a péri en allant à cette malheureuse Hollande! perdu corps et bien, et mon maître avec le reste! on n'en a jamais plus entendu parler! dit Cuddie en gémissant.

— Vous le regrettez, alors? continua le voyageur.

— Mais on ne peut pas s'en empêcher! Sa figure était comme un violon, comme dit le proverbe, tous ceux qui le regardaient l'aimaient. Et quel fameux soldat c'était! Oh! si vous l'aviez vu là sur le pont, courant comme un dragon, pour amener au combat des gens qui ne voulaient pas! Il y avait lui et ce démon de whig qu'ils appellent Burley : si deux hommes avaient pu gagner une bataille, nous aurions payé notre écot ce jour-là.

— Vous parlez de Burley, savez-vous s'il vit encore?

— Je ne sais pas grand'chose sur son compte. On dit qu'il est passé à l'étranger, et nos exilés n'ont pas voulu entrer en communication avec lui à cause qu'il avait tué l'archevêque; si bien qu'il est revenu dix fois plus furieux qu'il n'était parti; il a querellé avec presque tous les presbytériens; et quand le prince d'Orange est venu, il n'a rien pu obtenir à cause de son caractère : depuis on n'en a plus entendu parler. Seulement il y en a qui disent que l'orgueil et la colère lui ont tourné la tête.

— Et... et... dit l'étranger en hésitant, savez-vous quelque chose de lord Evandale?

— Si je sais quelque chose de lord Evandale? si j'en sais quelque chose? mais, est-ce que ma jeune dame, qui demeure là-bas dans cette maison-là, n'est pas pour ainsi dire mariée avec lui?

— Alors ils ne le sont pas encore, mariés! dit vivement l'étranger.

— Non : seulement ce qu'on appelle fiancés; ma femme et moi nous étions les témoins, il n'y a pas déjà si longtemps. Ah! cela a été une longue affaire. Il n'y a pas beaucoup de gens qui en savent la cause après Jenny et puis moi. Mais ne voulez-vous pas descendre? Je n'aime pas vous voir là à cheval, et voilà les nues qui s'épaississent sur l'ouest de Glasgow; cela m'a tout l'air que nous allons avoir de la pluie.

Un nuage épais était venu obscurcir le soleil couchant : de larges gouttes d'eau tombèrent, et l'on entendit les roulements d'un tonnerre lointain.

— La peste emporte cet homme-là! pensa Cuddie, je voudrais qu'il descendît ou qu'il s'en allât chercher un abri dans Hamilton avant que la pluie commençât.

Mais le cavalier resta quelques instants immobile, comme s'il était épuisé par un violent effort. Recouvrant enfin ses forces, il demanda tout à coup à Cuddie si lady Marguerite Bellenden était encore en vie.

— Oui, répondit Cuddie, mais elle n'est guère riche. Ah! c'est une famille bien changée depuis que les temps durs sont venus. Ils ont souffert depuis le commencement jusqu'à la fin. Et puis perdre la vieille tour, la belle baronnie et les plaines que j'avais labourées si souvent, et les plateaux, et ma petite cour, que l'on m'aurait redonnée, et tout cela pour rien, comme on peut dire, à cause de quelques morceaux de parchemin qui ont été perdus à la prise de Tillietudlem!

— J'ai entendu raconter quelque chose là-dessus, dit l'étranger grossissant sa voix et détournant la tête. Je prends quelque intérêt à cette famille... et je voudrais les aider, si cela est possible. Pouvez-vous me donner un lit, ici, ce soir, mon ami?

— Ah! nous ne sommes pas grandement logés, Monsieur, dit Cuddie, mais nous allons essayer, plutôt que de vous laisser aller sous la pluie et le tonnerre; et, pour être franc avec vous, Monsieur, vous ne paraissez pas trop bien portant.

— J'ai quelquefois des étourdissements, répondit le voyageur; mais ce ne sera rien.

— Je sais que nous pouvons vous donner un bon souper, reprit Cuddie, et nous allons nous arranger de notre mieux pour un lit. Nous n'aimons pas à laisser un étranger dans l'embarras quand nous pouvons l'aider, quoique nous n'ayons pas beaucoup de lits : car Jenny me donne tant d'enfants, que Dieu la bénisse et eux aussi ! que, vrai, il faudra que je parle à lord Evandale pour qu'il nous donne un appentis, une mansarde ou quelque chose comme cela.

— Je ne serai pas difficile, dit l'étranger en entrant dans la maison.

— Quant à votre cheval, vous n'avez pas besoin de vous mettre en peine, dit Cuddie, je sais ce qu'il faut pour une bête... et vous en avez là une bonne.

Cuddie dit à sa femme de tout préparer pour la réception de l'étranger et conduisit le cheval à l'écurie. L'étranger alla prendre un siége auprès du feu, en ayant soin de tourner le dos à la croisée. Jenny, ou madame Headrigg, comme on voudra, l'invita à retirer son manteau, son ceinturon et son chapeau à larges bords, mais il s'excusa de le faire en se plaignant d'avoir froid. En attendant le retour de Cuddie il commença un babillage enfantin avec la jeune famille du laboureur, évitant avec soin les regards curieux de son hôtesse.

CHAPITRE XXXV.

Cuddie revint bientôt assurer à l'étranger que son cheval avait tout ce qu'il lui fallait pour la nuit, et que la maîtresse lui ferait un lit dans la maison, où il serait plus confortablement que sous un toit aussi humble que le sien.

— Est-ce que vos maîtres ne sont pas chez eux? dit l'étranger d'un ton de voix altéré.

— Non, Monsieur ; tout le monde est parti, les domestiques aussi : ils n'en ont que deux aujourd'hui, et ma femme a les clefs et prend soin de la maison, quoiqu'elle ne soit pas servante à gages. Mais elle est née et a été élevée dans la famille, et a toute la confiance. S'ils étaient ici, nous ne pourrions le faire sans leur permission ; mais en leur absence, ils voient avec plaisir que nous recevions un gentilhomme étranger. Miss Bellenden aiderait tout le monde, si elle le pouvait, et sa grand'mère, lady Marguerite, est pleine d'égards pour la gentilité, tout en étant bonne pour les malheureux. Eh bien ! la maîtresse, pourquoi que tu n'avances pas avec tes gâteaux?

— Ne t'occupe pas de cela, mon garçon, répliqua Jenny, vous les aurez en temps ; je sais bien que tu aimes la soupe chaude.

Cuddie comprit l'allusion, et sourit d'un air d'intelligence; puis il commença avec sa femme une conversation qui n'offrait aucun intérêt à l'étranger, qui les interrompit bientôt par cette question :

— Pouvez-vous me dire quand le mariage de lord Evandale doit se faire?

— Très-prochainement, répondit Jenny avant que son mari eût pu parler; cela serait déjà fait si le vieux major Bellenden ne fût pas mort.

— Cet excellent vieillard ! dit le voyageur, j'ai appris sa mort à Edimbourg. A-t-il été longtemps malade?

— On ne peut pas dire qu'il ait jamais été bien portant après que sa nièce et la veuve de son frère eurent été mises hors de leur maison : et puis, il a eu à emprunter beaucoup d'argent lui-même pour des procès; mais c'était sur la fin du règne de James. Basile Olifant, qui prétendait avoir droit à la propriété, devint papiste pour plaire aux gouvernants, et alors on ne lui refusait plus rien. Si bien que la loi donna tort aux dames après qu'elles eurent plaidé pendant de longues années, et, comme je le disais, il n'a plus jamais été bien depuis. Puis vint la chute des Stuarts, et, quoiqu'il n'eût pas raison de les aimer, il ne put pas le supporter, cela l'acheva : les créanciers vinrent à Charnwood et prirent tout ce qu'il y avait. Il n'avait jamais été riche, le cher homme! car il ne pouvait voir personne dans le besoin.

— C'était vraiment un homme admirable, dit l'étranger d'une voix pleine d'émotion, du moins on me l'a dit. Alors les dames sont restées sans fortune et sans protecteur?

— Elles ne manqueront jamais de l'un ni de l'autre, aussi longtemps que vivra lord Evandale, dit Jenny : il a toujours été leur ami dans tous leurs malheurs. La maison où elles demeurent lui appartient, et depuis le temps du patriarche Jacob, comme disait ma pauvre vieille marraine, on n'a jamais vu un homme attendre sa femme autant d'années que lord Evandale.

— Et pourquoi, demanda l'étranger d'une voix que l'émotion faisait trembler, n'a-t-il pas été récompensé plus tôt de sa constance ?

— Il fallait que les procès fussent finis, répondit aussitôt Jenny, et puis il y avait bien des arrangements de famille à prendre.

— Oui, oui, ajouta Cuddie, mais il y avait aussi une autre raison; parce que la jeune dame...

— Allons, tais-toi et mange ta soupe, dit la femme en l'interrompant, je vois que Monsieur n'est pas très-bien et n'aime pas notre pauvre chère; je m'en vais lui tuer un poulet, ce sera fait en une minute.

— Je vous remercie, dit l'étranger, je prendrai seulement un verre d'eau, et j'aurais besoin de me retirer.

— Ayez alors la complaisance de me suivre, répondit Jenny allumant une lanterne, je vais vous montrer le chemin.

Cuddie offrit de les accompagner, mais sa femme lui rappela que les enfants seraient laissés tout seuls et pourraient tomber dans le feu; si bien qu'il resta à garder la maison.

La femme conduisit l'étranger le long d'un petit sentier qui aboutissait à la porte d'un jardin : elle l'ouvrit, et, après être entrée dans la maison, alluma une chandelle et demanda permission au voyageur de le laisser pendant cinq minutes, dont elle avait besoin pour préparer son appartement.

Quand elle revint, elle fut tout étonnée de le voir, penché sur la table, la tête appuyée sur ses mains comme s'il fût tombé de faiblesse. Elle s'aperçut bientôt cependant qu'il gémissait profondément : sa prudence instinctive la fit se retirer; puis, revenant comme si elle n'avait pas vu son agitation douloureuse, elle lui dit que son lit l'attendait. L'étranger la regarda un instant comme s'il n'eût pas bien compris le sens de ses paroles : elle répéta ce qu'elle venait de dire : et faisant un signe de tête pour toute réponse, il se leva et entra dans la chambre qu'elle lui indiqua.

Après lui avoir souhaité une bonne nuit, Jenny retourna en toute hâte à sa chaumière.

— O Cuddie, s'écria-t-elle en entrant, je crains bien que nous ne soyons des gens ruinés !

— Comment cela ? qu'est-ce qu'il y a? demanda tranquillement Cuddie, qui ne s'alarmait pas facilement.

— Pour qui prenez-vous ce Monsieur? Oh! pourquoi l'ai-je invité à rester ici! s'écria Jenny.

— Et que veux-tu qu'il soit? Il n'y a plus de loi maintenant contre ceux qui hébergent ou aident les autres, dit Cuddie : qu'il soit whig ou tory, qu'est-ce que cela peut nous faire?

— Ah! c'est qu'il va un peu déranger le mariage de lord Evandale, si nous n'y prenons garde, répondit Jenny : c'est le premier amoureux de miss Edith, ton ancien maître, Cuddie!

— Tu as la berlue, femme, s'écria Cuddie se levant tout à coup, crois-tu que je sois aveugle? Je reconnaîtrais M. Henri Morton parmi cent personnes.

— Ah! Cuddie, mon garçon, reprit la femme, tu n'es pas aveugle, mais tu ne vois pas tout ce que je vois.

— Bon! mais pourquoi me dire tout cela maintenant? Qu'as-tu vu dans ce gentilhomme qui ressemble à notre maître Henri?

— Je vais te le dire, repartit Jenny; je l'ai soupçonné quand je l'ai vu détourner sa figure et que je l'ai entendu parler avec une fausse voix, si bien que je lui ai raconté exprès des histoires d'autrefois, et quand j'ai parlé de la soupe, par exemple, il n'a pas ri, il est trop sérieux maintenant pour cela, mais il y avait quelque chose dans son œil qui disait qu'il comprenait bien. Et puis, tout le chagrin qu'il a montré quand j'ai parlé du mariage de miss Edith; je n'ai jamais vu un homme aussi empêtré d'amour dans toute ma vie; quand je dis un homme, je pourrais aussi bien dire une femme, seulement je me rappelle combien miss Edith souffrit quand elle apprit que lui et toi, mauvais sujet que tu étais! vous marchiez avec les rebelles contre Tillietudlem. Eh bien! mais qu'est-ce qui te prend maintenant?

— Qu'est-ce qui me prend! répéta Cuddie remettant à la hâte une partie des vêtements dont il avait commencé à se débarrasser, est-ce que je ne vais pas aller voir mon maître?

— Ah! mais, Cuddie, tu n'iras pas, dit Jenny de l'air le plus ferme et le plus décidé.

— Elle a le diable au corps! reprit Cuddie. Crois-tu que je sois l'homme de Jean Tamson et que les femmes auront raison de moi toute ma vie?

— De qui donc voudrais-tu être l'homme? qui voudrais-tu avoir pour maître excepté moi, Cuddie? s'écria Jenny. Je vais te faire comprendre la chose en un tour de main. Personne ne sait que ce jeune gentilhomme est en vie excepté nous, et, puisqu'il se tient caché comme cela, j'ai l'idée qu'il avait l'intention s'il trouvait miss Edith mariée, ou sur le point de se marier, de s'en retourner tranquillement et de ne plus les troubler. Mais si miss Edith savait qu'il n'est pas mort, quand même elle serait devant le ministre avec lord Evandale, je parie qu'elle dirait non quand il faudrait dire oui!

— Eh bien! lui demanda Cuddie, qu'est-ce que j'y peux faire? Si miss Edith aime mieux son ancien amoureux que le nouveau, pourquoi qu'elle ne pourrait pas changer son idée comme tout le monde? Tu sais, Jenny, que Tom Halliday a toujours juré que tu lui avais promis de l'épouser.

— Halliday est un menteur, et tu n'es qu'un gobe-mouche si tu l'écoutes, Cuddie. Quant au choix de la jeune dame, tu peux être sûr, hélas! que tout l'or que possède M. Morton est sur son habit; et comment supportera-t-il la vieille dame et miss Edith ?

— Est-ce que Milnwood n'est pas là ? je sais bien que le vieux Milnwood l'a laissé à sa gouvernante sa vie durant, puisqu'il croyait son neveu mort, mais il n'y aura qu'à dire un mot à la vieille Wilson, et ils pourront vivre tous très-bien ensemble, lady Marguerite avec eux.

— Ah! mon garçon, répliqua Jenny, comment peux-tu croire que des dames de leur rang voudraient demeurer avec Ailsie Wilson, quand elles sont presque trop fières pour accepter des faveurs de lord Evandale lui-même? Non, vois-tu, il faut qu'elles suivent le camp si elle épouse Morton.

— Cela ne conviendrait guère à la vieille dame, certainement, dit Cuddie, elle aurait de la peine à voyager dans la carriole aux bagages.

— Et puis quelles discussions il y aurait entre eux tous sur les whigs et les tories ! continua Jenny.

— Il est vrai, dit Cuddie, que la vieille dame n'entend guère raison là-dessus.

— Et après cela, Cuddie, reprit Jenny, qui avait réservé son meilleur argument pour la fin, si le mariage avec lord Evandale n'a pas lieu, qu'est-ce que deviendra notre petite maison, le jardin et l'herbage de la vache? Je m'imagine que nous et nos pauvres enfants nous serons tout simplement mis à la porte.

Jenny commença alors à pleurer, Cuddie se tourna de droite et de gauche dans la plus grande indécision. Enfin, il s'écria :

— Eh bien ! voyons, femme, ne peux-tu pas nous dire ce que nous devrions faire, sans pleurnicher comme cela ?

— Faire! dit Jenny, il n'y a rien du tout à faire. Fais comme si tu ne l'avais pas connu, et ne dis pas un mot à âme qui vive que tu l'as vu ou qu'il a été à la maison ! Si je l'eusse reconnu plus tôt, je lui aurais donné mon lit et j'aurais dormi dans l'étable; mais ce qui est fait est fait. La seule chose à faire, c'est qu'il s'en aille sans bruit demain matin ; je ne crois pas qu'il soit pressé de revenir de sitôt.

— Mon pauvre maître! dit Cuddie, et ne pas pouvoir lui parler!

— Sur ta vie, ne lui dis mot ! repartit Jenny, nous ne sommes pas obligés de le connaître, et je ne t'en aurais rien dit si je n'eusse craint que tu ne le reconnusses demain matin.

— Eh bien! reprit Cuddie soupirant profondément, j'irai labourer les deux champs de là-bas ; car, si je ne peux lui parler, j'aime mieux ne pas le voir.

— C'est bien pensé, mon pauvre Cuddie, dit Jenny; personne n'a plus de sens que toi quand tu causes un peu avec moi de nos affaires, mais il ne faut pas que tu fasses jamais rien de ta propre tête.

— On dirait que c'est vrai, continua Cuddie, car j'ai toujours eu quelque cotillon pour me mener. D'abord il y avait ma mère, continua-t-il en se jetant au lit, puis lady Marguerite, qui ne voulait pas que je jugeasse par moi-même; ensuite ma mère et elle se querellaient et me tiraient, chacune de son côté, comme le diable et Polichinelle se disputent le malheureux boulanger, dans les farces de la foire; et maintenant voilà que j'ai une femme qui semble devenue tout à fait mon maître!

— Eh bien! est-ce que je ne te guide pas mieux que personne ait encore fait? dit Jenny se plaçant auprès de lui et mettant fin à la conversation en éteignant la chandelle.

Le lendemain matin de bonne heure, deux dames à cheval, suivies de leurs domestiques, arrivèrent à la chaumière de Fairy-Knowe ; c'étaient Edith Bellenden et lady Emilie Hamilton, sœur de lord Evandale.

— Je vais courir à la maison mettre tout en état, dit Jenny désolée de leur arrivée.

— Donnez-nous seulement le passe-partout, dit Edith, Jean Gudyill ouvrira les contrevents du petit salon.

— Le petit salon est fermé à clef, et la serrure n'ouvre plus, répondit Jenny, qui se rappela aussitôt que ce petit salon communiquait avec la chambre où elle avait logé le voyageur.

— Dans le salon rouge alors, dit miss Bellenden allant vers la maison par un chemin autre que celui que Morton avait suivi.

— Tout est perdu, pensa Jenny, si je ne peux le faire sortir par la petite porte.

Elle se hâta donc de courir vers la maison.

— Je ferais peut-être mieux de leur dire qu'il y a un étranger, pensa-t-elle naturellement; mais elles voudraient l'inviter à déjeuner. Oh! bon Dieu, que faut-il faire? Et voilà Gudyill qui se promène dans le jardin! Je n'ose pas aller par la petite porte jusqu'à ce qu'il soit parti. Qu'allons-nous devenir?

Dans son désespoir, elle s'approcha du ci-devant économe pour tâcher de l'attirer hors du jardin; mais le caractère de Jean Gudyill était devenu plus difficile à mesure que l'âge était venu et que son importance dans la maison avait diminué. Tous les efforts de Jenny semblèrent n'avoir d'autre résultat que de lui faire prendre racine auprès de l'un des arbustes du jardin. Il était devenu fleuriste depuis son séjour à Fairy-Knowe, et son premier soin en arrivant était toujours d'aller visiter les fleurs qu'il cultivait. Il commença une longue harangue sur leurs divers mérites, à la grande mortification de Jenny, qui aurait pu pleurer d'impatience et de colère.

Tout semblait être conjuré contre Jenny. Quand les deux dames entrèrent dans le salon rouge, il se trouva que la porte du petit salon, que Jenny avait déclarée être fermée à clef, était toute grande ouverte. Edith était trop absorbée par ses pensées habituelles pour être frappée de cette circonstance ; elle ordonna au domestique d'ouvrir les persiennes, et elle entra avec son amie.

— Votre frère n'est pas encore arrivé, dit-elle. Que peut-il vouloir? Pourquoi désirer aussi vivement de nous trouver ici? pourquoi pas au château de Dinnan, comme il l'avait proposé? Je vous assure, ma chère Emilie, que, fiancés même comme nous sommes et malgré la sanction de votre présence, je ne crois pas que j'eusse dû consentir.

— Evandale n'est jamais l'esclave d'un caprice, répondit la sœur. Il nous donnera de bonnes raisons, je n'en doute pas ; et s'il n'en avait pas à nous donner, je vous aiderais à le gronder.

— Ce que je crains principalement, dit Edith, c'est qu'il soit entré dans quelques-uns des complots de cette malheureuse époque. Je sais que son cœur est avec le terrible Claverhouse et son armée, et je crois que si ce n'eût été la mort de son oncle, qui lui a ocasionné beaucoup d'embarras à cause de nous, il y a longtemps qu'il aurait été le rejoindre. Il est extraordinaire qu'un homme qui a une aussi vive perception des erreurs de la famille exilée pense à tout risquer pour leur restauration.

— Que voulez-vous? répondit lady Emilie, c'est un point d'honneur pour Evandale. Notre famille a toujours été royaliste. Il a servi longtemps dans les gardes ; le vicomte de Dundee a été son général et son ami pendant de longues années, et beaucoup de ses parents le regardent de mauvais œil parce qu'il reste tranquille. On attribue cette inactivité à un manque d'énergie. Vous savez, ma chère Edith, combien les connexions de famille et les souvenirs d'enfance ont plus de force que les arguments abstraits. Mais j'espère qu'Evandale restera tranquille, quoique, à vous dire toute la vérité, je crois qu'il n'y a que vous qui puissiez l'arrêter.

— Et comment cela? dit Edith.

— Vous pouvez lui donner une raison extraite des saintes Ecritures pour ne pas aller à l'armée : « Il a pris une femme, et il ne peut venir. »

— J'ai promis, dit Edith d'une voix faible, mais j'espère qu'on ne me pressera pas pour l'époque.

— Oh! reprit lady Emilie, je laisserai Evandale, et le voici qui vient, plaider lui-même sa cause.

— Restez, restez, je vous en prie, dit Edith essayant de la retenir.

— Non pas, non pas, répondit Emilie en s'échappant, une troisième personne est toujours de trop en pareille occasion. Quand vous aurez besoin de moi pour déjeuner, vous me trouverez sous les saules au bord de la rivière.

Lord Evandale entra comme elle se retirait.

— Bonjour, mon frère, lui dit-elle, et adieu jusqu'à l'heure du déjeuner. J'espère que vous donnerez à miss Bellenden des raisons suffisantes pour que l'on puisse vous pardonner de nous avoir fait sortir aussi matin.

Elle disparut en même temps sans attendre sa réponse.

— Maintenant, milord, dit Edith, pourrais-je savoir pourquoi vous avez désiré me voir ici d'aussi bonne heure ?

Elle allait ajouter qu'elle se croyait à peine excusable d'avoir accédé à ce désir; mais en regardant lord Evandale elle fut frappée de la singulière expression qu'offrait son visage, et elle s'interrompit pour s'écrier :

— Au nom du ciel, qu'avez-vous ?

— Les fidèles sujets de Sa Majesté ont gagné une grande et importante victoire auprès de Blair-Athole, mais, hélas! mon vaillant ami lord Dundee...

— Est mort? demanda Edith en achevant la phrase.

— Malheureusement, malheureusement! Il est tombé dans les bras de la victoire, et il ne reste pas un homme dans le parti du roi Jacques qui ait assez de talent ou d'influence pour le remplacer. Ce n'est pas en de pareilles circonstances, Edith, que l'on peut marchander son devoir. J'ai donné ordre d'armer mes tenanciers, et, partant ce soir, je suis venu vous dire adieu.

— Vous n'y pensez pas, milord! répondit Edith, votre vie est utile à vos amis, ne l'exposez pas dans une entreprise aussi téméraire. Que peut faire votre bras, isolé, secondé seulement de vos tenanciers ou de vos domestiques, contre toute l'Écosse, à l'exception des clans montagnards ?

— Écoutez-moi, Edith, dit lord Evandale, je ne suis pas aussi téméraire que vous pouvez le supposer, et les motifs qui me font agir auront de l'influence sur d'autres que ceux qui dépendent personnellement de moi. Les gardes royales, parmi lesquelles j'ai servi si longtemps, quoique enrégimentées d'une autre manière et commandées par de nouveaux officiers, retiennent une certaine prédilection pour la cause de leur maître légitime... et, ajouta-t-il parlant extrêmement bas comme s'il eût craint que les murs eussent des oreilles, quand on saura que j'ai mis le pied à l'étrier, deux régiments de cavalerie abandonneront le service de l'usurpateur et viendront combattre sous mes ordres. Ils attendaient que Dundee descendît dans le bas pays; mais, puisqu'il n'est plus, lequel de ses successeurs oserait le faire? Et cependant le zèle des soldats s'éteindra : il faut que je les force à prendre une détermination tandis que leurs cœurs sont encore sous l'impression de la victoire qu'a remportée leur vieux général, et qu'ils brûlent de venger sa mort.

— Et sur la foi d'hommes tels que ces soldats, que vous connaissez si bien, dit Edith, voulez-vous entreprendre un mouvement de cette importance?

— Oui, il le faut, dit lord Evandale, mon honneur et ma loyauté m'en font un devoir.

— Et tout cela, continua Edith, pour un prince dont lord Evandale blâmait toutes les mesures quand il était encore sur le trône!

— C'est très-vrai, répondit lord Evandale; de même que je condamnais, au plus fort de sa puissance, en ma qualité de sujet né libre, ses innovations dans les constitutions de l'Eglise et de l'Etat, de même je suis décidé à affirmer ses droits légitimes quand il est dans l'adversité. Que les courtisans et les sycophantes flattent les puissants et abandonnent les malheureux, je ne ferai ni l'un ni l'autre.

— Et si vous êtes décidé à agir malgré tout ce que je peux vous dire, pourquoi vous être donné la fatigue inutile de ce rendez-vous?

— N'est-ce pas une réponse suffisante que de vous dire, répondit Evandale, qu'avant de courir au combat je voulais faire mes adieux à ma fiancée? Vous me croyez bien indifférent si vous doutez des raisons qui m'ont fait désirer cette entrevue.

— Mais pourquoi dans cette maison, milord, dit Edith, et pourquoi avec toutes ces précautions mystérieuses?

— Parce que j'ai encore une autre demande à vous faire, répliqua-t-il en lui remettant une lettre, que j'ose à peine formuler, quoique ces lignes soient destinées à m'appuyer.

Edith, pleine de trouble et de frayeur, jeta un coup d'œil rapide sur la lettre, qui provenait de sa grand'mère.

« Ma chère enfant, disait cette épître, je n'ai jamais plus regretté le rhumatisme qui m'empêche de monter à cheval qu'en ce moment même où j'écris, quand mon désir le plus cher serait d'être où sera bientôt ce papier, à Fairy-Knowe, avec le seul enfant de mon pauvre cher Willie. Mais Dieu a voulu que je ne sois pas avec toi ; je le présume autant par suite de la douleur que je souffre que parce qu'elle n'a cédé ni aux cataplasmes de camomille ni aux décoctions de moutarde sauvage, avec lesquels j'ai si souvent guéri les autres. Ainsi donc je t'écris au lieu de te dire que comme milord Evandale est appelé, par l'honneur et le devoir, à prendre les armes, il m'a ardemment sollicitée de permettre que les liens du saint mariage vous unissent tous deux avant son départ pour la guerre, ainsi qu'il a été convenu précédemment. Comme je n'y vois pas d'objection raisonnable, j'espère que toi, que j'ai toujours trouvée pleine de bonté et d'obéissance, tu n'imagineras aucun prétexte spécieux pour y mettre obstacle. Il est vrai que les unions contractées par notre maison ont toujours été célébrées d'une manière plus conforme à notre rang, et jamais en secret, ou devant un petit nombre de témoins seulement, comme une chose faite à l'écart. Mais le ciel a voulu, ainsi que ceux qui gouvernaient ce royaume, que nous perdions nos biens et que le roi perde son trône ; cependant j'espère qu'il rétablira l'héritier légitime du trône et inclinera son cœur vers le développement de la vraie foi protestante épiscopale ; j'ai d'autant plus de raison d'espérer que mes pauvres yeux le verront, que déjà j'ai vu la famille réduite à combattre avec désavantage des usurpateurs et des rebelles aussi puissants que ceux d'aujourd'hui : c'était quand Sa Très-Sacrée Majesté Charles le second, de bienheureuse mémoire, honora notre pauvre maison de Tillietudlem en y prenant son déjeuner, » etc.

Nous n'abuserons pas de la patience du lecteur en lui infligeant la lecture de l'interminable épître de lady Marguerite ; il nous suffira d'ajouter qu'elle se terminait en ordonnant à Edith de consentir à une union immédiate.

— Je n'avais jamais cru jusqu'à ce moment, dit Edith laissant tomber la lettre, que lord Evandale pouvait manquer de générosité.

— Manquer de générosité, Edith ! s'écria Evandale. Comment pouvez-vous vous exprimer ainsi parce que je désire que vous soyez à moi avant de nous séparer peut-être pour toujours ?

— Lord Evandale aurait dû se rappeler, dit Edith, que quand sa persévérance et je dois ajouter la reconnaissance que méritent tous les services qu'il nous a rendus me forcèrent à donner mon consentement à une union qui devait un jour satisfaire ses désirs, j'y mis pour condition qu'on ne me presserait pas de hâter l'exécution de ma promesse. Et maintenant il emploie l'influence qu'il possède sur la seule parente qui me reste pour me presser d'une manière précipitée et importune. Il y a plus d'égoïsme que de générosité, milord, dans une demande aussi pressante, aussi urgente.

Lord Evandale parut excessivement blessé, et fit deux ou trois fois le tour de l'appartement avant de répondre à cette accusation. Il dit enfin

— Je me serais épargné ces reproches si j'eusse osé dire immédiatement à miss Bellenden la principale raison qui m'a fait presser cette demande. Peut-être vous la jugerez de peu de valeur quant à vous personnellement, mais elle aura plus de poids si vous pensez à lady Marguerite. Si je meurs à la guerre, tous mes biens passent à mes héritiers légitimes ; ma condamnation comme traître au gouvernement usurpateur peut les donner au prince d'Orange ou à quelque Hollandais en faveur. Dans ces deux cas, ma vénérable amie et mon affiancée resteront sans ressources, sans protecteur. En acceptant le titre, les droits et la qualité de lady Evandale, Edith peut trouver, dans la possibilité qu'elle aura de venir en aide à sa vieille grand'mère, quelques consolations d'avoir consenti à partager le titre et la fortune d'un homme qui ne prétend pas être digne d'elle.

Edith n'eut rien à répondre à un argument qu'elle n'avait pas prévu, et elle fut forcée de reconnaître que lord Evandale avait agi avec autant de délicatesse que de prudence.

— Et cependant, dit-elle, telle est la force des souvenirs dans mon cœur, que je ne puis réprimer une certaine répugnance à remplir ma promesse si vite, si vite !

Et elle éclata en pleurs.

— Nous avons déjà discuté pleinement cette douloureuse question, dit lord Evandale, et je croyais, ma chère Edith, que vos propres recherches, ainsi que les miennes, vous avaient complètement convaincue que ces regrets étaient sans but.

— Sans but vraiment ! dit Edith en poussant un profond soupir, qui fut répété distinctement et comme par un écho dans l'appartement à côté.

Edith tressaillit à ce bruit, et pouvait à peine se tranquilliser malgré l'assurance que lui donna lord Evandale qu'elle n'avait entendu qu'un écho.

— C'était un son tout à fait distinct, dit-elle, je dirais presque de mauvais augure; mais je me sens si fatiguée, que la moindre chose m'agite.

Lord Evandale s'empressa d'apaiser ses alarmes et de la réconcilier à une mesure qui semblait le seul moyen d'assurer son indépendance. Il expliqua que l'ancien chapelain de son régiment était à la chaumière avec son domestique; que sa sœur était dans le secret, et que Headrigg et sa femme pourraient au besoin accroître le nombre des témoins. Il avait choisi Fairy-Knowe pour que le mariage pût rester secret, car il devait partir déguisé presque aussitôt après la cérémonie; tandis que si le mariage eût été public, son départ, en de pareilles circonstances, aurait éveillé l'attention du gouvernement. Après ces explications, il courut prier sa sœur de rejoindre Edith pendant qu'il irait chercher les autres témoins de la cérémonie.

Lady Emilie trouva son amie baignée de pleurs, dont il lui fut difficile de comprendre la cause; car elle était une de ces personnes qui ne trouvent rien de terrible dans le mariage, surtout avec un fiancé aussi aimable qu'Evandale. Quand Emilie vit sa future belle-sœur sourde à toutes les consolations qu'elle pouvait lui offrir, quand elle vit ses larmes couler sans s'arrêter, qu'elle sentit la main qu'elle pressait se refroidir dans la sienne et rester insensible à ses caresses, sa sympathie fit place à un sentiment d'orgueil blessé.

— Je dois avouer, dit-elle, que je ne vous comprends pas, miss Bellenden. Voilà plusieurs mois que vous avez consenti à épouser mon frère, et vous avez remis à diverses fois l'époque dont on était convenu, comme s'il y avait quelque chose de déshonorant ou de particulièrement désagréable dans l'union que l'on vous propose. Lord Evandale n'est pas homme, je crois, à vouloir prendre la main d'une femme contre son inclination, et, quoique sa sœur, je puis dire hardiment qu'il n'a pas besoin de tourmenter personne s'il lui était difficile de trouver une alliance honorable. Vous me pardonnerez, miss Bellenden, mais votre excessive douleur me fait mal augurer du bonheur de mon frère, et je dois dire qu'il ne mérite pas ces marques de désespoir qui contrastent étrangement avec l'affection qu'il vous a témoignée si longtemps et de tant de manières.

— C'est vrai, Emilie, dit Edith séchant ses pleurs et cherchant à reprendre sa tranquillité habituelle, que démentaient encore la pâleur de ses joues et l'agitation de sa voix; c'est très-vrai : lord Evandale ne mérite un pareil traitement de personne, surtout de celle qu'il a honorée de son affection. Mais si j'ai cédé pour un instant à une soudaine et irrésistible émotion, c'est une consolation de savoir que votre frère en connaît la cause, que je ne lui ai rien caché, et qu'il n'éprouve pas la moindre crainte de trouver dans Edith Bellenden une femme indigne de son affection. Et cependant vous avez raison, je mérite tous vos reproches; je n'aurais pas dû me laisser aller à des regrets inutiles, à des souvenirs douloureux. Cela n'arrivera plus : mon sort est lié à celui d'Evandale, et je saurai remplir mes devoirs. Rien ne viendra plus exciter ses plaintes ni éveiller le déplaisir de sa famille. Des souvenirs d'autrefois ne m'empêcheront jamais d'être pleine de zèle et d'affection, aucune illusion ne viendra me rappeler des temps...

Elle levait en ce moment ses yeux, qu'elle avait tenus cachés sous ses mains, quand, les tournant vers la croisée de l'appartement voisin, elle jeta un cri terrible et s'évanouit. Emilie regarda du même côté, et ne vit que l'ombre d'un homme qui s'éloignait de la fenêtre; et plus effrayée par l'état alarmant d'Edith que par cette apparition, elle cria de toutes ses forces pour appeler à son secours. Evandale accourut bientôt avec le chapelain et Jenny, mais il fut nécessaire d'employer des moyens énergiques pour rappeler Edith à la vie. Ses paroles furent tout d'abord pleines d'étrangeté et d'incohérence.

— Ne me pressez pas davantage, dit-elle à Evandale, cela ne se peut pas, le ciel et la terre, les morts et les vivants se sont levés contre cette terrible union. Prenez tout ce que je peux vous donner, mon amitié de sœur, mon plus sincère dévouement, je vous aimerai comme un frère, je vous servirai comme votre esclave, mais ne me parlez jamais plus de mariage.

L'étonnement de lord Evandale ne peut se dépeindre.

— Emilie, dit-il à sa sœur, c'est là votre ouvrage ! C'est une idée maudite qui m'a fait penser de vous amener ici. C'est quelque insigne folie que vous avez imaginée qui lui a tourné l'esprit.

— En vérité, mon frère, répondit Emilie, vous rendriez folles toutes les femmes d'Ecosse. Vous grondez votre sœur, qui n'a fait que vous défendre, parce que votre fiancée semble vouloir changer d'idée. Je l'avais amenée à discuter tranquillement, quand tout à coup un homme a regardé par cette croisée ; son excessive sensibilité l'a pris pour vous ou un autre, et nous a donné gratis une scène tragique de premier ordre.

— Quel homme? quelle croisée? demanda lord Evandale impatienté : miss Bellenden est incapable de vouloir me tromper... Et cependant comment se fait-il...

— Silence, silence, dit Jenny, qui avait tout intérêt à faire changer de conversation. Au nom du ciel! milord, parlez bas. Elle commence à revenir.

Edith n'eut pas plus tôt repris ses sens, qu'elle demanda à rester seule avec lord Evandale. Quand Emilie, Jenny et le chapelain se furent retirés, Edith fit signe à Evandale de venir auprès d'elle. Malgré sa surprise et sa résistance, elle saisit sa main, qu'elle porta à ses lèvres, et, faisant un effort, elle se glissa du canapé et tomba à ses genoux.

— Pardonnez-moi, milord, s'écria-t-elle, pardonnez-moi! je dois agir cruellement avec vous et briser une promesse solennelle. Vous avez mon amitié, ma plus haute estime, ma plus sincère reconnaissance... vous avez plus : vous avez ma parole et ma foi. Mais... oh! pardonnez-moi ! ce n'est pas ma faute... vous n'avez pas mon amour, je ne peux pas vous épouser sans péché!

— Vous rêvez, ma chère Edith, dit Evandale embarrassé au dernier degré, votre imagination vous trompe. C'est une illusion d'un esprit surexcité. La personne que vous m'avez préférée est depuis longtemps dans un meilleur monde, où vos regrets ne peuvent le suivre; et si cela se pouvait, ils n'auraient d'autre effet que d'amoindrir son bonheur.

— Vous vous trompez, lord Evandale, répondit Edith d'un ton solennel; je ne suis pas somnambule, je ne suis pas folle. Non. Je n'aurais pu le croire si je ne l'eusse vu. Mais je l'ai vu, et dois en croire mes yeux.

— Vu, qui? demanda anxieusement Evandale.

— Henri Morton, répondit Edith, prononçant ces deux mots de la voix la plus défaillante.

— Miss Bellenden, dit lord Evandale, vous me traitez comme un enfant ou comme un imbécile. Si vous regrettez la parole que vous m'avez donnée, ajouta-t-il avec indignation, je ne suis pas homme à vouloir forcer vos inclinations; mais traitez-moi comme un homme, et cessez cette plaisanterie.

Il allait continuer, quand il reconnut par la pâleur de ses joues et l'abattement de ses yeux qu'elle était loin de vouloir le tromper, et que son esprit était réellement frappé de terreur et de surprise. Il changea de ton, et s'efforça de l'apaiser pour qu'elle lui confiât le secret de sa frayeur.

— Je l'ai vu, répéta-t-elle, j'ai vu Henri Morton, debout à cette croisée il regardait de ce côté au moment où j'allais le renier pour toujours. Il était plus brun, il avait l'air plus fatigué et il était plus pâle qu'autrefois il portait un manteau de cavalier et un chapeau dont le bord tombait sur sa figure, ses traits avaient l'expression qu'ils portaient dans cette terrible matinée pendant laquelle Claverhouse l'interrogea à Tillietudlem. Demandez à votre sœur, demandez à lady Emilie, si elle ne l'a pas vu comme moi. Je sais ce qui l'a fait revenir : il est venu pour me reprocher de donner ma main à un autre, quand mon cœur est avec lui au fond de la mer. Milord, tout est fini entre vous et moi, que les conséquences soient ce qu'elles pourront ! Elle ne peut se marier, celle dont l'union va troubler le repos des morts !

— Dieu du ciel! dit Evandale parcourant l'appartement à moitié fou de surprise et de dépit, son esprit doit être tout à fait dérangé ; c'est la suite de l'effort qu'elle a dû faire pour accepter ma malheureuse mais indispensable requête. Si l'on ne veille pas sur elle avec le plus grand soin, sa santé est ruinée à tout jamais.

La porte s'ouvrit en ce moment, et Halliday, qui était devenu le valet de lord Evandale depuis qu'ils avaient quitté le régiment à la révolution, entra les traits tout bouleversés par la frayeur et la surprise.

— Qu'est-ce qu'il y a maintenant, Halliday? s'écria son maître étonné. A-t-on découvert...

Il eut assez de présence d'esprit pour s'arrêter au milieu de la dangereuse question qu'il allait faire.

— Non, Monsieur, dit Halliday, ce n'est pas cela ni rien qui y ressemble ; mais j'ai vu un revenant !

— Un revenant? éternel idiot ! répéta lord Evandale poussé à bout de toute patience. Est-ce que l'on a juré de me rendre fou?... quel revenant, imbécile?

— J'ai vu M. Henri Morton le whig, capitaine du pont de Bothwel, répondit Halliday, il a passé auprès de moi comme une ombre pendant que j'étais dans le jardin.

— Tout le monde devient fou ! dit lord Evandale, ou bien il y a quelque étrange complot là-dessous. Jenny, venez auprès de votre maîtresse pendant que je vais tâcher de voir ce que cela peut être.

Toutes les recherches furent inutiles. Jenny, qui aurait pu donner le mot de l'énigme, préféra ne rien dire. Elle s'était hâtée de faire disparaître toutes traces du séjour de Morton dans la chambre voisine, et avait même effacé la marque de ses pas dans le jardin. Morton avait évidemment passé auprès de Halliday, dans le jardin ; mais, excepté lui, nul autre ne l'avait vu que l'aîné des Headrigg, auquel l'étranger avait jeté une pièce d'or en prenant son cheval, sur lequel il s'était éloigné rapidement du côté de la Clyde. Jenny résolut de garder le secret.

— Certainement, se dit-elle, miss Edith et Halliday avaient pu reconnaître M. Morton au grand jour ; mais ce n'était pas une raison pour qu'elle dût le reconnaître à la chandelle, surtout quand il cachait sa figure.

Elle nia donc hardiment à lord Evandale. Quant à Halliday, il affirmait seulement avoir rencontré le prétendu revenant dans le jardin, marchant vitement, et paraissant accablé de chagrin et de colère.

— Il le connaissait bien, disait-il, il l'avait souvent gardé et avait écrit plus d'une fois son signalement, de peur qu'il ne s'échappât. Il y avait peu d'hommes comme M. Morton ; mais pourquoi il revenait hanter un pays où il n'avait été ni fusillé ni pendu, c'était ce qu'il ne prétendait pas expliquer.

Lady Emilie disait avoir vu un homme à la croisée ; mais son témoignage n'allait pas plus loin. Jean Gudyill déclara *nil novit in causa*.

Lord Evandale abandonna cette enquête ; il était embarrassé et mécontent au dernier point. Tous ses efforts furent inutiles pour arriver à connaître la vérité. Le chapelain ne put que lui faire une dissertation sur les apparitions, dans laquelle il cita Delrio, Burthoog et de l'Aancre, tout en refusant de se prononcer sur la réalité du retour de Morton.

Lord Evandale eut bientôt de nouvelles causes d'anxiété, car miss Bellenden tomba dangereusement malade.

— Je ne partirai pas, s'écria-t-il, jusqu'à ce qu'elle soit hors de danger. Je ne puis ni ne dois le faire ; car, quelle qu'ait été la cause immédiate de sa maladie, c'est ma requête qui en a été la raison primordiale.

Il s'établit donc dans la maison, et attendit patiemment qu'Edith pût sans danger entrer dans des explications définitives avant son départ.

CHAPITRE XXXVI.

Morton s'était éloigné de Fairy-Knowe dans un état d'agitation qui s'approchait du désespoir. Il venait d'apprendre que sa bien-aimée Edith, dont le souvenir avait toujours rempli son cœur, était sur le point d'épouser son rival.

Pendant son séjour à l'étranger il avait écrit une fois à Edith : c'était pour lui dire un éternel adieu et la conjurer de l'oublier. Il l'avait priée de ne pas répondre à sa lettre, cependant il avait longtemps espéré qu'elle lui désobéirait. La letttre n'était jamais parvenue à son adresse, et Morton, qui l'ignorait, en concluait qu'il avait été mis à l'écart et oublié comme il l'avait demandé lui-même. Tout ce qu'il avait appris depuis son retour en Écosse lui annonçait que miss Bellenden était la fiancée de lord Evandale. Pourquoi donc était-il allé vers la chaumière où s'étaient retirées lady Marguerite et miss Bellenden? Il s'était laissé entraîner par un désir irréfléchi auquel la plupart des hommes dans sa situation auraient cédé.

Cette visite lui avait appris qu'Edith l'aimait encore, mais son honneur lui faisait un devoir de l'abandonner pour toujours. Il résolut de cacher à tous son retour et son existence.

En s'éloignant rapidement de la croisée où Edith l'avait vu, il avait passé auprès de Halliday dans le jardin sans le reconnaître, s'était jeté sur son cheval, et avait instinctivement pris le chemin de Hamilton.

Au milieu des pensées qui l'agitaient, le souvenir de la lettre de Burley revint tout à coup se présenter à son esprit comme un rayon de soleil à travers un brouillard.

— C'est lui que l'on peut accuser de leur ruine, pensa-t-il. S'il y a un remède, lui seul le connaît; c'est lui qui peut m'aider dans cette affaire. J'irai le trouver. Enthousiaste, hypocrite et sévère comme il est, il a parfois cédé à ma loyale franchise. J'irai le trouver. Qui sait quelle influence l'information qu'il me communiquera pourra avoir sur la fortune de celle que je ne verrai plus, de celle qui probablement ne saura jamais que je fais taire mes regrets pour lui assurer le bonheur?

Il résolut donc d'aller trouver Burley. Dans l'après-dîner du même jour il était arrivé dans le voisinage de Milnwood, l'habitation de défunt son oncle. Il éprouva un vif désir de revoir la maison où il avait passé tant d'années.

— La vieille Alison, pensa-t-il, ne me reconnaîtra pas plus que Cuddie et sa femme. Je peux satisfaire ma curiosité et continuer mon voyage sans qu'elle sache que je suis en vie. On m'a dit, je crois, que mon oncle lui a légué la vieille maison, c'est bien; j'ai assez de causes de chagrin pour ne pas me tourmenter de cela, et cependant je crois qu'il aurait pu choisir un meilleur héritier, d'une longue ligne d'ancêtres honorables, que cette vieille grondeuse. Quoi qu'il en soit, je vais voir la vieille maison encore une fois.

Quand Morton eut frappé, il entendit le guichet s'ouvrir; et Alison, encore plus ridée qu'à l'époque où Henri quitta l'Écosse, demanda d'une voix aigre et tremblante ce que l'on voulait.

— Je désirerais parler à une personne du nom d'Alison Wilson, qui demeure ici, dit Henri.

— Elle n'est pas à la maison aujourd'hui, répondit madame Wilson elle-même, et vous n'êtes guère poli de la demander de cette manière, vous auriez pu faire l'effort de l'appeler madame Wilson de Milnwood.

— Je vous demande pardon, dit Morton souriant en lui-même en retrouvant dans Ailie la même susceptibilité qu'autrefois, je vous demande pardon, je suis étranger à ce pays ; et j'ai été si longtemps à l'étranger, que j'ai presque oublié mon propre langage.

— Venez-vous de l'étranger ? demanda Ailie, alors vous avez peut-être entendu parler d'un jeune homme de ce pays que l'on appelle Henri Morton ?

— J'ai entendu parler d'un nom comme cela en Allemagne, dit-il.

— Et bien ! attendez une minute où vous êtes, mon ami, ou plutôt allez par derrière la maison, vous trouverez une porte basse ; elle n'est pas fermée, on ne met les verrous qu'à la nuit. Vous l'ouvrirez, et prenez garde de ne pas tomber par-dessus le baquet ; car le passage n'est pas très-clair ; puis vous tournerez à droite, et vous irez tout droit devant vous ; vous tournerez à droite encore une fois, et faites attention à l'escalier de la cave, et vous serez à la porte de la petite cuisine, c'est toute la cuisine qu'il y a maintenant à Milnwood ; je viendrai vous y trouver ; vous pourrez me dire ce que vous vouliez dire à madame Wilson, ce sera la même chose.

Malgré ou plutôt à cause de toutes les directions données par Ailie, un étranger aurait pu trouver quelque difficulté à se piloter à travers le labyrinthe de passages qui menaient de la basse porte à la petite cuisine. Mais Henri connaissait trop bien la navigation de ces détroits pour avoir à craindre le Scylla sous forme de baquet ou le Charybde béant des escaliers de la cave ; le seul embarras qu'il éprouva vint des aboiements et des efforts d'un petit épagneul qui lui avait autrefois appartenu, et qui, différant en cela du fidèle Argus, ne donna aucune preuve de reconnaissance quand son maître revint de ses longs voyages.

— Les petits chiens aussi ! dit Morton se voyant méconnu par son ancien favori. Je suis si changé, qu'aucun de ceux que j'ai connus ou aimés ne peut me reconnaître.

Il arriva en ce moment à la cuisine, où il eut le temps de faire quelques muettes observations sur la manière dont Ailie tenait maison avant qu'elle vînt le rejoindre. Quoique le charbon existât en grande abondance dans le voisinage, il était économisé avec soin ; et la légère vapeur qui s'échappait du petit vase dans lequel cuisait le dîner de la vieille gouvernante et de la jeune fille qui lui aidait annonçait qu'elle n'avait pas amélioré sa chère habituelle, malgré l'accroissement de sa fortune.

— Que voulez-vous dire à madame Wilson, Monsieur ? demanda-t-elle en entrant, je suis madame Wilson.

Les cinq minutes qu'elle avait passées à sa toilette lui donnaient, pensait-elle, le droit de réclamer tous les priviléges de son nom et de montrer toute sa splendeur. Les idées de Morton se confondaient de telle sorte entre le passé et le présent, qu'il savait à peine ce qu'il pouvait ou voulait lui dire. Mais ayant oublié de décider quel caractère il assumerait dans son incognito, il dut rester un instant indécis. Madame Wilson, étonnée et quelque peu effrayée, répéta sa question :

— Que voulez-vous me dire, Monsieur ? Vous disiez que vous aviez connu M. Henri Morton ?

— Pardonnez-moi, Madame, répondit Henri, c'est d'un Silas Morton que j'ai parlé.

La curiosité de la vieille femme s'apaisa.

— C'était son père que vous connaissiez, le frère de feu Milnwood ?... Vous ne pouvez pas l'avoir connu à l'étranger, ce me semble, il était revenu avant que vous fussiez né. Je croyais que vous m'apportiez des nouvelles du pauvre M. Henri.

— C'est par mon frère que j'ai connu le colonel Morton, dit Henri. Je ne connais pas grand'chose du fils ; j'ai entendu dire qu'il est mort dans un voyage de Hollande.

— C'est probablement trop vrai, dit la vieille gouvernante en soupirant, et cela m'a bien fait pleurer. Son oncle, le pauvre vieux, a passé avec son nom sur les lèvres. Il venait de me donner des ordres précis relativement au pain, au vin et à l'eau-de-vie pour son enterrement, et combien de fois on devait en fournir à la compagnie, car, mort ou vivant, il a toujours été plein de prudence et d'économie, le pauvre homme, si bien qu'il me disait : « Ailie, — il m'appelait toujours Ailie, car nous étions de vieilles connaissances, — Ailie, ayez bien soin de tous et ne dépensez rien, car le nom de Morton de Milnwood s'en est allé comme le refrain d'une vieille chanson. » Alors il tomba d'une faiblesse dans une autre, et ne dit plus rien que nous pussions comprendre, excepté qu'on n'avait pas besoin d'une chandelle moulée pour se voir mourir. Il ne pouvait pas supporter la vue d'une chandelle moulée, et il y en avait malheureusement une sur la table.

Pendant que madame Wilson racontait ainsi la mort du vieil avare, Morton était très-occupé à repousser la caressante curiosité du chien :

revenu de sa première surprise et se rappelant le passé, il avait commencé à sauter sur l'étranger et à le lécher de manière à lui faire craindre de voir son incognito trahi. Enfin, emporté par l'impatience, Morton ne put s'empêcher de s'écrier tout à coup :

— A bas, Elphin, à bas!

— Vous savez le nom de notre chien, dit la vieille dame frappée de surprise, vous savez le nom de notre chien, et il n'est pas des plus communs! Et la bête vous connaît aussi! continua-t-elle d'une voix agitée. Dieu nous préserve! c'est mon pauvre garçon!

Elle se jeta en même temps au cou de Morton, le pressa dans ses bras et l'embrassa comme s'il eût été son fils, en pleurant de joie. Il était inutile de continuer l'incognito plus longtemps; Morton lui rendit ses caresses avec affection et lui dit :

— C'est bien moi, bonne Ailie, qui suis revenu pour vous remercier de vos bontés passées et présentes, et me réjouis de voir qu'il y a au moins une amie qui m'accueille avec joie.

— Une amie! s'écria Ailie, mais vous en aurez, des amies, et beaucoup, car vous aurez de l'argent, mon garçon, vous serez riche. Bon Dieu du ciel, bénissez-nous! Mais, oh! Monsieur, — et d'une main maigre et tremblante elle le poussa à une petite distance pour mieux voir les ravages que le temps et le chagrin avaient commis sur sa figure, — oh! Monsieur, comme vous êtes changé! vous êtes devenu pâle, vos yeux sont enfoncés, et vos jolies joues rouges et blanches sont devenues brunes et brûlées du soleil. Oh! ces malheureuses guerres, comme elles ont détruit du monde! Et quand êtes-vous revenu? où avez-vous été tout ce temps-là? qu'est-ce que vous avez fait? pourquoi ne nous avez-vous pas écrit? comment a-t-on cru que vous étiez mort? et pourquoi vous êtes-vous présenté dans votre propre maison d'une façon aussi étrange, pour faire une peur terrible à votre pauvre vieille Ailie?

Morton ne put immédiatement répondre à toutes ces questions, son émotion était trop violente. Quelques minutes après il raconta à la vieille gouvernante les aventures que nous dirons au lecteur dans le chapitre suivant.

CHAPITRE XXXVII.

Avant que Morton commençât sa narration, madame Wilson insista pour ajourner la séance à une petite salle qu'elle occupait d'ordinaire.

On y sentait moins le vent que dans la grande salle. Et cela était meilleur pour ses rhumatismes, et on y était mieux que dans la chambre de feu Milnwood, où elle avait toujours des pensées de tristesse. Quant à la grande salle lambrissée de chêne, on ne l'ouvrait jamais que pour renouveler l'air, la laver, l'épousseter, comme on avait toujours fait de temps immémorial.

Ils s'établirent donc dans la petite salle, où ils étaient en compagnie d'une précieuse collection de compotes et de confitures, que la gouvernante préparait chaque année par habitude, car ni elle ni personne n'y touchait jamais.

Morton raconta ses aventures de manière à les rendre très-intelligibles à la vieille dame; il lui dit en peu de mots que le navire qui l'avait emporté s'était perdu corps et biens à l'exception de deux ou trois marins qui s'étaient sauvés dans la chaloupe, à bord de laquelle il s'était jeté lui-même au moment où elle s'éloignait du navire. En débarquant à Flessingue, il avait été assez heureux de rencontrer un vieil officier qui avait servi avec son père, et qui lui conseilla de ne pas aller immédiatement à la Haye, mais d'envoyer ses lettres à la cour du stathouder.

— Notre prince, lui avait dit le vétéran, ne peut pas quereller avec son beau-père ni avec votre roi Charles; si vous voulez qu'il vous accueille avec faveur, il ne faut pas l'approcher en qualité de mécontent écossais. Attendez ses ordres, sans vous mettre trop en avant; soyez prudent, ne vous montrez pas trop; pour le présent, changez de nom; ne fréquentez pas les exilés anglais, et vous aurez raison de ne pas regretter cette prudence.

L'ami de Silas Morton avait eu raison. Après un assez long temps le prince d'Orange, parcourant les Provinces-Unies, passa dans la ville où Morton continuait à résider, tout impatient qu'il était de son inactivité et de son incognito. Il eut l'honneur d'obtenir une audience, dans laquelle le prince lui témoigna la haute opinion qu'il avait de ses talents, de sa prudence et de la manière dont il avait exposé les vues, les raisons et les espérances des diverses factions de son pays natal.

— J'aurais le plus grand plaisir, M. Morton, dit Guillaume, de vous attacher à ma personne, mais je ne pourrais le faire sans donner offense à l'Angleterre. Je ferai cependant tout autant pour vous, à cause de l'opinion que j'ai formée sur votre compte et des recommandations que vous m'avez apportées. Voici un brevet pour un régiment suisse, à présent en garnison sur les frontières, où vous ne rencontrerez guère de vos compatriotes. Continuez à être le capitaine Melville, vous reprendrez le nom de Morton dans des temps plus favorables.

— C'est de là que date ma fortune, continua Henri. Son Altesse Royale a plusieurs fois distingué mes services, jusqu'au moment où il est venu en Angleterre comme notre libérateur politique. Ce fut par ses ordres que je cessai de correspondre avec mes amis d'Écosse; et je ne m'étonne pas que l'on ait cru à ma mort, puisque le navire se perdit et que je n'eus pas occasion de faire usage des lettres de crédit que je devais à la générosité de mes amis.

— Mais, mon pauvre garçon, demanda madame Wilson, n'avez-vous trouvé personne à la cour du prince d'Orange qui vous connût? J'aurais cru que Morton de Milnwood était connu partout !

— On m'employa longtemps à un service éloigné, dit Morton, et quand je revins il aurait fallu me connaître comme toi, ma bonne Ailie, pour retrouver le jeune Morton dans le major général Melville !

— Melville, c'était le nom de votre mère, dit madame Wilson, mais j'aime mieux celui de Morton. Et quand vous reprendrez la propriété, il faudra reprendre le vieux nom.

— Je ne suis pas très-pressé de faire l'un ou l'autre, Ailie. J'ai quelques raisons pour tenir mon retour secret. Quant aux terres de Milnwood, elles sont en bonnes mains.

— Elles sont en bonnes mains, répéta Ailie; j'espère que vous ne voulez pas parler des miennes. Les terres et les rentes me donnent bien de l'embarras, et je suis trop vieille pour prendre un homme : il y a bien Wylie Mactrickie, l'avocat, qui me presse beaucoup et me parle toujours avec civilité; mais je ne me laisse pas prendre à tout cela. Il ne me mettra pas dedans comme il en a tant mis. Et puis je pensais toujours que vous reviendriez et que je tiendrais la maison comme devant, et que j'aurais tant de plaisir à vous voir en bon train et prendre soin de l'argent ! Vous aurez appris cela en Hollande, car on me dit qu'ils s'entendent à l'amasser. Mais comme voilà le pauvre vieux Milnwood parti, peut-être que vous voudrez tenir meilleure maison. Et vraiment je ne vous blâmerais pas d'avoir de la viande jusqu'à trois fois par semaine, cela empêche les crudités d'estomac.

— Nous parlerons de tout cela une autre fois ! dit Morton surpris de la générosité qui se faisait jour à travers les habitudes de sordide économie de la vieille Ailie, qui songeait à économiser tout en restant indifférente à des pensées d'acquisition personnelle. Il faut que vous sachiez que je ne suis en ce pays que pour quelques jours, chargé par le gouvernement d'une mission importante. Ainsi, Ailie, pas un mot que vous m'avez vu, plus tard je vous en dirai la raison.

— Eh bien! eh bien! mon garçon, répliqua Ailie, je peux garder un secret aussi bien que mes voisins. Et le vieux Milnwood le savait bien, car il me dit où il gardait son argent, et c'est ce qu'on aime assez à tenir secret. Mais venez donc, que je vous montre la grande salle lambrissée, que vous voyiez comme elle est en état, juste comme si vous deviez toujours arriver. Personne n'y touche que moi. C'était mon bonheur, et pourtant je pleurais quelquefois en me disant : Ah! pourquoi me fatiguer avec les tapis, les garde-cendres, les grands chandeliers de cuivre et le reste? Ils ne reviendront plus, ceux qui devraient les posséder!

Ailie ne laissa pas Morton longtemps dans ce salon, qui avait perdu beaucoup de son ancien prestige de grandeur aux yeux du voyageur, et l'entraîna dans la salle lambrissée de chêne, où se trouvaient deux tableaux qui rappelèrent vivement les jours d'autrefois. L'un représentait son père couvert d'une armure complète, et dont les traits indiquaient un caractère mâle et déterminé; l'autre était le portrait de son oncle, habillé de velours et de dentelles, et qui semblait tout honteux de ce brillant attirail, qu'il devait entièrement à la libéralité de l'artiste.

— C'était une étrange fantaisie du peintre, dit Ailie, d'habiller l'honnête vieillard d'une manière aussi dispendieuse, lui qui n'avait jamais porté que du gros drap gris avec une bande de passementerie très-étroite!

Morton ne put s'empêcher de reconnaître la justesse de cette observation, qui faisait paraître son oncle encore plus commun et pingre qu'il ne l'était réellement. Puis il quitta sa bonne gouvernante pour aller revoir quelques endroits qu'il affectionnait quand il était enfant. Madame Wilson saisit l'occasion de son absence pour tuer une malheureuse poule, qui, n'eût été l'étrangeté du retour de son jeune maître, aurait pu vivre aussi longtemps que les patriarches.

Après le repas, pendant lequel Ailie se plut à bâtir mille châteaux en Espagne, Morton pensa à quitter son habit militaire, qui aurait pu lui rendre ses recherches plus difficiles. Il l'échangea contre une veste grise et un manteau qu'il avait autrefois portés à Milnwood, et dont madame Wilson avait pris le plus grand soin durant son absence. Il prit garde cependant de conserver ses pistolets et son épée, sans laquelle on ne voyageait pas à cette époque.

Morton mit fin à l'admiration qu'exprimait la bonne Ailie, toute joyeuse de le revoir tel qu'il était avant tous les événements que nous avous racontés, en lui annonçant qu'il était forcé de repartir ce soir même.

— Et où voulez-vous aller? et pourquoi faire?... où voulez-vous coucher si ce n'est dans votre propre maison, après que vous en avez été absent tant d'années?

— Je sais que ce n'est pas généreux de ma part, Ailie; mais c'est indispensable. C'est pour cela que je me cachais de vous, car je soupçonnais que vous ne me laisseriez pas partir si facilement.

— Mais où allez-vous, alors? répéta Ailie. A-t-on jamais vu pareille chose? Vous arrivez, et une minute après vous repartez comme une flèche?

— Il faut que j'aille trouver Niel Blane le joueur de cornemuse au Howff; il peut me donner un lit, je suppose?

— Un lit, certainement qu'il le peut, et qu'il vous le fera payer assez cher! répliqua Ailie. Ah! vrai, je crois que vous avez perdu l'esprit dans vos voyages. S'en aller donner de l'argent pour un souper et un lit à la taverne, quand vous pourriez avoir tout cela pour rien et rendre service par-dessus le marché!

— Je vous assure, Ailie, reprit Morton désireux de mettre fin à ces reproches, que c'est pour une affaire de haute importance dans laquelle je puis gagner beaucoup et à laquelle je ne peux pas perdre.

— Je ne vois pas trop comment cela peut être, si vous commencez par donner peut-être deux schellings d'Écosse pour votre souper. Mais la jeunesse est toujours aventureuse et croit gagner de l'argent comme cela. Mon pauvre vieux maître s'y prenait mieux : il ne donnait jamais son argent quand il l'avait.

Morton cependant persista dans sa résolution, et, prenant congé d'Ailie, monta à cheval, et se dirigea vers la ville voisine en faisant solennellement promettre à la gouvernante qu'elle ne parlerait pas de son retour avant de le revoir ou d'avoir de ses nouvelles.

CHAPITRE XXXVIII.

Morton arriva sans encombre à la ville, et mit pied à terre à l'auberge du Howff. La taverne était pleine d'habitués et avait conservé toute sa vogue. Niel Blane était devenu plus gros et plus important à mesure que sa bourse s'était arrondie. De son côté, sa fille avait acquis toute la dextérité d'une fille de comptoir et ne s'était jamais encore occupée d'amoureux ou de guerre. Elle se montra envers Morton plus empressée qu'il n'aurait pu l'attendre, car il voyageait sans suite et presque sans effets.

Le voyageur alla voir mettre son cheval à l'écurie, et, revenant à la taverne, s'assit dans la même salle où il avait célébré plusieurs années auparavant la victoire qu'il avait remportée à la joute. Les personnes qui se trouvaient attablées au Howff ressemblaient étonnamment à celles qui s'y étaient trouvées à l'époque où commence cette histoire. Il y avait deux ou trois bourgeois qui buvaient à petits coups leur verre de grog; deux ou trois dragons qui prenaient de la bière en maudissant la tranquillité du temps, qui ne leur permettait pas de prendre autre chose. L'enseigne ne jouait pas aux dames avec le curé, mais il buvait de l'*aqua mirabilis* avec le ministre presbytérien. Toute ensemble la scène offrait beaucoup de points de ressemblance.

Après un instant de réflexion, Morton demanda une bouteille de vin de Bordeaux; et quand le maître de l'établissement vint la lui apporter lui-même, il l'invita à s'asseoir auprès de lui et à la boire avec lui. Niel Blane s'assit auprès de l'étranger dans un coin voisin de la cheminée, et commença par raconter toutes les nouvelles du pays, les naissances, les morts et les mariages, les changements de la propriété, l'abaissement des vieilles familles et l'élévation des nouvelles. Mais il se garda de toucher à la politique. Ce ne fut que pour répondre à une question de Morton qu'il répliqua d'un air d'indifférence :

— Ah! oui... nous avons toujours des soldats parmi nous, plus ou moins! Il y a là, à Glasgow, quelque cavalerie allemande : on appelle le général Wittybody, je crois, ou quelque chose comme cela; c'est bien le Hollandais le plus grave et le plus guindé que j'aie jamais vu!

— Vous voulez dire Wittenbold? dit Morton; un vieillard, avec des cheveux gris, de petites moustaches, et qui parle peu?

— Et fume toujours, répliqua Niel Blane; je vois que Votre Seigneurie le connaît. Ce peut être un très-bon homme, pour tout ce que j'en sais, considérant que c'est un soldat et qu'il est Hollandais; mais quand il serait dix fois général et autant de fois Wittybody, il ne connaît rien aux cornemuses. Il m'a fait cesser au milieu de l'air de Torpichen; c'est la meilleure musique pour laquelle on a jamais soufflé.

— Mais ces hommes-là, dit Morton jetant un coup d'œil vers les soldats qui buvaient, n'appartiennent pas à son régiment?

— Non, non, ceux-là sont des dragons écossais, dit Blane; nos vieilles chenilles. Ils étaient avec Claverhouse il n'y a pas longtemps, et ils y seraient encore s'il avait le dessus.

— Ne dit-on pas qu'il est mort ? demanda Morton.

— Oui, dit le tavernier, Votre Honneur a raison, on fait courir ce bruit-là ; mais je sais bien que le diable est longtemps à mourir. Je conseillerais à nos gens de ne pas trop s'y fier. S'il monte à cheval, il descendra des montagnes plus vite que je ne pourrais boire ce verre de vin... Et où en seraient-ils alors ? Tous ces dragons seraient avec lui en un clin d'œil. Sans doute ils sont avec Guillaume aujourd'hui, comme ils étaient avec Jacques auparavant, et ils ont de bonnes raisons, ils se battent pour ceux qui les payent : autrement, pourquoi se battraient-ils ? Il y a eu quelque chose de bon dans le dernier changement, ce qu'ils appellent la révolution : maintenant on peut dire ce que l'on pense, sans craindre d'être emmené au corps de garde ou d'avoir les poucettes.

Morton voyant qu'il avait fait de grands progrès dans la confiance de son hôte, crut pouvoir lui demander s'il connaissait une femme du voisinage qui avait nom Elisabeth Maclure?

— Si je connais Bessie Maclure ! répondit Blanc avec un gros rire d'aubergiste ; comment puis-je ne pas connaître la sœur du premier mari de ma pauvre femme, Dieu la bénisse ! En voilà une honnête femme ! Mais elle a eu bien des malheurs : elle a perdu deux braves garçons à l'époque de la persécution, comme on dit aujourd'hui ; et elle a supporté sa perte patiemment, décemment, sans condamner ni blâmer personne. S'il y a une honnête femme dans le monde, c'est Bessie Maclure. Et perdre ses deux fils, comme je vous disais, et avoir des dragons en garnisaires pendant des mois ; car que les whigs ou les tories aient le dessus, on vous envoie toujours des dragons à héberger. Perdre, comme je vous disais...

— Alors elle tient une taverne ? dit Morton en l'interrompant.

— Une auberge, ce n'est pas grand, répondit Blanc jetant un coup d'œil satisfait sur son établissement, elle vend un peu de petite bière aux voyageurs qui sont trop altérés pour y regarder ; mais on ne peut pas appeler cela une bonne affaire.

— Pourriez-vous me procurer un guide ? demanda Morton.

— Mais vous allez rester ici ce soir, vous ne seriez pas bien du tout chez Bessie ! dit Blanc, dont l'amitié pour la sœur du premier mari de sa femme n'allait pas jusqu'à lui envoyer des voyageurs au détriment de sa propre maison.

— C'est là que je dois rencontrer un ami, répondit Morton, et je ne suis entré ici que pour boire un verre de vin et demander mon chemin.

— Vous feriez mieux, reprit le tavernier, d'envoyer avertir votre ami de venir ici.

— Je vous dis, reprit Morton impatienté, que cela ne peut pas me convenir; il faut que j'aille chez cette femme, et je vous serai obligé de me procurer un guide.

— Eh bien! Monsieur, vous êtes le maître, certainement, dit Niel Blanc; mais je ne crois pas que vous ayez besoin de guide! Vous n'avez qu'à suivre la rivière pendant un bout de chemin, comme si vous alliez à Milnwood, et prendre le premier chemin raboteux qui va vers les montagnes; vous rencontrerez un frêne brisé qui se trouve au bord de l'eau, juste où les deux routes se rencontrent; vous n'avez alors qu'à prendre le chemin que je vous dis, vous ne pouvez pas manquer d'arriver à l'auberge de la veuve Maclure; car le diable lui-même ne trouverait pas une autre maison de ce côté-là pour dix milles d'Écosse à la ronde, et cela fait bien vingt milles anglais. Je suis fâché tout de même que Votre Honneur pense à quitter ma maison ce soir; mais la belle-sœur de ma pauvre femme est une honnête créature, et ce qu'un ami gagne n'est pas perdu.

Morton paya sa dépense et partit. Le soleil se couchait au moment où il arrivait au frêne brisé, là où le chemin s'ouvrait pour les montagnes. Le voyageur s'engagea dans une sorte de défilé, qui bientôt s'ouvrit pour offrir un petit vallon où dans quelques petits champs cultivés croissaient de l'herbe et du blé. On voyait sur le bord du chemin une chaumière dont les murs n'avaient pas plus de cinq pieds de hauteur, et dont le chaume, couvert d'une mousse verdâtre, présentait plus d'un endroit qui promettait peu d'abri à l'intérieur. Une enseigne des plus mal épelées et encore plus mal écrite annonçait que les voyageurs pouvaient trouver là des rafraîchissements pour eux et leurs chevaux.

— C'est vraiment dans un endroit de ce genre, pensa Morton, que Burley peut avoir trouvé un confident à toute épreuve.

Il vit, en s'approchant de la chaumière, que la bonne vieille était assise auprès de la porte : un buisson de sureau l'avait jusqu'alors cachée à ses yeux.

— Bonsoir, la mère, dit le voyageur, vous êtes madame Maclure?

— Élisabeth Maclure, Monsieur, une pauvre veuve, répondit-elle.

— Pouvez-vous loger ce soir un étranger?

— Oui, Monsieur, s'il veut se contenter du pain et du foyer de la veuve.

— J'ai été soldat, ma bonne dame, répondit Morton, et je ne suis pas difficile.

— Soldat, Monsieur, dit la femme en soupirant, que Dieu vous envoie un autre état !

— On dit pourtant que c'est une profession honorable, ma bonne dame ; j'espère que vous n'avez pas pire opinion de moi parce qu'elle a été la mienne ?

— Je ne juge personne, Monsieur, répliqua la vieille, et vous parlez comme un honnête gentilhomme ; mais j'ai vu les soldats faire tant de mal à ce malheureux pays, que je suis heureuse de ne plus pouvoir me servir de mes pauvres yeux.

Morton remarqua en effet qu'elle était aveugle.

— Je crains de vous incommoder, ma bonne dame, dit-il, votre infirmité doit vous rendre votre profession pénible.

— Non, Monsieur, répliqua-t-elle, je peux très-bien faire ce qu'il faut dans la maison ; et j'ai une petite fille qui m'aide : les dragons auront soin de votre cheval quand ils reviendront de leur patrouille. Ils sont plus polis qu'ils n'étaient autrefois.

Morton descendit donc de cheval.

— Peggy, ma petite poule, continua la vieille en s'adressant à une petite fille d'une douzaine d'années qui venait de se montrer, conduis le cheval de ce Monsieur à l'écurie, défais sa sangle, retire la bride et fais tomber une botte de foin dans le râtelier jusqu'à ce que les dragons soient de retour... Venez par ici, Monsieur ; vous trouverez ma maison bien propre, quoique je ne sois pas riche.

Morton la suivit dans la chaumière.

CHAPITRE XXXIX.

La vieille n'avait dit que la vérité. L'intérieur de la chaumière contrastait avec le dehors : tout était propre et même confortable, particulièrement l'appartement du fond, où la veuve déclara que l'étranger souperait et dormirait. On offrit à Morton des rafraîchissements qui se trouvaient à la chaumière ; il en accepta quelques-uns pour avoir l'occasion d'entrer en conversation avec son hôtesse. Tout aveugle qu'elle fût, elle le servit elle-même, et semblait deviner comme par instinct ce dont il pouvait avoir besoin.

— N'avez-vous personne autre que cette jolie petite fille pour vous aider ? demanda-t-il.

— Non, Monsieur, répliqua la vieille, je suis seule, comme la veuve de Zarephta. Il ne vient guère de monde par ici, et je n'ai pas assez d'ouvrage pour payer des domestiques. J'avais deux beaux garçons qui avaient soin de tout, mais Dieu donne et reprend. Que son nom soit béni! ajouta-t-elle en levant au ciel ses yeux aveugles. J'ai été en meilleure position, mondainement parlant, même depuis que je les ai perdus, mais c'était avant ce dernier changement.

— Vraiment ? dit Morton, et cependant vous êtes presbytérienne, je crois ?

— Oui, Monsieur ; et je bénis le ciel de m'avoir montré le vrai chemin, répliqua la vieille.

— Alors j'aurais cru, reprit le voyageur, que la révolution vous aurait été favorable.

— Si elle a fait du bien au pays, repartit l'hôtesse, et donné la liberté des cultes aux consciences timorées, il importe peu qu'elle ait été défavorable à un pauvre ver comme moi.

— Cependant, reprit Henri, je ne vois pas comment elle a pu vous nuire.

— Ah! c'est une longue histoire, Monsieur, dit la vieille en soupirant. Mais un soir, à peu près six semaines avant l'affaire du pont de Bothwell, un jeune gentilhomme vint à cette pauvre chaumière, il était souffrant de nombreuses blessures, il était pâle et fatigué de la route, son cheval pouvait à peine mettre un pied devant l'autre. Ceux qui le poursuivaient étaient derrière lui, et c'était un de nos ennemis. Que pouvais-je faire, Monsieur ? Vous qui avez été soldat, vous me croirez une pauvre vieille imbécile ; mais je lui donnai à manger, je le soignai, et je le gardai caché jusqu'à ce que la poursuite fût finie.

— Et qui peut vous blâmer de l'avoir fait ? dit Morton.

— Je ne sais pas, répliqua la veuve, nos gens m'en voulurent. Ils disaient que j'aurais dû être pour lui ce que Jahel fut à Siserah. Mais je savais que Dieu ne m'avait pas commandé de verser le sang, et que le sauver était plus d'une femme et d'une chrétienne. Alors ils prétendirent que je manquais d'affection naturelle en secourant un de ceux qui avaient assassiné mes deux fils.

— Assassiné vos deux fils ?

— Hélas! oui, Monsieur! quoique peut-être vous penserez autrement de leur mort. Un d'eux est mort l'épée à la main en combattant pour le *covenant;* l'autre... oh! ils le prirent et le tuèrent sur l'herbe, là, devant les yeux de sa mère! Mes pauvres yeux s'obscurcirent quand les fusils partirent, et depuis ce temps-là ils sont devenus plus faibles, et plus faibles tous les jours : le chagrin, le regret, et les pleurs qui coulaient toujours ont peut-être aidé à les achever... Mais si j'eusse livré le jeune lord Evandale à ses ennemis, cela n'aurait pas fait revivre mon Ninian et mon Johnée...

— Lord Evandale! répéta Morton au comble de l'étonnement. Est-ce à lord Evandale que vous avez sauvé la vie?

— Justement, Monsieur, répondit-elle. Et il a été plein de bontés pour moi après. Il me donna une vache et un veau, de l'orge, de la farine, de l'argent, et personne n'osait me rien dire tant qu'il fut puissant. Mais je demeure sur un bout des terres de Tillietudlem, et il y a eu de longs procès entre lady Marguerite Bellenden et le présent laird Basile Olifant. Lord Evandale était avec lady Marguerite par amour pour sa petite-fille miss Edith, que tout le monde dit une des meilleures et des plus jolies filles de toute l'Écosse. Mais on leur donna tort, Basile eut le château et les terres ; après cela vint la révolution, et le laird fut un des premiers à changer de côté. Il disait qu'il avait toujours été whig au fond du cœur, et n'était devenu papiste que pour le monde. Quand il fut en faveur, lord Evandale fut disgracié : il était trop fier et trop honnête pour se courber sous tous les vents, quoique chacun sache aussi bien que moi que, m'importe quels sont ses principes, il était toujours prêt à protéger nos gens, et bien meilleur que Basile Olifant, qui a toujours suivi le courant. Mais il fut mis de côté : on ne le consultait jamais ; et Basile, qui aime à se venger, chercha à le vexer de tous côtés, et particulièrement en opprimant et en dépouillant la pauvre veuve aveugle, Bessie Maclure, qui avait sauvé la vie à lord Evandale, et pour laquelle il avait tant de bontés. Mais il se trompe si c'est là ce qu'il veut : car il se passera longtemps avant que je dise à lord Evandale qu'il a vendu ma vache pour se payer d'un fermage qui n'était pas encore dû, ou qu'il m'a envoyé des dragons quand tout le pays est tranquille, ou autre chose qui pourrait le vexer. Je peux porter ma croix patiemment, les pertes mondaines en sont la moindre part.

Étonné et intéressé au plus haut degré par cet exemple de digne et patiente résignation, Morton ne put s'empêcher d'adresser une violente malédiction au lâche vilain qui se vengeait d'une manière aussi ignoble.

— Ne le maudissez pas, Monsieur, dit la vieille femme, j'ai souvent entendu dire qu'une malédiction était comme une pierre jetée vers le ciel !

elle peut retomber sur la tête de celui qui l'a lancée. Mais si vous connaissez lord Evandale, dites-lui de prendre garde à lui, car j'entends les soldats dire d'étranges choses; ils parlent souvent de lui, et il y en a un qui a été deux fois à Tillietudlem. Il est assez bien vu du laird, quoique ce fut autrefois un des plus cruels oppresseurs qui courût le pays, excepté le sergent Bothwell : on l'appelle Inglis.

— Je prends le plus grand intérêt au salut de lord Evandale, dit Morton, et vous pouvez être certaine que je trouverai moyen de l'informer de toutes ces circonstances suspectes. Mais, ma bonne femme, pourriez-vous me dire, en retour, si vous connaissez Quintin Mackell d'Irongray ?

— Si je connais qui ? répéta la vieille femme d'un ton d'alarme et de surprise.

— Quintin Mackell d'Irongray, dit de nouveau Morton. Y a-t-il quelque chose de si effrayant dans ce nom ?

— Non, non, répondit la vieille en hésitant, mais entendre un étranger et un soldat s'enqu..... ... lui. Dieu nous protége! Que va-t-il nous arriver ?

— Rien de malheureux, je vous l'assure, dit Morton, la personne dont je m'informe n'a rien à craindre de moi si, comme je le suppose, ce Quintin Mackell est le même que Jean Bal...

— Ne dites pas son nom! s'écria la veuve mettant un doigt sur ses lèvres. Je vois que vous connaissez son secret et son mot de passe, je vais vous parler en toute franchise. Mais, au nom du ciel, parlez plus bas, pour Dieu! J'espère que vous ne lui voulez pas de mal... Vous m'avez dit que vous étiez militaire?

— J'ai dit la vérité : mais il n'a rien à craindre de moi. Je commandais au pont de Bothwell.

— Vraiment! dit la femme, et, en vérité, il y a quelque chose dans votre voix qui me dit que je peux me fier à vous ; vous parlez droit et vite comme un honnête homme.

— Et je le suis, dit Morton.

— Mais ne vous offensez pas, Monsieur, reprit la veuve, dans ces temps malheureux la main du frère se lève contre le frère ! et il craint presque autant ce gouvernement qu'il craignait nos vieux persécuteurs.

— Vraiment ? dit Morton d'un ton d'interrogation. Je ne le savais pas. Je ne fais que revenir de l'étranger.

— Je vais vous dire, continua la vieille en paraissant écouter et tournant la tête à droite et à gauche comme pour recueillir tous les sons qui pouvaient s'élever dans le voisinage; je vais vous dire. Vous savez comment il s'est efforcé de rétablir le covenant, brûlé, violé et enseveli dans les cœurs endurcis et dans l'égoïsme de ce peuple aveuglé. Quand il se rendit en Hollande, au lieu d'être bien accueilli des grands et d'être bien reçu par les saints, ce qu'il devait naturellement espérer, il fut mis à l'écart par le prince d'Orange et négligé par les ministres de la parole. C'était trop pour un homme qui a tant souffert et qui a tant fait, trop fait, peut-être ; mais pourquoi serais-je son juge ? Il revint me trouver et retourna à son ancien lieu de refuge qui l'avait si souvent abrité dans ses malheurs, plus particulièrement avant le grand jour de triomphe à Drumclog : car je n'oublierai jamais comment il y venait la nuit qui suivit la joute dans laquelle le jeune Milnwood gagna le prix ; mais je l'avertis à temps.

— Quoi ! s'écria Morton, c'était vous qui, couverte d'un plaid rouge, étiez assise sur le bord du chemin et qui lui dites qu'il y avait un lion dans le chemin ?

— Au nom du ciel ! qui êtes-vous ? dit la vieille femme s'arrêtant tout étonnée. Mais qui que vous soyez, continua-t-elle tranquillement, vous ne pouvez savoir autre chose, que j'étais prête à sauver la vie d'un ami ou d'un ennemi.

— Je ne sais rien de mal de vous, madame Maclure, et je ne vous veux aucun mal. Je voulais seulement vous prouver que je sais assez des affaires de cette personne pour que vous me confiez le reste. Continuez, s'il vous plaît.

— Votre voix a un air étrange de commandement, quoique le son en soit doux ! dit la pauvre aveugle. Il me reste peu de chose à dire. Les Stuarts ont perdu leur trône, et Guillaume règne avec Marie à leur place; mais on ne parle pas plus du covenant que s'il n'eût jamais existé. Ils ont établi un clergé autorisé, et l'Église d'Écosse autrefois pure et triomphante est sous la puissance d'une assemblée générale érastienne. Nos fidèles champions de la foi aiment cela encore moins que la tyrannie ouverte et l'apostasie des temps de persécution, car les âmes s'endurcissent et meurent, la multitude est rassasiée avec du mauvais grain au lieu de la bonne parole. Plus d'une malheureuse créature affamée ne reçoit au jour du sabbat qu'une sèche exhortation sur la morale, quand elle devrait savourer quelque chose qui l'échaufferait pour accomplir le grand œuvre, et...

— En un mot, dit Morton, qui voulait mettre un terme à cette digression, que la bonne vieille aurait pu prolonger outre mesure, en un mot, vous n'approuvez pas le nouveau gouvernement, et Burley est de votre opinion.

— Beaucoup de nos frères, Monsieur, croient que nous avons combattu pour le covenant : nous avons jeûné, nous avons prié, nous avons souffert pour cette grande ligue nationale, et maintenant nous ne verrons rien et nous n'entendrons rien dire de cette alliance pour laquelle nous avons souffert, combattu, prié et jeûné. On a même cru qu'il serait préférable de rappeler l'ancienne famille à de nouvelles conditions ; car, après tout, quand le roi Jacques partit, j'entendis dire que la querelle des Anglais était à cause de sept prélats mondains. Si bien que, une partie, il est vrai, de nos gens se mirent du côté du présent établissement et levèrent un régiment sous les ordres du comte d'Angus ; mais notre honnête ami et d'autres qui tiennent pour la pureté de la doctrine et la liberté de conscience étaient décidés à écouter ce que les Jacobites avaient à dire avant de prendre parti contre eux, craignant de tomber à terre comme un mur bâti sans mortier ou de se trouver entre deux selles...

— C'était un étrange moyen, dit Morton, pour obtenir la liberté de conscience et la pureté de la doctrine.

— O mon cher Monsieur, reprit la vieille, le jour naturel se lève dans l'orient, mais le jour spirituel peut se lever dans le septentrion : car nous ne sommes que des mortels aveugles.

— Alors Burley alla le chercher vers le nord ? dit Morton.

— Oui, Monsieur. Il vit Claverhouse lui-même, qu'on appelle aujourd'hui Dundee.

— Quoi ! s'écria Morton, j'aurais cru que cette rencontre aurait coûté la vie à l'un ou à l'autre.

— Non, non, Monsieur, dans des temps de troubles, d'après ce que je vois, dit madame Maclure, il y a de ces revirements soudains. Montgomery, Ferguson et beaucoup d'autres, qui étaient les plus grands ennemis du roi Jacques, sont maintenant pour lui. Claverhouse reçu notre ami très-bien, et l'envoya consulter lord Evandale. Alors tout fut fini : lord Evandale ne voulut ni le voir ni l'entendre. Et maintenant, il est dans un état terrible, il jure qu'il se vengera de lord Evandale, et ne parle que de sang et de feu. Oh ! ces accès de colère ! ils dérangent son esprit, et donnent de grands avantages à l'ennemi.

— L'ennemi ! répéta Morton, quel ennemi !

— Quel ennemi ! Connaissez-vous intimement Jean Balfour de Burley, et ignorez-vous qu'il a à se défendre fréquemment des attaques du mauvais esprit ? Ne l'avez-vous jamais vu s'il, une Bible dans sa main et une épée nue sur ses genoux ? N'avez-vous jamais dormi dans la même chambre que lui, et ne l'avez-vous pas entendu combattre dans ses rêves contre les embûches de Satan ? Oh ! vous ne le connaissez guère, si vous ne l'avez vu qu'au grand jour, car personne ne peut cacher comme lui les attaques et les combats qu'il a à soutenir. Je l'ai vu, après une terrible agonie de ce genre, trembler comme un enfant, et des cheveux de son front découlaient des gouttes de sueur comme l'eau coule du chaume de ma pauvre chaumière en un jour de pluie ?

Morton se rappela en effet l'état où il avait vu Burley pendant qu'il dormait dans le grenier à foin de Milnwood, et le bruit que Cuddie lui avait rapporté qu'il avait des attaques d'insanité. Le reste de la conversation de madame Maclure le confirma dans cette idée.

— Aussitôt que le jour commencera à poindre, dit-elle, ma petite Peggy vous conduira vers lui avant que les soldats soient debout ; mais il faut que vous laissiez passer son heure de danger, comme il l'appelle, avant d'entrer dans son lieu de refuge. Peggy vous dira quand vous pourrez l'approcher. Elle le connaît bien, car elle lui porte souvent diverses choses pour qu'il ne meure pas de faim.

— Et quel est son lieu de refuge ? demanda Morton.

— Une terrible caverne, répondit l'aveugle ; on l'appelle le Linn Noir de Linklater. Oh ! c'est un lieu terrible ; mais il le préfère à tous les autres, parce qu'il y a souvent été en sûreté : je crois qu'il l'aime mieux qu'une chambre tapissée et un lit d'édredon. Mais vous le verrez. Je l'ai vu moi-même bien souvent. J'étais une jeune fillette alors, et je ne pensais guère à ce qui viendrait. Voudriez-vous prendre quelque chose, Monsieur, avant de vous reposer, car il faudra être debout au point du jour ?

— Rien davantage, ma bonne mère ! répondit Morton.

Et ils se séparèrent pour la nuit.

CHAPITRE XL.

Quand le jour commença à paraître sur les montagnes, un petit coup fut frappé à la porte de la chambre où dormait Morton ; et une voix enfantine dit du dehors : Voudriez-vous aller au Linn avant que le monde soit debout ?

Morton se leva aussitôt, s'habilla rapidement, et sortit pour se mettre sous la conduite de la jeune fille. Ils se dirigèrent vers la montagne en remontant le bord du ruisseau ; à mesure qu'ils avançaient, la scène devenait plus déserte et plus sauvage : jusqu'à ce qu'enfin la vallée ne présenta plus que des bruyères et des rochers.

— Y a-t-il encore loin ? demanda Morton.

— A peu près un mille, répondit l'enfant, nous y serons tout à l'heure.

— Faites-vous souvent cette course, mon enfant ?

— Quand ma grand'mère m'envoie avec du lait et du pain, répondit-elle.

— Et vous n'avez pas peur de venir par ici toute seule ?

— Oh! non, Monsieur, répliqua-t-elle, personne ne voudrait toucher une petite fille comme moi, et ma grand'mère dit qu'il n'y a jamais rien à craindre quand on fait une bonne action.

Ils arrivèrent bientôt à une ancienne plantation où la jeune fille quitta le sentier et se dirigea vers le ruisseau. Un bruit soudain et terrible le prépara en partie pour la scène qui se présenta, et que l'on ne pouvait voir sans surprise et sans terreur. Quand ils sortirent du sentier qui traversait la plantation, ils se trouvèrent sur le bord d'un rocher plat qui s'avançait sur le bord d'un gouffre profond où la rivière tombait avec fracas en s'engouffrant dans l'abîme béant. L'œil en cherchait en vain le fond, on ne pouvait voir qu'une nappe d'écume bouillante et des pointes de rocher qui perçaient çà et là.

Pendant que Morton admirait cet assemblage d'horreurs, son guide, qui se tenait près de lui sur le rocher, le tira par la manche et dit d'une voix qu'il ne put saisir sans approcher son oreille :

— Écoutez-le, écoutez-le...

Morton écouta attentivement, et, du milieu de l'abîme où tombait le torrent, il crut pouvoir distinguer des cris, des exclamations, et même des paroles, comme si le démon des eaux eût mêlé sa voix aux mugissements des vagues brisées.

— C'est par là, dit la petite fille. Suivez-moi, s'il vous plaît, Monsieur, mais prenez garde à vos pieds.

Pleine d'une agilité que lui avait donnée l'habitude, elle descendit de la plate-forme en s'aidant des aspérités et des pointes du rocher qui surplombait l'abîme. Morton n'hésita pas à la suivre ; quand ils eurent descendu une vingtaine de pieds, la jeune fille s'arrêta de nouveau. Ils étaient à la hauteur du sommet de la cataracte, un vieux chêne était tombé d'un côté à l'autre de l'abîme, à trois ou quatre pas du bord de l'eau, et formait un pont des plus étroits et des plus dangereux. Un des bouts de cet arbre reposait sur la partie du rocher où ils se trouvaient, et l'autre s'étendait derrière une pointe qui s'avançait de l'autre côté de l'abîme.

Quand Morton eut regardé autour de lui, la jeune fille le tira de nouveau par la manche et lui indiqua du doigt qu'il fallait traverser ce pont naturel. Il la regardait avec surprise, considérant comment il allait faire, quand elle courut de l'autre côté et revint sans la moindre hésitation, comme pour l'encourager. Il regretta un moment de ne pas avoir les petits pieds nus qui se fixaient plus facilement à l'arbre que ne pouvaient le faire ses grosses bottes. Mais, se décidant néanmoins à passer, il fixa hardiment un point du rocher, sur la rive opposée, et, sans s'occuper du bouillonnement des eaux, de l'écume, ni des mugissements des vagues, il s'avança tranquillement sur le pont tremblant, et arriva à l'entrée d'une petite caverne qui s'ouvrait à l'autre bout.

Morton s'arrêta là un instant : un feu de charbon projetait une lueur rougeâtre qui lui permit de voir l'intérieur de la caverne. Ce qu'il aperçut aurait été loin d'encourager un homme moins hardi à s'avancer.

Burley, dont l'apparence était telle que nous l'avons déjà dépeinte, seulement sa barbe était devenue grise, Burley se tenait au milieu de la caverne, tenant une Bible d'une main et une épée nue de l'autre. Vus à la lumière incertaine des charbons brûlants, ses traits semblaient ceux d'un démon éclairés par l'atmosphère sanglante du Pandémonium ; ses gestes et ses paroles, autant qu'on pouvait les entendre, avaient le même caractère d'étrangeté et de violence. Seul, et dans un endroit presque inabordable, il gesticulait comme un homme qui combat à mort contre un ennemi implacable. Ha! ah!... la! la!... s'écriait-il en accompagnant chaque mot d'un coup porté de toutes ses forces dans l'espace impassible. Ne te l'ai-je pas dit?... J'ai résisté, et tu t'es enfui ! Lâche que tu es!... viens donc avec toutes tes terreurs!... Viens avec mes fautes, qui te rendent plus terrible encore : il y a entre les feuilles de ce livre ce qui me sauvera... Que parles-tu de cheveux gris?... Il a été justement mis à mort... Quand le grain est mûr, il faut le moissonneur. Es-tu parti? es-tu parti ? J'ai toujours dit que tu étais un lâche... Ha! ha! ha!...

Il abaissa alors la pointe de son épée et resta debout dans la même position, comme un maniaque dont l'accès de folie est passé.

— Il n'y a plus de danger maintenant, dit la petite fille, qui avait suivi Morton, vous pouvez entrer et lui parler. Je vous attendrai de l'autre côté du torrent, il n'aime pas à voir deux personnes à la fois.

Morton, se tenant prudemment sur ses gardes, se présenta à son ancien collègue.

— Quoi ! reviens-tu encore quand ton heure est passée? s'écria Burley tout d'abord brandissant son épée, et ses traits prenant une expression de terreur mêlée de rage.

— Je suis venu, monsieur Balfour, dit tranquillement Morton, pour renouveler des rapports interrompus depuis la journée du pont de Bothwell.

Aussitôt que Burley s'aperçut que c'était Morton qui lui parlait, il réprima instantanément l'excès de son agitation enthousiaste ; et abaissant la pointe de son épée, il la remit dans son fourreau en murmurant quelque chose sur l'humidité froide de la caverne qui obligeait un vieux soldat à prendre de l'exercice pour empêcher son sang de se refroidir. Cela fait, il dit à Morton du ton décidé qui lui était habituel :

— Tu as attendu longtemps, Henri Morton, et tu n'es pas venu à la vigne que la douzième heure fût sonnée. Es-tu prêt à mettre la main à l'œuvre et à être l'un de ceux qui ne s'occupent ni de trônes ni de dynasties, et qui n'ont d'autres règles que les Écritures ?

— Je m'étonne, dit Morton évitant de répondre à cette question, que vous m'ayez reconnu après tant d'années.

— Les traits de ceux qui doivent agir avec moi sont gravés dans mon cœur, repartit Burley, et peu d'entre eux, hormis le fils de Silas Morton, auraient osé me suivre dans mon château de refuge. Vois-tu ce pont-levis que m'a fait la nature, ajouta-t-il indiquant le vieux chêne, un coup de pied, et il disparaît dans l'abîme, forçant les ennemis de là-bas à rester oisifs, et de ce côté livrant l'ennemi au bras de celui qui n'a jamais été vaincu en combat singulier.

— J'aurais cru, dit Morton, que vous aviez à peine besoin de ces moyens de défense.

— A peine besoin, dit Burley d'un ton d'impatience, pourquoi pas quand les démons incarnés se sont alliés contre moi sur la terre, et Satan lui-même!... Mais, n'importe, il suffit que j'aime mon lieu de refuge, ma grotte d'Adullam, et je ne voudrais pas changer ses rudes parois de silex pour les belles salles du château des comtes de Torwood, avec leurs riches tapisseries, et la baronnie tout entière ; à moins que ton accès de jeune folle ne soit passé, tu penses autrement.

— Je venais justement vous parler de cette affaire, dit Morton, et je ne doute pas que je trouverai monsieur Balfour aussi raisonnable et aussi modéré que je l'ai connu quand un zèle exagéré jeta la division parmi des frères.

— Ah ! vraiment, dit Burley, l'espérez-vous véritablement, alors expliquez-vous plus clairement.

— En un mot alors, repartit Morton, par des moyens que je devine, vous avez exercé une secrète mais terrible influence sur la fortune de lady Marguerite Bellenden et de sa petite-fille, et cela pour favoriser ce vil et lâche apostat, Basile Olifant, que la loi, par suite de tes manœuvres, a mis en possession de leur légitime propriété.

— Tu le crois ? dit Balfour.

— Je le crois, répliqua Morton, et face à face tu ne nieras pas ce que tu as déclaré par écrit.

— Et supposons que je ne le nie pas, dit Balfour, supposons que ton éloquence puisse me persuader de défaire ce que j'ai fait, quelle sera ta récompense ? Espères-tu encore posséder la jolie fille et ses belles et riches terres ?

— Je n'ai pas cet espoir, répondit tranquillement Morton.

— Et pour qui alors as-tu entrepris cette grande œuvre, d'arracher sa proie à l'homme fort, de rapporter de la viande de la caverne au lion, et d'extraire du miel des griffes du dévorant ? Pour qui as-tu entrepris d'expliquer cette énigme plus difficile que celle de Samson ?

— Pour lord Evandale et sa fiancée, répliqua Morton. Ayez meilleure opinion de l'humanité, monsieur Balfour, et croyez qu'il y a des hommes prêts à sacrifier leur bonheur pour celui des autres.

— Alors, sur l'existence de mon âme ! s'écria Burley, quoique tu aies de la barbe, que tu saches manier un cheval et une épée, tu es l'enfant le plus sans cœur, le plus sans fiel qui ait jamais été outragé. Quoi ! tu voudrais aider le maudit Evandale à passer dans les bras de la femme que tu aimes ! Tu voudrais leur donner des terres et des héritages ! Mais crois-tu qu'il existe un autre homme plus offensé que toi, mais aussi lâche, aussi poltron que toi, et que cet autre homme soit Jean Balfour ?

— Je ne suis responsable qu'à Dieu, dit Morton avec calme, de mes propres sentiments. Quant à vous, monsieur Balfour, il doit vous importer peu, je crois, que ce soit Basile Olifant ou lord Evandale qui possède ces biens.

— Tu te trompes, répondit Burley : ils sont tous deux dans l'obscurité et étrangers à la lumière, comme ceux dont les yeux ne se sont jamais ouverts au jour. Mais ce Basile Olifant est un Nabal, un Démas, un être méprisable, dont la puissance et la richesse sont à la disposition de celui qui peut le menacer de les lui faire perdre. Il vint avec nous parce qu'il avait été frustré des terres de Tillietudlem ; il se mit papiste pour en obtetenir la possession ; il s'est dit érastien pour ne pas les perdre ; et il deviendra ce que je voudrai, car j'ai des documents qui peuvent les lui enlever. Ces terres sont un mors et un hameçon : la bride et la ligne sont dans mes mains pour m'en servir quand je voudrai, et il conservera cette propriété aussi longtemps que je ne serai pas certain de la faire passer dans les mains d'un ami sincère. Mais lord Evandale est un ennemi, un cœur de rocher, une tête dure comme le diamant. Les biens de ce monde tombent sur lui comme les feuilles sur la terre gelée, qu'il voit chassées par le vent sans s'émouvoir. Les vertus païennes d'un pareil homme sont plus dangereuses que la sordide cupidité de ceux que leur intérêt gouverne : ils doivent aller où il les mène ; ils sont l'esclave de leur avarice, et peuvent être forcés de travailler à la vigne, quand ce ne serait que pour gagner le salaire du péché.

— Tout cela aurait eu une certaine valeur il y a quelques années, dit Morton, et j'aurais pu comprendre votre argument, quoique je n'en eusse jamais reconnu la justice. Mais aujourd'hui ne vous semble-t-il pas inutile de vouloir conserver une influence qui ne peut plus avoir de résultat favorable ? Le pays est libre, nous avons la liberté de conscience... que voulez-vous de plus ?

— De plus ? s'écria Burley tirant de nouveau son épée avec une violence qui fit tressaillir Morton ; vois les brèches de cette épée, en voilà trois, n'est-ce pas ?

— Oui, répondit Morton ; mais que voulez-vous en conclure ?

— Le premier morceau d'acier qui s'est séparé de cette lame tomba sur la tête du traître parjure qui introduisit le premier le prélatisme en Écosse ; cette seconde entaille fut faite sur le corps du soldat le plus impie, le plus brave et le plus scélérat de ceux qui nous combattirent à Drumclog ; la troisième fut faite sur le casque de fer du capitaine qui défendait la chapelle d'Holyrood quand le peuple se leva à la révolution. Je lui fendis tête et casque jusqu'aux dents. Il a fait de grandes choses, ce petit glaive ; chacun de ses coups fut une nouvelle liberté pour l'Église. Ce glaive, reprit-il en le remettant au fourreau, n'a pas fini sa mission : il n'a pas déraciné cette vile hérésie pestiférée de l'érastianisme ; il n'a pas rétabli la liberté de l'Église dans toute sa pureté ; il n'a pas rendu au covenant toute sa gloire avant de reposer, de se rouiller auprès des os de son maître.

— Vous n'avez ni hommes ni argent, monsieur Balfour, répondit Morton, pour espérer pouvoir renverser le nouveau gouvernement : le pays est assez content ; je n'en excepte que la noblesse attachée au parti jacobite, et sans doute vous ne voudrez pas vous joindre à ceux qui ne veulent se servir de vous que dans leur propre intérêt.

— C'est nous qui les ferons servir à nos fins, répliqua Burley. Je suis allé au camp du persécuteur Claverhouse, de même que le futur roi d'Israël s'en alla dans le pays des Philistins; j'avais préparé avec lui un soulèvement : si le scélérat d'Evandale ne l'eût empêché, les érastiens auraient déjà été chassés de l'Ouest. Je pourrais le tuer ! ajouta-t-il d'une voix frénétique, au pied même de l'autel !

Puis il reprit d'un ton plus calme :

— Si le fils de mon ancien camarade, si tu recherchais toi-même la main d'Edith Bellenden et que tu consentisses à mettre la main à ce grand œuvre, crois-moi, je ne préférerais pas l'amitié de Basile Olifant à la tienne. Ce document, dit-il en montrant un parchemin, te donnerait les moyens de lui faire recouvrer les terres de ses pères. J'ai désiré te le dire depuis que je t'ai vu combattre si vaillamment pour la bonne cause à ce fatal pont. Elle t'aimait, et tu l'aimes !

— Je ne chercherai pas à vous tromper, monsieur Balfour, lui répondit Morton, même pour faire le bien. Je suis venu dans l'espoir de vous persuader de faire un acte de justice, et non poussé par un vil égoïsme. Je n'ai pas réussi : je le regrette pour vous, plus qu'à cause de la perte que votre injustice causera à mes amis.

— Vous refusez mon offre, alors? dit Burley, dont les yeux étincelaient.

— Je refuse, dit Morton. Si vous vouliez réellement que l'on vous considérât comme un homme d'honneur et de conscience, comme vous désirez le paraître, sans songer à toute autre considération, vous rendriez ce parchemin à lord Evandale pour le bénéfice des héritiers légitimes.

— Plutôt l'anéantir ! s'écria Balfour.

Et, jetant le document sur les charbons enflammés, il l'enfonça dans le foyer en le frappant du talon de sa botte.

Morton, le voyant fumer, se rétrécir et se crisper dans la flamme, s'élança pour le saisir ; mais Burley se jetant sur lui, une lutte s'engagea. Ils étaient tous les deux pleins de force : Morton était le plus actif et le plus jeune ; mais Balfour était le plus nerveux, et réussit à l'empêcher de toucher le parchemin jusqu'à ce qu'il fût réduit en cendres. Ils se lâchèrent alors l'un l'autre, et l'enthousiaste, surexcité par l'ardeur de la lutte, regarda Morton d'un œil empreint de l'ardeur de la vengeance.

— Tu as mon secret ! s'écria-t-il , tu dois être avec moi, ou mourir !...

— Je méprise vos menaces, dit Morton, je vous plains et vous quitte.

Au moment où il se tournait pour se retirer, Burley s'avança devant lui, poussa le vieux chêne, qui tomba avec grand fracas au fond de l'abîme, puis, tirant son épée, s'écria d'une voix aussi puissante que les mugissements de la cataracte :

— Maintenant je te tiens, défends-toi, rends-toi, ou meurs !

Et se tenant à l'entrée de la caverne, il brandissait son épée nue.

— Je ne me battrai pas contre l'homme qui a sauvé la vie de mon père, répondit Morton, je n'ai pas encore appris à me rendre, et je me sauverai comme je le pourrai.

A ces mots, et avant que Balfour eût pu deviner son dessein, il s'élança en passant auprès de lui ; et employant toute l'agilité qui le distinguait, il sauta de l'autre côté de l'abîme qui s'ouvrait au bord de la caverne. Il atteignit de ce bond le bord opposé, où il se trouva à l'abri de la violence de son ennemi. Montant aussitôt le long du rocher, il vit en se tournant Burley, d'abord immobile de surprise, puis fou de rage, s'enfoncer furieux dans les profondeurs de la caverne.

Morton comprit que l'esprit de ce malheureux avait été si souvent et si longtemps tourmenté par des projets désespérés et des désappointements successifs, qu'il avait perdu son équilibre, et jetait dans sa conduite une ombre de folie, qui lui laissait cependant assez d'énergie et d'adresse pour poursuivre son éternel but. Henri eut bientôt rejoint son guide, que la chute du pont avait effrayé. Il lui dit que cela provenait d'un accident, et le guide l'informa en même temps qu'il y avait toujours dans la caverne d'autres matériaux pour en construire un nouveau.

Les aventures de la matinée n'étaient pas finies. Quand ils approchèrent de la chaumière, la jeune fille jeta un cri de surprise à la vue de sa grand'-mère qui s'avançait à leur rencontre à une plus grande distance de son auberge qu'il ne semblait facile ou prudent.

— O Monsieur, Monsieur, dit la vieille en les entendant s'approcher, si vous aimez lord Evandale, aidez-le maintenant, ou ce sera trop tard ! Dieu soit béni de m'avoir laissé l'ouïe quand il m'a privée de la vue ! Venez par ici... de ce côté, et ne faites pas de bruit... Peggy, mon enfant, cours seller le cheval de ce Monsieur, conduis-le tranquillement auprès de la haie d'épines, et attends-le.

Elle conduisit Morton à une petite croisée, à travers laquelle, sans être vu, il pouvait observer deux dragons discutant avec ardeur en prenant leur verre de bière.

— Plus j'y pense, disait l'un, et moins cela me va, Inglis. Evandale était un fameux officier ; il était bon pour le soldat, et, quoiqu'il nous ait fait punir pour la mutinerie de Tillietudlem, nous... Franck, il faut convenir que nous le méritions.

— Lui pardonner, moi ! répliqua l'autre, je crois que je peux faire son compte maintenant.

— Ah bah ! tu devrais n'y plus penser. Il vaudrait mieux partir avec lui comme les autres, et marcher aux montagnes. Nous avons tous mangé le pain du roi Jacques.

— Tu es un âne : la marche dont tu parles n'aura jamais lieu ; c'est remis. Halliday a vu un revenant, miss Bellenden est tombée malade on ne sait de quoi, cela ne durera pas deux jours, et le premier oiseau qui chantera aura la récompense.

— C'est vrai, cela, reprit son camarade, et notre individu, ce Basile Olifant, paye généreusement.

— Comme un prince, dit Inglis. Il n'y a personne qu'il haïsse autant qu'Evandale. Et puis il le craint, à cause de quelque procès ; et s'il pouvait s'en défaire, il serait bien plus tranquille.

— Mais aurons-nous des mandats d'amener et assez de monde ? reprit l'autre. Il n'y aura guère de gens qui seront pressés de marcher contre lui, et nous pourrons trouver quelques-uns de nos camarades avec lui.

— Tu es un lâche imbécile, Dick, répliqua Inglis, il est tranquille à Fairy-Knowe pour dérouter les soupçons. Olifant est magistrat, et il aura quelques-uns de ses gens sur lesquels il peut compter. Nous sommes deux ; et le laird dit qu'il peut avoir avec lui un fameux whig, un homme désespéré, qu'on appelle Quintin Mackell, qui en veut à mort à Evandale.

— Eh bien ! vous êtes mon officier, vous savez, dit le soldat, comme un vrai militaire, et s'il y a quelque chose qui ne soit pas bien...

— Je m'en charge, dit Inglis. Allons, encore un pot de bière, et en route pour Tillietudlem ! Holà ! vieille Bessy ! Où s'est-elle fourrée ?

— Retenez-les aussi longtemps que vous pourrez, dit Morton glissant sa bourse dans la main de la vieille ; tout dépend du temps que nous pourrons gagner.

S'éloignant alors rapidement de la chaumière, il monta à cheval en se disant :

— A Fairy-Knowe ?... Non. Seul, je ne pourrais les protéger. Il faut aller à Glascow. Wittenbold me donnera l'appui d'une troupe de cavaliers et du pouvoir civil. Mais je dois les avertir en passant. Allons, Moorkopf, dit-il à son cheval, il faut aujourd'hui courir pour la vie ou la mort.

CHAPITRE XLI.

Les événements de la journée pendant laquelle Edith avait été effrayée par la soudaine apparition de Morton, la rendirent assez malade pour la forcer de garder le lit. Le lendemain cependant elle sembla beaucoup mieux, et lord Evandale pensa de nouveau à quitter Fairy-Knowe. Lady Emilie entra, dans le courant de la matinée, dans l'appartement d'Edith, et, après avoir échangé les compliments d'usage, lui dit que c'était un jour bien triste pour elle. — Mon frère, ajouta-t-elle, nous quitte aujourd'hui, miss Bellenden.

— Nous quitte! s'écria Edith saisie d'étonnement. Il retourne chez lui, je l'espère?

— J'ai quelques raisons de croire qu'il pense à entreprendre un plus long voyage, répondit Emilie. Il n'a rien pour le retenir en ce pays.

— Juste ciel! s'écria Edith, pourquoi suis-je destinée à être la perte et la ruine de tout ce qui est grand et noble? Que faire pour l'empêcher de courir à sa perte? Je vais descendre à l'instant... Dites-lui que je le prie de ne pas partir avant que je lui aie parlé.

— C'est inutile, miss Bellenden; mais je vais faire ce que vous désirez.

Et elle sortit de l'appartement d'un air aussi froid qu'elle y était entrée. Puis, disant à son frère que miss Bellenden était beaucoup mieux, qu'elle se proposait de le voir avant son départ, elle ajouta d'un ton de mauvaise humeur:

— Il est probable que l'espoir d'être bientôt débarrassée de votre présence l'aura complètement guérie.

— Ma sœur, dit Evandale, vous êtes injuste, sinon jalouse.

— Je puis être injuste, Evandale, mais je n'aurais pas pensé, repartit-elle en jetant un coup d'œil dans la glace, que je pusse être accusée de jalousie pour si peu. Mais allons voir la vieille dame; elle prend un repas dans la salle à manger, qui aurait pu servir à toute votre compagnie de dragons.

Lord Evandale l'accompagna sans mot dire, car il savait qu'il serait inutile de vouloir mettre un frein à l'expression de son orgueil blessé. Ils trouvèrent la table couverte de mets arrangés d'après les directions spéciales de lady Marguerite.

— On peut à peine dire que vous ayez déjeuné ce matin, milord Evandale, dit la vieille dame, veuillez prendre un morceau tel que les habitants de cette maison, qui vous sont tant redevables, l'ont pu préparer dans cette occasion. Quant à moi, j'aime à voir les jeunes gens manger quelque chose avant de sortir pour leurs affaires ou leurs plaisirs. C'est ce que je disais à Sa Très-Sacrée Majesté, quand elle déjeuna à Tillietudlem, dans l'année de Notre-Seigneur seize cent cinquante et un, et Sa Très-Sacrée Majesté eut la bonté de répondre, en buvant en même temps un verre de vin du Rhin à ma santé : « Lady Marguerite, vous parlez comme un oracle des montagnes. » Ce sont là les propres paroles de Sa Majesté. Si bien que Votre Seigneurie peut voir que j'ai une excellente autorité pour engager les jeunes gens à se bien nourrir.

Il est naturel de supposer que l'invitation de la bonne dame n'occupa guère les pensées de lord Evandale : il écoutait attentivement les pas légers d'Edith. Son absence d'esprit en ce moment lui coûta bien cher.

Pendant que lady Marguerite faisait les honneurs de sa maison, occupation qui lui plaisait excessivement, elle fut interrompue par l'entrée de Jean Gudyill, qui vint lui dire que quelqu'un désirait parler à milady.

— Quelqu'un? Qui cela? N'a-t-il pas de nom? Vous parlez comme si je tenais boutique et si j'étais aux ordres du premier venu.

— Oui, il a un nom, répondit Jean, mais Votre Seigneurie n'aime pas à l'entendre.

— Qui est-ce que c'est, imbécile?

— C'est Calf Gibbie, milady, dit Jean d'un ton plus élevé que d'ordinaire, c'est Calf Gibbie, puisque milady veut le savoir, qui a soin de la vache à Edie Henshaw au bout du pont. C'est lui qu'on appelait Guse Gibbie à Tillietudlem, qui fut à la joute et...

— Taisez-vous, Jean, dit la vieille dame se levant avec dignité; vous êtes un insolent de penser que je pourrais parler à une personne de cette sorte. Qu'il dise ce qu'il veut à madame Headrigg ou bien à vous.

— Il ne veut pas entendre parler de cela, Votre Seigneurie; il dit que ceux qui l'ont envoyé lui ont dit de rapporter la chose à Votre Seigneurie directement ou à lord Evandale, il ne sait pas au juste. Mais, pour tout dire, il est loin d'être à jeun, autrement ce serait un idiot fieffé.

— Alors mettez-le à la porte, dit lady Marguerite, et dites-lui de revenir demain quand il sera sobre. Il est probable qu'il vient implorer ma charité comme ancien dépendant de la maison.

— C'est probablement cela, Votre Seigneurie, car le pauvre diable est en haillons.

Gudyill essaya de nouveau de connaître le message confié à Gibbie, et qui était de la plus haute importance. C'étaient quelques lignes adressées par Morton à lord Evandale pour l'informer du danger que les manœuvres d'Olifant lui faisaient courir, et l'engager à fuir immédiatement ou à se rendre à Glascow, où il l'assurait de sa protection. Morton, ayant écrit ce billet à la hâte, le remit à Gibbie, qu'il trouva paissant sa vache auprès du pont, et lui donna deux dollars, en lui recommandant de le porter immédiatement à son adresse.

Mais il était dit que l'intervention de Guse Gibbie, soit comme messager, soit comme hommes d'armes, porterait malheur à la famille de Tillietudlem. Il s'arrêta si longtemps à la taverne pour voir si les dollars étaient de bon aloi, que quand il arriva à Fairy-Knowe le peu de bon sens que la nature lui avait départi se trouvait noyé dans la bière et l'eau-de-vie qu'il avait prises. Au lieu de demander lord Evandale il prétendit vouloir parler à lady Marguerite, dont le nom revenait plus facilement à sa mémoire. Quand on refusa de le laisser entrer il s'en retourna avec la lettre, se conformant exactement à la seule partie des instructions de Morton qu'il aurait dû violer.

Edith et lord Evandale éprouvèrent un embarras mutuel en se rencontrant. Lady Marguerite, qui savait seulement que le mariage était remis, l'attribua à la modestie de la fiancée et du fiancé, et pour les mettre plus à leur aise, commença à parler de diverses choses à lady Emilie. En même temps, Edith, pâle comme la mort, dit à lord Evandale qu'elle désirait lui parler. Il lui offrit son bras, et la conduisit dans une petite antichambre qui ouvrait dans le salon ; et la faisant asseoir, il attendit qu'elle voulût bien s'expliquer.

— Je suis bien malheureuse, milord! dit-elle avec une grande difficulté, je sais à peine ce que je voudrais vous dire, ni comment vous le dire.

— Si je suis pour quelque chose dans votre douleur, dit lord Evandale avec douceur, vous serez bientôt débarrassée de moi.

— Alors vous êtes décidé, milord, reprit Edith, à vous embarquer dans cette voie que suivent des hommes perdus, en dépit de votre maison, en dépit des prières de vos amis, en dépit de la ruine inévitable qui vous menace?

— Pardonnez-moi, miss Bellenden, votre sollicitude pour moi ne doit pas me retenir quand l'honneur m'appelle. Mes chevaux sont sellés, mes domestiques sont prêts; le signal du soulèvement sera donné aussitôt que j'aurai atteint Kilsythe. Si c'est mon destin qui m'appelle, je ne puis pas m'y refuser. Ce sera quelque chose, ajouta-t-il, que de mourir en méritant votre pitié.

— Oh! restez, milord! dit Edith d'une voix qui vibra jusqu'à son cœur. Le temps expliquera peut-être l'étrange circonstance qui m'a frappée si fortement : je peux recouvrer la tranquillité. Oh! ne courez pas à la ruine, à la mort! Restez pour être notre conseil, notre appui, et attendez tout du temps!

— Il est trop tard, Edith, répondit lord Evandale, et je manquerais de générosité si j'abusais ainsi de la force et de la chaleur de vos sentiments à mon égard. Vous ne pouvez m'aimer : une disposition nerveuse qui peut conjurer l'apparition d'un mort ou d'un absent indique une préférence trop prononcée pour qu'elle cède à l'amitié ou à la reconnaissance. Mais s'il en était autrement, le dé en est jeté.

Comme il s'exprimait ainsi, Cuddie entra dans l'appartement la figure toute bouleversée par la terreur.

— O milord! cachez-vous! ils ont cerné la maison! s'écria-t-il.

— Qui? dit lord Evandale.

— Une troupe d'hommes à cheval commandée par Olifant, répliqua Cuddie.

— Oh! cachez-vous, milord! dit Edith dans son excès de terreur.

— Non pas! répondit Evandale. De quel droit ce bandit vient-il m'attaquer ou m'arrêter? Je vais m'ouvrir un passage, eût-il tout un régiment derrière lui!... Dites à Halliday et à Hunter d'amener les chevaux... Et, maintenant adieu, Edith! Et s'échappant des mains de sa sœur, qui essayait avec lady Marguerite de le retenir, il s'élança au dehors et monta à cheval.

Tout était plein de confusion : les femmes criaient et couraient vers les croisées de la maison, d'où l'on pouvait voir une petite troupe d'hommes à cheval, dont un ou deux seulement semblaient être soldats. Ils étaient devant la chaumière de Cuddie, au bas du chemin de la maison, et montraient quelque indécision, comme s'ils eussent ignoré quelle résistance ils pouvaient rencontrer.

— Il peut échapper! il peut échapper! dit Edith; oh! qu'il prenne le petit sentier!

Mais lord Evandale, décidé à affronter le danger que son courage dédaignait, commanda à ses domestiques de le suivre, et descendit tranquillement l'avenue. Le vieux Gudyill courut s'armer, et Cuddie, saisissant un fusil, suivit à pied lord Evandale. Ce fut en vain que sa femme le saisit par le bras, le menaçant de la mort par l'épée ou par la corde pour se mêler des affaires des autres.

— Tais-toi, répliqua Cuddie. Est-ce que c'est les affaires des autres que de voir lord Evandale assassiné devant mes yeux ?

Il descendit donc l'avenue. Mais se rappelant en chemin qu'il composait tout le corps d'infanterie, car Jean Gudyll n'avait pas encore paru, il se posta derrière une haie, apprêta sa pierre, arma son fusil, et visant longtemps Basile Olifant, il se tint prêt à agir.

Aussitôt que lord Evandale parut, les hommes d'Olifant s'étendirent à droite et à gauche comme pour l'entourer. Leur chef ne bougea pas : il était entouré de trois hommes, dont deux étaient des dragons, et le troisième semblait par ses habits appartenir à la campagne ; ils étaient tous bien armés. Les traits sévères, la manière résolue de ce dernier le faisaient paraître comme le plus formidable de toute la troupe, et ceux qui l'avaient vu autrefois n'auraient eu aucune difficulté à reconnaître Balfour de Burley.

— Suivez-moi, dit lord Evandale à ses domestiques ; et si on veut s'opposer à notre passage, faites comme moi !

Il s'avança au petit galop vers Olifant, et lui demandait pourquoi il occupait ainsi le chemin, quand Olifant s'écria :

— Tuez le traître ! Et au même instant quatre carabines furent dirigées sur le malheureux Evandale, qui trembla sur sa selle, avança la main vers l'arçon, et en tira un pistolet, mais, incapable de le tirer, tomba blessé mortellement. Ses domestiques avaient relevé leurs carabines, Hunter tira à l'aventure ; mais Halliday, qui était un vaillant soldat, visa Inglis et le tua roide. Un coup partit au même instant de derrière la haie vengea encore mieux lord Evandale, car la balle frappa Basile Olifant droit au milieu du front et l'étendit mort sur la place. Ses hommes, étonnés d'une exécution aussi rapide, semblèrent disposés à en rester là ; mais Burley, que le combat commençait à exciter, s'écria :

— Sus aux Madianites ! et attaqua Halliday l'épée à la main.

On entendit bientôt le bruit d'une troupe de cavalerie, qui, s'avançant sur la route de Glasgow, arriva sur le champ fatal. C'étaient des dragons étrangers, commandés par Wittenbold accompagné de Morton et d'un magistrat civil.

Tous, excepté Burley, qui essaya de fuir, se rendirent au nom de Dieu et du roi Guillaume. Plusieurs soldats le poursuivirent, mais il était bien monté, et deux seulement semblaient gagner du terrain. Deux fois il se retourna, et, tirant ses pistolets, il blessa mortellement l'un de ceux qui le poursuivaient et tua le cheval de l'autre. Continuant à fuir vers le pont de Bothwell, il trouva les portes fermées. Alors, reprenant le bord de la rivière, il y entra à un endroit où il semblait guéable, et s'éloigna dans les flots au milieu des balles qui pleuvaient autour de lui. Deux balles l'atteignirent quand il fut passé le milieu de la rivière, et il se sentit dangereusement blessé. Il arrêta son cheval : et retournant vers la berge qu'il venait de quitter, il fit signe de la main comme s'il eût voulu se rendre. Les soldats cessèrent de tirer et attendirent son retour, deux d'entre eux s'avançant dans les flots pour le prendre et le désarmer. Mais il parut bientôt qu'au lieu de se rendre il voulait se venger. Quand il approcha des deux soldats, il rassembla toutes ses forces, et donna un coup si fort sur la tête de l'un, qu'il le fit tomber de cheval. L'autre dragon l'avait saisi au même moment. Burley, à son tour, le saisit à la gorge, comme un tigre mourant saisit sa proie, et, tombant tous les deux de cheval, ils disparurent emportés par le courant de la rivière. On pouvait voir la trace de leur sang rougir la surface des flots. Deux fois ils reparurent, le dragon essayant de nager et Burley le tenant de manière à montrer qu'il voulait le faire périr avec lui.

On retrouva leurs cadavres à un mille au-dessous du pont. Comme on n'eût pu détacher les mains de Burley sans les couper, on les jeta ensemble dans une même fosse où l'on voit encore une pierre et où se lit une épitaphe.

Pendant que ce féroce enthousiaste expirait, le brave et généreux Evandale rendait le dernier soupir. Morton, voyant l'état désespéré où il était, s'était jeté à bas de son cheval pour lui donner tous les soins en son pouvoir. Evandale le reconnut, car il lui pressa la main et indiqua par ses gestes son désir d'être reporté à la maison. Il fut bientôt entouré de ses amis éplorés : mais le chagrin bruyant de lady Emilie n'approchait pas de l'intensité des regrets silencieux d'Edith. Ignorant même la présence de Morton, elle s'abandonnait à sa douleur et ne savait pas que le sort, en lui enlevant un fidèle amant, lui en rendait un autre longtemps cru mort. Lord Evandale prenant leurs mains dans les siennes, les pressa affectueusement, les unit, et levant les yeux, comme pour prier pour eux, laissa tomber sa tête et expira aussitôt.

FIN DES PURITAINS D'ÉCOSSE.

MARIE STUART

Avez-vous jamais voyagé en Écosse, cher lecteurs? Si cela est, je vous en félicite : sinon, je vous plains, car alors vous n'aurez pas joui des merveilleux aspects de sa nature poétique et charmante.

Des montagnes dont la cime disparaît dans les nues ; de délicieuses vallées dont la riche végétation s'épanouit en laissant émerger de son épaisse fourrure des rochers aux formes fantastiques et aux sommets sourcilleux ; des lacs vaporeux prolongeant la fantaisie de leurs rivages jusque dans les profondeurs mystérieuses de forêts alpestres ; de vénérables manoirs hissés sur les talus de collines escarpées ; des villages ponctuant de leurs modestes chaumières les rares plaines enserrées par un sol généralement montagneux et sauvage ; un ciel le plus souvent voilé d'une brume bleuâtre qui teinte les paysages de douces nuances crépusculaires : telle est l'antique Calédonie chantée par Ossian ; telle est la moderne Écosse, l'une des trois contrées du royaume-uni de la Grande-Bretagne.

Édimbourg, cité gothique édifiée sur trois éminences et se partageant en deux villes séparées par des vallées profondes, mais unies par deux ponts, est sa capitale.

La vieille ville se compose d'une large et longue rue qui sert d'avenue à la colline centrale, dont le plateau développe les massives constructions d'un vieux château fort, et à qui ses maisons de huit, dix et douze étages donnent une physionomie peu commune. Les rues qui se détachent de cette artère principale nuisent quelque peu à l'aspect pittoresque, car celles-là sont étroites et sales. Mais cette ombre du tableau s'efface devant l'allure de géant de l'antique palais des rois d'Écosse, fièrement campé à la tête de l'avenue, et en présence d'un autre vieux manoir, Holyrood, jadis abbaye de chanoines réguliers, dont le nom est resté à cette partie de la cité, appelée *Canongate*, qui occupe l'extrémité inférieure.

La nouvelle ville diffère essentiellement de l'ancienne. Bâtie à la fin du siècle dernier, elle renferme de larges rues, de belles places, et compte de nombreux monuments : la nouvelle Bourse, le *Parliament-House*, l'Université, l'église de Saint-Gilles, des ponts et des maisons élégantes qui sont bien de notre époque.

Ce qui précède suffit amplement pour nous représenter l'aspect général de la ville d'Edimbourg, appelée de notre temps l'*Athènes du Nord*, à raison des nombreuses sociétés savantes et des établissements scientifiques et littéraires qu'elle possède.

A quelques lieues de la capitale de l'Ecosse, il est une autre ville, placée entre le golfe du Forth et les comtés de Lamarck et de Stirling, dont le point central possède également un vieux château.

Cette ville, c'est Linlithgow, et son château est la résidence des rois d'Ecosse.

Or, un soir d'hiver, le 7 décembre 1542, sous un ciel sombre et alors que gémit la tourmente, que les girouettes de la triste demeure grincent leurs lugubres refrains, toutes les fenêtres de ce château de Linlithgow sont éclairées à l'intérieur par des flambeaux de personnes allant et venant, et annoncent qu'il se passe quelque drame derrière ces vieux murs.

C'est, en effet, sous les lambris dorés de ce palais, la venue au monde de la fille de Jacques V, roi d'Ecosse, et de la princesse française Marie de Lorraine, de la famille des Guises ;

Et cette fille a nom Marie Stuart !

Plus tard nous verrons Marie-Antoinette d'Autriche recevoir le jour au moment précis où éclate le plus formidable tremblement de terre que la colère du Seigneur ait fait ressentir aux humains, et cette infortunée reine, comme prédestinée au malheur par ce cataclysme, doit sacrifier sa vie sur un échafaud.

De même, cette fois, voici Marie Stuart, la fille des rois d'Ecosse, qui arrive sur la grande scène du monde et dont les premiers vagissements semblent pleurer sur une tragédie plus cruelle encore qu'un tremblement de terre, à savoir la mort de son père, Jacques V...

Que lui présage donc ce sinistre événement ? Hélas ! nous aurons trop tôt à répondre à cette fatale question...

Il n'est que trop vrai : Jacques V, l'allié de François Ier contre Charles-Quint, le prince le plus vertueux de son époque, le plus dévoué à la religion, l'ami de la paix, et cependant le souverain que les circonstances fâcheuses de son temps et les exigences de ses pairs contraignent le plus impérieusement à faire la guerre, Jacques V lutte contre l'agonie dans ce même château de Linlithgow.

Depuis longtemps déjà sa vie n'était plus qu'un désespoir continuel, auquel le sommeil ne pouvait même apporter une trêve ; car à peine Jacques avait-il les yeux fermés, qu'une sanglante apparition se dressait devant lui. C'était le spectre de James Hamilton, le farouche chef de montagnards, dont, sur un simple soupçon, il avait ordonné le supplice. Alors il lui semblait que Hamilton s'approchait de lui et lui coupait l'un après l'autre les deux bras ; puis il s'éloignait en disant qu'il reviendrait prochainement pour lui couper la tête.

Ainsi, en proie, le jour, à la plus sombre tristesse, et la nuit à ce délire, le roi d'Ecosse se sentit enfin pris d'une fièvre brûlante qui en quelques jours le conduisit à la porte du tombeau. Il était à sa dernière heure quand on vint annoncer que la reine venait d'accoucher d'une fille, et que, par la grâce de Dieu, la couronne resterait ainsi dans la branche descendante de sa famille.

— Par fille elle est venue, cette couronne, et par fille elle s'en ira... répondit-il en secouant tristement la tête.

Puis, tournant son visage du côté du mur, il rendit le dernier soupir.

En effet, au xiv° siècle, le sceptre d'Ecosse avait été donné à sir Walter lord High Stewart ou Stuart, par son mariage avec Marjorie, fille du roi Robert Bruce, le dernier des princes de la famille de ce nom.

High Stuart fonda ainsi, par sa femme, la dynastie des Stuarts. Ce fut un prince doux et affable, qui passa sa vie dans la retraite et mourut le 19 avril 1390.

Mais je n'ai pas à raconter ici les péripéties des différents règnes des Stuarts, depuis sir Walter lord High Stewart, jusqu'à Jacques VI, qui fut avec ce fondateur de la dynastie le roi le plus heureux de sa race. Les autres n'eurent pas beaucoup à s'applaudir des charmes de la royauté.

Ainsi, en arrivant au monde, la petite Marie Stuart, tout d'abord trouva la calomnie debout auprès de son berceau, comme elle devait se montrer encore plus tard assise sur sa tombe.

Ne répandit-on pas le bruit qu'elle était contrefaite, et, à l'époque de son sacre, qui se fit à son neuvième mois, qui fut plus étonné que sa mère, quand l'ambassadeur de Henri VIII d'Angleterre, venant demander la main de Marie pour le prince de Galles, qui n'avait lui-même que six ans, lui exprima des inquiétudes à l'endroit de la difformité de la charmante enfant.

— Difformité ! s'écria Marie de Guise...

Et, d'une main fiévreuse, débarrassant l'enfant de ses langes et la plaçant nue sur le tapis de la chambre : « Montrez-moi cette difformité, » dit la reine, pendant que la petite Marie se roulait joyeusement et s'ébattait en riant dans l'appartement royal.

En conséquence, Marie fut fiancée au prince Edouard.

Néanmoins, ces fiançailles ne purent rassurer la régente. Marie de Lorraine faisait partie d'une famille qui avait dû naître, grandir, et qui devait finir au milieu des factions.

Les Guises étaient en France ce qu'étaient les Douglas en Angleterre.

Tour à tour soutiens et ennemis du trône, ils avaient appris à se défier des rois, à qui, si souvent, ils devaient donner occasion de se défier d'eux. Aussi, Marie de Guise fit-elle transporter bientôt sa fille, la petite reine, au château de Stirling, en plaçant auprès d'elle, pour la distraire dans sa précoce activité, quatre jeunes filles nées le même jour qu'elle, et portant le même prénom : Marie Livingston, Marie Beaton, Marie Fleming et Marie Sexton.

Donc, Marie Stuart commençait en prison une vie qu'il était dans sa destinée de finir en prison.

Elle avait à peine passé deux ans au manoir de Stirling, que l'enceinte fortifiée de ces vieilles murailles ne paraissant plus une retraite assez sûre, Marie fut conduite dans une petite île occupant le centre du lac de Menteith, dans les montagnes. Là, un vénérable monastère, entouré de bastions et d'ouvrages à cornes, servit d'asile à la noble jeune fille qu'il était chargé de défendre et par ses remparts et par la sainteté de sa destination.

Cependant l'Ecosse se trouvait en difficulté avec l'Angleterre, son antique rivale, son ennemie de longue date.

Et, pour se trouver plus forte contre les procédés astucieux de Henri VIII, la régente Marie de Lorraine avait renoué ses relations avec la France, toujours dévouée à la famille des Stuarts. Il était même déjà question d'une alliance entre le jeune dauphin François, fils aîné de Henri II, et la fiancée d'Edouard d'Angleterre. Et comme ces bruits se répandaient, Marie de Guise ne croyait pas pouvoir prendre trop de précautions pour la santé de sa fille.

Bientôt ces bruits prirent une telle consistance, que Henri VIII étant mort, le lord protecteur Sommerset entra en Ecosse avec une armée de dix-huit mille hommes, soutenue par une flotte nombreuse, et vint réclamer à main armée l'enfant pour laquelle deux peuples allaient s'égorger avant même qu'elle sût ce que c'était que la vie et ce que c'était que la mort.

Cette prise d'armes se termina par la bataille de Muselbarth, dans laquelle les Ecossais, vainqueurs au début, grâce à leurs lances plus longues de quatre pieds que celles des Anglais, furent cependant battus à la fin, et dont on fit un tel carnage que dans un espace d'une lieue et demie en carré, on ne parvenait à faire un pas sans mettre le pied sur des cadavres, des lances et des boucliers, jetés là par les fuyards.

Toutefois cette grande défaite produisit sur les Ecossais un effet contraire à celui qu'elle eût produit sur tout autre peuple, tant était grande la haine qu'ils portaient aux Anglais. Edimbourg toute entière se souleva, et il arriva de tous côtés des bruits si menaçants de défense, que le duc de Sommerset n'osa pas avancer plus loin.

Quant à la jeune Marie, pour que, dans aucun cas, elle ne pût devenir l'épouse d'Edouard VI, la régence du royaume d'Ecosse décida qu'elle serait envoyée en France pour y être élevée, et que, aussitôt nubile, elle deviendrait la femme du dauphin.

De son côté, la France arriva au secours des Ecossais avec une promptitude qui prouvait le prix qu'elle attachait à cette alliance.

En même temps, M. de Brézé partait de Brest pour venir recevoir, des mains de la régente, la jeune reine, au château de Dumbarton. Marie Stuart y fut amenée, en effet, et le 13 août 1543 elle monta à bord des galères françaises mouillées à l'embouchure de la Clyde.

. . . .

Marie Stuart avait alors cinq ans et huit mois. On lui avait donné, comme escorte, la compagnie de ses quatre Maries, trois de ses frères naturels, et, parmi ceux-ci, Jacques Stuart, prieur de Saint-André, le même qui devait devenir comte de Murray et régent d'Ecosse.

Marie Stuart eut à courir de grands dangers sur mer, car la flotte anglaise veillait sur son passage et prétendait avoir la gloire de s'emparer de sa personne. Néanmoins sa galère aborda fort à temps à Brest, après avoir été vivement poursuivie. Là, la jeune reine d'Ecosse trouva une députation royale qui la conduisit aussitôt à Saint-Germain-en-Laye, où résidait la cour de France. Henri II l'y attendait, et la reçut avec la plus charmante courtoisie.

Puis, après l'avoir comblée de caresses pendant quelques jours, il la fit mener en un couvent de Paris, où recevaient leur éducation les héritières des plus riches maisons de France.

Au reste, la jeune princesse arrivait chez nous à la plus belle époque de notre ère moderne. Royale fleur de poésie elle-même, il fut donné à Marie de s'épanouir aux plus purs rayons de ce soleil civilisateur qui, pour la seconde fois, se levait sur le monde.

C'est une charmante princesse, notre Marie Stuart. Son front, haut et large, décoré d'une épaisse forêt de cheveux blonds, exprime la plus noble dignité et révèle son intelligence et la grandeur de son âme. Sa tempe frissonne; ses sourcils décrivent la courbe la plus gracieuse, et de longs cils voilent à grand'peine le brûlant rayon de ses yeux. Son oreille est fort petite, et son nez légèrement aquilin, comme chez les Guises. Sa douce figure, d'un pur ovale, mobile et passant vivement de la gravité à l'enjouement, offre de charmantes joues roses et blanches, indices de la richesse du sang. Une fossette orne son menton, et son cou ondule comme le cou du cygne, dont il a la blancheur.

Est-il étonnant qu'elle se fasse aimer de tous ceux qui la voient, qui l'approchent, qui l'entourent?

Cependant on négociait le mariage de la petite reine d'Ecosse, comme on aimait à appeler Marie Stuart, avec le fils de Henri II, François, dauphin de France. Ce prince avait un an de moins que la jeune Ecossaise; mais « dès son enfance, dit le Vénitien Capello, il aime la sérénissime reine qui lui est destinée pour femme. »

Le 19 avril 1558, les fiançailles eurent lieu dans la grande salle du Louvre; puis le mariage fut célébré à l'église Notre-Dame, le 24 décembre de la même année.

Marie Stuart fut désignée dès-lors, en France, sous le nom de reine-dauphine, et son mari, avec l'autorisation des commissaires écossais, prit le titre de roi-dauphin.

Maintenant, c'est à la cour même de France et parmi les membres de la famille royale que, sans le vouloir, certes, Marie trouve des envieux, des rivaux et des ennemis. Catherine de Médicis, sa belle-mère, seule contre tous ceux qui adorent la jeune reine-dauphine, et blessée de tous les hommages que l'on rend à Marie, répète souvent, trop souvent:

— Cette reinette d'Ecosse n'a donc qu'à se montrer, pour tourner toutes les têtes?...

C'est une misère, cela, du reste, et voici venir des événements de bien autre importance. A l'occasion du mariage d'Elisabeth, sa fille, avec Philippe II, et de Marguerite, sa sœur, avec le duc de Savoie, Henri II a préparé un carrousel, et afin de donner plus de développement à cette fête, il choisit le clos des Tournelles, situé dans la rue Saint-Antoine. Puis il désigne comme devant paraître avec lui, dans cette lutte courtoise des lances, M. de Guise, M. de Nemours et M. de Ferrare, contre tout venant.

La joute a lieu le 29 juillet 1559.

Henri porte une livrée blanche et noire, et ses partners des livrées jaunes et noires. Tout le jour, les quatre champions tiennent contre les chevaliers qui se présentent, aux grands applaudissements de toute la cour.

Puis, quand vient le soir et que le tournoi touche à sa fin, l'infatigable Henri II veut encore rompre une lance et envoie dire au comte de Montgommery qu'il ait à comparaître à son tour et à se mettre en lice, parce qu'il veut courir contre lui. C'est un honneur que le roi fait au comte ; mais celui-ci est péniblement impressionné par le caprice du prince, et sa paresse peut-être, ou plutôt je ne sais quel vague pressentiment, le font prier Henri de ne le point attendre, n'ayant à sa disposition ni armure, ni lance, ni cheval. Le roi commande, et alors le comte obéit. Comme il est de la taille du duc de Nemours, il lui emprunte son équipage, et paraît sur l'arène à l'instant précis où Catherine de Médicis, voyant l'heure du souper venue, faisait dire au roi de se hâter.

Et, sans retard, au signal donné, les deux combattants se précipitent l'un sur l'autre. Arrivés au milieu de la lice, le comte et le roi se rencontrent avec une telle force que les deux lances se brisent, celle de Henri en trois morceaux, et celle de Montgommery à quelques pouces du fer. Mais, fatalité du hasard ! cette lance, par la façon dont se fait l'éclat du bois, s'effile et pénètre dans la visière du casque de manière à entrer dans l'œil du roi. Aussitôt Henri se renverse sur son cheval, glisse et tombe, en lâchant le tronçon de son arme.

Montgommery, qui comprit que le prince était blessé, sauta à bas de son cheval, et, aidé de M. de Montmorency, l'un des maréchaux du camp, il souleva Henri et détacha son casque. L'éclat du bois était dans la plaie, et nul des deux n'osait y toucher. Alors le roi le saisit résolûment lui-même et l'arracha. Il ne perdit point connaissance néanmoins. Au contraire, tendant la main à Montgommery :

— Soyez tous témoins, Messieurs, dit-il à ceux qui l'entouraient, que, quelque chose qui arrive de cette blessure, je pardonne à celui qui me l'a faite. D'ailleurs c'est moi qui l'ai contraint à cette joute, qu'il ne voulait pas accepter...

Alors on emporta le roi au milieu de la désolation générale qu'excitait le déplorable dénoûment de cette fête ; et on soigna le malade au Louvre. Mais Henri II y mourut au bout de quelques jours.

C'était un triste présage pour les noces d'Elisabeth et pour le règne de Marie Stuart. Ce présage ne se démentit pas, hélas !

. . . .

A la suite de ce drame, François II, enfant de seize ans, chétif d'esprit et de corps, monte sur le trône le 10 juillet 1559, et la France a pour reine la belle Marie Stuart, déjà reine d'Ecosse, qu'elle a vue grandir, et dont elle est fière.

Selon la coutume, les députés du parlement viennent féliciter le nouveau roi et lui demander « à qui il lui plaît que, dès lors en avant, on s'adresse pour savoir sa volonté et recevoir ses commandements. » François II leur répond :

— De l'agrément de la reine ma mère, j'ai choisi le duc de Guise et le cardinal de Lorraine, mes oncles, pour diriger l'Etat : le premier prendra soin des affaires de la guerre, l'autre de l'administration des finances et de la justice.

Maîtresse désormais d'un grand pouvoir, par un acte d'autorité qui devient une imprudence, Marie Stuart envoie des troupes françaises par delà les mers pour soumettre les Ecossais, que les Anglais soulèvent contre leur jeune reine. Déjà même a lieu le premier débarquement de nos soldats, quand la reine d'Angleterre, la fière Elisabeth, digne fille de Henri VIII, *le tueur de femmes*, s'en émeut et fait cause commune avec les protestants, dont son père a levé l'étendard contre le souverain Pontife de Rome.

En même temps, comme une mauvaise nouvelle ne court jamais seule, on apprend que Marie de Guise, veuve de Jacques V et reine douairière d'Ecosse, vient de mourir, le 10 juin 1560.

Ce n'est pas tout encore.

François II, le prince débile et malingre, quitte Paris le 1er décembre de la même année 1560, et se rend à Orléans, où doivent se réunir les Etats-Généraux qu'il a convoqués. Mais à peine est-il arrivé que la maladie de langueur qui le consume se prononce avec une extrême énergie, et, en quelques jours il est emporté par le mal. Il expire le 6 du même mois de décembre.

Un an et quelques jours de règne pour ces jeunes époux auxquels la jeunesse et la beauté semblaient ménager tant de bonheurs!

Ainsi, notre héroïne infortunée n'a pas encore quitté le deuil de sa mère, qu'elle est obligée de prendre celui de son mari...

A dix-huit ans à peine, elle se trouve douairière de France, reine d'Ecosse, mais en outre prétendante au trône d'Angleterre, auquel elle a plus de droits qu'Elisabeth, sa cousine.

En effet, elle est petite-fille de Henri VII, tandis que Elisabeth a été exclue de la couronne par Henri VIII lui-même, son père, lequel l'a déclarée illégitime, lors du procès d'Anne de Boleyn, sa mère...

Surprise dans toute la fleur de sa jeunesse et tout l'éclat de sa beauté, par la mort prématurée de son époux, Marie le pleure comme fait une femme aimante et dévouée, et elle le chante dans ses vers.

Cependant la jeune princesse a quitté la cour et Paris ; elle se retire chez son oncle le cardinal de Lorraine, archevêque de Reims. Mais on lui apprend dans cette retraite les changements qui se sont opérés en Ecosse pendant sa longue absence : elle est navrée de douleur quand elle sait que la religion protestante a remplacé peu à peu la religion de ses pères, et quand on lui dit que ces nobles Ecosssais, jadis si dévoués à leurs rois, forment désormais un parti qui lui est hostile. Aussi le cardinal de Guise lui donne-t-il le conseil de retourner en Ecosse, dans le but de pacifier les esprits. En même temps, il fait demander un sauf-conduit à Elisabeth, la reine d'Angleterre.

Aussitôt Marie Stuart, en grand deuil, s'éloigne de Reims, traverse Paris et se rend à Calais, où elle reste six jours ; la reine trouve dans le port deux galères qui l'attendent. Mais avec quelle peine son cortége consent-il à se séparer d'elle.

Bientôt on la voit, debout à la proue du navire, pendant que la chiourme fait force de rames, saluer de son mouchoir les amis nombreux qui l'ont suivie jusqu'au port et qu'elle laisse sur le rivage. Les larmes coulent et son cœur est cruellement ému. Elle ne cesse de dire :

— Adieu, France !... adieu, France !

Durant cinq heures, tant que le jour dure, ses yeux sont fixés sur le sol du beau pays qu'elle aime, qui s'efface peu à peu dans le lointain, et qu'elle ne reverra plus. Aussitôt dit-elle encore :

— C'est bien à cette heure, ma chère France, que je vous perds tout à fait, puisque la nuit, jalouse de mon dernier bonheur, apporte son voile noir devant mes yeux, pour me priver d'un tel bien. Adieu donc, chère France, je ne vous verrai jamais plus...

. . . .

La reine d'Ecosse n'a pas besoin d'un long temps pour voir que tout a changé dans ses Etats.

Le parlement a proscrit la religion catholique, qui est sa religion à elle.

Aussi, dès les premiers jours de son arrivée, comme elle assistait à une messe dans la chapelle du château, des gens de sac et de corde, comme il y en a toujours à la disposition des révolutionnaires, pénétrèrent dans le sanctuaire et allaient égorger le prêtre, si le prieur de Saint-André ne fût venu à son secours.

La jeune femme profita de cet avertissement du sort, et se fit très-prudente dans sa conduite.

Dans la pensée de faire revivre et sauver quelque peu de sa popularité en épousant un Ecossais, Marie donne sa main, en 1565, au jeune Henri Darnley, son cousin, dont tout le mérite consiste dans sa beauté. Mais cette union n'est pas heureuse. Jaloux d'un Italien, David Rizzio, secrétaire et confident de la reine, Darnley le fait assassiner aux pieds mêmes de son épouse. Ce jeune prince périt lui-même, peu après, en 1567, d'une manière tragique. Il se trouva des gens qui soupçonnèrent la pauvre reine de ne pas être étrangère à ce crime, et qui appuient leur opinion sur ceci, que Marie épousa, trois mois après cette première catastrophe, celui même qui avait poignardé Darnley, à savoir le comte de Bothwell.

Mais rien n'est démontré, rien n'est prouvé dans cette affaire. Ce que l'on peut dire, c'est que les Ecossais, de plus en plus surexcités par les meneurs, prétendirent s'emparer de la reine et du comte de Bothwell. Ces derniers n'eurent que le temps de s'enfuir, déguisés, et se réfugièrent à Dumbar.

Là, toute une armée les suivit. Bothwell dut se séparer de la reine, et l'infortunée princesse fut obligée d'entrer en arrangement avec ses geôliers. Morton, qui était à la tête des Ecossais, lui fit les protestations les plus positives pour l'avenir, au point de vue de l'obéissance et de la fidélité.

Marie Stuart fut à même d'apprécier la valeur de ces promesses. On la présenta aux soldats rangés en bataille. Or, tant qu'elle parcourut la première ligne, qui se composait de nobles et des chevaliers, tout alla bien. Mais en passant de la première ligne à la seconde, qui se composait d'hommes de bas étage, elle commença d'entendre éclater des murmures, et ces murmures se changèrent bientôt en insultes. Aussitôt elle voulut s'arrêter et retourner en arrière : mais elle se trouva en face de la bannière des confédérés. Hélas! cette bannière avait été faite pour réveiller toutes les mauvaises passions et donner un violent aliment aux haines.

En présence de cette bannière, vous comprenez l'émotion que doit ressentir la pauvre jeune femme. Un moment elle veut faire face à la situation qui lui est faite : mais sa nature de femme prend le dessus, elle se renverse de son cheval, presque évanouie, de sorte qu'elle devait tomber à terre, si on ne l'avait soutenue.

La reine fut conduite aussitôt chez le lord grand prévôt, où elle se croyait enfin au terme de son supplice. Mais à peine se fut-elle retirée dans sa chambre, qu'elle entendit s'amasser sur la place toute la population de la ville. Puis, à ces bruits sourds et menaçants, comme le ressac d'une marée qui monte, succédèrent des cris et des clameurs horribles. Enfin, entre deux torches, elle vit s'élever devant sa fenêtre la fatale bannière des confédérés, qui la poursuivait partout. Elle voulut tirer les rideaux, mais alors on aperçut son ombre, et les menaces redoublèrent.

Murray, qui est ce frère naturel de Marie Stuart, et qui s'était appelé le prieur de Saint-Ange, à la tête des Ecossais révoltés s'empare de Marie Stuart, et la conduit en captivité.

Dans les montagnes septentrionales de l'Ecosse, il est un lac qui porte le nom de Lochleven. Au milieu du lac, se trouve une île, et dans l'île un château qui appartient aux Douglas.

C'est dans ce château, qui semble une véritable prison, que l'on conduit la reine d'Ecosse, et ce fut là que, le soir du 16 juin 1567, les portes de fer du vieux manoir se fermèrent sur la désolée princesse, désormais justiciable de ses sujets.

Ce n'était pas sans motifs que l'on avait choisi Lochleven pour servir de cachot à la jeune princesse! Les révolutionnaires ont le génie du tourment à l'endroit de leurs victimes.

A Lochleven, Marie Stuart est gardée à vue par lady Williams Douglas, qui n'avait perdu l'espoir d'épouser Jacques V qu'au moment où Marie de Guise lui donna sa main. Aussi, quelle haine ressent-elle contre la princesse française, cette lady W. Douglas! Or, c'est sur sa fille, Marie Stuart, qu'il lui est donc enfin donné d'exercer les représailles de sa rage et de sa fureur si longtemps concentrées.

Ce n'est pas encore assez de ce triste tourmenteur juré de l'infortunée princesse : elle est aussi placée sous la dure surveillance de Williams Douglas, fils de lord Douglas de Lochleven, commandant de la forteresse, entièrement dévoué à Murray, qui a été nommé régent du royaume.

C'est sous le regard sévère et farouche de tels personnages que la désolée reine d'Ecosse est enfermée dans le château de Lochleven.

Quelle chute! quelle décadence! Avoir été reine de France, avoir joui de toutes les joies que donnent des amis dévoués, et, au sortir d'une cour pleine de traditions chevaleresques et élégantes, se trouver négligemment vêtue, abandonnée par la noblesse d'Ecosse, austère, sombre et constamment plongée dans les disputes théologiques. La solitude la plus absolue l'entoure, et le dédain ou la colère lui jettent au visage leurs ignobles outrages.

Vanité des vanités! Tout, sur la terre, n'est-il donc que vanité?

Cependant un enfant, le fils de son geôlier, Williams Douglas, s'éprend d'elle, et grâce à l'enthousiasme de cet enfant naïf, elle réussit à s'échapper, en 1568, de son cachot du Lochleven.

Alors six mille Écossais viennent se ranger sous ses drapeaux, aux royales armoiries de l'Ecosse : lis et chardon. Mais, en même temps, les clans rebelles accourent, et une bataille est livrée dans les plaines de Langside-Hill. Infortune et revers ! Son frère Murray, Morton et de Kirkaldy de la Grange triomphent, et les insurgés ont le dessus sur les chevaleresques prouesses des partisans de la reine accablée par le nombre.

Après une défaite ausi cruelle, elle s'enfuit hors de la patrie qui la repousse, et naïvement confiante dans les promesses que lui a faites, par lettres, sa cousine Elisabeth, Marie préfère l'hospitalité de l'Angleterre à la captivité morne de l'Ecosse. C'est ainsi qu'elle va prendre gîte sur le sol ennemi, sur les terres anglaises d'Elisabeth. Là, on l'installe à Carlisle, dans un château toujours, mais dans un château où elle s'aperçoit bien vite qu'elle manque du plus strict nécessaire.

Elle se croit libre encore, pourtant. Mais Elisabeth n'est pas femme à lui laisser la liberté que réclame l'infortunée. Et, pour ne pas permettre la moindre illusion à sa victime, la reine d'Angleterre, tout d'abord, refuse de la recevoir ; puis, tout après, lui fait signifier qu'elle est accusée de tremper dans un complot qui a pour but de donner la mort à celle dont elle invoque la protection.

— Un complot ? s'écrie la malheureuse femme : un complot ? Mais que l'on me donne donc des preuves de ma culpabilité !...

Ah ! c'est en vain qu'elle réclame ces preuves...

Elle est innocente, en effet : mais Elisabeth veut la tête, la belle tête de sa rivale odieuse ; elle se met en quête d'assassins, et l'or de l'Angleterre les lui fera trouver...

. . . .

Cependant Marie Stuart, du fond de sa prison, excitait sans en avoir le soupçon les sympathies de tous les souverains catholiques de l'Europe, dont quelques-uns étaient ou ses proches ou ses alliés.

Les rois de France et d'Espagne écrivirent à Elisabeth pour solliciter sa liberté.

Mais tout ce que gagna la pauvre captive fut de voir sa prison devenir plus étroite, et, à un surcroît de surveillance et de rigueur, de juger que la haine de son ennemie s'était encore augmentée.

Dans le comté de Northampton, parmi de hauts bouquets, de grands chênes et des buissons qui ponctuent le plus calme des paysages, se dresse un sombre manoir d'où l'on découvre d'immenses prairies, que la rivière de Nen sillonne de ses eaux.

Ce château fort a nom Fotheringay.

C'est à Fotheringay, forteresse à ponts-levis, à tourelles grises, aux fenêtres grillées, que l'on transporte la reine d'Ecosse.

Je suis obligé de passer sous silence les mille turpitudes dont Elisabeth se rend coupable pour arriver à ses fins. Elle refuse toute grâce aux envoyés de la France ; elle rejette les prières de notre souverain Henri III ; elle invente les plus noires calomnies pour amasser des crimes imaginaires sur la tête de sa victime, et enfin elle lui fait annoncer qu'elle doit mourir, mourir décapitée, décapitée par la main du bourreau, elle, la belle jeune femme que tout le monde admire, même les plus scrupuleux geôliers.

Mais avant la mort, l'agonie ! Ne faut-il pas qu'elle expie le grand tort de sa grâce et de sa beauté ?... Ne faut-il pas qu'elle soit punie d'avoir osé porter les titres de reine d'Ecosse, de France et d'Angleterre ?

Déjà le sbire qui veille sur elle, Amyas Pawlet, qui a eu l'audace de refuser à Elisabeth de poignarder sa rivale, mais qui tient cependant à la supplicier à petit feu, lui a fait enlever le dais, symbole de la souveraineté, et, se couvrant la tête en sa présence, s'assied en face d'elle, afin de l'humilier. Mais, devant de tels affronts, Marie sent grandir sa force. Sa foi religieuse double son courage, et elle accepte tous les outrages pour la gloire de Dieu, dont l'humble croix, par son ordre, prend la place du dais royal qu'on lui a ôté.

Bref, le 7 février 1587, vers deux heures de l'après-midi, le comte de Kent, dans une tenue austère, se présente à elle, accompagné du secrétaire Beele, et suivi du comte de Schwestbury.

Marie comprend qu'on vient lui faire part de la sentence qui la condamne à la mort. Elle se lève, car elle est malade et couchée depuis deux jours.

Aussitôt Beele déploie d'une main tremblante la commission royale, écrite sur parchemin et scellée du grand sceau de cire jaune, puis, d'une voix altérée, il lit à Marie son arrêt de mort.

La reine l'écoute avec un grand calme, et, quand Beele a fini, elle fait le signe de la croix et dit :

— Soit la bienvenue toute nouvelle qui vient au nom de Dieu !

Alors on entend dans toute la chambre éclater en sanglots les pauvres serviteurs de la reine, ne pouvant retenir leurs larmes.

Marie les conjure de se retirer ou d'avoir assez d'empire sur eux pour rester muets. Aussi font-ils effort sur eux-mêmes, et le comte de Kent prend à son tour la parole, pour offrir à la reine le secours de l'évêque ou du doyen de Peterboroug.

Mais la reine répond qu'elle est née d'aïeux catholiques et dans la foi catholique, et elle demande de recourir au ministère de son aumônier Préau, emprisonné, comme elle, dans le château de Fotheringay.

Le refus le plus péremptoire est fait à sa prière.

— Eh bien! dit-elle, je n'aurai pour consolateur que mon Sauveur Jésus...

Marie demande encore quelle heure est fixée pour son supplice, et on lui répond qu'il aura lieu le lendemain vers les huit heures du matin.

Sur ce, et après de nouvelles duretés de la part des deux comtes de Kent et de Schwestbury, et une émotion manifeste de regrets de la part de Beele, Marie se lève et indique par un geste de dignité qu'elle désire être seule.

A peine ces personnages, émissaires de l'infâme Elisabeth, sont-ils partis, que la reine s'adressant à ses serviteurs, leur dit :

— Jeanne...

Ce nom de Jeanne s'applique à Kennedy, celle de ses femmes qu'elle aimait le mieux.

— Jeanne, ne l'avais-je pas bien prévu, que toutes leurs machinations ne tendaient qu'à m'amener où me voilà? Oui, oui, je leur étais un trop grand obstacle dans leur religion et leur politique, pour qu'ils me laissassent vivre. Allons, mes enfants, continua-t-elle en s'adressant à tous, vous voyez le peu de temps qui reste... Ça, que l'on hâte le souper, afin qu'autant qu'il me sera possible je mette de l'ordre en mes affaires...

Les serviteurs obéissent, mais ils pleurent, et pendant que les hommes vont préparer le repas, Marie, retenant les femmes, commence par se mettre en prières avec elles. Puis, se faisant apporter tout ce qu'elle a d'argent, elle le partage par lots, joignant à ces parts les noms de ceux à qui elle les destine.

Comme elle achève, on lui annonce que le souper est servi. Le croira-t-on? Marie mangea davantage et de meilleur cœur que d'ordinaire, quoiqu'elle vit ses femmes mortellement tristes. A la fin du repas, elle prit une coupe, et la remplissant de vin, elle but à la santé de tous ceux qu'elle laissait sur la terre, leur demandant s'ils ne voulaient pas, à leur tour, boire à son salut dans les cieux... Aussitôt tous prirent des verres, et se mettant à genoux, burent en pleurant, et lui demandant pardon de leurs fautes... La reine leur accorda ce pardon, reconnaissant que ses malheurs avaient aigri son caractère.

Puis, afin de couper court aux sanglots, elle commanda qu'on lui apportât ses meubles, robes et bijoux, et elle les distribua, non point selon les sentiments qui l'inspiraient, mais selon les ressources de ceux à qui elle les donnait. Enfin elle remit aux plus fidèles des bijoux qu'elle destinait au roi et à la reine de France, à Catherine de Médicis, à son fils à elle, et à MM. de Guise et de Lorraine. Elle n'oublia personne de ses autres parents.

Marie écrivit ensuite son testament, sur deux grandes feuilles de papier, au courant de la plume, et presque sans ratures.

Puis encore elle fit une autre lettre qu'elle adressa au roi de France, pour lui annoncer sa mort, l'envoi de deux pierres rares et précieuses, et le testament qu'elle venait de transcrire.

Enfin, elle prit un bain de pieds, se coucha, et... dormit-elle? on l'ignore, car elle semblait toujours en prières et en contemplation.

Vers quatre heures du matin, la jeune reine appela une de ses femmes et se fit lire l'histoire du bon Larron, ce que celle-ci fit d'une voix entrecoupée et en s'interrompant pour essuyer ses larmes.

La lecture achevée, Marie se fit apporter ses mouchoirs, et ayant choisi le plus beau, elle le remit à Jeanne Kennedy, afin qu'elle le gardât pour lui bander les yeux, quand elle serait sur l'échafaud.

A la pointe du jour, elle passa dans son antichambre, où il y avait un autel devant lequel son aumônier avait pu lui dire la messe, naguère encore. Là, Marie s'agenouilla, pria, invoqua le Seigneur, et tirant d'une boîte d'or une hostie consacrée par le pape Pie V, et que ce pontife lui avait envoyée dans la prévision de la violence qui lui était faite, elle la remit à Bourgoing, lequel, à défaut du prêtre, lui donna le sacrement de l'Eucharistie.

Cette cérémonie s'achevait à peine, que l'on frappa à la porte, et le prévôt s'avança, tenant une baguette blanche à la main.

Marie lui fit signe d'attendre, et il attendit en effet que la reine eût achevé sa dernière prière.

Alors eurent lieu quelques scènes de douleur de la part de ses serviteurs, qu'elle recommandait à la bienveillance des comtes de Kent et de Schwestbury, mais que l'espace ne nous permet pas de raconter.

Enfin, suivie d'Amyas Pawlet, le sbire d'Elisabeth, et de son vieux serviteur de Melvil, qui portait la queue de sa robe, et accompagnée des comtes et de ses femmes, à qui fut octroyé le droit de venir lui rendre les derniers devoirs, faveur qu'elle fut obligée de solliciter avec instance, et précédée du prévôt, la reine Marie Stuart... entra dans la grande salle où l'échafaud l'attendait...

. . . .

C'était le 8 février 1587, un mercredi, dans la salle basse du vieux château de Fotheringay, comté de Northampton, à neuf heures du matin, que se passa le drame que voici :

Le doyen de Peterboroug et environ deux cents personnes, gentilshommes, juges, officiers, etc., sont réunis dans la salle funèbre, les uns sur une estrade, les autres derrière une barrière à hauteur d'appui, des hallebardiers le long des murailles.

L'échafaud, de deux pieds de haut sur douze de large, ayant un escalier de deux marches, et drapé de frise noire, ainsi que le siège que doit occuper la victime, et le billot sur lequel elle recevra le coup de la mort.

L'exécuteur de la Tour de Londres et son aide sont également vêtus de noir : le premier s'appuie négligemment sur sa hache qui brille, et l'autre achève les derniers préparatifs.

A la vue de l'infortunée reine déchue, il y a un frémissement d'admiration, un murmure de pitié. Les yeux se mouillent, les poitrines se soulèvent, et les consciences de ces Anglais, oh ! pour leur honneur, espérons qu'elles s'indignent...

Marie porte le costume de reine veuve, qui lui est ordinaire aux jours de solennité. La coiffure en cœur que vous savez était de sinople blanc brodé de dentelles, avec un voile pareil flottant jusqu'à terre. Elle a un manteau de satin noir gaufré, à boutons de perles, doublé de martre zibeline, à manches pendantes, à collet relevé à l'italienne, et à traîne.

Sous ce manteau, il est facile d'apercevoir son corsage de satin noir, noué de soie de couleur, sa jupe de velours cramoisi brun, à laquelle est attaché un chapelet.

Enfin, au cou si pur de la victime étincelle un triple collier de boules de senteur auquel une croix d'or est fixée.

Tel est l'appareil royal dans lequel la condamnée à mort veut terminer sa vie. Résignée, pleine de majesté, charmante toujours sous l'étreinte de l'agonie, Marie Stuart salue noblement l'assemblée et gravit l'escalier funèbre, aidée par Amyas Pawlet, son geôlier, le châtelain de Fotheringay, qu'elle remercie; et, avant de s'agenouiller devant le billot, « son rude et dernier chevet, » c'est le mot de la pauvre reine, elle s'asseoit sur le fauteuil drapé de noir.

Elle a son livre d'Heures à la main, le doigt signalant les pages des

Psaumes de la Pénitence ; mais c'est le fidèle Melvil qui tient le crucifix d'ivoire sous les yeux de sa maîtresse, et par son ordre.

Marie eût sans doute ignoré la présence de ses serviteurs, si un petit chien, un épagneul qu'elle aimait beaucoup, n'eût sauté sur l'échafaud, et, tout frétillant, ne lui eût fait mille caresses. Marie lui fit signe de se tenir tranquille, et le petit chien se coucha sur sa robe.

On lit alors la sentence rendue contre la reine, et le secrétaire Beele la termine par ces mots :

— Dieu sauve la reine Elisabeth !...

— Amen !... répond, *seul*, le comte de Kent.

Je passe sous silence certains détails qui ne peuvent trouver place ici. Mais, pendant que les protestants prétendent prier pour elle, Marie baise le crucifix de Melvil et dit :

— Ainsi, ô mon Dieu, que tes bras furent étendus en croix, étends-les pour me recevoir !...

Alors le bourreau, pensant que sa prière est finie, s'approche de la reine, et, s'agenouillant, murmure ces mots :

— Madame, je vous prie en grâce qu'il vous plaise de me pardonner, car je ne suis que l'instrument de votre mort, et je ne puis m'y opposer, mais seulement vous la rendre aussi douce qu'il me sera possible.

— Mon ami, je vous pardonne de bon cœur, réplique Marie, car vous êtes pour moi un libérateur qui va mettre fin à tous mes troubles, et en preuve, voici ma main à baiser...

Et la reine, avec un visage calme, plutôt gai que triste, mais toujours empreint d'une suprême dignité, donne sa main au bourreau, cette main qui avait si souvent fait envie à des rois ; puis, quand il l'a baisée, cet homme prie deux femmes de la reine de venir l'aider, et il commence à vouloir déshabiller Marie. Mais ces femmes, Elspeth et Kennedy, le repoussent...

Hélas ! la pauvre reine s'agenouille enfin devant le billot, sur lequel elle appuie sa belle tête. Emu d'une aussi angélique contenance de sa royale victime, le bourreau lève la hache, mais il frappe d'une main mal assurée. En effet, elle glisse dans sa main et s'abat sur la tête de Marie Stuart, au moment où elle dit : *In manus tuas, Domine, commendo spiritum meum.* Alors, au lieu de tomber sur le cou, le lourd tranchant n'entame que la nuque.

La patiente ne fait pas un mouvement, ne profère pas une plainte. Tout au plus l'horrible douleur qu'elle dut ressentir se trahit-elle par la contraction du visage. Le bourreau reprend son œuvre, et d'un bras comme irrité, exaspéré, cette fois il tranche net la tête du tronc et la présente à l'assistance.

Cette tête pâle, aux yeux bandés du mouchoir brodé d'or qu'au dernier moment Kennedy lui a placé sur le front en l'attachant à un petit bonnet que la reine n'a pas quitté; ce visage à demi souriant encore, aux narines contractées, aux lèvres décolorées, apparaît alors, débarrassé des cheveux d'emprunt que portait Marie Stuart pour dissimuler la blancheur de ses propres cheveux, tombés et blanchis avant l'âge par le malheur...

— Dieu sauve la reine! fait le bourreau d'une voix sinistre.

— Et ainsi périssent tous ses ennemis!... ajoute le doyen protestant de Peterboroug.

Mais on n'écoute pas ces paroles lugubres, car toute l'assistance pleure et éclate en sanglots, et le comte de Shreswsbury lui-même partage ces transports de la pitié.

Seul encore, le comte de Kent, au vœu du doyen répond :

— Amen!

Frémis, vieille Angleterre! L'Europe entière te montre du doigt, et tu deviens l'opprobre des nations, parricide que tu es!

On brûla tout ce qui avait appartenu à la pauvre Marie Stuart, et, pendant tout un jour, son corps resta voilé sous un vieux tapis.

Mais quand on vint le prendre pour le mettre dans un cercueil de plomb et une bière de bois, il s'échappa des plis de sa robe une sorte de gémissement qui effraya les femmes. Qu'était-ce donc? Le pauvre petit chien de Marie, son *Kings-Charles*, qui s'était blotti contre le cœur de sa chère maîtresse, et que l'on eut beaucoup de peine à arracher de son refuge.

Disons de suite que Marie Stuart repose dans l'Abbaye de Westminster, où son fils, Jacques Ier d'Angleterre, la fit inhumer.

A quelques pas de son tombeau se trouve celui de sa terrible ennemie, Elisabeth!

Limoges. — Imp. Eugène ARDANT et Ce.

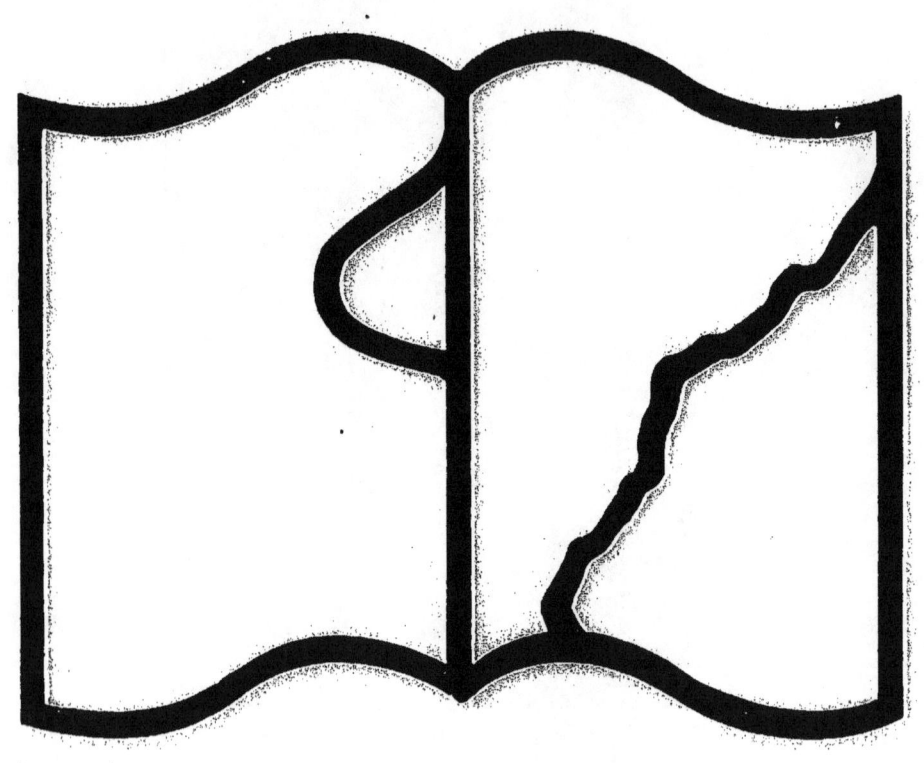

Texte détérioré — reliure défectueuse
NF Z 43-120-11

www.ingramcontent.com/pod-product-compliance
Lightning Source LLC
Chambersburg PA
CBHW071533160426
43196CB00010B/1757